Seemann/Meier · Das Prinzip Bosheit

Hans-Jürgen Seemann ist freier Journalist und Autor.
Sein Arbeitsschwerpunkt liegt im Bereich sozialer und
kultureller Themen.

Rainer Meier ist freier Journalist und Autor, Inhaber einer Agentur und
lebt in Heidelberg und Remscheid.

Der Leser dieses Buches wird am Ende seiner Lektüre verstanden haben,
warum wir den *Beispielen der Schikane* so viel Raum eingeräumt haben.
Nicht wenige dieser Beispiele entstammen unserer persönlichen Erfahrung. Auch Erfahrungen von Freunden und Bekannten wurden verarbeitet. Beispiele und Scenen aus Literatur und Film und unserer Phantasie
ergänzen das Material.
Die persönliche Existenz der Autoren ist freilich nicht so geartet, daß sie
unterstellen dürften, sowohl als Akteure - hoffentlich - wie als Betroffene
über reichlichste „schikanöse Erfahrungen" zu verfügen.
Wir waren und sind sehr mißtrauisch gegen die Repräsentativität unserer
Erfahrungen. Insofern beschäftigt uns auch nach Abfassung dieses Buches
das Thema der Schikane noch: Wir sind deshalb sehr daran interessiert
andere Erfahrungen zu diesem Thema aufzunehmen.
Wenn sie uns ihre Erfahrungen zugänglich machen möchten und können -
in welcher Form auch immer -, schreiben Sie bitte an folgende Adresse:

Rainer Meier
Allestr. 38
5630 Remscheid 1

Hans-Jürgen Seemann/Rainer Meier

Das Prinzip Bosheit

Die Alltäglichkeit der Schikane

PSYCHOLOGIE HEUTE
Sachbuch

verlegt bei Beltz

Für Johann August und eine Unbekannte

CIP-Titelaufnahme der Deutschen Bibliothek
Seemann, Hans-Jürgen: Das Prinzip Bosheit : d. Alltäglichkeit d. Schikane
/ Hans-Jürgen Seemann ; Rainer Meier. – Weinheim ; Basel : Beltz, 1988
ISBN 3-407-85083-2
NE:Meier,Rainer:

© 1988 Psychologie-heute-Sachbuch,
verlegt bei Beltz · Weinheim und Basel
Lektorat: Harald Wiesendanger
Gesamtherstellung: Druckhaus Beltz · 6944 Hemsbach
Umschlaggestaltung: Peter J. Kahrl, Neustadt/Wied,
unter Verwendung eines Bildmotivs von Erich Maas
Herstellung: Jürgen Reverey
Printed in Germany

ISBN 3 407 85083 2

Inhaltsverzeichnis

Vorbemerkung

Die Ideen über die Gewalt sind nicht selten von der Brutalität ihres Gegenstandes gezeichnet. Empörung fördert nicht, sondern behindert das Verständnis der Natur der Gewalt. Soziologen instrumentalisieren das Böse im Begriff der Gewalt, Psychologen banalisieren es im Begriff der Aggression. Beide sparen das hybride Zwischenreich von Gewalt und Macht aus. Der eine begreift Gewalt nur als Rohstoff für eine machiavellistisch übersteigerte Rationalität. Beim anderen ermöglicht Gewalt als „natürlicher" Affekt die Selbstentsorgung. Bei beiden taucht Gewalt als sinnliches Phänomen, als eigentümlicher, keineswegs zufälliger Ausdruck der Macht gar nicht erst auf. Der Hang ist groß, Gewalt nur in der Dimension der Intensität zu betrachten. Ihre qualitative Dimension gerät aus dem Blick. Entweder nur als Mittel zum Zweck oder als – im Extrem – pathologisches Ventil gedacht, verschwinden Gewaltformen aus dem Blick, die sich diesem Gegensatz nicht fügen.

Die Schikane ist ein solches Beispiel. Sie ist weder *Kriminalität* noch *Krankheit*. Der Verbrecher hält sich an die Ziele der bürgerlichen Gesellschaft, ohne ihre Mittel anzuerkennen. Als radikaler Machiavellist sind ihm die Mittel gleich, mit denen er das durchaus gleiche Ziel, nämlich Wohlstand zu erreichen gedenkt. Der Verbrecher ist der Manager, der Kalkulator abweichenden Verhaltens: Seine Qualifikation bemißt sich daran, ob es ihm gelingt, das Risiko illegalen Verhaltens mit einer angemessenen Entlohnung aufzuwiegen. Es käme ihm kaum in den Sinn, sich freiwillig in eine Situation zu begeben, in der sich möglicherweise nicht auszahlt, was er aufs' Spiel setzt. Täter und Opfer stehen sich in eindeutiger Identität gegenüber.

Der andere Fall ist der Kranke, im besonderen der Geisteskranke: Was er auch tut, sein Verhalten ist immer schon entschuldigt. Das Etikett „Krankheit" schützt ihn vor der persönlichen Verantwortlichkeit. Anders als der Verbrecher kalkuliert er nicht sein Verhalten, sondern ist ihm ausgesetzt. Man kann ihn nicht haftbar machen; er beherrscht sich nicht, kann es nicht. Gefährdet er andere Menschen, so ist sein Verhalten nicht verbrecherisch, sondern tragisch: Er wird schuldlos gegen sie schuldig. Auch sind damit keine Ziele, keine Zwecke verbunden: Der Kranke schädigt nicht um des Gewinns willen. In der Beziehung des (Geistes-)Kranken zu seinem Opfer steht ein Täter, der ebensosehr Opfer seines Tuns ist.

Der Schikaneur praktiziert eine Form abweichenden Verhaltens, das sich als eine *Konfusion von Krankheit und Kriminalität* verstehen läßt. Den Kriminellen beerbt er um das Kalkül, die Vorsätzlichkeit, die vorsichtige und antizipierende Vernunft; den Kranken um seine desinteressierte Irrationalität, die – scheinbare – Sinnlosigkeit seines Tuns. *Der Schikaneur verbindet die „Irrationalität" der Krankheit mit der „Rationalität" des Verbrechens.*

Wir glauben mit diesem Buch zeigen zu können, daß sich Phänomene der Boshaftigkeit jenseits moralischer Verurteilung und logischer Ignoranz („Irrationalität") verstehen lassen. Kern unserer inhaltlichen Erwägungen ist die These, daß der Schikaneur in seinem boshaften Tun Regeln folgt. Wir wollen damit *die geläufige Identifikation von Willkür und Boshaftigkeit in Frage stellen.* Wir versuchen dabei, dem diabolischen Gespür des Schikaneurs für inzestuöse und korrumpierende Beziehungen zwischen Bosheit und Norm, ebenso einfühlsam zu folgen, wie dieser die individuelle Verletzbarkeit, die Achillesferse seiner Opfer aufspürt. Man kann die Boshaftigkeit eines Tuns keineswegs bloß in der Dimension der Unberechenbarkeit vertiefen, sondern auch in der der Regelhaftigkeit. In der Schikane triumphiert diese seltsame „Flucht nach vorn".

Der Schikaneur will den anderen demütigen, kränken, herabsetzen. Sein Genuß aber, die Freiheit des anderen zu erobern, verlangt, ein Spiel zu entfalten, indem sein Opfer *die Parodie eines Partners* spielt. Das Machtgefühl des Schikaneurs gestattet es nicht, die erfolgreiche Eroberung der Freiheit des anderen mehr zu feiern als ihren währenden Vollzug. Wenn man die Freiheit des anderen als solche erobern will, darf man sie ihm niemals ganz nehmen. *Am Ende wäre man „am Ende".* Wie Oscar Wilde sagt, „gibt es im

Leben zwei Tragödien. Die eine ist die Nichterfüllung eines Herzenswunsches. Die andere ist seine Erfüllung." In diesem Sinne tut der Schikaneur alles in seiner Macht Stehende, um die Vermeidung der zweiten, ungewöhnlicher anmutenden Tragödie nicht mit der Gefährdung durch erstere zu bezahlen.

Deshalb ist der Schikaneur – wie der Zwangsneurotiker – ein Fanatiker der Wiederholung. Schikanöse Boshaftigkeit praktiziert eine asketische Form der Rache. Er gibt sich Mühe, dem anderen Mühsal zu bereiten. So sehr er allerdings fürchtet, „schon immer" gewonnen zu haben, so wenig wird er sich deshalb auf ein vabanqueskes Spiel einlassen. Die Schikane ist ein abgekartetes, ein falsches Spiel, aber eines, in dem der Falschspieler seine Karten aufdeckt. *Die Schikane zerbricht die Identität von Boshaftigkeit und Heimlichkeit.* Sie ist das Vergehen, das entsteht, indem es sich bekennt.

Der Schikaneur verkörpert die Boshaftigkeit, die sich die Maske vom Gesicht reißt. Das bedeutet nicht, daß sich seine Bosheiten als nackte Wahrheiten suhlen. Sein Verhältnis zum Schein ist tückisch und ironisch: *Er braucht ihn, um ihn zusammenbrechen zu lassen.* Wenn sich der Schikaneur irgendwelcher Hüllen bedient, dann nur, um sie fallen zu lassen. Die Schikane ist die schreckliche Wahrheit, die infernalische Desillusionierung. Der Schikaneur will die Angst, die Wut, die Scham, das ohnmächtige Zusammenzucken und Ducken des anderen angesichts seiner Attacken miterleben. Und er will dem anderen zeigen, daß er sich diesen unverschämten, öffentlichen Genuß leisten kann. Er ist Voyeur *und* Exhibitionist. Sein Handeln ist weniger geheimnisvoll als obszön. Obszön ist das Wuchern mit den eigenen Monstrositäten. Der Obszöne provoziert, indem er die Grenzen zwischen Intimem und Öffentlichem schamlos niederreißt. Er verfährt keineswegs nachlässig oder schlampig mit dieser Grenze – er läßt uns wissen, daß er genau weiß, was er tut. Der Ausdruck des Obszönen ist nicht repräsentativ, sondern demonstrativ. Er zeigt, *daß* er etwas zeigt. Wie aber ist es vereinbar, daß der Schikaneur einerseits Wert darauf legt, erkannt zu werden, während er andererseits alle Personifizierbarkeit hinter einer Regel versteckt? Auch sein Verhältnis zur Regel ist obszön, ironisch: Er folgt ihr nur, um sie besser korrumpieren zu können.

Der Schikaneur folgt einer Regel – das unterscheidet ihn vom Tückischen. Er scheut nicht die Öffentlichkeit – das unterscheidet ihn vom Intriganten. Er quält den anderen nicht primär in physischer Hinsicht – das unterscheidet ihn vom Sadisten. (1) Und er verfolgt seine Ziele nicht auf illegalem Weg – das unterscheidet ihn vom Verbrecher.

Die weiße Schikane belehrt darüber, daß es möglich ist, alle diese Absonderlichkeiten zu verfolgen, ohne sich dabei einer wie auch immer gehemmten Gewalt zu bedienen. Ihr Porträt wird das besondere Paradox einer gleichsam pazifistischen, unschuldigen Schikane enthüllen. Der Gegensatz von schwarzer und weißer Schikane könnte übersetzt werden als der von gewaltsamer und permissiver oder als der von negativer, bestrafender und positiver, belohnender Schikane. In der schwarzen Schikane treten sich noch Täter und Opfer unmittelbar gegenüber; in der weißen Schikane dagegen tritt der Täter immer mehr in den Regieraum zurück und verlegt sich auf die Rolle des Zuschauers. Pralle, obszöne Sichtbarkeit des schwarzen Schikaneurs kontrastieren mit dem eleganteren Chimärengebilde des weißen.

Wir werden im ersten, phänomenologischen Teil des Buches die Unterscheidung zwischen schwarzen und weißen Schikanen nur sehr flüchtig berühren, vor allem in den Schlußpassagen der Kapitel Zwei und Fünf. Die Aussagen zur Schikane in der ersten Hälfte des Buches sind so gehalten, daß sie auf beide Formen zutreffen. Die Zweiteilung des Buches in einen phänomenologischen und einen systematischen Teil gründet wesentlich in unserem Mißtrauen gegen das Überdehnen von Typologien. Auch der Gegensatz von schwarzen und weißen Schikanen bleibt – so sehr er sich der Sache anschmiegen möchte – letztlich idealtypisch. Wir hoffen, daß der phänomenologische Teil noch offen genug gestaltet ist, um den Blick auf andere analytische Unterscheidungen nicht zu versperren. Sie werden meistens nur am Rande erwähnt – wie etwa die Begriffe der grauen, parasitären oder auch der intriganten Schikanen – ohne deshalb für den zentralen Gang des Buches weiteren Raum für ihre Diskussion zu bekommen.

Eine Theorie der Schikane, die die Bedeutsamkeit der sinnlichen Gestalt von Macht und Gewalt betont, kann sich nicht nur in der „Eiswüste der Abstraktion" bewegen. Wir hoffen, daß die zahlreichen Beispiele dieses Buches mit ihrer kasuistischen Bereitschaft, ins Detail zu gehen, nicht nur als Illustration bereits fertig gedachter Ideen oder als Prosastrecken für die Leserentlastung wirken. Die Theorie der Schikane ist über weite Strecken induktiv entstanden. Da wir niemals der Auffassung waren, daß sämtliche Beispiele in ein noch so differenziertes Begriffssystem restlos zu integrieren sind, würden wir uns nicht wundern, sondern freuen, wenn es dem engagierten Leser gelingt, unsere Beispiele präzisierend oder gar kritisch gegen unsere Interpretation zu wenden.

Kapitel Eins, die **einführende Fallsammlung,** trägt – weitgehend strukturlos – einzelne Schikanen zusammen und interpretiert sie. Die Beispiele sind mit Absicht oft „banaler" Natur: Wir unterstellen, daß die zentralen Motive der Schikane noch – wie rudimentär und flüchtig auch immer – in den allereinfachsten Schikanen identifizierbar sind. Die Beschränkung auf wenige Aspekte in der Analyse einzelner Beispiele hat technische und didaktische, aber keine systematischen Gründe.

In *Kapitel Zwei und Vier* entfalten wir die beiden zentralen Aspekte der konventionellen Schikane-Definition. Unter dem Begriff **„Subversion der Legalität"** analysieren wir in *Kapitel Zwei* das Moment der Schikane als **„Unrecht im Namen des Rechts".** In *Kapitel Vier* steht das **Umsonst-Motiv** der Schikane als **„böswillig bereiteter Schwierigkeit"** im Mittelpunkt. Diese beiden Kapitel bleiben auch für den zweiten, systematischeren Teil des Buches am wichtigsten. Das *zweite Kapitel* bereitet die **Analyse der Struktur** der Schikane vor, das *vierte Kapitel* **die Analyse ihrer Dynamik.** Wie die beiden Momente ineinandergreifen, wird erst im Hauptteil deutlicher werden.

Kapitel Drei, Fünf und Sechs über **Spiel-, Gewalt-, und Luxus-Motive** analysieren die Bedeutungsmomente der Schikane, die im Alltag meist nur als Redewendung anklingen. Ein Hauptanliegen des Buches ist der Nachweis, daß auch diese Momente für ein soziologisch entwickelteres Verständnis der Schikane produktiv und unverzichtbar sind: Im **Spiel-Motiv** *(Kapitel Drei)* zeigen wir, wie die Schikane mit der Grenze zwischen Spiel und Ernst, zwischen Wirklichkeit und Fiktion spielt und „Spiele ohne Ende" inszeniert. Von den drei Kapiteln des phänomenologischen Teils ist es wohl insgesamt das wichtigste, weil es einen Vorgeschmack darauf gibt, wie die Einheit von Struktur und Dynamik der Schikane zu denken ist. Im **Gewalt-Motiv** (*Kapitel Fünf*) beschreiben wir die spezifischen Erscheinungsformen schikanöser Gewalt: Nicht grausame Brutalität, sondern disziplinierter und reflektierter Gewaltgebrauch ist ihr Kennzeichen. Im **Luxus-Motiv** (*Kapitel Sechs*) analysieren wir, wie sich die Schikane gegenständlicher Medien bedient.

Zwei weitere zentrale, immer wiederkehrende Motive der Schikane, das der **Zeit (Wiederholung)** und das des **Scheins (Obszönität)**, werden an verschiedenen Stellen des phänomenologischen Teils behandelt, ohne dafür einen eigenen Kapitelrahmen zu erhalten. Diese beiden Momente finden sich zwar sehr wohl im Alltagsverständnis der Schikane, aber in keinem Lexika – nicht einmal als Metapher.

Kapitel Sieben setzt die **„wilde" Phänomenologie** aus dem ersten Kapitel in der Regel an etwas aufwendigeren Beispielen fort; das Schwergewicht der Betrachtung liegt hier auf der Untersuchung bislang vernachlässigter und der Vertiefung bereits behandelter Gesichtspunkte. Die meisten Beispiele dieses Kapitels akzentuieren vorgreifend weiße Schikanen, weil ihr Begriff mehr Mühe bereiten wird, als der der schwarzen Schikane.

Der zweite, systematische Teil des Buches entfaltet die wichtigste Unterscheidung dieses Buches, die von schwarzen und weißen Schikanen.

Die Kapitel Acht und Neun analysieren den Gegensatz von **„schwarz"** und **„weiß"**, anhand **imaginärer und souveräner Macht** sowie die **Struktur schwarzer und weißer Dynamik**, ohne daß dabei die Schikane direkt thematisiert wird. Im *achten Kapitel* begründen wir unsere These von der **Schikane als Kompensation der Allmachtshemmung**. Wir werden machttheoretisch ableiten, warum wir soviel Wert darauf legen, die Schikane nicht als Produktion, sondern als **Reproduktion eines Allmacht-Gefühls** zu analysieren. (2) Dieses zentrale Motiv der Schikane, wird schon in Kapitel Drei über das „Spiel-Motiv" sichtbar. (3) Erst mit dieser „Formel" lassen sich die einzelnen Momente der Schikane, das der Subversion, des Umsonst, der Gewalt und des Luxus, der Zeit und der Obszönität zu einem integralen Gebilde zusammenschließen.

Im *neunten Kapitel* analysieren wir die reine, nicht mehr unmittelbar machtbezogene **Dynamik schwarzer und weißer Strukturen**. Beide Kapitel versuchen **paradoxe Formen der Rationalität und Macht** zu beschreiben. Diese riskanten Formen paradoxer Rationalität – das zeigt besonders die Analyse der **Erpressung** – liegen der Schikane näher, als die friedlichen Formen paradoxer Rationalität, die in Kapitel Neun analysiert werden.

Kapitel Zehn des Buches ist die Bilanz der phänomenologischen und systematischen Diskussion. Im Mittelpunkt steht die Unterscheidung **schwarzer und weißer Schikanen**. Dieser Teil des Buches entfaltet die **Strukturen paradoxer Amoralität und Irrationalität**.

Das letzte, *elfte Kapitel* gibt in der Diskussion der **inferioren Schikanen** einen Ausblick auf Möglichkeiten, die Theorie der Schikane weiterzuentwickeln.

Im nachhinein glauben wir, daß unsere Theorie der Schikane eine „weiße Schlagseite" hat. Das Spannungsfeld von Ekel und Faszination, in dem wir uns zum Gegenstand des Buches befanden, reichte nicht aus, um ein intensiveres Verhältnis zu den dunkleren, schwärzeren Formen der Schikane zu finden. Dem entspricht eine weitere Schieflage: Insgesamt widmen wir dem Strukturaspekt der Schikane mehr Raum als ihrem dynamischen Aspekt. Deshalb ist die Theorie der Schikane auch weniger eine Psycho- als eine Soziopathologie.

Wir haben darauf verzichtet, die theoretischen Hintergründe und Nachbarschaften dieses Buches ausführlicher auszubreiten. Es sollte allerdings festgehalten werden, daß uns das Werk von Günther Anders, Friedrich Nietzsche und Jean-Paul Sartre besonders wichtig war, mehr jedenfalls, als es durch Zitate kenntlich zu machen wäre.

Hans-Jürgen Seemann
Rainer Meier   September 1987

Kapitel Eins

Phänomenologie der Schikane I

Definition der Schikane

In fast allen Lexika finden sich immer die folgenden – mehr oder weniger identischen – Bestimmungen der Schikane als Begriff und Metapher. Wir zitieren hier stellvertretend den DUDEN (1), der die Schikane definiert als:

a) „unzulässige Ausübung eines Rechts zur ausschließlichen Schädigung eines anderen" (Rechtswissenschaft) (das *„Legalitäts"-Motiv*)

b) „böswillig bereitete Schwierigkeit" (das *„Umsonst"-Motiv*)

c) „eingebaute Schwierigkeit in eine Autorennstrecke" (das *„Gewalt"-Motiv*)

d) Redewendung „mit allen Schikanen", die so viel bedeutet, wie „mit allem, verwöhnten Ansprüchen genügendem Zubehör; mit besonderer technischer o.a. Vollkommenheit, Vervollkommnung (für höhere Ansprüche)" (das *„Luxus"-Motiv*)

Unsere These: Für ein theoretisches Verständnis der Schikane sind keineswegs bloß die unmittelbar begrifflichen Momente (a und b), sondern ebensosehr die scheinbar bloß metaphorischen Verwendungen (c und d) von größter Bedeutung. Um der „wilden Phänomenologie" des ersten Kapitels in ihrem unvermeidlich vorwegnehmenden Zug ein kleines Fundament zu geben, diskutieren wir in diesem Abschnitt kurz den Zusammenhang der beiden ersten begrifflichen Momente.

Die Schikane ist eine *„böswillig bereitete Schwierigkeit"*. Viele werden dabei an den verbiesterten Bürokraten, die Horde gemeiner Kinder oder den Grenzbeamten denken, der scheinbar endlos viel Zeit für seine Kontrollen hat. Menschen fügen anderen Schaden zu, ohne dafür – auch nicht nach den härtesten Maßstäben der Konkurrenz, in der bekanntlich alles erlaubt, was nicht verboten ist –, eine Erklärung zu finden. *Jede Schikane ist eine interessenlose Schädigung.*

Nicht die Brutalität der machiavellistischen Devise „Der Zweck heiligt die Mittel" empört uns in der Schikane, sondern der Gebrauch der unheiligsten Mittel für keinen erkennbaren Zweck. Die Schikane erschüttert nicht nur – wie das Verbrechen – unser moralisches Verständnis, sondern auch unser rationalistisches. Als „rational" beurteilen wir die Angemessenheit der Mittel für einen Zweck und ihre Verträglichkeit mit dem abstrakten Interesse an der Selbsterhaltung. Die Boshaftigkeit des Schikaneurs darf auch nicht mit der Brutalität und Grausamkeit des Sadismus verwechselt werden: Die Gewalt der Schikane ist subtil und reflektiert. Der Schikaneur quält sein Opfer, ohne mit den legalen und moralischen Rahmenbedingungen in offenen Konflikt zu geraten.

Die Schikane ist also nicht bloß eine interessenlose, sondern auch eine *opportune Schädigung.* Das ist das erste Moment der lexikalischen Definition: „unzulässige Ausübung eines Rechts zur ausschließlichen Schädigung eines anderen". *Unrecht im Namen des Rechts auszuüben* ist die zweite zentrale Bestimmung der Schikane. Für die alltägliche normative Regelung des Lebens gilt Ähnliches: Der Schikane gelingt es, *Unmoral im Namen der Moral* zu inszenieren, oder abstrakter: *Willkür im Namen der Regel* auszuüben.

Die Schikane ist also keineswegs schlichte Gemeinheit, pure Willkür, die sich nicht um Gesetz, Moral oder sonstige Regeln des Lebens schert. Sie ist vielmehr eine Kunst der Gemeinheit, das Vermögen und die sichtbare Praxis, etwas herzustellen, das einem *perfekten Verbrechen* in seiner *Fusion von Öffentlichkeit und Unverfolgbarkeit* ähnelt. Als Verkehrsform der Demütigung, Erniedrigung und Demoralisierung braucht der Schikaneur weder die Kellergewölbe des Sadisten noch die Geheimkabinette des Intriganten.

Wir wollen die Schikane – vorläufig – folgendermaßen definieren:

Eine Schikane ist eine böswillig, nutz- und interesselos bereitete Schwierigkeit bzw. Schädigung des anderen, die mit den geltenden Bedingungen von Recht und Moral auf absurde und groteske Weise vereinbar erscheint.

Die Kunst der Gemeinheit

Die Schikane ist eine elegante Bosheit; ihre Manöver rufen widerwillige Bewunderung hervor, weil ihre seelische Grausamkeit keine nackte, ohne jeden Legitimationsversuch vollzogene Gewalt zuläßt.

Das Alibi – die Kunst, es nicht gewesen zu sein, obwohl man es war – läßt prinzipiell zwei Steigerungen zu: als unwiderlegbares, perfektes Alibi oder als grandios-unverschämtes Alibi, das trotz seiner offensichtlichen Falschheit perfekt ist. Der Ehrgeiz des Schikaneurs ist das *grandiose Alibi*.

Die Clique, die auf dem Schulhof den Klassenclown wie üblich in die Mitte nimmt, um ihm aufs neue beizubringen, daß er sie gefälligst in Ruhe lassen soll, um ihn – wenn er sich ängstlich in der Pause schon gleich in die Ecke stellt –, abermals in die Zange zu nehmen und mit gut gespielter Wut vorzuwerfen, daß er sich anscheinend nichts aus seinen Klassenkameraden mache, weil er sich immer absondere, worauf dieser sich in all seiner Schüchternheit und Angst für seine „elitäre Absonderung" entschuldigt und als Quittung für diese Devotheit einen erneuten Rausschmiß aus der Gemeinschaft kassiert, diesmal mit der „Begründung", man wolle es nicht nötig haben, ihn erst groß zu bitten...

Zunächst bloße Ausgrenzung, Stigmatisierung, verwandelt sich die Szene mit ihrer zweiten Sequenz zu einer Schikane: unzufrieden mit der Ausstoßung, krönt die Clique ihr schikanöses Kunst-Werk mit dem luxurierenden „Nach-Schlag", *die Folge ihrer Drohung als Ursache ihrer Inszenierung umzudeuten*. Erst in dem Moment, in dem die Schüler erneut auf den Ausgestoßenen zugehen, beginnt die Schikane. Sie wird vollendet durch den wiederholten Ausschluß nach der scheinbar angebotenen Zugehörigkeit. Die Schikane parodiert Versöhnung; so übt sie „Un-Moral im Namen der Moral" aus. *Die Schikane ist das Böse, das sich so artikuliert, daß es als sein eigenes, grandioses Alibi fungieren kann.* Sie verbindet den Triumph, es gewesen zu sein, mit der Souveränität der Unbelangbarkeit und der Pose der Großzügigkeit.

Terror der Sorge

Das Telefon klingelt. Am anderen Ende ist wieder diese sonore Stimme: „Schade, daß sie so ungehalten sind" hört sie noch, bevor sie den Hörer auf die Gabel schlägt. Der Mann hat eine ungeheure Ausdauer: Seit Wochen ruft er jeden Tag mindestens dreimal an. Er ist keiner von diesen Telefon-Exhibitionisten, die Sex via Draht versuchen. Er ist ein höflicher Mann, der sich nach ihrem Befinden erkundigt, allerdings mit allem Nachdruck. Ihren Einwand, daß ihn das nichts angehe, ignoriert er ebenso wie die Frage, wer er sei. Seine einzige Reaktion darauf ist eine Gegenfrage: ob sie denn sagen wolle, daß man sich nicht umeinander kümmern solle. Je ungehaltener sie wird, desto fürsorglicher wird er, fragt nach den Gründen ihrer Nervosität, riskiert sogar eine höfliche Zurechtweisung, als sie ihm erklärt, daß er alleine ihr ganzes Problem sei. Dies sei ja wohl nicht besonders nett, erwidert er, wo er doch nicht mehr von ihr zu wissen wünsche als ihr Befinden...

Der Schikaneur spielt sich als Retter der Not auf, die er selbst schuf. Er stellt uns ein Bein, fängt uns auf und bezichtigt uns dann auch noch der Tolpatschigkeit. So wie der arbeitslos gewordene Feuerwehrmann, der in seiner traurigen Wut über die erzwungene Untätigkeit dem grotesken Zwang verfällt, selbst die Brände zu legen, die ihm Arbeit verschaffen könnten.

Der Schikaneur sorgt sich fast mehr darum, ob es ihm nicht an Gelegenheiten zur Sorge mangelt, als um Gelegenheiten ihrer Behebung. Wie der Horrorfilm unsere „arbeitslose Angst" (Odo Marquard) beschäftigt, so pflegt die Schikane das diabolische Mitleid, dessen einzige Sorge es ist, keine Referenzen mehr zu haben.

Weniger die unmittelbare Schadenfreude als vielmehr das Kunststück, dieselbe als penetrantes Mitleid und Mitgefühl zu kostümieren, kennzeichnet die Schikane. Anders als der Gewalt, gelingt es ihr auf subtile Weise, das Opfer zum „Mitmachen" zu bewegen.

Die „saftige" Enttäuschung

Im Jugendzentrum findet bei jeder Disco-Veranstaltung eine Verlosung statt: Mit der richtigen Nummer auf der Eintrittskarte gewinnt ein Besucher eine Langspielplatte. Bernd und Fritz haben beschlossen, Hans zu ärgern. Als der nach draußen geht, um frische Luft zu schnappen, überbringen sie dem an diesem Abend ohnehin schon von seiner Freundin Versetzten die erfreuliche Nachricht, daß er eine Langspielplatte gewonnen habe. Als er beim Disc-Jockey seinen Gewinn abholen will, schauen ihn die anderen Besucher groß an: Vor einigen Minuten hat der wahre Gewinner bereits unter Jubel seine Platte in Empfang genommen. Hans hat die falsche Nummer. Fast riskiert er einen Streit, weil er sich betrogen fühlt, begreift aber gerade noch rechtzeitig, daß die wirklichen Betrüger andere sind.

Diese Schikaneure lügen offen, wenn auch schrittweise. Zunächst liefern sie die Vorfreude, aber nur als Rohstoff der folgenden Frustration. Die schikanöse Verführung: erst scharfmachen, um dann um so besser abtörnen zu können. Der Schikaneur läßt sein Opfer bevorzugt dann in die Falle gehen, wenn es sich einbilden kann und muß, damit gerade einer anderen Falle zu entgehen. Die Schikane produziert Illusionen, um sie zerstören zu können. Hans hat sich *umsonst* gefreut. Mit der Intensität der Erwartung wächst auch die der Frustration. Der Unglücklichste ist der, den die Enttäuschung im Moment des jubilierenden Übergangs von Vorfreude zur Freude trifft.

Perfekt ist diese Schikane, weil „ein wenig" Zeit zwischen Vorfreude, Irritation und Enttäuschung liegt: Hans braucht Zeit, um nicht den Disc-Jockey, sondern Bernd und Fritz zu verdächtigen. Die Schikane wäre nicht perfekt, wenn Hans nie auf die Idee käme, daß Bernd und Fritz ihn reinlegen würden, oder wenn er während seiner Frage nach dem Gewinn das Zögern des Disc-Jockeys richtig zu deuten wüßte.

Der Schikaneur legt – im Unterschied zum Intriganten – Wert darauf, als Täter identifiziert zu werden, hier allerdings erst dann, wenn die Situation zu Ende geht. Würde das Opfer den Täter als solchen zu früh erkennen, wäre der Schikanierte um die Vorfreude, der Schikaneur um die Schadenfreude und beide um die Spannung gebracht. Die Scham über die eigene Naivität ist natürlich um so größer, je später sich die erwünschte Entlarvung vollzieht.

Die Präservativ-Falle

Eine Szene aus einem Film: In einem Ausbildungslager für jugendliche Wehrmachtshelfer der Nazis leisten sich zwei der Rekruten ein schikanöses Amüsement. Dem wegen seiner engherzigen und schikanösen Ausbildungsmethoden verhaßten Offizier wird ein Schäferstündchen verleidet, indem zwei prall mit Wasser gefüllte Präservative an der Tür zur Unterkunft des Offiziers befestigt werden. Versteckt hinter einem Hügel sehen die beiden Jugendlichen zu, wie dem Offizier die Frau in dem Moment, indem er ihr die Tür öffnet, abrupt wegläuft. Der Offizier versteht zunächst gar nicht warum, entdeckt aber dann die Präservative, die die Frau schon längst vor ihm sah.

Der Offizier ist bekannt für seine häufig wechselnden Frauen-Bekanntschaften, die nicht die brutalen und eindeutigen Züge prostitutiver Beziehung tragen. Der Offizier nimmt sich Zeit, den Frauen den Aufbau des Lagers zu erklären; seine Verführung, so sehr sie auf schnellen Erfolg aus ist, beugt sich doch dem Diktat des „man merkte die Absicht und wäre enttäuscht".

Der Offizier und die Frau kaschieren die Eindeutigkeit ihrer Absichten voreinander, wohlmöglich durchaus in unerklärtem, wechselseitigem Einverständnis. Hier setzen die Schikaneure an: Sie zeigen der Frau die Absicht des Offiziers, um sie zu enttäuschen; der Schnellanbahnung wird noch der Rest romantischen Scheins, auf den sie – wie der Erfolg der Schikane beweist – nicht verzichten konnte, genommen. Als infame Desillusionierung springen die wassergefüllten Präservative ins Bild der sich nicht unbedingt behutsam, aber doch vorsichtig und nicht allzu zielstrebig anbahnenden Beziehung.

Wäre die Frau eine Prostituierte und scherten sich beide weder voreinander noch vor anderen, die Natur der Beziehung offen zu präsentieren, könnte der Bann der Lächerlichkeit in Gestalt der prallen Präservative bei ihnen nur ein müdes Lächeln hervorrufen.

Weil aber beide anscheinend auf eine schnelle, kostenlose Nummer aus sind, ohne dafür auf den Schein von Anstand und Sitte verzichten zu wollen, kann die Schikane greifen. Sei es aus Selbsttäuschung, sei es aus strategischen Erwägungen: Der Offizier achtet darauf, der Frau das zögernde Einverständnis einzuräumen, zu ihrer und seiner Erhaltung der Selbstachtung. Es ist nicht entscheidend, ob sie wirklich oder nur gespielt zögert.

Im Spiegel der Schikane verschiebt sich höchstens die Nuance der peinlichen Offenbarung: entweder mehr schockierend, sofern die Frau in etwas befangener Naivität ereilt wird oder mehr beschämend, sofern ihre Raffinesse längst in das Hintergründige des Spiels einwilligte. Ist im ersten Fall die Scham noch unmittelbarer Natur, dann schämte sich die Frau im zweiten vielleicht nur, bei etwas entdeckt zu werden, das ihre Scham hätte hervorrufen müssen.

Die Moral dieser Schikane ist die Enttarnung der Doppelmoral. Wäre die Frau an den unübersehbar plazierten Präservativen vorbei in die Unterkunft gegangen, die unter dem Diktat des schikanösen Symbolismus zur Absteige heruntergekommen ist, wäre endgültig jeder Schein von Vorbehalt erledigt.

So wie der Mann, der am Ende der Beziehung, nach dem letzten Beischlaf der Ex-Geliebten Geld auf den Nachttisch legt, um sie zu kränken, taucht auch hier die Attacke der neidischen Flakhelfer, die flotte Verführung in den Schein eines erbärmlichen Aufrisses, einen Eindruck, den sie so sorgfältig zu vermeiden trachtet. (2)

Die provozierende Entschuldigung

Der Gymnasiast – alt genug, seine Abwesenheit vom Unterricht selbst entschuldigen zu dürfen –, begründet sein wiederholtes Fernbleiben bei einem von ihm besonders gehaßten Lehrer mit folgenden Worten: *„Ich konnte nicht zum Unterricht kommen, weil das Abfassen einer glaubhaften Entschuldigung, die Sie nicht als Täuschungsversuch auffassen würden, so lange dauerte."*

Die schikanöse Herausforderung artikuliert eine Entschuldigung, die erklärt, sie sei keine – vergleichbar der paradoxen Botschaft „Dies ist kein Satz". Ginge es nur darum, sich nicht zu entschuldigen, reichte die einfache Unterlassung. Der Schikaneur tanzt gerne auf beiden Hochzeiten: wenn er die Regeln schon bricht, will er sich zugleich dabei an sie halten. Er provoziert nicht nur durch das prahlerisches Eingeständnis einer Unterlassung, sondern ebenso durch einen frivolen Vollzug des Entschuldigungs-Rituals. Seine absurde Formulierung unterstellt, daß die Entschuldigung nicht mehr kompensierende Folge des Fehlens ist, sondern verursachende Bedingung. *Der Schüler mußte fehlen, weil er sein Fehlen begründen mußte.* Die ironische Entschuldigung reklamiert die Fehlzeit als Arbeitszeit zur Erstellung ihrer selbst. Daß die extensive Zeit des Fehlens ausgerechnet der Glaubwürdigkeit ihrer Entschuldigung zugutekommen soll, verkennt provozierend gleich doppelt die Natur derselben, die weder einen Hinweis auf ihre Bedingung verträgt noch Zeit zu ihrer Entfaltung.

Der Schikaneur präsentiert das Kunststück einer höflichen Frechheit: Wenn es so lange dauerte, für diesen Lehrer eine besonders glaubhafte Entschuldigung zu entwerfen, kann das nichts anderes heißen, als daß der Lehrer ein besonders mißtrauischer Mensch ist und die Entschuldigung notwendig an seinem Mißtrauen scheitern muß; weil der Lehrer jede Entschuldigung unglaubhaft findet, wird er letztendlich dafür haftbar gemacht, daß ihm der Schüler mit dieser unverschämten Entschuldigung begegnet, der ihr Scheitern schon eingeschrieben ist.

Die erniedrigende Thronbesteigung

„Frau M., die Lateinlehrerin, ließ zu Beginn des Unterrichts fast immer alle Schüler aufstehen. Dann stellte sie die Frage nach den Vokabeln. Wer sich zuerst meldete und die Frage richtig beantwortete, durfte sich setzen. Die Prozedur wurde so lange durchgehalten, bis alle saßen. Wer die Frage jedoch falsch beantwortete, mußte sich auf den Stuhl stellen und mindestens zwei Fragen richtig beantworten, bevor er sich wieder setzen durfte. Waren seine Antworten wieder falsch, hatte er sich auf den Tisch zu stellen. Thomas stand in fast jeder Unterrichtsstunde auf dem Tisch. Jedesmal brachen alle, Frau M. und die Mitschüler, in Gelächter aus. Er fühlte sich gedemütigt und lächerlich gemacht. Lieber wäre er manchmal tot gewesen." (3)

Das mittelalterliche Register der peinlichen Strafen lebt hier und da immer noch weiter in den öffentlich verborgenen Räumen der Schule. Unwissen wird nicht als Fehler oder Irrtum verstanden, sondern als Schande und Makel bestraft. Die Ausstellung der Dummheit bedient sich – welch instinktiv treffsichere, perfide Ironie – der Auszeichnung, über alle gestellt zu werden. Die schikanöse Häme inszeniert auf verstellte Weise das Bild der moralischen Warnung: „Wer sich erhöht, wird erniedrigt werden".

Die Schikane zelebriert hier die Moral: Wer unwissend ist, beweist damit, daß er es verdient, bestraft zu werden. „Im Zweifelsfall für den Angeklagten" – das gibt es bei ihr nicht.

„Das Schlimmste war, daß die Mitschüler auch immer auf der Seite der Lehrerin waren, ihre Witze über mich machten, ihren Spaß hatten, anstatt mir wenigstens gefühlsmäßig zu zeigen, daß sie zu mir hielten", erinnert sich Thomas. (4)

Jede Schikane mobilisiert ein System, indem sich die Gemeinschaft der Opfer – hier der Schüler – selbst demütigt. In der mitleidlosen Schadenfreude wird die Erleichterung, selbst nicht auf dem Tisch zu stehen, benutzt, um den, der die einsame Krönung erfährt zu isolieren.

Die Schikane ist eine Form theatralisierter Macht: Fasziniert von dem Schauspiel Theaterpädagogischer Herrschaft, verlachen die Opfer den traurigen und lächerlichen Clown in ihrer Mitte. Die Schikane ist die häßliche Seite der Partizipation, sie beteiligt die Unterdrückten am System ihrer Unterdrückung.

Die andere Notengebung

M. war ein Lehrer mit einem boshaften Humor. Nachdem ein Schüler seine Frage mehr oder weniger mühsam beantwortet hatte, beauftragte er einen anderen Schüler mit der Benotung der Antwort.

Zu Beginn dieses befristeten, ungewöhnlichen Rollentausches reagierten die Schüler unterschiedlich: Die Mutigen lobten ihre Klassenkameraden, die Ängstlichen sagten das, wovon sie glaubten, daß es der Lehrer hören wollte.

Mit der Zeit merkten alle, daß der Lehrer nicht wirklich ihre Meinung über die angemessene Note hören wollte. Im Gegenteil: Er hatte die Note längst festgelegt und trug sie – unbeeinflußt von den Meinungen der Schüler – in sein Notizbuch ein. Die ängstlichen Schüler, die eine zu schlechte Note vorschlugen, ignorierte er. Die, deren Note sich mit der seinigen deckte, behandelte er freundlich. Und die, die ihre Mitschüler besser beurteilten als er, bestrafte er zwar nicht, entzog ihnen aber deutlich seine Aufmerksamkeit, nahm sie nicht dran, wenn sie sich verzweifelt meldeten, und gab ihnen so keine Gelegenheit, sich im Beurteilungswettstreit zu „rehabilitieren".

Allmählich wurde die Benotung immer grotesker. Zu Beginn hatten die Schüler das Ganze noch als Witz betrachtet und mehr oder weniger flachsend oder lustig geantwortet. Jetzt überschlugen sie sich darin, sein sachliches Dozieren, den souveränen Ton des „So-ist-es!" zu kopieren. Je mehr sich das spielerische Moment in seinem Rollenspiel verringerte und der Ernstfall regierte, um so unmutiger wurde die Klasse gegenüber dem erzwungenen Einfühlungsdruck.

Die Schüler sahen nur einen einzigen Ausweg: Die mutigsten entschlossen sich, jetzt immer nur die denkbar schlechtesten Noten zu geben.

Zunächst lief alles normal: Der Lehrer ignorierte die „Ausfälligkeiten" der Schüler. Doch der Ton des wechselseitigen Heruntermachens wurde immer schlimmer und wilder. In der Klasse spielten sich wahre Verurteilungsorgien ab. Irritiert und mit verhaltenem Zorn forderte der Lehrer die Schüler auf, sich wieder auf den Ernst des Spiels zu besinnen. Erfolglos.

Ohnmächtig mußte er mitansehen, wie immer mehr Schüler es wagten, ihren Kameraden die schlechtesten Noten zu geben, und diese auch noch herzhaft dazu lachten.

Der Lehrer brach das Spiel ab. Niemand wurde mehr nach seiner Meinung über die Leistung des Klassenkameraden gefragt.

Nach einigen Wochen merkten die Schüler, daß ihr Lehrer die in der Schlußphase des Notenspiels immer rabiater gegebenen schlechten Noten in sein Notizbuch übernommen hatte.

Das Spiel ist von Anfang an schief, auch wenn es der Lehrer

vielleicht nicht in schikanöser Absicht begonnen hat. Die Schüler merken schnell, daß ihr Lehrer ein seltsames Spiel mit ihnen spielt: ein Spiel, in dem nur der kein Spielverderber ist, der den Einfühlungszauber sehr ernst nimmt. Nachdem sich alles Spielerische und Harmlose in Luft aufgelöst hat, spüren sie die Doppelbelastung, nun nicht mehr bloß gute Schüler, sondern auch noch gute Pseudo-Lehrer sein zu müssen.

Zunächst empfanden sie es als durchaus reizvoll, nicht bloß den Lehrer „spielen" zu dürfen, sondern das Gefühl zu haben, daß ihre Benotung um so mehr Resonanz fand, je „professioneller" und „fundierter" sie war. Sie konnten sich schon mal nach unten, nicht aber nach oben „vertun": Ein zu schlechtes Urteil ignorierte er, aber ein zu gutes wurde mit Aufmerksamkeitsentzug bestraft.

Die Chancen im unmittelbaren (Schüler-Schüler) und mittelbaren (Lehrer-Schüler) Wettbewerb verringerten sich: Waren die Schüler früher gezwungen, Lehrerurteile hinzunehmen, so mußten sie nun rücksichtslos die Lehrermaßstäbe zu den ihren machen und sich als seine Epigonen selbst demütigen. Früher konnten sie sich in den Pausen gemeinsam über die Ungerechtigkeit des Lehrers ereifern, jetzt ereiferten sie sich auch gleichzeitig über sich selbst.

Die Schikane kehrt die bekannte Formel der Tröstung „Geteiltes Leid ist halbes Leid" um und nutzt das Gegenteil für ihre Zwecke: Geteiltes Leiden-lassen ist verstärktes Leid.

Die schikanöse Form der Partizipation macht die Sklaven zu den Herren ihres Sklavendaseins.

Der unbedingte Wille des Lehrers, den Schülern mehr als eine einfache, indifferente Akzeptanz für seine Notengebung abzuzwingen, der Versuch sie zur Einsicht zu zwingen, eskalierte schikanös. Unzufrieden mit bloßer Fügung, will er auch noch ihre Zustimmung. Die totalitäre Schikane verachtet Mitläufer und Sympathisanten; sie versucht, eine Überzeugung zu erpressen.

Die Schüler revoltieren schließlich durch Selbstanklage und kehren zum Spielcharakter zurück. Sie rächen sich für die Zumutung, nicht bloß Lehrer spielen zu müssen, sondern zu „sein", durch massenhaften Negativismus. Sie erobern sich ihr Recht auf Gleichgültigkeit gegen die schulische Leistungsbewertung zurück. Aus dem Terror der aufgezwungenen Sachlichkeit emigrieren sie in den Freilauf einer wilden Selbstbezichtigung. Die objektive Ironie dabei: Sie wehren sich gegen die erzwungene Selbstbeurteilung mit freiwilliger Selbstverurteilung. (In Kapitel Elf über inferiore Schikanen gehen wir näher auf diese „Revolte durch Selbstdemütigung" ein.)

Am Ende läßt der Lehrer die schikanöse Katze aus dem Sack: Er nimmt die Schüler beim Wort, ändert heimlich die Spielregeln, rächt sich für ihre Rache und nimmt zum ersten Mal das Urteil der Schüler ausgerechnet da ernst, wo es zur Rehabilitierung ihrer Unabhängigkeit dienen sollte.

Das liebste Objekt & Die paradoxe Ruine

Das liebste Objekt ist ein privilegiertes Relikt der Vergangenheit. Verschlissen und vom Zahn der Zeit gezeichnet, ist es Erbe und Botschaft des Unwiderruflichen. In seinem „schönen" Verfall wird die verstrichene Zeit sichtbar. Das Stroh, das dem alten Teddy aus den Beinen quillt, erscheint als Geste der Vertrautheit. In ihm ist die Vergangenheit gegenwärtig geblieben, auch wenn schon alle anderen Umstände, Gegenstände und Menschen der Vergangenheit nur noch als Schemen in der Erinnerung auftauchen. Gerade weil die Zeit nicht spurlos an ihm vorübergegangen ist, kann er zwischen Gegenwart und Vergangenheit vermitteln. Geduldig staubt er vor sich hin und schwebt in einer Existenz zwischen Abfall und Gebrauch. Sorgsam wird sein einmal erreichter Verfall gehütet. Zerfiele er ganz, verlöre die Erinnerung endgültig ihren Bezugspunkt.

Eines Morgens sitzt er wie neu in der Ecke. Schaut uns aus wieder angenähten Augen arglos an. Steckt in frisch gewaschenen Sachen. Kein Staub mehr an seinem Fell, kein abgerissenes Ohr. Dort thront er und tut so, als wäre nichts gewesen – all die Jahre.

Man sagt, die Erinnerungen könne einem niemand nehmen; so als seien sie unangreifbar das Letzte – und ungreifbar, ultima ratio für jede Verzweiflung. In ihnen könnten wir noch eine Art Rest-Leben führen, in ihnen könnten wir uns erschöpft verlieren, wenn um uns herum schon alles zerronnen ist. Die persönlichen Andenken sind

die Ruinen unserer Biographie; in ihnen finden wir die Anknüp-
fungspunkte für unsere flüchtigen Erinnerungen.

Den Teddy gegen unseren Wunsch wiederherzustellen ist ein
Anschlag auf unsere Erinnerung.

Als Hintergrund für diese subtile Rache-Reparatur unterstellen
wir die Trennungserfahrung einer bitter enttäuschten Frau, die sich
nicht nur um die (in zahllosen Projektionen bereits vorab gelebte)
gemeinsame Zukunft betrogen fühlt, sondern auch die gemeinsame
Vergangenheit als eine nachträgliche Irrealisierung erfährt. Eine
apokalyptische Trennung, in der ihr der ehemalige Lebenspartner
nicht bloß die Liebe, sondern auch noch die hilfreiche Rest-
Gemeinsamkeit, die Verständnisbereitschaft für die Trauerarbeit
entzog. Er floh nicht nur einfach aus dem gemeinsamen Leben,
sondern machte „reinen Tisch": Selbst die schönsten gemeinsamen
Stunden entlarvte er als mühsame Heuchelei; Stück für Stück zog er
auch noch die melancholischen Remineszenzen in die Raserei seiner
Vernichtungslust.

Da sie ihm nichts aus der gemeinsamen Zeit mehr nehmen
konnte, weil er alles schon aufgegeben hatte, nahm sie ihm etwas,
das seine Gleichgültigkeitsattacken unversehrt gelassen hatten. Sie
wußte, wie sentimental er an dem alten Teddy seiner Kindheit hing;
wie er ihn manchmal in den Arm nahm, streichelte oder lange
sinnend betrachtete. In ihm fanden ihr Haß und ihre Verzweiflung
endlich ein Objekt, mit dem sie ihn verletzen konnte.

Sie wählte die subtilste Art der Zerstörung, die Wiederherstellung.
Wenn sie den Teddy bloß verschwinden ließ, hätte er nicht immer
vor Augen, daß er nicht mehr derselbe ist. Sie wußte, daß er ihn
niemals wegwerfen würde. Sie hatte es geschafft, ihr Rache-Zeichen
auf dem Teddy zu hinterlassen, hatte seine Vergangenheit in Besitz
genommen und vernichtet. Mehr noch: Es war ihr gelungen, ihrer
Vernichtung eine Gestalt zu geben, in der sie zu ihrem eigenen
Denkmal gefror. In Zukunft würde er immer auch an sie denken
müssen, wenn er sich seiner Kindheit erinnerte. Er würde sie nun
niemals mehr ganz „los werden" können. *Gründlicher konnte sie
den Teddy nicht sterben lassen, als ihn so rigoros und grausam ins
Leben zurückzuholen.*

Paradoxe Ruine. – Der Schikaneur produziert eine seltsame,
paradoxe Ruine: Er zerstört etwas, indem er es wiederherstellt. Was

zuvor eine Gelegenheit für angenehme, sentimentale Erinnerungen war, ist nun ein Monolith der Unfähigkeit, vergessen zu können.

Die Schikane schlägt die Zeit der Erinnerung tot – eine Zeit, die zwischen Vergangenheit und Gegenwart schwebt und immer davon bedroht ist, ihre virtuelle Lebendigkeit zu verlieren – und konserviert zugleich die Zeit des Totschlags.

Die Schikane ist nicht die zweifelhafte Gnade der Amnesie, des Nicht-mehr-wissens des Nicht-wissens. Ebenso paradox wie die äußeren Zeichen der Zerstörung und des Verfalls ist die quälende Erinnerung, die unfreiwillig beginnt, vom Vergessen zu träumen.

Das dumpfe und brütende Gefühl, das aus dem Nicht-zuende-bringen-können der Trauerarbeit resultiert, ist eine depressive Form der Melancholie. Die aber ist nichts anderes als eine bestimmte Form paradoxer Zeiterfahrung: *In der Melancholie dauert das Verschwinden an.* Und genau das will die Schikane: *Die Erfahrung des Ablebens soll Überleben, der Augenblick des Verschwindens andauern.*

Das einseitige Telefon

Ein Nachrichtenmagazin der Werbeindustrie belegt seine Ausführungen über die Formen der Macht in der Branche mit einem seltsam verstümmelten Telefon. Das Hierarchie-Denken „kann sich beispielsweise in einem speziellen Telefon darstellen, das zusätzlich zum normalen Apparat auf den Schreibtischen seiner wichtigen Untergebenen installiert ist, und *auf dem Gespräche nur entgegengenommen werden können,* weshalb dieses Telefon keine Wählscheibe hat. Dafür aber ist ihm ein besonders unangenehmer Schnarrton zu eigen, der an den einer leicht verstopften Klingel erinnert und bei dessen Erklingen jeder Angerufene sichtbar zusammenzuckt." (5)

Das „normale" symmetrische Telefon verbindet An- und Abwesenheit. Das schikanöse, asymmetrische Telefon kombiniert Erreichbarkeit und Unerreichbarkeit. In ihm hat der diabolische Geist der Schikane eine Objekt-Form angenommen. Aus einer allseitig benutzbaren „demokratischen Maschine" wird ein penetranter Befehlsapparat.

In jeder bürokratischen Hierarchie gibt es schwache asymmetrische Formen der Kommunikation: Der Vorgesetzte kann immer ins Zimmer seiner Untergeben kommen, ohne anzuklopfen, während der Untergebene erst im Vorzimmer des Chefs fragen muß, ob er ihn sprechen kann. Immerhin ist ihm in dieser „normalen" Hierarchie die Möglichkeit der Kommunikation nicht grundsätzlich genommen.

Das einseitige Telefon repräsentiert eine außerordentlich scharfe Form institutioneller Hierarchie. Ist es aber auch eine Schikane?

Ja, weil im einseitigen Telefon die *Möglichkeit* einer entwickelteren Kommunikation *immer präsent* bleibt. Das einseitige Telefon, die vorsätzlich um ihre Möglichkeiten amputierte und halbierte Maschine, bleibt ein *vergegenständlichter Affront*. Der Betrieb, der seine Mitarbeiter nur mit solchen Telefonen ausstattet, sagt ihnen recht unverblümt: „Wir legen weder Wert auf Kontakte der Mitarbeiter untereinander, noch darauf, daß sie ihre Vorgesetzten jederzeit erreichen können." Das halbierte Telefon ist ein steinernes Hierarchie-Signal.

Schikanöse Qualitäten hat das halbierte Telefon, weil mit ihm kommunikative Beziehungen sowohl hergestellt, als auch verhindert werden können. Es ist die provozierende Ruine einer möglichen wechselseitigen Kommunikation. Der Mitarbeiter, der über kein Telefon verfügt, wird dafür wenigstens durch eine gewisse Ungestörtheit entschädigt; der Besitzer eines halbierten Apparates lebt ständig im Klima seiner permanenten Verfügbarkeit, in dem er nur überfallen, aber nicht mehr selbst ausfällig werden kann. Damit dies auch auf keinen Fall vergessen wird, läßt das penetrante Schnarren sein Opfer unwillkürlich zusammenzucken – wie unter dem Befehl, sich zu „rühren".

Der Affront wird um so massiver, je mehr komplexe Telefonanlagen es ermöglichen, zwischen verschiedenen Formen der Erreichbarkeit und Unerreichbarkeit zu wählen. Der Vorgesetzte, der nicht gestört werden will, kann sein Telefon so schalten, daß alle seine Anrufe zunächst automatisch an seine Sekretärin gehen. Technisch sind alle reversiblen und sukzessiven Kombinationen aus totaler Erreichbarkeit und selektiver, befristeter Unerreichbarkeit möglich, die – gemessen an dem heute schon „klassisch" wirkenden „Vorzimmerstopp" – wesentlich mehr Formen schwacher und starker Asymmetrie in der telefonischen Kommunikation zulassen.

Das unüberwindliche Hindernis &
Die paradoxe Verfolgung

Nachts auf einer einsamen Landstraße. Plötzlich überholt Sie rasant ein anderes Auto, wechselt ziemlich knapp vor Ihnen wieder auf die rechte Spur und reduziert unvermittelt seine Geschwindigkeit. Sie müssen auf die Bremse treten und ebenfalls Ihre Geschwindigkeit verringern. Eine Zeit lang fahren Sie langsam hinter dem anderen her, weil die unübersichtliche Straße ein Überholen unmöglich macht. Schließlich haben Sie die Möglichkeit, ihn zu überholen. Im Vorbeifahren merken Sie, wie Ihr Nachbar plötzlich beschleunigt. Sie kommen nicht an ihm vorbei und kehren hinter ihm auf die rechte Fahrspur zurück. Der Wagen vor Ihnen wird wieder langsamer, kommt fast zum Stehen. Jetzt versuchen Sie, ihn plötzlich und überfallartig zu überholen. Doch wieder bleiben Sie dem stärkeren Fahrzeug unterlegen. Sie werden langsam wütend und nervös.

Nach ein paar weiteren ergebnislosen Versuchen bleiben Sie mitten auf der Straße stehen. Auch der andere Wagen vor Ihnen hält. Einige Minuten vergehen. Zunächst hatten Sie spontan ihre Tür verriegelt und gedacht: „Mal sehen, wer mehr Geduld hat!" Schließlich halten Sie es nicht mehr aus, steigen wutentbrannt aus und laufen zu dem wenige Meter vor Ihnen parkenden Unbekannten. Als Sie fast auf der Höhe der Fahrertür sind, startet der Wagen plötzlich mit quietschenden Reifen, fährt ein paar hundert Meter und hält an.

Ihnen wird plötzlich bewußt, daß Sie fast zehn Kilometer vom nächsten Dorf mitten im Wald stehen; weit und breit ist niemand, der Ihnen helfen könnte. Sie laufen zu Ihrem Wagen zurück und fahren los.

Das Spiel wiederholt sich. Mit 20 Stundenkilometern folgen Sie dem anderen Wagen über die Landstraße. Da sehen Sie im Rückspiegel plötzlich Scheinwerfer, die schnell näherkommen. Wieder werden Sie rasant überholt. Ihr Vordermann läßt sich überholen und folgt dem vorbeirasenden Wagen; gemeinsam verschwinden die beiden. Sie können gar nicht glauben, daß es vorbei ist und fahren langsam weiter. Erst allmählich beschleunigen Sie und kehren zu Ihrem alten Tempo zurück. Der andere Wagen bleibt verschwunden.

Unüberholbarkeit als Schikane: der Hinterherfahrende wird zum „ewigen Zweiten" degradiert. Der PS-starke Fahrer spielt Katz und Maus mit ihm. Anders als der Möchte-gern-Rennfahrer, der anderen Autofahrern durch forsches Überholen ein flottes Rennen anbietet, macht sich der schikanöse Fahrer nicht davon, wenn er merkt, daß er an einen Geschwindigkeitsmuffel geraten ist. Sein Motto: Auch den langsamsten und ordentlichsten Fahrer kann man zur Verzweiflung bringen.

Typisch Schikane: Gerade der Versuch „auszusteigen" – langsam zu fahren und zu hoffen, daß sich der Spinner endlich aus dem Staub macht – wird zum Bestandteil des Spiels. Will der Schikanierte aus dem Spiel aussteigen, indem er sich zurückfallen läßt, so tut es ihm der Schikaneur nach.

Paradoxe Verfolgung. – In vielen Spielfilmen gibt es die mythische Figur der umgekehrten Verfolgung: Der Verfolgte taucht plötzlich im Rücken des Verfolgers auf. (6) Die Schikane vollführt das Kunststück einer *Fusion von „normaler" und umgekehrter Verfolgung.*

In der schikanösen, paradoxen Verfolgung – wie im obigen Beispiel – werden im Unterschied zur umgekehrten nicht bloß die Personen und damit ihre Rollen getauscht, sondern auch die Plätze: *Der „Hintermann" ist jetzt der Verfolgte und der „Vordermann" der Verfolger.*

Das Ziel jeder einfachen „klassischen" Verfolgung ist die unbemerkte Überwachung oder Gefangennahme. Die Schikane verbindet die lauernde Distanz der Überwachungs-Verfolgung mit dem bedrohlichen Heranrücken der Verhaftungs-Verfolgung. Die offene Überwachung der Schikane praktiziert eine fortlaufende Verhaftung.

Wir haben in dem Abschnitt über die „paradoxe Ruine" bereits die Affinität der Schikane zu Fragen des Zeit-Erlebens gezeigt: *Die Schikane will „das Überleben der Erfahrung des Ablebens"*. Sie will „das Ende" gleichzeitig herbeiführen und aufschieben, das Ende *als* Ende andauern lassen. Nicht der Aufschub des Endes ist für die Schikane charakteristisch, sondern der Aufschub des Endes des Endes. So wie die Schikane die Zeiterfahrung verzerrt, gelingt ihr dies auch in der Wahrnehmung des Raumes.

Mythos des Tantalos & Tantalos im Alltag

„Tantalos selbst aber stießen sie in die Unterwelt hinab und verhängten die gräßlichsten Qualen über ihn; denn nichts ist den Göttern so verhaßt wie die Vermessenheit, die die Grenzen vergißt, die den Menschen von den Göttern gesteckt sind. Tantalos wurde mitten in einen Teich gebannt. Er litt den brennendsten Durst, die Wasser spielten ihm um das Kinn, doch sobald er sich bückte und den Mund gierig an das Wasser bringen wollte, sank die Flut, die Wasser vertrockneten, und der dunkle Boden erschien zu seinen Füßen. Zugleich litt er den heißesten Hunger. Am Ufer des Teiches wuchsen herrliche Fruchtbäume und wölbten ihre Äste über seinem Haupte. Saftige Birnen, rotwangige Äpfel, glühende Granatäpfel, liebliche Feigen und grüne Olivbeeren hingen ihm fast in den Mund hinein, aber sobald er die Hand danach ausstreckte, riß ein Sturmwind die Zweige hoch hinauf, so daß er sie niemals zu erreichen vermochte." (7)

Tantalos im Alltag:
* Der kleine Junge, der eine Banane an ein Seil gebunden hat und sie in einen Affenkäfig baumeln läßt, gerade soweit, daß die Affen immer wieder versuchen, danach zu greifen, sie aber nicht erreichen können;
* der Gefängniswärter, der ein reichhaltiges Mahl vor den Augen des Gefangenen verzehrt, währenddessen sich dieser mit Wasser und Brot zufriedengeben muß;

* der gerade Verlassene, dem zugemutet wird, dem Beischlaf-Gezwitscher seiner Ex-Freundin mit dem neuen Geliebten im Nachbarzimmer zuzuhören;
* der kleine Junge, den seine Mutter beim Spiel im Garten mit einem elektronischen Ortungssystem überwacht, die jede Überschreitung der Grundstücksgrenze mit einem schrillen Pfeifton anmeldet;
* das Telefon, das zum wiederholten Male klingelt und an dessen anderen Ende sich wieder niemand meldet;
* Sisyphos, der zur Strafe einen Felsen auf einen steilen Berg rollen muß, von dem er aber kurz vor dem Gipfel wieder herunterrollt;
* der „Verfolger" auf der Landstraße in „Das unüberwindliche Hindernis"…

Nicht alle diese Situationen sind schikanös, aber in allen steht ein tantalisches Objekt im Mittelpunkt. Wir wollen deshalb die Eigenart der quälenden „tantalischen Objekte" genauer untersuchen.

Der ewige Köder

Alle tantalischen Objekte haben eine eigentümliche Doppelstruktur: Als teilte man einen Raum in einsehbare und uneinsehbare Bereiche, also in solche der Anwesenheit und Abwesenheit, so eröffnen tantalische Objekte *in* der Anwesenheit eine Abwesenheit. Sie sind der Stoff, aus dem unsere (Alp-) Träume gemacht sind. Obwohl wir sie wahrnehmen – sie also keineswegs bloß in unserer Vorstellung existieren –, sind sie nicht greifbar. Sie sind anwesend, aber unerreichbar. Tantalische Objekte simulieren im sozialen Raum das, was Astro-Physiker eine „Raumkrümmung" nennen: Sie erzeugen innerhalb eines prinzipiell zugänglichen Raumes eine Unzugänglichkeit.

Das tantalische Objekt schwebt zwischen einer realen und einer imaginären Existenz. In ihm verbindet sich die *kreative Ohnmacht der Wahrnehmung* (man kann das wahrgenommene Objekt mit der Vorstellungskraft nicht einfach aus der Welt schaffen) mit der *manipulativen Ohnmacht der Imagination* (auch die schönste

Vorstellung kann niemals wirklich ergriffen werden). Gerade *weil* das tantalische Objekt „prinzipiell" erreichbar wirkt, ist seine Unerreichbarkeit um so bedrückender. Ihm gelingt das Kunststück, die Unerreichbarkeit objektiv zu verringern und gleichzeitig das subjektive Unerreichbarkeitsempfinden eskalieren zu lassen. (8)

Die tantalische Schikane ist nicht einfach Negation der Fülle, die objektive Widerspiegelung des subjektiven Mangels (Hunger oder Durst), sondern die Aufreizung und Kontrastierung von subjektivem Mangel und objektiver Fülle. Jeder, der Hunger oder Durst hat, kann sich mit der Unverfügbarkeit der Nahrungsmittel "trösten". Jeder Hungernde in einer tantalischen Situation weiß aber von dem Überfluß um ihn herum. Ihm wird nicht nur einfach Nahrung vorenthalten, man präsentiert sie ihm auch noch – allerdings unerreichbar. Je mehr die Extreme des Mangels und Überflusses zusammengezwungen werden, um so schikanöser wird die Situation.

Die tantalische Schikane erzeugt eine Konfusion von möglichem und unmöglichem Konsum. *Ihr Ideal ist der ewige Köder.* Schikanös ist jede Verlockung, die nur um der Versagung willen gebildet wird.

Das Opfer hat keine Möglichkeit, sich in die tröstende Trostlosigkeit der Apathie zurückziehen: Ihn treibt der Mangel und lockt der Überfluß. Der Mythos transferiert die tantalische Qual ins Medium der natürlichen Bedürfnisse, die selbst die „quälende" Eigenart haben, immer wiederzukehren.

Natürlich hat Tantalos das Spiel von Verführung und Versagung nach einigen Durchgängen gelernt, aber er kann diese „Desillusionierung" niemals wirklich einlösen. Immer wieder hofft er das sinkende Wasser und die verwehenden Zweige doch noch rechtzeitig erreichen zu können. Das vollendete tantalische Objekt wäre eines, das dem Wünschenden keinerlei Vergleichgültigung oder Immunisierung möglich machte.

Der Esel

Jean-Paul Sartre erzählt im Kontext seiner Bemerkungen zur Mythologie des Tantalos folgende kleine Geschichte:

„Ein Esel ist an einem Karren fest angeschirrt; von einem Stecken, der an der Deichsel festgebunden ist, hängt eine Mohrrübe dem Esel so vors Maul, daß sie um ein weniges unerreichbar bleibt; jeder Versuch des Esels, nach der Mohrrübe zu schnappen, bewegt den ganzen Karren fort und mit ihm, immer in gleicher Distanz vor dem Esel her, die begehrte Nahrung." (9)

„In gleicher Weise laufen wir einer Möglichkeit nach, die unser Lauf selbst erst erscheinen läßt, die nichts als unser Lauf ist und die sich eben dadurch als unerreichbar bestimmt. Wir laufen auf uns selbst zu und sind gerade deswegen das Wesen, das sich selbst nicht einholen kann." (10)

In der kleinen „vulgären" (Sartre) Geschichte des Esels wird das diabolische Arrangement aus dem mythologischen in einen alltäglichen, mechanischen Zusammenhang übersetzt. Die Unerreichbarkeit der Mohrrübe ist nicht dynamischer, sondern statischer Natur. Der Spiel-Raum zwischen absoluter und relativer Nähe ist in der mythologischen Version größer und freier als in der mechanischen, in der die Distanzverschiebung zwischen Fast-Erreichtem und Unerreichbarem fehlt. Die Mohrrübe fungiert als imaginärer „Treibstoff". Als objektivierte Fata Morgana spornt sie den Esel zu einer ewigen Verfolgung an, die der im Abschnitt „paradoxe Verfolgung" analysierten Bewegung nicht nur äußerlich gleicht.

Die kleine Geschichte verdeutlicht auch den Charakter der Schikane als *Konfusion von negativer und positiver Rückkoppelung.* Eine negative Rückkoppelung nutzt die Abweichung zur Korrektur und vernichtet die Abweichung. In einer positiven Rückkoppelung hingegen eskaliert die Dysfunktionalität der Abweichung selbstverstärkend. Die negative Rückkoppelung bewirkt eine Wiederannäherung des faktischen Zustandes an den idealen; die positive Rückkoppelung führt zur verschärften Differenzierung beider Zustände.

Das schikanöse Arrangement verdichtet beide Formen der Rückkoppelung ununterscheidbar ineinander: Die Bewegung der

Wiederannäherung (an die Mohrrübe) ist identisch mit der Reproduktion ihrer Entfernung. Das „hin-zu" bedeutet gleichzeitig ein „weg-von". Die Schikane neutralisiert die Erfahrung, daß Bewegung eine Entfernung entweder vergrößert oder verkleinert: *in ihr erhält die Bewegung die Entfernung.*

Die spezifische Verzerrung der Zeit korrespondiert mit einer entsprechenden Modifikation des Raumes und der Bewegung, dem Produkt aus Zeit und Raum.

Im nächsten Beispiel gehen wir nochmals auf die Rolle der Zeit in der Schikane ein und analysieren verschiedene Modifikationen.

Paradoxer Diebstahl

Sie stehen mit Ihrem Auto an einer Kreuzung und warten auf „grün", um rechts abbiegen zu können. Das Signal kommt, Sie fahren langsam an, denn auch die Fußgänger, die die abbiegende Straße überqueren, haben „grün". Ein Mann läuft gemächlich über die Straße und schaut Sie an. Dann bleibt er mitten auf dem Zebrastreifen stehen, dreht sich zu Ihnen und grinst Sie an. Mit viel Geduld wühlt er in seinen weiten Manteltaschen und ignoriert Ihr empörtes Hupen. Endlich hat er ein Päckchen Zigaretten in der Hand und zündet sich in aller Ruhe eine Zigarette an. Er kommt auf Sie zu, bittet Sie, die Scheibe herunterzukurbeln und fragt Sie herausfordernd, mit dem Hinweis auf die hinter Ihnen hupenden Autos, ob Sie immer so lange den Verkehr blockieren. Er wartet Ihre Antwort gar nicht erst ab, sondern dreht sich um und geht langsam über die Straße.

Eine pure Schikane. Aber *was* – versuchen wir uns der Evidenz der Empörung zu entwinden – qualifiziert die Handlungsweise die Fußgängers als schikanös?

Der impertinente Fußgänger braucht viel Zeit, um die Straße zu überqueren. Seine Art, die eigene Zeit großzügig zu verbrauchen, verbraucht die Zeit des Autofahrers gleich mit. Der Schikaneur läßt uns warten, er stiehlt uns Zeit.

Würden wir den, der uns etwas wegnimmt, was wir niemals wirklich besessen haben und es uns dann – in verwandelter Form – „zurückerstattet", einen Dieb nennen? *Das Merkwürdige am*

schikanösen Zeitdiebstahl ist, daß uns etwas abhanden kommt,
indem es „mehr" wird: Wie gewonnen, so zerronnen.

Ein seltsamer, paradoxer Diebstahl. Aber genau dies findet statt,
wenn wir warten müssen, uns jemand Zeit „nimmt", indem er sie
uns auf eine bestimmte Weise „gibt".

Wir leben in einer Gesellschaft mit zwei konkurrierenden
Zeitwertmaßstäben: Einerseits nötigt uns der ständig Gestreßte,
von vielen Terminen Gejagte, der Mann mit dem hektisch-
arroganten Blick zur Uhr Respekt ab; das ist die Idealisierung eines
komprimierenden, hochgradig beschleunigten Zeitbedarfs. Andererseits bewundern wir auch die weltmännischen, jovialen Menschen, die sich durchs Leben bewegen, als wäre es in Zeitlupe
gedreht und nichts so kostbar, als in der Lage zu sein, möglichst
jeder Sekunde beliebig viel Zeit einzuräumen; das ist umgekehrt die
Hochschätzung eines dekomprimierten, ungeheuer verlangsamten
Zeitbedürfnisses.

So sehr das erste Ideal eines der Arbeit und des beginnenden
Erfolges ist, so sehr ist das zweite eines der Freizeit und des
erreichten Erfolges.

Dem Schikaneur gelingt etwas Bemerkenswertes: Er frustriert
gleichzeitig beide Zeitideale. Das Besondere an der schikanösen
Zeitdeformation ist die Meta-Kompression: in der nochmaligen,
höherstufigen Verdichtung von unangenehm dekomprimierter Zeit
(Langeweile) und unangenehm komprimierter Zeit (Streß) eine
schikanösen Form des Wartenlassens zu erzeugen. *Der Schikanierte*
erlebt Streß und Langeweile zugleich. Der paradoxe Zeitdiebstahl
des „Wartenlassens" ist eine perfide Einheit von Zeitdiebstahl und
Zeitgeschenk.

Noch perfider wird der paradoxe Diebstahl, indem er die Zeit
abermals „nachverdichtet": Der Schikaneur verbraucht selbst
gelassen geradezu demonstrativ viel Zeit. Die Intensität dessen, was
er uns nimmt, wächst angesichts dessen, über das er gelassen
verfügt. Noch in einer zweiten Hinsicht begeht der Schikaneur
einen paradoxen Diebstahl: Anders als der konventionelle Dieb, der
so schnell wie möglich das Weite sucht, genießt es der Schikaneur,
dem Bestohlenen das Gestohlene vorzuführen.

Am Ende der Szene geht der impertinente Fußgänger zu dem mit
seiner Geduld kämpfenden Autofahrer und gibt ihm den „guten

Ratschlag": Er möge doch endlich aufhören, den Verkehr zu blockieren.

Die schikanöse Ironie kritisiert auch noch die Fügsamkeit und Hilflosigkeit des Schikanierten.

Stellen wir uns vor, der Schikaneur hätte für seine Botschaft nicht die Karikatur eines gut gemeinten Ratschlages gewählt, sondern die Unverschämtheit besessen, uns zu beschimpfen: „Sehen Sie nicht, daß Sie den gesamten Verkehr aufhalten!"

Diese provozierende Umdeutung der geduldigen und nervösen Höflichkeit zu einer dummdreisten Unfähigkeit verschärft den aggressiven Widersinn der Aufforderung des Schikaneurs, ihn zu „überfahren", nochmals.

Man sollte diese seltsame Aufforderung nicht gleich als Unsinn disqualifizieren: Mit diesem verrückt wirkenden Appell wird nicht nur das Opfer erneut – diesmal deutlicher, weil expliziter – zum Täter an sich selbst gemacht, sondern das Opfer auch noch *zum Täter am Täter.*

Der Türsteher und das Gesetz

Peter stürmt in die Bibliothek seines Vaters. Als dieser, aus seiner Arbeit gerissen, sich umdreht und ihn drohend anstarrt, merkt Peter, daß es noch viel zu früh ist, ihn stören zu dürfen. Erschrocken bleibt er mitten in der Bewegung stehen und starrt seinen Vater an; hinter ihm schlägt die Tür laut zu, die ihm in seiner Furcht vor dem Ärger seines Vaters aus der Hand geglitten war. Der Vater steht langsam auf, kommt näher, sagt nichts, blickt abwechselnd ihn, die Tür und wieder ihn an. Schließlich sagt er: „Geh raus und komm wieder rein, aber leise und ganz vorsichtig. Du sollst lernen, wie man eine Tür öffnet!"

Verwirrt dreht sich Peter um, schließt die Tür und versucht einen Augenblick zu überlegen. Dann drückt er die Klinke herunter, schiebt ganz langsam die Tür auf und tritt erneut ins Zimmer.

Sein Vater steht schon da und erwartet ihn in drohender Haltung. Peter hält die Tür krampfhaft fest. „Hast du schon mal gehört, daß man anklopft, wenn man irgendwo hinein will?" fragt ihn der Vater lauernd.

Eine kleine Pause entsteht. Peter starrt seinen Vater an. Er ist nervös, hat Angst und schwitzt. Er kennt seinen Vater, der kann jeden Augenblick explodieren und ihn fürchterlich verprügeln.

„Na?" sagt er in seinem typisch fragenden Befehlston. Peter dreht sich um, schließt sacht die Tür hinter sich, klopft an und kommt erneut herein. Er bleibt im Türrahmen stehen und hat fürchterliche Angst, schon wieder etwas falsch gemacht zu haben. Sein Vater grinst, beugt sich zu ihm herunter, sieht ihm in die Augen und fragt ganz langsam, ob er nicht schon einmal gehört hat, daß man, wenn man eine Frage gestellt hat, die Antwort erst abwarten muß, bevor man sie sich selber gibt. Peter, von Angst gepeinigt, versteht nichts. Der Vater klopft ihm mit dem Zeigefinger gegen die Stirn. Mit der anderen Hand zieht er ihn zu sich, dreht seinen Kopf zur Seite und fragt ganz leise, ob er denn nicht weiß, daß man nach dem Anklopfen erst das „Herein!" abwartet, bevor man eintritt. Das „Herein!" brüllt er ihm ein paarmal hintereinander ins Ohr. „Ja, Papa", stammelt der mittlerweile völlig verstörte und verängstigte Junge und wagt nicht, sich zu bewegen. Peter weiß nicht, daß sein Vater ihn nur schlägt, wenn er es nicht erwartet und sich jetzt nur damit begnügt, sich an seiner Angst zu weiden.

Der Vater dreht sich um, geht an seinen Schreibtisch, setzt sich und liest weiter in der Zeitung. Peter steht verdattert da und merkt kaum, wie die Zeit vergeht. Sein Vater blickt ihn an und faucht: „Was willst du denn hier?!" Peter dreht sich um und läuft weg.

Hyper-Ritualismus: der „Hömöostat des Fehlers"

Der Schikaneur macht aus jeder Handlung ein strenges Ritual: Der Vater könnte seinen Sohn auch dazu bringen, nur mit der rechten Hand anzuklopfen und die Tür mit der Linken zu öffnen oder ihm die Anzahl des Klopfens vorschreiben. Es gibt unendlich viele Varianten des schikanösen Hyper-Ritualismus.

Ein Ritual war ursprünglich eine Handlungsweise archaischer Religiösität, eine sinnliche Form des Glaubens aus einer Zeit, in der die Praxis eines Glaubens mit seiner Substanz weitgehend zusammenfiel. Die mikroskopisch genaue Erfüllung des Rituals kollektivierte den Glauben und machte ihn sichtbar und kontrollierbar.

Der Schikaneur läßt uns seine schwarze Messe zelebrieren: Zu unfreiwilliger Anbetung gezwungen, gehen wir in die Falle der Selbstvervielfältigung der Fehler. Ein schikanöses Ritual ist ein System, in dem der Schikanierte *nicht nichts falsch*, also nichts richtig machen kann.

Roland Barthes hat das zwangsneurotische Arrangement des schikanösen Rituals als einen *„Hömöostat des Fehlers"* (11) beschrieben: Der Zwangsneurotiker bestraft sich für die nicht-präzise Ausführung imaginärer, ihm auferlegter Handlungsvor-schriften mit immer neuen Auflagen, die wiederum präzise ausgeführt werden müssen, wobei natürlich abermals Fehler entstehen usw. Der Schikaneur zwingt sein Opfer in eine künstliche Zwangsneurose hinein: Es muß nicht einfach irgendwelche will-kürlich ersonnenen Strafen ertragen, sondern wird auch noch zum Opfer seiner Unfähigkeit, präzise zu handeln, gemacht.

Das wirft ebenfalls ein Licht auf die Eigenart schikanöser Gesetze. Sie sind mit Vorliebe kafkaesker Natur. Kafkaeske Gesetze kann man erst aufgrund ihrer Übertretung kennenlernen. So wie es zur Natur eines Wunsches gehören kann, grundsätzlich nur als unausgesprochener erfüllt werden zu können, träumt das kafkaeske Gesetz von einem Zustand, in dem Gesetze nicht erlassen werden müssen, um zu gelten. Was wie eine perfide Ungerechtigkeit aussieht, als Gesetzlosigkeit, die sich des Scheins des Gesetzes bedient, erscheint im kafkaesken Gesetz mit der unmittelbaren und unhinterfragbaren Evidenz eines Naturgesetzes.

Der Terror des Schikaneurs ist auch Ausdruck seiner Sehnsucht nach einem "sanften", naturalistischen Gesetz, das uns bindet, ohne uns zu binden. (Im Abschnitt „Das kafkaeske Gesetz" in Kapitel Zehn werden genauer auf diese Dialektik eingehen.)

Nach diesem wilden Streifzug durch einige Phänomene der Schikane werden wir mit dem nächsten Kapitel beginnen, die eingangs zitierten vier Momente der Schikane-Definition systema-tisch zu verfolgen.

Kapitel Zwei

Subversion der Legalität

Zweifelhafte Legalität

Die Legitimität eines Gesetzes rührt – im Idealfall – von seiner demokratischen Bildung, seiner eindeutigen Schriftform, seinem expliziten Geltungsbereich, seiner Allgemeinheit „ohne Ansehen der je besonderen Person", seiner eindeutigen Geltungzeit und seiner gerichtlichen Einklagbarkeit her. Die elementare Funktion jeder Legalität, sei es der römischen oder der heutigen bürgerlichen, ist die Sicherung von Rechtspositionen jenseits unmittelbarer Gewalt und despotischer Willkürherrschaft.

Das ist freilich bloß eine Nachformulierung der Ideologie der Legalität, die die Differenzierung von legaler und illegaler Gewalt und Macht sichern soll. Sie erweist sich bei näherer Betrachtung als notwendige Suggestion. Und das keineswegs bloß im Hinblick auf den niemals auslöschbaren Unterschied von Legalität (Recht) und Legitimität (Gerechtigkeit) sondern – und dieser Gesichtspunkt scheint uns wegen seiner Immanenz der bedeutendere – ebenso in seiner unmittelbaren Praxis als Realisierung und Inanspruchnahme einer positiven, gesetzten Regel. *Es geht bei einer Theorie der Schikane nicht um die Willkür trotz, sondern wegen und mit der Legalität.*

Konkurrenz und Schikane

Das zweite Element der DUDEN-Definition – der „illegale Legalitätsgebrauch" – hat einen deutlichen Bezug zum Schikane-Paragraphen des BGB: *„Die Ausübung eines Rechtes ist unzulässig, wenn sie nur den Zweck haben kann, einem anderen Schaden zuzufügen."* (§ 226)

Schon der Wortlaut des Paragraphen bringt deutlich zum Ausdruck, daß damit die alltägliche Konkurrenz der Interessen nicht berührt wird: „§ 226 setzt objektiv voraus, daß die Rechtsausübung keinen anderen Zweck haben kann als den, einem anderen Schaden zuzufügen. Es muß objektiv feststehen, daß eine andere Wirkung als die der Schadensstiftung nicht erreicht werden kann. Dieser Fall liegt in erster Linie dann vor, wenn die Handlung für den Handelnden, abgesehen von der Schädigung eines Dritten, ohne jedes Interesse ist." (1)

Der Grund für diese enge Fassung des Schikane-Begriffs wird deutlich genannt: „Der Tatbestand ist sehr eng gefaßt, weil der Gesetzgeber fürchtete, durch eine weitergehende Einschränkung der Ausübung den einzelnen Rechtsinhaber in seiner Bewegungsfreiheit zu stark zu behindern." (2)

Damit ist auch klar, warum der Schikane-Paragraph in der heutigen Rechtsprechung nur noch ein Schattendasein führt: „Daß die Ausübung eines Rechts *nur* den Zweck haben kann, einem anderen Schaden zuzufügen, wird nur in ganz seltenen Fällen nachzuweisen und anzunehmen sein." (3)

Einige von Richtern als Schikane anerkannte Fälle zeigen deutlich, wie relativ und vage der juristische Schikane-Begriff ist: „In erster Linie gehört hierher der sogenannte ‚Neidbau', d.h. die Ausführung eines Bauwerks – nicht notwendig Wohngebäudes, sondern auch und sogar zuvörderst einer bloßen Mauer –, das so beschaffen ist, daß es dem ausführenden Eigentümer überhaupt niemals nutzen, sondern lediglich dem Eigentümer des Nachbargebäudes schaden kann, z.B. eine Mauer, die keinen anderen Zweck hat und haben kann, als dem Nachbarn seine bisherige schöne Aussicht zu verbauen." (4)

Die unterschiedliche Kommentierung eines anderen Beispiels zeigt, wie schwer sich die Schikane juristisch fassen läßt: „Häufig wird als Beispiel des @ 226 auch der Fall angeführt, daß der Vater dem Sohn verbietet, das Grundstück zu betreten, auf dem sich das Grab der Mutter befindet" (5), „was jedoch nur im Ergebnis aus dem Gesichtspunkt von Treu und Glauben (§ 242) richtig erscheint, weil der schwer herzleidende Vater ein berechtigtes Interesse daran hatte, durch Fernhalten seines mit ihm verfeindeten Sohnes Aufregungen zu vermeiden." (6)

Um die Eigentümlichkeit der Schikane besser zu verstehen, werden wir den extremen Gegensatz zur Legalität, die despotische (Willkür-)Herrschaft genauer zu untersuchen.

Despotismus: Befehl und Drohung

„'Befehl ist Befehl': der Charakter des Endgültigen und Indiskutablen, der dem Befehl anhaftet, mag auch bewirkt haben, daß man über ihn so wenig nachgedacht hat. Man nimmt ihn hin als etwas, das immer so war, er erscheint so natürlich wie unentbehrlich. (...) Man hat sich kaum gefragt, was denn ein Befehl eigentlich ist; ob er wirklich so einfach ist, wie er erscheint; ob er der Raschheit und Glätte zum Trotz, mit der er das Erwartete bewirkt, nicht andere, tiefere Spuren im Menschen zurückläßt, der ihm gehorcht." (7)

Zum Befehl gehört es, daß er keinen Widerspruch erlaubt. Er darf nicht diskutiert, nicht erklärt oder angezweifelt werden. Er ist knapp und klar, denn er muß auf der Stelle verstanden werden. Eine Verzögerung in der Aufnahme beeinträchtigt seine Kraft. Mit jeder Wiederholung des Befehls, die nicht von seiner Ausführung gefolgt ist, verliert er etwas von seinem Leben; nach einiger Zeit liegt er dann erschöpft und ohnmächtig am Boden, und es ist besser, ihn unter solchen Umständen nicht mehr zu beleben. Denn die Handlung, die der Befehl auslöst, ist an ihren Augenblick gebunden. Sie kann auch für später festgelegt sein, aber bestimmt muß sie sein, sei es ausgesprochen, sei es durch die Natur des Befehls klar gegeben." (8)

Der Befehl ist die Ausdrucksform des Despotismus. Was unterscheidet den Befehl von einer Drohung? Der Befehl zielt immer auf den unbedingten Gehorsam. Er ist absolut nicht-diskursiv: Daß er augenblicklich befolgt werden muß, wirft ein Licht auf die Eigentümlichkeit seiner Gewalt. Die Befolgung der Drohung hingegen organisiert einen Macht-Tausch, einen Ausgleich und Handel zwischen Mächtigen und Ohnmächtigen. Damit aber wird die Allmacht des Mächtigen bereits einem Kalkül, einer Relativierung unterzogen.

Der Befehl zielt auf den nackten Gehorsam, der keinerlei Gewißheit abwirft, daß Loyalität honoriert wird. Natürlich wird auch der in einem despotischen Kontext gegebene Befehl aus Angst vor Strafe befolgt, aber das despotische System bietet keine Sicherheit dafür, daß Konformität belohnt wird. Auch derjenige, der bisher alle Befehle befolgte, kann umstandslos zum Opfer der Willkür des despotischen Herrschers werden: Gehorsam ist in despotischen Systemen nicht kapitalisierbar.

Jede Drohung erzeugt eine relativ klare Zäsur zwischen Anpassung und Abweichung, zwischen Konformität und Widerstand. Absolute Herrschaft verlangt unbedingten Gehorsam, auf Drohungen basierende, relative Herrschaft verlangt – fast schon partizipatorisch – Loyalität. Nichts ist dem Despotismus fremder als die Devise jeder antiken oder auch noch jeder feudalen Macht bis hin zu ihrem historisch sublimiertesten Ausdruck als spätbürgerliches Sozialstaatsprinzip: Teile und herrsche.

Im nächsten Abschnitt untersuchen wir den Unterschied von Befehl und Norm.

Befehl und Norm

Der Despot erteilt willkürlich(e) Befehle: Seine Macht beugt sich nicht dem Druck, wiedererkennbar oder vorhersehbar zu sein. Folgt man morgen noch dem Befehl, der heute gegeben war, ist man im despotischen Kontext bereits „ungehorsam". Als reine, ungebundene und unbindbare Macht erscheint ihm allein schon die Vorstellung einer gesetzmäßigen Selbst-Verfassung, also einer Selbst-Bindung als Eingeständnis einer Ohnmacht.

Und doch benutzt der Despot die elementare, archaische Form des Gesetzes zur Durchsetzung seiner Willkürherrschaft: Seine Befehle kennen nur Gebote und Verbote, aber keinerlei Rechte, also etwas, was man tun kann, aber nicht muß. Die Befolgung eines Befehls ist nicht nur vorgeschrieben, sondern erscheint auch als notwendig. Darin wird ein Gesetzesideal sichtbar, das die änderbaren und verletzbaren gesellschaftlichen Gesetze an der ehernen Starre der unveränderlichen, dem geschichtlichen Prozeß enthobenen Natur-Gesetze mißt.

Und doch gibt es nichts Singuläreres als den Befehl, der immer hier und jetzt gilt: Er ist die *paradoxe Norm für den Einmalge-*

brauch, eine Regel ohne zeitliche oder sachliche Generalisierbarkeit, die mit der Ausführung des Befehls verschwindet.

Der Befehl ist im Unterschied zur Norm asymmetrisch; er bindet nur den Beherrschten, niemals aber den Herrscher. Der Befehl läßt die Absichten des despotischen Herrschers erkennen, ohne sie deshalb identifizierbar zu machen. Er ist das seltsame Paradox einer Regel, die nur in ihren Auslegungen existiert. Er ist eine Kasuistik ohne Prinzip. „Töte den Ehebrecher!" zu befehlen, ist etwas anderes als die Regel zu setzen: „Ehebrecher sind zu töten!" Die despotische Herrschaft ist also keineswegs nicht artikuliert und unsichtbar; der Befehl ist vielmehr eine Form der Artikulation, die keinen Rückschluß vom Sagen zum Meinen zuläßt. Räumte der Befehl diese – liberale – Differenz ein, verlöre er seine unbedingte Geltung. Anders als die legale Form der Regel, die Norm, für die sachliche, zeitliche und räumliche Universalität gilt, ist die despotische Form der Regel, der Befehl, individualisiert und situativ.

Befehl und Norm haben beide eine typische Schwäche: Dem Befehl fehlt es an der *Transparenz des dahinterstehenden Prinzips*, der Norm an *Präzision der letztendlichen Praxis*. Der *Abstraktionsschwäche des Befehls*, als Auslegung ohne Regel, entspricht die *Konkretionsschwäche der Norm*, als Regel ohne Auslegung.

Im nächsten Abschnitt wollen wir die spezifische Schwäche der Norm am Beispiel von Ge- und Verbot genauer untersuchen.

Das unvollständige Gebot

Jedes Verbot ist notwendig unvollständig, weil es seine Auslegung und Anwendung nicht perfekt mitregeln kann. Deshalb ist jedes Gesetz im Prinzip überschreitbar und dehnbar („Gummi-Paragraph"). Alle Handlungen, die auf der Form-Ebene regelkonforme und auf der Inhalts-Ebene zugleich regelabweichende Eigenschaften aufweisen, sind „konforme Überschreitungen".

Ein Beispiel: Eine Mutter sagt zu ihrem Sohn: „Ich will nicht, daß du mit Gerd zum See spielen gehst". Der Junge geht trotzdem mit seinem Freund Gerd zum Weiher. Zurück und von der Mutter zur Rede gestellt, meint er: „Aber wir waren doch gar nicht spielen, sondern nur spazieren!"

Jede *Subversion* nutzt die Strategie der konformen Überschreitung und die Tücken der unvermeidlichen normativen Abstraktion. Das Basis-Axiom der Subversion lautet: *Jede Regel kann gegen sich verwendet werden.* Gerade weil jede Norm, ob nun als allgemeines Gesetz oder spezifischere Verwaltungsvorschrift, notwendig unvollständig ist, um flexibel auf die unterschiedlichen Anforderungen der Praxis reagieren zu können, kann es Gerechtigkeit im Einzelfall niemals *durch*, sondern höchstens *mit* dem Gesetz geben. Die Subversion entwickelt eine Kasuistik des verdeckten Aufstandes. Die objektive Ironie: Ausgerechnet der Versuch, den dogmatischen, präjudizierenden Charakter der Gesetze in der Art der Gesetzgebung kompensierend zu berücksichtigen, öffnet dem Despotismus in verwandelter Form die Tür. Der Preis, den wir für den Rechts-Positivismus zahlen, besteht darin, unfreiwillig dem Despotismus in Verwaltung und Bürokratie viel Raum zur Entfaltung zu geben. An das offene Ende jeder Norm kann sich das despotische Verlangen in kreativer Subversion als deren parasitäre Fortsetzung ankoppeln und erneuern.

Zunächst ein Beispiel nicht-schikanöser Subversion: In den USA werden zunehmend sogenannte Para-Rauschgifte angeboten, die sich auf molekularer Ebene nur unwesentlich von den Original-Rauschgiften unterscheiden. Dieses „Drogen-Design" subvertiert erfolgreich die Legalität: Das nur um Nuancen veränderte Rauschgift kann kaum inkriminiert werden, weil es seinen molekularen Aufbau, nicht aber seine Wirkung verändert hat. Die eingrenzende Präzision des Gesetzes wird von den Drogen-Designern subversiv als kalkulierbare Unschärfe genutzt. Hier wird bereits die elementare Identitäts-Formel des Schikaneurs sichtbar: *Er betreibt Selbst-Erhaltung mittels (Pseudo)-Selbst-Zerstörung.*

Subversion ist immer von zwei Seiten denkbar: *Superiore Subversion* ist der illegale Gebrauch der Legalität „von oben", etwa wenn die Organe der Strafverfolgung selbst die notwendige Unschärfe der Gesetze nutzen; *inferiore Subversion* ist die Legalisierung des Illegalen „von unten". Das Drogen-Design ist eine inferiore Subversion, allerdings eine instrumentalisierte, denn sie ist mit starken, materiellen Interessen verknüpft. *Die Schikane dagegen ist immer eine nicht-instrumentelle, nutzlose und boshafte Subversion.*

Logik der Totalisierung

Totalisierung ist die Abstraktion der Dynamik der Subversion. Die Aufhebung des Gegensatzes von Legalität und Illegalität unter der Dominanz der Illegalität ist totalisierend. Die Formulierung gleicht der Definition der zentralen dialektischen Operation, der Aufhebung als Herstellung der Einheit der Gegensätze. Doch die konventionelle Dialektik denkt Aufhebung zu optimistisch, zu egalitär, ganz nach Adornos Diktum, daß „in der Geschichte der Philosophie sich die Verwandlung epistemologischer Kategorien in moralische wiederhole" (9), hier freilich umgekehrt. Die „Aufhebung" suggeriert die Ruhe nach dem Sturm, dem „Widerstreit der Gegensätze". Genau dies gilt aber für die Operation der Totalisierung nicht. Sie ist unversöhnlich: *Der Gegensatz wird aufgehoben, um ihn fortsetzen zu können.* In jeder Totalisierung bleibt die Aufhebung ohne ein befreiendes Drittes, ohne Synthese gegenüber ihrem dialektischen Vorbild unvollständig, verkümmert, unvollkommen.

Das Paradox der Totalisierung ist es aber gerade, daß ihr Mangel gegenüber der „perfekten" Aufhebung ebensosehr ihr Vorzug ist. In der dialektischen Aufhebung verschwindet die Autonomie der Momente und macht der Synthese als Einheit der Gegensätze Platz. Ihre Bewegung ist die allgemein geschichtliche, eine radikale Zukunfts-Orientiertheit. Die Totalisierung bildet eine Zeit, in der die Vergangenheit ko-präsent bleibt. Weil sie als „Aufhebung in der Schwebe" nie zu ihrem Ende kommt, ist sie die Logik der Melancholie, die den Fortschritt nur in Angriff nimmt, um dem Rückschritt ein Ausmaß zu geben.

Im Abschnitt „Die paradoxe Verfolgung" im ersten Kapitel, haben wir gesagt, daß die Schikane „das Ende als Ende andauern läßt". Genau diese Funktion leistet die zyklische Arbeit der Totalisierung. Die *restaurative* Dialektik der Totalisierung ist perfekter als die „komplette" Aufhebung, weil sie die Momente, die der dialektischen Figur nur Durchgangsstadium und rettungslos verlorene Vergangenheit sind, als Reste erhält und rekultiviert. Die Logik der Totalisierung entfaltet eine Metaphysik des soziologischen Recyclings.

Ein totalisierendes System will in der allmählichen Etablierung seiner „normalen" Geltung seine Geschichte, seine Genesis nicht verlieren. Es will zugleich Werdendes und Gewordenes, Unfertiges und Fertiges sein, Werden und Sein, Genesis und Geltung, Ursprung seiner selbst und Ableitung von „Anderem".

Anders als eine Praxis *annulierender* Totalisierung, die ihren Gegensatz vollkommen abschafft („totalitäre Praxis"), gelingt der erhaltenden Totalisierung der Fortschritt, Herrschaft und Vernichtung zu differenzieren: überwältigen bedeutet nicht mehr automatisch vernichten. *Totalisierung ist „Reproduktion der Überwältigung"*. Damit gehört die Schikane, so herausfordernd sich dies anhören mag, zu den sanften Herrschaftsformen, zu solchen, die ihr Gegenteil „umarmen" – man muß diese Metapher sehr ernst nehmen –, aber eben nicht erdrosseln.

Die Totalisierung ist eine *Logik des „weniger ist mehr"*. Sie ist entschlossen, mit der Vergangenheit nicht fertig werden zu *wollen*. Stellen wir uns einen Jugendlichen vor, der sich nach dem Erwachsensein sehnt und gleichzeitig den unwiderruflichen Verlust der Kindheit betrauert. Er will – idealtypisch – Kind, Jugendlicher und Erwachsener zugleich sein. Oder ein Angler, der den Genuß, den Fisch zu essen, nicht opfern will für den, ihn zu angeln, und ihn deshalb immer wieder ins Wasser wirft. *Das Begehren nach paradoxer Allmacht ist der „triebdynamische" Kern der Schikane.* Sie will einen Weg finden, der in seinem Ziel nicht verschwindet, und ein Ziel, das seinem Weg immer voraus ist.

Wiedergeburt des Despotismus

Unsere These: *Die Schikane ist die Wiedergeburt des Despotismus unter den Bedingungen der Legalität.* Die Schikane folgt dem chinesischen Skeptizismus gegen das kanonisierte Recht: „Bekanntlich haben die Chinesen einen ausgearbeiteten Gesetzeskodex vermieden, und zwar aus Besorgnis, daß die Bösewichte dann nur die Buchstaben des Gesetzes gegen seinen Geist beschwören würden." (10)

Die Schikane ist objektiv nutzlose und subjektiv boshafte Subversion. Unter der Bedingung der Legalität, der nicht-rächenden Form von Gerechtigkeit ist sie die Rache dafür, sich nicht mehr rächen zu können. Gegen das legale Verbot der Rache setzt die Schikane die Rache mit dem Verbot.

Ihre Aktionen sind nicht einfach „willkürlich" und beliebig und reizen uns deshalb so bis auf's Blut, sie bedienen sich vielmehr immer irgendeiner „geregelten Ausnahme". Das „Unrecht", das uns in der Schikane widerfährt, ist nicht deshalb so „schreiend", weil es eben unrecht ist; auch nicht nur, weil es ihr gelingt, Unrecht im Namen des Rechts auszuüben, sondern weil es nicht einmal unrecht ist, Unrecht im Namen des Rechts auszuüben.

Die „subversive Schikane" ist nicht auf dem Hintergrund einer schlichten Dualität von geradlinigem Gesetzeskonformismus und einem ebenso geradlinigen Gesetzesbruch zu verstehen. Sie muß vielmehr als Technik verstanden werden, Gesetze zu brechen, indem sie – scheinbar – eingehalten werden. Schikanöses Handeln ist lizenzierte bzw. sich lizenzierende Willkür. Das aber ist ein Handlungsmodus, der ebensosehr „jenseits" als auch „zwischen" Regel und Ausnahme, Konformität und Abweichung, Normalität und Pathologie angesiedelt ist.

Damit kehrt die „Nicht-Honorierung von Konformität", die wir als Eigenart des originären Despotismus beschrieben haben, unter der Bedingung einer rechtsstaatlichen Existenz wieder: Unter dem boshaften Blick des subversiven Schikaneurs gerinnt tendenziell jeder Versuch, sich zu irgendeiner Regel konform zu verhalten, zu einem verheimlichten Aufstand. Der Schikaneur ersetzt die grausame, irreguläre Willkür des Despoten durch die diabolische, reguläre Willkür; er verbindet, was sich sonst gegenseitig ausschließt: Gesetz und Willkür.

Schikanöse Willkür erscheint nicht als Beliebigkeit des Befehls, sondern als *organisierter Auslegungstumult* im Rahmen einer Norm. Die Kunst des Schikaneurs erweist sich daran, mit welchem Geschick er es versteht, noch die scheinbar evidenteste und eindeutigste Regel gegen den Strich zu bürsten. Der Schikaneur initiiert die Wiederkehr des Verdrängten: Die Ordnung der Regel ist ihm keineswegs bloß Gelegenheit, sondern Bedingung seines Tuns, der Wiederholung des Chaos.

Wenn Zivilcourage der permanente Versuch ist, dem „Geist" der Gesetze gegen ihre „Buchstäblichkeit" „zum Recht" zu verhelfen, dann ist die Schikane genau das Gegenteil: Sie spielt den „Buchstaben" des Gesetzes gegen seinen „Geist" aus. Natürlich gibt es auch Schikanen die willkürlicher sind; das Maß ihrer Perfektion liegt aber gerade darin, einen Kurzschluß zwischen Regel und Ausnahme herzustellen.

Anders als der Despotismus oder die im französischen Absolutismus üblichen „lettres de cachet", die eine dem Gesetz eher äußerliche Willkür inszenieren, setzt die Schikane alles daran, die gesetzesimmanente „Willkür" zu entfalten. Nicht die „Unterschreitung" des Regel-Sinns, sondern ihr Exzeß, die „Überschreitung" des Regel-Sinns ist die Basis schikanösen Handelns. Mit der Faktizität einer Regel gegen ihren normativen Sinn anzutreten ist schikanös.

Was ist der Sinn dieses seltsamen schikanös modifizierten Regel-Konzepts? Was will der Schikaneur, wenn er den paradoxen Versuch unternimmt, die Ausnahme zu regulieren? Um die Frage besser beantworten zu können, kommen wir noch einmal auf die Eigenart despotischen Denkens zurück und erweitern den direkten Vergleich despotischer und legaler Normativität mit einem Blick auf einen archaischen Modus des Normativen, das Tabu.

Das perfekte Gesetz

Es gibt keineswegs nur eine defensiv-schikanöse Bearbeitung von bereits gegebenen sozialen Regelzusammenhängen, sondern auch eine offensive Gestaltung der Regeln selbst. Je mehr der Schikaneur die Rahmenbedingungen der Situation kontrolliert, je größer seine Macht ist, seine diabolische Leidenschaft nicht nur unter den Bedingungen des Alltags zu verwirklichen, desto mehr subvertiert er Regeln, Normen und Gesetze nicht nur auf der Ebene ihrer Anwendung, sondern – grundsätzlicher – bereits auf der Ebene der Konstruktion.

Wir wollen das schikanös modifizierte Gesetz das „perfekte Gesetz" nennen. Wie sähe das perfekte Gesetz aus? Wesentlich wäre nicht seine praktische – durch Gewalt und Macht abgesicherte, sondern seine uneinschränkbare Geltung. Die konventionelle Vorstellung des perfekten Gesetzes stellt es sich als unüberschreitbar vor. Wir wollen deshalb zunächst eine alternative Vorstellung der Perfektion von Gesetzen entwickeln, um beide dann miteinander zu konfrontieren. Diese andere Perfektion liefe nicht auf eine Eliminierung der Überschreitung, sondern auf ihre Vereinnahmung hinaus. Das Gesetz müßte – totalisierend – seine Überschreitung zugleich möglich und unmöglich machen.

Jedes soziale Gesetz – als gesetztes – beinhaltet per Definition die Möglichkeit seiner Überschreitung: Anders als jedes Naturgesetz ist es nicht vorgefunden, sondern konstruiert, wie sehr es auch im Schein der Naturwüchsigkeit entstanden sein mag. Wie gut es auch konstruiert ist, es ist immer mit dem Makel der Relativität und Historizität behaftet.

Das soziale Gesetz ist keineswegs nur strukturell unvollkommen – wie wir in der Diskussion der Subversion gezeigt haben –, sondern auch dynamisch: Das Gesetz selbst ist wider Willen Hinweis, wenn nicht gar Motiv zu seiner Überschreitung. Wir kennen den Satz „Was verboten ist, macht uns gerade scharf". Der *Satz vom (strukturell) unvollständigen Verbot* („Jede Regel kann gegen sich selbst verwendet werden") muß durch den *Satz vom (dynamisch) unvollständigen Gebot* („Jede Regel setzt selbst, gegen das sie sich wendet") ergänzt werden. Daß das „Nein!" unter Umständen erst überhaupt auf das Verneinte aufmerksam macht, bildet die chronische, dynamische Dysfunktionalität von sozialen Gesetzen.

Wie kraftlos ist das Gesetz in seinem omnipotenten Versuch, die schiere Möglichkeit des Verbotenen selbst noch im Verbot mitzuerfassen, also die spezifische Leistung des Tabus mit den Mitteln der Norm zu simulieren: „Halte dir vor Augen, daß man an diese verbotene Sache nicht einmal denken darf!" (11). Der Versuch, nicht nur die Berechtigung, sondern – fundamentaler –, auch die Existenz des Verbotenen zu verbieten, ist ein unendlicher Regreß. Das Gesetz hat nur eine Chance, seine notwendige, dynamische Unzulänglichkeit zu parieren: *Es muß aus der Not eine Tugend machen, es muß den unvermeidlichen „Unfall", die Überschreitung selbst initiieren.* Das perfekte Gesetz assimiliert die Rolle des Gesetzesbrechers. Dies erklärt die „Gleichzeitigkeit" von Möglichkeit und Unmöglichkeit der Überschreitung: Eine lizenzierte, von Gesetzes Gnaden eingeräumte, ja gar forcierte Überschreitung repräsentiert genau die symbolische – keineswegs reale – Vernichtung der Dissidenz, die das perfekte Gesetz intendiert.

Ginge man von der konventionellen Vorstellung der Perfektion aus, wäre der archaische Normativitäts-Modus des Tabus „perfekt": „Zum originären Tabu gehörte, daß das Verbot galt, ohne daß es durch eine autoritäre Instanz proklamiert oder sanktioniert gewesen wäre." (12) Tabus sind latente Normen, die nur als latente wirken. Niklas Luhmann hat die Funktion der Latenz hellsichtig formuliert: „Die Funktion der Latenz ist die Latenz der Funktion". (13) Das Tabu wirkt, weil man sein Wirkungsprinzip nicht durchschaut. Man kann die Kraft ihrer eigentümlichen Geltung nur paradox formulieren: Sie entfalteten die Kraft der Regulation, weil tabuiert – niemand auf den Gedanken kam, daß dazu Kraft vonnöten sei, kurz, daß diese auch fehlen könne. Die geniale „Leistung" des Tabus ist es, nicht das Ungewollte zu verbieten – ihm aber damit indirekt Existenz und Geltung zu verschaffen, ja, nicht einmal die Existenz des Ungewollten zu bestreiten, sondern schlicht dessen Nicht-Existenz zu unterstellen. Das Tabu negiert nicht in der Dimension der Wirklichkeit, sondern in der der Möglichkeit. Dem Tabu gelingt es, die Existenz des Verbotenen zu vernichten, dessen Scheitern wir oben in dem Gebot, nicht an das Gebot denken zu sollen, analysierten.

Wir können nun sagen, daß das von uns für die Theorie der Schikane favorisierte zyklische Perfektionsphantasma in der Übergangsgestalt zwischen Tabu und Norm, als Befehl, ansatzweise sichtbar wird.

Das despotische Gesetz, der Befehl, ist nicht mehr wie das archaische Gesetz, das Tabu, eine Identität von Natur- und Sozialgesetz, ohne jegliche Zufälligkeit, aber auch noch nicht wie das legale Gesetz, die Norm, ein Sozial-Gesetz, ohne jegliche Notwendigkeit. Unter dem Gesichtspunkt der Totalisierung gibt es eine enge Verwandtschaft zwischen despotischem und perfektem Gesetz: höchste Willkür und höchste Notwendigkeit in einem Akt.

Im Befehl steckt noch etwas von der Magie des Tabus, ohne verkörpende Person, aber zugleich ist er die erste Verkörperung eines souveränen Gesetzes.

Das Phantasma des Befehls ist es, selbst unmittelbar für seine Verwirklichung zu sorgen, noch einmal die magische Kausalität des Tabus zu reklamieren, obwohl Herrschaft längst personifiziert und institutionalisiert, also relativ, „sozial" geworden ist und niemals mehr den Schein naturwüchsiger Geltung in dieser hermetischen Intensität für sich in Anspruch nehmen kann und gleichwohl dessen phantastische Wirkungsweise zu beerben. Ja, mehr noch: Perfekter noch als das Tabu ist der Befehl nicht von dessen vorgeschichtlicher Trägheit und Unbeweglichkeit belastet.

Das Phantasma des despotischen Befehls ist es, manifest zu sein und doch die subtile Funktionalität der Latenz zu besitzen. Er will die absolute Geltung seines normativen Vorläufers (des Tabus) und die Fähigkeit relativer Setzung seines normativen Nachkommens (der Norm) vorwegnehmen.

Wenn wir behaupten, daß der Schikaneur ebenso das Phantasma der perfekten Überschreitung (Subversion), wie das des perfekten Gesetzes verfolgt, bleibt freilich noch eine Frage offen: Warum hat er den Ehrgeiz, das eigene boshafte Handeln zu legitimieren?

Wir haben bislang stillschweigend Perfektion mit Effektivität gleichgesetzt: Darauf bedacht, daß das Gesetz um seiner Wirksamkeit willen auch der Anerkennung bedarf, wird deutlich, daß die legale Norm ein anderes Perfektionsphantasma einlöst. Legitimität, die Absolution der Herrschaft durch die Beherrschten, ist das ideologische Perfektionsphantasma des Gesetzes. Aus diesen Gründen ist die Schikane die Wiederkehr des Despotismus unter den Bedingungen der Legalität. (14)

Graue Schikanen

Präzision ist *das* Thema der alltäglichsten und unauffälligsten, der parasitären, grauen Schikane. Diese gewöhnlichste und verbreitetste Form der Schikane kommt in diesem Buch zu kurz, weil sich die Natur der Schikane besser in ihren extremsten Formen studieren läßt. Wir werden im Fortlauf des Buches die Extreme als „schwarze" und „weiße" Schikane analysieren. Wir vertrauen dabei Freuds' Auffassung, daß die Normalität – auch die der Schikane –, am besten an ihren „pathologischen Auswüchsen" untersucht werden kann.

„So haben mir Soldaten berichtet, daß ihnen die Einsicht in die Notwendigkeit von Ordnung und Sauberkeit in militärischen

Anlagen und Unterkünften schon von Haus aus keine Schwierigkeiten bereitete. Ihnen fehle jedoch jedes Verständnis dafür, wenn Stuben- und Revierreinigen zum Selbstzweck werden und Vorgesetzte ihre Macht nach dem Motto ausspielten: ‚Wenn ich will, finde ich immer etwas.‘ Ich meine, der Willkür von Vorgesetzen sind hier klare Grenzen zu ziehen. Ich sehe beispielsweise keine dienstliche Notwendigkeit für das Ausklopfen eines bereits geleerten Mülleimers über einem Tisch, um durch dann noch herausfallende Staubreste den Nachweis zu erbringen, daß der Eimer nicht ordentlich gereinigt worden sei." (Aus dem Jahresbericht des Wehrbeauftragten Willi Weiskirch, auszugsweise dokumentiert in der „FRANKFURTER RUNDSCHAU" vom 15. April 1987, Seite 22.)

Dem mikroskopischen Blick der hybriden Kontrolle entgeht nichts. Sie funktioniert als *Paradoxierung des Maßstabs:* An dem Phantasma absoluter Kongruenz und Zieltreue scheitert jeder realistische Vergleich. Jeder Versuch, konform zu handeln, trifft auf ein Ideal terroristischer Mikrologie, daß noch dem bemühtesten Versuch allenfalls das Prädikat des „noch nicht" zugesteht. Als hybride Präzision, als paradoxer Maßstab sichert sich die Schikane die Erfüllung des Anspruchs der Subversion. Ebenso sichert sie als prinzipiell unerfüllbares Ideal dem schikanösen Begehren die Grundlage für ihre unendliche Wiederholung.

Gleichwohl gibt es keine Schikane, die so gut *gedeckt* ist wie die graue. Die Boshaftigkeit, die in ihr agiert, ist zu kleinlaut und schmiegt sich zu mimetisch in die Poren der Legalität, um die ganze Breite und Theatralik der schikanösen Intention wirklich sichtbar werden zu lassen. Fast immer ist der graue Schikaneur ein *Träger delegierter Macht.* Wenn aber – wie wir zeigen werden – die Schikane die Kultivierung eines Allmachtsgefühls ist, läßt schon diese Stellvertreterposition kaum ihre ekstatischen Auswüchse erkennen.

Der *obszöne Zug* Schikane, den wir in einem der nächsten Abschnitte – vor allem im Verhältnis von Intrige und Schikane – genauer beleuchten werden, ist in der grauen Schikane nur wenig ausgeprägt. Solange dem Präzisions-Schikaneur eine Gesinnung begegnet, die noch den zehnten Zyklus der immergleichen Amtshandlung mit geschmeichelter Untertänigkeit hinnimmt, wenn nicht gar als staatliche Fürsorge feiert, wird es der grauen Schikane an Profil fehlen. Niemals können wir genau wissen, ob wir nur einen sturen Bürokraten oder einen Schikaneur vor uns haben. Diese Unterscheidung ist auch das Thema des nächsten Abschnitts.

An der Grenze

Der Grenzbeamte, der schon zum dritten Mal hintereinander Ihren Koffer durchsucht, handelt immer noch im Rahmen der Vorschriften. Der Schikaneur verletzt niemals den „Buchstaben" des Gesetzes, sondern immer nur seinen „Geist". Der Grenzbeamte, der das heranfahrende Auto mit dem Hinweis zurückdirigiert, es hätte die Halte-Markierung überfahren, um den Fahrer dann, nachdem er sich diesem absurden Präzisionsverlangen gefügt hat, aufzufordern, doch wieder etwas näher heranzufahren, weil es nun noch einen winzigen Spalt zwischen Stoßstange und Haltemarkierung gibt. Dies alles verbindet der Grenzbeamte mit dem Hinweis: „Wenn Sie solche Schwierigkeiten machen, halten Sie die zügige Abwicklung der Grenz-Formalitäten auf."

Der schikanöse Grenzbeamte „nimmt es genau". Das Gebot, an der Markierung zu halten, verliert in seiner Handhabung den liberalen Puffer des Niemandslandes, der Zone des nicht mehr eindeutig Erlaubten, aber noch nicht eindeutig Verbotenen. Die hybride Präzision des despotischen Schikaneurs, seine perfide Kleinlichkeit, verwischt den Unterschied von Gesetzes-Konformität und -Abweichung. Unter seinem bösen Blick ist jedes auf die Einhaltung eines Gesetzes bezogene Verhalten unzureichend, ja, unerklärter Aufstand. Vor seinem absoluten Konformitäts-Standard versagt jeder selbst noch so devote und bereitwillige Anpassungsversuch.

Das zentrale Paradox der despotischen Schikane: Sie produziert die Abweichung, *indem* sie vorgibt, für die Einhaltung des Gesetzes zu sorgen. In den vielen Alltags-Schikanen zeigt vorrangig die despotische Schikane ihr relativ einfaches und schlichtes Gesicht nicht qualitativ, sondern quantitativ.

Genau das ist aber auch ein Problem. Die kleine Szene an der

Grenze besitzt nur eine schwache Kontur als Schikane. Die Boshaftigkeit und Nutzlosigkeit der Schikane – die anderen Momente ihrer Definition – treten nur flüchtig und schwer objektivierbar in Erscheinung. Natürlich müßte eine einfache Durchsuchung des Koffers ausreichen, um ihn angemessen zu kontrollieren. Nur gibt es kein objektives Kriterium dafür, was eine „angemessene Kontrolle" ist.

Wenn wir die Szene der wiederholten Durchsuchung etwas verändern, wird der Unterschied zwischen bloßer Prinzipienreiterei und schikanösem Handeln deutlicher. Nehmen wir an, der Beamte hätte seine mehrfache Durchsuchung beendet und der Fahrer machte eine provozierende Bemerkung über die Kontrollen. *Daraufhin durchsucht der Beamte den Koffer abermals.* Jetzt besteht kein Zweifel mehr an der schikanösen Qualität der Kontrolle: Der Beamte entfaltet jedes einzelne Kleidungsstück, wendet es wiederholt, als könnte es mehr als zwei Seiten haben und hält noch das transparenteste Kleidungsstück gegen die Sonne, als könnte es noch durchscheinender werden. Selbst die dünnste Bluse zerdrückt er zwischen den Fingern und dies alles um so langsamer, je mehr sich der verärgerte Fahrer zu drängenden Kommentaren hinreißen läßt.

Das ist der Schritt von der zähen Geduldsprobe des Prinzipienreiters zum Kontroll-Theater des Schikaneurs. Sein Tun ist immer von ostentativer, demonstrativer Sinnlosigkeit. Das ist eine weitere fundamentale Eigenart des Schikaneurs: So sehr er, im Geiste der Subversion, sein Tun als noch legal vertretbares tarnt, so sehr ist diese „Tarnung" doch nur dazu da, um von ihm selbst, Stück für Stück und mit rasend machender Geduld zersetzt zu werden. Wie weit der Schikaneur von der biederen Geheimhaltungs-Praxis des Prinzipienreiters und den tückischen Kabinettstückchen des Intriganten entfernt ist, untersuchen wir in den beiden folgenden Abschnitten.

Schikaneur und Prinzipienreiter

Der Schikaneur ist die Karikatur des Prinzipienreiters. Der Prinzipienreiter handelt vielleicht objektiv schikanös, aber er ist deshalb noch lange kein Schikaneur. Beiden geht es scheinbar „um's Prinzip": Der Prinzipienreiter leugnet den Unterschied von Sinn und Buchstabe des Gesetzes und es gibt kaum jemanden, der sich dessen bewußter wäre als der Schikaneur. Der Prinzipienreiter lebt in dem sturen Glauben, nur der unbedingte Gehorsam gegen die Pflicht sichere die Existenz des Rechts; der subversive Schikaneur imitiert dieses Vorgehen für genau den entgegengesetzten Zweck. Der Prinzipienreiter glaubt – als *Held der Buchstäblichkeit* – das Gesetz am besten begriffen zu haben, er ist ihm näher als nah.

Der Schikaneur hebt das Gesetz mit dessen eigenen Buchstaben aus den Angeln. Er ist ein *Double des Prinzipienreiters,* der deutlich den Abstand zwischen Original und grotesker Nachahmung durchscheinen läßt. Je geringer der wahrnehmbare Unterschied zwischen beiden wird, um so intriganter wird die Schikane. Gerade weil sich viele subversive Schikanen im dem Schatten der Legalität ducken und damit automatisch einen intriganten Drall haben, benötigen sie für ihre Identität einen anders strukturierten Schein als andere Formen der Schikane.

Der geschickte Schikaneur benutzt die unfreiwillige Tarnung vieler subversiver Schikanen – etwa derjenigen, die in bürokratische Zusammenhänge eingebettet sind –, um die Kontur der konkreten Schikane zwischen „bloß" objektiver und „schon" subjektiver so einzurichten, daß sie die forcierteste und „reinste" Form der Bestimmung schikanösen Scheins, als einem, *der gebildet wird, um zerstört zu werden,* erlangen kann. Nicht der erweist sich als der „stärkste" Schikaneur, der sich am deutlichsten vom Prinzipienreiter unterscheidet, sondern der, der permanent die matte Wut der Verwechslung gegen den klaren Zorn der Identifikation ausspielen kann.

Die demonstrative Selbst-Offenbarung der Schikane ist immer zweideutig: Totalisierung als „Andauernlassen des Endes" bedeutet hier, „Andauernlassen der Offenbarung", die niemals in eine vollendete Gewißheit mündet. *Der Schikaneur streut permanent den Verdacht gegen sich aus, um ihn mit der anderen Hand wegzuwischen.* Als Parasit des Prinzipienreiters sorgt der Schikaneur für den Unterhalt seines Wirtes.

Erst in dieser eigentümlich changierenden Existenz vollendet sich die Rückkehr des Despotismus als einer Herrschaft, die hyperkonkrete Befehle mit unsichtbar dahinterliegenden Prinzipien verbindet. Diese eigenartige Verbindung von transparentem Tun und anonymer Gesinnung erscheint in der Schikane als Spiel, dem Schikanierten Identifikationsgelegenheiten zu offerieren und gleich wieder zu kassieren.

Auch der Vergleich zwischen Schikaneur und Intrigant zeigt den Schikaneur als Agenten einer ebenso koketten wie frechen Macht.

Geheimnis bei Schikaneur und Intrigant

Der Schikaneur ist sich zu fein, das Opfer über sein Wesen zu täuschen. Anders als der Intrigant, der sich an der Ahnungslosigkeit seiner Opfer weidet und es genießt, daß sie möglichst wenig von dem wissen, was er mit ihnen macht und vorhat, weiht der Schikaneur seine Opfer in das böse Spiel ein, das er mit ihnen treibt. Der Intrigant ist ein Meister der versteckten Boshaftigkeit, der Schikaneur liebt die Transparenz seiner Bösartigkeit. Der Intrigant ist stolz auf seine Unangreifbarkeit, die ihn schützt, denn er ist ein Virtuose des Geheimnisses und der Täuschung.

Der Schikaneur ist stolz auf seine Unangreifbarkeit, obwohl er seine düsteren Machenschaften im hellsten Tageslicht verrichtet. Die Intrige ist die Macht der Fiktion, Schikane ihre Pornographie. Die Boshaftigkeit des Intriganten ist elegant und souverän; die des Schikaneurs perfide und gemein. Der Intrigant stapelt Maske um Maske auf seinem Gesicht und genießt die Selbstkaschierung; der Schikaneur reißt sich andauernd Masken vom Gesicht und genießt die Selbstentlarvung.

Die Schikane ist dreist und von unverschämter Offenheit; als Pomp der Macht, barocker Selbstgenuß, ist sie das absolute Gegenteil jeder intriganten Geheimdiplomatie. Entfaltet die Intrige die machtvolle Kunst der Wiederholung beliebig vieler Hintergründe, so demonstriert die Schikane eine eigenartige Form praller

Sichtbarkeit. Suchte man nach einer idealen Institution der Intrige, so wäre es die Loge, nicht das Theater, wie bei der Schikane. Der aufgerissene Mantel des Exhibitionisten, das ängstlich-aggressiv zur Schau gestellte Geschlecht, ist der Gestus der Selbstexposition der Schikane. Sie reizt zum Wegsehen und fesselt doch den Blick.

Der Intrigant verfolgt das ehrgeizige Ideal der Spurenlosigkeit seines Tuns; der Schikaneur legt sogar noch künstliche Spuren, damit niemand seine Handschrift verkennt. Die Intrige ist einer Ästhetik des Schönen, die Schikane einer der Häßlichkeit verpflichtet. Intriganten lieben von langer Hand geplante Bösartigkeiten, Schikaneure für die jeweilige Situation improvisierte Boshaftigkeiten. Der Intrigant betrügt die Menschen; der Schikaneur betrügt sie um den Betrug. Der Intrigant gibt sich damit zufrieden – sofern man sein Werk entdeckt –, den Menschen ihre Selbstgewißheit zu nehmen; der Schikaneur ist erst zufrieden, wenn er den Menschen ihre Selbstachtung genommen hat.

Der Schikaneur träumt von der Zähmung der Widerspenstigen; der Intrigant von der Übertölpelung der Ahnungslosen. Leistet sich der Intrigant die Offenlegung der Intrige höchstens als posthume Eitelkeit, so würde der Schikaneur darunter leiden, sein Werk nicht signieren zu können. Ist die Intrige ganz einem strategischen Kalkül unterstellt, das ihrem Opfer keine andere Chance als die der zufälligen Erkenntnis zugesteht, so agiert die Schikane ganz unter sportlich-spielerischem Vorzeichen und räumt teilweise dem Opfer sogar absichtlich eine Chance ein zu entkommen.

Die pralle Sichtbarkeit der Schikane ist keineswegs unmittelbarer Natur. Sie geht gern Umwege und nimmt sich Zeit. Es wäre naiv, die scheinlose Schikane gegen die scheinhafte Intrige ausspielen zu wollen. Die Schikane krümmt das Geheimnis, bürstet es gegen den Strich, bildet es nur, *um* es entlarven zu können. Sie betreibt die Aufhebung des Geheimnisses um ihrem Omnipotenz-Bestreben Unübersehbarkeit zu verleihen. Der Gestus der Schikane ist nicht der einer intriganten Hermetik, sondern einer provokativen Selbstoffenbarung – freilich nicht unmittelbar als nackte Wahrheit, sondern als changierende Existenz. Die „halbstoffliche" Natur der Schikane grenzt sie zugleich gegen einen Prozeß vollendeter Transparenz, aber auch gegen einen vollkommener Geschlossenheit ab. Sie konstruiert ein Schauspiel, dessen ständige Botschaft ist:

„Dies ist kein Schauspiel!" Sie produziert eine imaginäre Wirklichkeit, in der eine phantastische Beklemmung für den Schikanierten nicht trotz, sondern wegen ihres Hyper-Realismus entsteht.

Modell der Schikane ist weniger die Maske – das intrigante Paradigma – als der Schlitz im Rock: die objektivierte Koketterie, die ebenso verbirgt wie zeigt, die das Verbergen offenbart und das Offenbarte als Verborgenbleibendes reproduziert.

Ironie und Koketterie

Schikane, Ironie und Koketterie gehen gern Umwege, der Sadist nicht. Der Schmerz, den er verursacht kann nicht ironisch sein, dazu enthält er zuviel „direkte Mitteilung". Das typisch schikanöse Changieren zwischen Fremd- und Selbst-Zerstörung aber ist ironisch.

Was ist Ironie? Anders als der Lügner, will der Ironiker nicht die Wahrheit verbergen, sondern indirekt ausdrücken. „Es kommt (ihm) darauf an, dennoch verstanden zu werden." (15)

Zur Einführung eine kurze Erinnerung an eine bekannte Ironie-Floskel: Draußen herrscht beschissenes Wetter. Der Mann steht am Fenster und sagt zu seiner Frau: „Was für ein phantastisches Wetter! Da bekommt man doch richtig Lust, Bäume auszureißen, nicht wahr Schatz…?"

Warum wählt der Mann nicht die direkte Artikulation? Weil sie banal ist. Die alltägliche Ironie funktioniert häufig als Design der Standard-Kommunikation. Ironie als rhetorisches Anti-Banalikum dient dazu – und auch darin ähnelt sie der Schikane –, Langeweile zu absorbieren. Die Langeweile, in der wir – wie Walter Benjamin sagt – nicht wissen, worauf wir warten (16) gleicht der Leere, in die uns die Schikane stürzt.

Die Koketterie ist eine erotische Form der Ironie und für Georg Simmel in ihrer banalsten Erscheinung „der Blick aus dem Augenwinkel heraus, mit halbabgewandtem Kopfe. In ihm liegt ein Sich-abwenden, mit dem zugleich ein flüchtiges Sich-geben verbunden ist, ein momentanes Richten der Aufmerksamkeit auf den Anderen, dem man sich in demselben Momente durch die andere Richtung von Kopf und Körper symbolisch versagt." (17)

Wir wollen die Diskussion der Eigentümlichkeiten der subversiven Schikane an einem größeren Beispiel vertiefen.

Die Liebe zu den Dingen

„Als er an der Sperre anlangte, zeigte die riesige Digitaluhr auf dem Dach des Wachhauses 11:53 Uhr. Er zeigte seinen Presseausweis vor.

„Ticket?" sagte der kleinste der drei Wachmänner.

Giles lehnte sich lässig gegen die Metallgitter. Er durfte auf keinen Fall den Eindruck erwecken, in Eile zu sein. „Ich habe kein Ticket. Ich bin von der Presse."

„Wohin haben Sie dann gebucht?"

„Ich habe keinen Flug gebucht. Ich bin von der Presse."

„Ohne Buchung läßt man Sie in kein Flugzeug."

„Ich will in kein Flugzeug. Ich bin von der Presse."

Der kleine Wachmann wandte sich seinen Gefährten zu. „Dieser Bursche hier will in kein Flugzeug. Anscheinend hält er nicht viel von Flugzeugen, die wir hier haben."

Einer der Wachmänner saß am Tisch und las ein Comic-Heft. Er blickte nicht auf. Der andere bequemte sich herüber zum Gitter.

„Schon mal mit National Airlines gereist, Mann?" Dieser neue Wachmann war unglaublich haarig: Schwarze Wolle hing über seinen Schulterriemen, drängte sich aus seinen Ohren, seiner Nase und sogar aus den geschlossenen Knöpfen des Hemdes hervor.

„Ach, nein-nein, ich bin nie mit National Airlines gereist."

„Was haben Sie dann gegen uns, Mann?" Seine Stimme war unheilvoll sanft.

„Ich habe nichts gegen Sie. Ich will einfach nicht verreisen. Nicht heute."

Der kleine Wachmann lachte. „Also das ist etwas, wofür ich keine Zeit habe. Was soll man mit den Leuten machen, die sich dumm stellen?"

Das Gesicht des Haarigen hatte die Farbe von rohem Kalbfleisch. Er schob es lächelnd bis an das Metallgitter heran. „Sehen Sie, es ist so, Freund. Ein Mann hat ein Recht auf seine Meinung. Gut und schön. Schließlich leben wir in einem freien Land. Aber wenn er große Töne spucken will, muß er wissen, wovon er redet. Meinen Sie nicht auch, Freund?"

Giles hörte ein leises Klicken und schaute auf. Die riesigen Zahlen hatten sich bis 11:56 weiterbewegt. Er begann unwillkürlich zu zittern und hoffte, daß man es nicht sehe.

„Sie haben mich falsch verstanden. Ehrlich, ich habe überhaupt nichts gegen die National Airlines. Eine gute Fluggesellschaft. Hat feine Flugzeuge. Sie..."

„Aber Sie würden nicht so weit gehen, tatsächlich in einem zu fliegen."

„Natürlich würde ich. Es ist nur, daß..."

„Moment mal! Ich möchte Ihnen nicht widersprechen, Freund, aber Sie sagten zu mir, vor meinem Freund hier sagten Sie..."

„So ist es". Der kleine Wachmann sprang einen Augenblick zu spät ein. „Ich hörte, was Sie sagten, Mann. Hörte es mit eigenen Ohren. Sie sagten..."

„Ich sagte, daß ich von der Presse bin." Giles Selbstbeherrschung drohte zu entgleiten. Er hatte sie unterbrochen. Nach einem tiefen Atemzug sagte er: „Ich sagte nur, daß ich kein..."

„Wir wissen, was Sie sagten, Freund." Der Haarige schüttelte bekümmert den Kopf. „Sie sagten, Sie wollten nicht in ein Flugzeug. Sie sagten, nichts auf der Welt würde Sie dazu bringen, in eine Maschine der National Airlines zu steigen."

Er wußte, daß er niemals etwas dergleichen gesagt hatte. Andere Leute hatten sich inzwischen eingefunden und warteten hinter ihm. Sie traten von einem Fuß auf den anderen und schauten weg.

„Tut mir leid, tut mir leid." Was wollten Sie von ihm? Daß er sich vor Ihnen auf die Knie warf? Wenn Sie darauf bestanden, würde er es tun. „Wenn ich das wirklich sagte, dann tut es mir sehr leid. Es war dumm von mir." Die Uhr über seinem Kopf zeigte 11:57.

Der kleine Wachmann lachte wieder. „Da haben Sie verdammt recht, daß es dumm von Ihnen war."

Sein Kollege am Tisch wendete eine Seite des Comic-Heftes um und stieß geräuschvoll auf. „Laßt den Mann durch, Jungs! Durchsucht ihn und laßt ihn durch!"

„Aber Chef – zuerst sagt dieser Bursche hü und dann hott." Der Haarige amüsierte sich glänzend. „Hört sich nach einem zersetzenden Element an, würde ich sagen."

„Laßt ihn einfach durch!" Der Wachmann am Tisch blickte nicht von seinem Comic-Heft auf. „Ich mag die Presse auch nicht, aber sie ist da."

Eine lange Pause folgte. Die Schlange hinter Giles wartete in völligem Stillschweigen. Der haarige Wachmann wandte sich langsam zum Gitter zurück.

„Sind sie noch da, Mann? Finden Sie nicht, daß Sie genug von unserer Zeit verschwendet haben?"

Giles zögerte. Da war noch die Sache mit der Durchsuchung. Wenn er sich zum Gehen wandte, würden sie ihn bestimmt zurückrufen und filzen. Und die Uhr auf dem Wachhaus zeigte 11:58.

„Dann kann ich gehen?"

„Dann können Sie gehen. Sind Sie taub oder was?"

Giles trat einen Schritt zurück.

„Und achten Sie in Zukunft auf das, was Sie sagen; so ist es recht."

Giles entfernte sich die ersten Meter gehend, dann rannte er. Brüllendes Gelächter folgte ihm, Schenkelklatschen. Aber er hatte es zu eilig, um auch nur zornig zu sein." (18)

Pornographie der Macht

In dieser Szene treten die Schikaneure deutlicher als in den bisher diskutierten aus dem Schatten der Legalität heraus. Sie durchwühlen nicht langatmig Koffer oder überprüfen stundenlang Pässe. Giles scheint auf den ersten Blick ein Opfer purer Willkür zu sein. Die Wachmänner betreiben keine Subversion der *Legalität*. Sowenig die Schikane vollständig ist, wenn sie nur blanke Subversion verkörpert, sowenig ist sie es auch, wenn ihre Nutzlosigkeit und Boshaftigkeit zwar ins Auge springen, aber nicht mit einer ritualisierten Rechtfertigung versehen sind.

Die Dynamik der Schikane läßt sich jedoch an einem anderen Moment illustrieren: Giles wird für seine Leidenschaftslosigkeit bestraft. Die schikanösen Kontrolleure lassen Giles nicht einfach nur schwitzen, sie begründen ihr Tun, wenn auch absurd: Er liebe ihre Flugzeuge nicht. Natürlich geht es ihnen nicht wirklich um den

Mangel an Zuneigung zu den Flugzeugen oder der Fluggesellschaft. Jeder spürt sofort und *soll* es auch spüren, daß hier nur ein Vorwand für die Aufregung und den Ärger konstruiert wird. Das, was unter dem Gesichtspunkt möglichst perfekter Geheimhaltung als Konstruktionsmangel erscheint, wirkt innerhalb der Schikane als Perfektion der Unverschämtheit. Die Praxis des offenen Vorwandes ist eine Erscheinungsform der schikanösen Ideologie obszöner Machtrepräsentation, die nicht präzise Loyalität, sondern begeisterten Enthusiasmus verlangt.

Das ist auch ein starkes Motiv des deutschen Faschismus. In einer Rede am 16. 9. 1935 sagte Goebbels unter offensichtlicher Berufung auf Talleyrands Satz von den Bajonetten: „Es mag vielleicht schön sein, über die Bajonette zu gebieten, aber schöner ist es, über die Herzen zu gebieten! Wir müssen den Zwang des Herzens zum gebieterischen Gebot des Handelns im deutschen Volk machen." (19)

Das, was im Faschismus eine klar erkennbare Funktion der Herrschaftssicherung war, die erweiterte Kolonisation der Köpfe, ist für den Schikaneur nur Gelegenheit die Lächerlichkeit zuzuspitzen. Der Schikaneur will nicht – wie der Faschist – den begeisterten Untertanen. *Er will die Begeisterung, um ihre Peinlichkeit sichtbar machen zu können.* Die Wachleute hätten ihr Opfer auch dazu bringen können, die Gangway zu küssen, um auf das Rollfeld zu kommen. Dieser peinliche Götzendienst, dieser unfreiwillige Totemismus wird vom Schikaneur nicht als Verehrung, sondern als Blasphemie arrangiert. Der Schikaneur wäre der Faschist, der den Faschismus – und die, die sich ihm beugen – mit dessen Mitteln lächerlich macht.

Vernichtung der Neutralität

Wir kommen noch einmal auf das Geschehen im Flughafen zurück. Was geschieht in dem Gespräch der Wachleute mit Giles? Zunächst machen sie aus seiner Verneinung der Buchung eine Ablehnung von Flugzeugen, dann interpretieren sie seine fehlende Flugerfahrung mit der „National Airlines" als eine Ablehnung dieser Fluggesellschaft.

Die Wachleute behandeln Giles' Unentschiedenheit wie eine

Ablehnung, getreu dem Motto „Wer nicht für uns ist, ist gegen uns!" Wir nennen diese Umdeutungs- und Legitimationspraxis „manichäische Umdeutung", weil sie wie das tertium non datur der logischen Aussagenkalküle das „Dritte" ausschließt.

Die Vernichtung der Indifferenz oder paradox, die Neutralisierung der Neutralität erzwingt eine Konfrontation, indem sie die Unentschiedenheit in eine aggressive Verweigerung der Stellungnahme umdeutet.

Dem Geist totalitärer Konfrontation, den die Schikaneure hier pflegen, gerät die Kampfabsage wunschgerecht zu einer Kampfansage. Das besondere des schikanösen Feindbildes ist es, daß ausgerechnet derjenige, der nicht „mitmachen" will, sich also weder ausdrücklich als Feind noch als Freund festlegen will, als der größte Aggressor erscheint. Die diabolische Ironie will friedfertige Neutralität und gelassene Vorsicht als heimliche, also unheimliche Kampfansage verstehen. Der aber, der das Nicht-Streiten-Wollen des anderen zur besten Streitgrundlage macht, hat ein niemals versiegendes Konfliktreservoir.

Der Schikaneur wird – wir werden es an vielen Beispielen noch deutlicher zeigen – vom Phantasma des negativen Konflikts getrieben: eines Konfliktwunschbildes, das seinen – immer funktionierenden Ausgangspunkt – darin findet, keinen zu haben.

Es besteht allerdings ein Unterschied zwischen der Devise des puren Manichäikers „Entweder ist man für mich oder gegen mich!" und dem perfideren Geist des Schikaneurs mit seinem „Wer nicht für mich ist, ist gegen mich!" Der Schikaneur schließt „das Dritte" aus und ebenso ein. Die Totalisierung vereint den ausschließenden mit dem einschließenden Widerspruch. Darin gleicht sie dem Parasiten. Der Abstand zwischen einer Praxis des ausgeschlossenen Widerspruchs zu einer, die ausschließende und einschließende Widersprüche integriert, kann denkbar schmal sein: Es geht ihr darum, einen Zugriff auf das Dritte zu etablieren, der zwischen Verleugnung und Anerkennung angesiedelt ist. Einfache, pure Verleugnung, sokratisches „Nicht-Wissen des Nicht-Wissens", das Laing'sche Unbewußte ist ebensowenig der Fall des Schikaneurs, wie die bewußte Anerkennung der Möglichkeit des Dritten. Fast könnte man sagen, die Schikane wolle den Prozeß der Verdrängung sichtbar machen. Das paßte zu ihren obszönen Ambitionen.

Gratis-Selbstbeschuldigung

Zurück zu der Flughafenszene: Die zwei Wachmänner gehen schließlich dazu über, Giles' Aussagen nicht bloß umzudeuten, sondern ihm ihre Umdeutungen auch noch rückwirkend in den Mund zu legen. Sie bezichtigen ihn der Lüge. Offener kann die Provokation kaum noch werden.

Aber dann geschieht etwas Entscheidendes: Giles entschuldigt sich für eine Aussage, von der jeder genau weiß, daß er sie gar nicht gemacht hat.

Diese „Gratis-Selbstbeschuldigung" ist ein weiteres Wunsch-Bild des Schikaneurs. Nicht zufrieden damit, ausgerechnet die Friedfertigkeit zum Anlaß einer Konfrontation zu nehmen, will er auch noch das Geständnis des Unschuldigen über seine vermeintliche Schuld. Der Gequälte wird zum Lügner gemacht und soll die Lüge zur Wahrheit erklären.

Der Schikaneur will das Böse als das Gute und das Grundlose als das Gerechtfertigte erscheinen lassen. Gibt es eine perfektere Legitimation des Bösen als das indirekte Zugeständnis und die Erlaubnis des Opfers, alle Gemeinheiten gegen ihn als „gerechte Strafen" erscheinen zu lassen?

Schikanös ist an der Flughafen-Szene aber noch etwas anderes: Paradoxerweise wird Giles ausgerechnet in dem Augenblick zum offenen Lügner, in dem er bereit ist, die Unterstellungen der Schikaneure mit dem Schein der Wahrheit auszustatten. Sein Geständnis ist ja nicht nur einfach „falsch", sondern aufgrund der offensichtlichen Falschheit eine Lüge, die ebenso offensichtlich ist wie die der Schikaneure.

In der schikanös inszenierten Selbst-Demütigung rechtfertigt Giles das Böse als das Gute und entwertet das einlenkende Gute als das Böse. Mehr noch als durch das *gelogene Geständnis*, einem Zugeständnis an die Macht der anderen, liefert Giles durch die *gestandene Lüge*, die Selbst-Bezichtigung, auch noch die „Schuld" nach, denn jetzt hat er „wirklich" gelogen. Gezwungen hat ihn niemand dazu, wie gezwungen er sich auch immer gefühlt haben mag.

Schrecken ohne Ende &
Verfall und Verschwinden

Ziemlich plötzlich, nachdem der Chef der Wachhabenden intervieniert hat, darf Giles durch die Kontrolle gehen. So unerwartet, daß er es zunächst nicht glaubt. Aber „darf" ist strenggenommen nicht korrekt, weil ihm keineswegs eine ausdrückliche Erlaubnis erteilt wird.

Noch das Ende der Schikane ist schikanös: Zuletzt ziehen die Kontrolleure ihr besonderes Vergnügen aus Giles' Verinnerlichung des schikanösen Geistes.

Abermals schlägt die diabolische Ironie einen unerwarteten Hacken: Weil Giles die Wachmänner ausdrücklich um Erlaubnis bittet, gehen zu dürfen, fauchen sie ihn an. Es scheint so, als verspotteten sie die damit verbundene Unterstellung, ihn am Gehen zu hindern.

Giles ist das Opfer seines ängstlichen Manichäismus, der glaubt, es gäbe nur Verbot und ausdrückliche Erlaubnis, während doch die Liberalität einer Situation daran bemessen werden kann, inwieweit man Dinge auch ohne Vorschrift oder Erlaubnis tun kann.

Am Ende ihres Prozesses wechseln die Schikaneure die Stellung. *Jetzt demütigen sie Giles, in dem sie ihm plötzlich das von ihm bereits erwartete Hindernis entziehen.* Sie amüsieren sich mit einer ironischen Pose: „Sind Sie noch da Mann? Finden Sie nicht, daß Sie genug von unserer Zeit verschwendet haben?"

Statt Giles die Freiheit zu rauben, wird sie ihm aufgezwungen: Die Schikane geht weiter, nachdem sie zu Ende ist.

Verfall und Verschwinden. – Die geschilderte Szene übersteigt die bislang gesetzten Konturen der subversiven Schikane deutlich: Die despotische Vergangenheit der Schikane tritt hier kraß zu Tage. Brutal, drastisch und schockierend wächst die Durchsichtigkeit des schikanösen Scheins.

Auch der merkwürdige Anspruch an das Opfer, die Flugzeuge zu lieben, nach einem „Du sollst wollen!", zielt nicht mehr nur auf hyper-ritualistische Präzision, sondern auf absurde Loyalität. Auch wenn die Schikane aus dem Schatten der Legalität heraustritt, bedient sie sich noch der Rituale der Pseudo-Legitimation, um das

Empörende ihrer peinlichen Enttarnung zu zeigen. Diese Radikalisierung der Schikane bedeutet zugleich auch ihre Schwächung.

Wir werden in Kapitel Zehn diese offensive Radikalisierung der subversiven Schikane als „Schwarz-Werden" analysieren, ebenso die umgekehrte Bewegung, das „Weiß-Werden" der Schikane. Einen Vorgeschmack auf das besondere Vorgehen der weißen Schikane gibt die Weise, in der Giles „entlassen" wird.

Die weiße Schikane ist eine defensive Radikalisierung der Gewalt-Absorption der subversiven Schikane. Sie bietet das paradoxe Bild einer friedfertigen Schikane. Die Pole „schwarz" und „weiß" sind nichts anderes als Extreme in einem Szenarium, in dem die Schikane die Totalisierung nochmals *in und an sich* wiederholt. *Jede konkrete Schikane laviert zwischen „schwarzem Verfall" und „weißem Verschwinden".* Jede Totalisierung ist eine *Affirmation des Scheiterns.* Deshalb ist die perfekteste Schikane die, die durch ihre Extreme „hindurchgeht", die die *schwarze Regression zur Gewalt* und die *weiße Verflüchtigung ins Imaginäre* miteinander verbindet. Die Schikane entfaltet ihr paradoxes Wesen und erreicht die brisantesten Konkretionen, wenn sie ihren „Nullpunkt", die Gestalt der grau-subversiven Schikane, laufend durchstreicht. Erst die schwarze und weiße Schikane befreien die Subversion von ihrer opportunen Feigheit, ihrer letzten Zurückhaltung.

Das bereits in diesem Kapitel angedeutete Verständnis der besonderen Illusions-Natur der Schikane untersuchen wir genauer im Spiel-Motiv des nächsten Kapitels.

Kapitel Drei

Das Spiel-Motiv der Schikane

Etymologie der Schikane

*chicane: 1. „Rechtsverdrehung",
„Schikane" 16. Jh., ist postverb. Subst. von chicaneur 2. „die am Spielplatz eingezeichnete Grenzlinie, welche die Kugel überlaufen muß" (Mail-spiel) 17 Jh. aus nprov. chicano „Kugelspielplatz", „eine Art Kugelspiel"; auch in der Bedeutung „unebener, für das Kugelspiel ungeeigneter Boden", ist also mit chicane 1 identisch*

chicaner: „Recht verdrehen", „schikanieren" zuerst im 15 Jh. bei Villon bezeugt, ist wohl Ausdruck des Rotwelsch, Kreuzung von ricaneur „hämisch lachen" und chic; in der unter chic angeführten Bedeutung „Geschicklichkeit in der Führung von Rechtssachen" umgestellt aus gleichbedeutendem wall. chaquiner, Ardennes, „beim Spiel betrügen" (1)

Der Begriff „Schikane" hat im Lauf der Jahrhunderte die Bedeutungen von „chicaneur", „chicano", „ricaneur" und „chic" in sich verdichtet.

Die Ambivalenz der Schikane liegt schon deutlich in der ursprünglichen, spielbezogenen Bedeutung: „chicaneur", die *spielimmanente* Grenze, die das Spiel als Spiel überhaupt erst konstituiert und „chicano", die *spieltranszendente* Grenze, die das Spiel in seiner Durchführung unmöglich macht.

Die ursprüngliche Doppeldeutigkeit des „Schikane"-Begriffs im Spiel bestimmt auch heute noch das Spielerische, das viele der alltäglichen Schikanen auszeichnet: In fast allen findet sich ein Hauch von Unwirklichkeit, von Theatralik. In ihr wird unsere gewöhnliche empirische Gewißheit, unser naiver, Irritationen verdrängender Realismus empfindlich gestört. Die Störung der Selbstgewißheit, festgehalten im klischierten Bild dessen, der sich zwickt, um herauszufinden, ob er träumt oder wacht, ist eine Erfahrung, die die Schikane durchgängig erzeugt.

Wir sind gewohnt, das Spiel als eine Tätigkeit zu verstehen, in der nur so getan wird „als ob". Dieses „als ob" hat einen eigentümlichen Status zwischen Wirklichkeit und Schein. Man mißverstünde das „Spielerische" gehörig, nähme man es einfach als Fiktion, als „bloßen Schein". Die fiktionale Struktur des Spiels unterscheidet sich deutlich von der Irrealität des Traums oder der Imaginarität der Phantasie. Anders als der Träumer weiß der Spieler sehr genau, daß er spielt; und anders als der Phantast verzichtet der Spieler nicht darauf, das Spiel mit einer eigenartigen, sichtbaren Realität auszustatten.

Das Spiel hat seine eigene, weichere Wirklichkeit. Der Verlust in einem Spiel kann einen sehr „wirklichen" Ärger zur Folge haben, genau wie der Gewinn eine sehr wirkliche Freude erzeugen kann. Es ist zwar keineswegs so folgenreich, aus einem Spiel „auszusteigen", wie im tatsächlichen Leben, aber unter Umständen doch mit Unannehmlichkeiten verbunden.

Die geläufige Tröstung „Es ist doch nur ein Spiel" soll den Verlierer vor der Wirklichkeit (und ihren Zwängen) schützen. Umgekehrt empören wir uns mit der Äußerung „Das ist aber kein Spiel mehr!" gegen zu viel Wirklichkeitszumutung im Spiel.

Doch selbst in Spielen mit verbindlichen „Spielregeln" kann die Wirklichkeit als Fragment oder als Ganzes einbrechen, wenn beispielsweise um Geld gespielt wird.

Kollaps des Spiels

Uns interessieren im Zusammenhang mit der Schikane vor allem die nicht-institutionalisierten Spiele, für die keine klaren Regeln und Grenzen existieren, Spiele, die wie die doublierte Wirklichkeit aussehen und nur durch eine winzige Differenz von ihr getrennt sind.

Gregory Bateson entwickelt diese Differenz in der Beobachtung von Tierspielen: „Was ich im Zoo antraf, war ein allgemein bekanntes Phänomen: Ich sah zwei junge Affen spielen, d. h. in eine Interaktionsfolge verwickelt, bei der die Handlungseinheiten oder Signale denen des Kampfes zwar ähnlich, aber nicht gleich waren. Es war selbst für den menschlichen Beobachter offensichtlich, daß die Abfolge als Ganzes kein Kampf war, und es war dem menschlichen Beobachter auch ersichtlich, daß dies für die beteiligten Affen nicht ‚Kampf‘ war." (2)

Das Spiel zitiert die Wirklichkeit, gibt ihr aber einen eigenartigen Irrealisierungsschub. Die Transformation eines Kampfes zu einem Wettkampf macht die Ausübung spielerischer Gewalt möglich, ohne die verheerenden Folgen der normalen Gewalt in Kauf zu nehmen.

Damit dies möglich ist, muß das Spiel allerdings klare Anfangs- und Endpunkte haben und die im Spiel entwickelte Gewalt muß eingeschränkt sein. Das „Wirklichkeitszitat" eignet sich nur dann zum Spiel, wenn es nicht seriös ist: wenn es fragmentiert, gebrochen ist oder mit Übertreibungen arbeitet. Auch ein Wettkampf kann Blessuren hinterlassen; sie dürfen aber ein bestimmtes Ausmaß nicht überschreiten, weil sonst aus dem Spiel bitterer Ernst wird.

Die Brisanz der spielerischen Wirklichkeitscollagen sieht Bateson bereits in der Anfangs-Botschaft „Dies ist ein Spiel" als solcher angelegt. Im Anschluß an das Beispiel der Affen schreibt er: „Der nächste Schritt war die Untersuchung der Mitteilung ‚Dies ist ein Spiel‘ und die Erkenntnis, daß diese Mitteilung jene Elemente enthält, aus denen sich notwendigerweise ein Paradoxon des Russellschen oder des Epimenidischen Typs ergab... Mit einer Erweiterung gewinnt die Feststellung ‚Dies ist ein Spiel‘ etwa folgendes Aussehen: ‚Diese Handlungen, in die wir jetzt verwickelt sind, bezeichnen nicht, was jene Handlungen, für die sie stehen, bezeichnen würden.'" (3)

Batesons Grundauffassung des Spiels liegt nahe an der Besonderheit schikanöser Spiele: Wenn schon die bloße Kennzeichnung „Dies ist ein Spiel" eine paradoxe Dynamik entwickelt, dann provoziert *die Spielformel schikanöser Spiele „Ist das ein Spiel?"* die Krise der elementaren Doppeldeutigkeit jeden Spiels. Die Schikane verwandelt die Krise des Spiels in ein Spiel mit der Krise.

Die Schikane ist ein „ernstes" Spiel. Sie untergräbt die klaren „Rahmungsgrenzen" (Goffman), die die meisten Spiele und spielerischen Tätigkeiten von der Ernsthaftigkeit alltäglichen Handelns trennt. Sie inszeniert den Übergang vom Spiel zur Wirklichkeit und benutzt das Scheitern, den Zusammenbruch des „einfachen" Spiels zur Entfaltung ihrer spezifischen, diabolischen Spiele. Sie braucht die Autonomie des Spiels, um sie verunglücken lassen zu können. In einer Schikane springen die schikanösen Schauspieler ständig vom Bühnenrand in den Zuschauerraum und verbreiten mit der Aufhebung der Grenze zwischen Fiktions- und Wirklichkeitsraum Überraschung, wenn nicht gar Entsetzen.

Die Schikane ist ein negatives Spiel. Sie spielt das Spiel, kein Spiel zu spielen und erzeugt eine Konfusion zwischen Spielerischem und Ernsthaftem. Die Schikane spielt mit jeder Spiel-Grenze. Auf die Frage „Ist das ein Spiel?" antwortet sie ständig oszillierend mit „Ja/Nein". Die virtuelle Negation des Spielerischen, Scheinhaften, De-Realen wird selbst zum Bestandteil und zum Medium des Spiels.

Die letzte Chance

Polizisten verfolgen einen ausgebrochenen Häftling. Er ist unschuldig, doch niemand glaubt ihm. Er ist ein Farbiger und läuft um sein Leben. Vor sich sieht er eine Brücke. Auf der anderen Seite des Flusses ist ein anderer Staat. Dorthin dürfen sie ihn nicht verfolgen. Dort ist er in Sicherheit.

Die Polizisten haben ihn längst gestellt und fahren in weitem Abstand hinter ihm her. Als der Sträfling noch wenige hundert Meter von der rettenden Brücke entfernt ist, schalten sie die Sirene ein und schließen langsam auf, holen ihn aber nicht ein, obwohl sie es könnten.

Noch zweihundert Meter bis zur Brücke; gehetzt sieht sich der Farbige um. Der Polizeiwagen kommt langsam näher. „Warum schnappen sie mich nicht?" denkt er und läuft weiter. Nur noch wenige Meter bis zur Brücke. Plötzlich rast der Polizeiwagen an ihm vorbei auf die Brücke und wendet mit quietschenden Reifen. Die beiden Polizisten steigen demonstrativ langsam aus dem Wagen. Einer von ihnen reißt eine Cola-Dose auf. Lässig lehnen sie an dem Wagen. „Hey, wir warten auf dich, du Lahmarsch!" brüllen sie ihm entgegen, „wir haben noch anderes zu tun!"

Mutlos trottet der Schwarze auf die beiden zu. Sie haben einen halben Meter vor dem weißen Grenzstrich geparkt, der sich mitten auf der Brücke von einer zur anderen Seite zieht. Sie kümmern sich kaum um ihn, als er erschöpft auf sie zugeht, sind ganz mit sich selbst und ihrer Cola beschäftigt und unterhalten sich über ihre Urlaubspläne.

Der Häftling bleibt neben ihnen stehen und wartet. Ihm kommt es so vor, als hätten ihn die Polizisten vergessen. Einige Minuten steht er regungslos da. „Was soll ich tun?" fragt er schließlich. Sie schauen ihn an, als hätte er sie bei einer wichtigen Angelegenheit gestört. „Setz dich gefälligst in den Wagen und warte, bis wir hier fertig sind", herrscht ihn einer der beiden an. Kaum ausgesprochen, beschäftigen sie sich wieder mit ihren Urlaubsplänen.

Die weiße Grenzlinie ist nur wenige Meter entfernt. Ganz langsam geht der Farbige um den Wagen herum. Er zittert. Noch einen Meter. „Vielleicht gelingt es mir doch…" Am Brückengeländer schiebt er sich bis auf einen Meter an die Linie heran. „Wir würden das an deiner Stelle bleiben lassen", hört er über die Schulter, fährt herum und sieht zwei Waffen auf sich gerichtet. Wie konnte er nur glauben, eine Chance zu haben?

Die Polizisten sind alles andere als zwei Beamte, die nur ihren Dienst erfüllen, sie machen sich daraus ein Vergnügen: Einfach festnehmen und wieder einbunkern, das wäre wie Fast-food-sex. Und warum sich die Mühe machen, jemanden einzufangen, der doch von selbst kommt. Die Polizisten behandeln den Häftling, als hätten sie es nicht nötig, auf ihn aufzupassen, als gäbe es ihn gar nicht.

Gesten wie das Überreichen der Handschellen, mit der lässigen Aufforderung, sie sich „schon mal" selbst anzulegen, passen zu dem *Zeremoniell der gelangweilten Omnipotenz*, wie der Tischtennisspieler, der, seinem Gegner deutlich überlegen, kaum noch von der Stelle tritt und die Bälle fast müde zurückgibt. In der herausfordernden Gelassenheit des Schikaneurs findet die omnipotente Selbstgewißheit des „Ich-habe-immer-schon-gewonnen" ihren angemessenen Ausdruck. Der Schikaneur spielt mit der selbstverständlichen Gewißheit seines Sieges und setzt ihn – scheinbar – „auf's Spiel". Der Schikaneur simuliert den Hasardeur.

Und doch langweilt ihn die Gewißheit zu gewinnen, denn mit dem Sieg ist das Spiel zu Ende. Deshalb zögert er seinen Sieg auch möglichst lange hinaus und nimmt vorübergehende Quasi-Niederlagen in Kauf. Der aggressive Fatalist, das arme Schwein hat „nichts mehr zu verlieren", der Schikaneur „nichts mehr zu gewinnen", jedenfalls nicht einfach so – und zwar nicht trotz, sondern *wegen* der Gewißheit seines Sieges: *Gewißheit ist Tod*. Er verliert, um immer wieder gewinnen zu können. Das armselige Paradox des Schikaneurs ist es jedoch, nicht mit dem Spiel aufhören zu können, weil es – im Grunde – immer schon zu Ende ist. Darum spielt er auch mit Vorliebe „Spiele ohne Ende":

Die unendliche Kopie

Philip stellt sich neben Janine, die mit gelangweiltem Gesichtsausdruck an der Theke lehnt und beginnt sie nachzuahmen. Janine guckt ihn einige Zeit an und sagt, immer noch gelangweilt: „Hör mit dem Blödsinn auf".

Philip dreht sich gelangweilt zu ihr um und sagt: „Hör auf, du Blödmann". Janine starrt vor sich hin; Philip starrt vor sich hin. Janine kratzt sich; Philip kratzt sich. Janine hustet; Philip hustet. Jetzt guckt Janine Philip etwas verärgert an: „Hör mal…!" Philip guckt Janine an und sagt lächelnd verärgert „Hör mal…!"

Janine: „Kannst du den Blödsinn nicht bleiben lassen". Sie steht vom Barhocker auf und setzt sich an den nahen Tisch. Sie bestellt sich einen Kaffee, er auch. Sie grinst ihn frech an; er grinst frech zurück, usw. usw. usw.

Ein „Papageien-Spiel": Die Nachahmung wird so totalitär und absolut betrieben, daß alle Versuche des Nachgeahmten, das Spiel durch Proteste zu beenden, als neue Spielgelegenheiten begrüßt werden.

Ein Papageien-Spiel kann nur an Erschöpfung, Mitleid oder Unlust scheitern, aber nicht an seiner – potentiell unendlichen – immanenten Logik: es ist ein „Spiel ohne Ende". Einmal angefangen, läuft es und läuft und läuft... Die Annulierung des Ersuchens, das Spiel abzubrechen durch seine Spiegelung („Hör endlich auf mit dem Scheiß") ist das Spiel: ein unendlicher, fehlschlagender Abbruchversuch.

Die Schikane verbindet zyklische Unendlichkeit (Wiederholung) und lineare Unendlichkeit (Re- oder Progreß). Das „Spiel ohne Ende" ist ein Spießrutenlauf durch ein Spiegellabyrinth, er endet für das Opfer im Reflektionsgewitter des Spiegelkäfigs.

Schikanös wird die Nachahmung, wenn sie unabsetzbar ist und unablässig nachsetzt. Sie bricht das unsichtbare Siegel der Authentizität; die Einzigartigkeit des Individuums wird (spielerisch) gelöscht. In der schikanösen Nachahmung entwindet sich die Nachahmung dem über ihr schwebenden Stigma, „nur" sekundär zu sein, weil sie die Kraft des Originals vollkommen absorbiert. (4)

Die Stadt und die Hunde

„Der Sklave war allein und lief gerade die Treppen vom Eßsaal zur Rasenfläche hinunter, als zwei Zangen seine Arme packten und eine Stimme ihm ins Ohr flüsterte: „Komm mit, Hund!" Er lächelte und folgte widerstandslos. Um ihn her wurden viele der Kameraden, die er an diesem Morgen kennengelernt hatte, auf ähnliche Weise überfallen und über die Grasfläche in Richtung der Unterkünfte des Vierten Jahres geschleppt.

An diesem Tag war kein Unterricht. Die Hunde waren denen vom Vierten vom Mittagessen bis zum Abendessen ausgeliefert, also acht Stunden lang. Der Sklave weiß nicht mehr, in welche Abteilung er geschleppt wurde, auch nicht, von wem. Aber der Schlafsaal war voller Zigarettenrauch, es wimmelte von Uniformen, man hörte Gelächter und Geschrei. Kaum war er über die Türschwelle getreten, auf den Lippen noch das Lächeln, da erhielt er einen heftigen Stoß von hinten. Er stürzte zu Boden, rollte schnell auf den Rücken und blieb mit dem Gesicht nach oben liegen. Er versuchte aufzustehen, aber es gelang nicht: ein Fuß in seiner Magengegend hielt ihn nieder. Zehn gleichgültige Gesichter betrachteten ihn wie ein Insekt und verwehrten ihm den Blick zur Decke. Eine Stimme sagte:

„Als erstes singen Sie hundertmal ‚Ich bin ein Hund' im Rythmus eines mexikanischen Corrido."

Er konnte es nicht. Er war verdutzt, und seine Augen traten aus den Höhlen. Seine Kehle brannte. Der Fuß drückte leicht auf seinen Magen.

„Er will nicht", sagte die Stimme. „Der Hund will nicht singen."

Und dann gingen die Münder auf, Speichel platzte daraus hervor auf ihn nieder, nicht einmal, sondern viele Male, bis er die Augen schließen mußte. Als er die volle Ladung im Gesicht hatte, wiederholte dieselbe anonyme Stimme, die von überall her zu kommen schien:

„Jetzt singen Sie hundertmal ‚Ich bin ein Hund' im Rythmus der mexikanischen Corrido!"

Diesmal gehorchte er und stimmte röchelnd und zur Melodie von ‚Alla en el rancho grande' den befohlenen Satz an. Es war schwer, denn ohne ihren ursprünglichen Text verwandelte sich die Melodie mitunter in ein Kreischen. Aber das schien nichts auszumachen, sie hörten aufmerksam zu.

„Genug", sagte die Stimme. „Jetzt im Rythmus eines Boleros."

Dann kam der Mambo und der Vals criollo. Danach ertönte der Befehl: „Stehen Sie auf!"

Er erhob sich und wischte mit der Hand über das speicheltriefende Gesicht. Er rieb sich gerade die Hand am Hosenboden ab, da fragte eine Stimme:

„Hat jemand gesagt, Sie sollen sich die Visage abwischen? Nein, das hat niemand gesagt!"

Und wieder gingen die Münder auf, und er schloß automatisch die Augen bis alles vorüber war.

Die Stimme sagte: „Neben Ihnen stehen zwei Kadetten, Hund. Nehmen Sie Habachtstellung ein. Ja, so: sehr gut. Diese Kadetten haben eine Wette abgeschlossen, und Sie werden Schiedsrichter sein."

Der rechts von ihm schlug zuerst zu, und dem Sklaven war, als brennte ein Feuer in seinem Unterarm. Der links von ihm schlug unmittelbar danach zu.

„Gut", erklärte die Stimme. „Wer hat härter zugeschlagen?"

„Der links von mir."

„Wirklich?" fragte die andere Stimme. „Dann bin ich also ein Schwächling? Das wollen wir doch sehen. Passen Sie auf!"

Der Sklave wankte unter seinen Schlägen, fiel aber nicht um, denn die Hände der ihn umgebenden Kadetten fingen ihn auf und stellten ihn wieder zurecht.

„Na, was sagen Sie jetzt? Wer haut fester zu?"

„Beide gleich fest."

„Das heißt, es ist unentschieden", erläuterte die Stimme. „Wir brauchen eine Entscheidungsrunde".

Einen Augenblick später fuhr die unermüdliche Stimme fort: „Übrigens, tun Ihnen die Arme weh, Hund?"

„Nein", antwortete der Sklave.

Und es war wahr: er hatte jedes Gefühl für seinen Körper und für die Zeit verloren. (...)

„Sie lügen", stellte die Stimme fest. „Wenn Ihnen die Arme nicht weh tun, warum heulen Sie dann, Hund?"

Er dachte: ‚Jetzt ist es vorbei'. Aber es war nicht vorbei; es fing erst an.

„Sind Sie ein Hund oder ein menschliches Wesen?" fragte die Stimme.

„Ein Hund, mi cadete."

„Warum stehen Sie dann aufrecht? Hunde gehen auf allen Vieren."

Er bückte sich; als er die Hände auf den Boden stützte, schoß der Schmerz rasend durch die Arme. Er sah plötzlich einen anderen Jungen neben sich, der auch auf allen Vieren kroch.

„Gut so", lobte die Stimme. „Wenn zwei Hunde einander auf der Straße begegnen, was tun sie dann? Antworten Sie, cadete, ich habe Sie etwas gefragt."

Der Sklave bekam einen Tritt in den Hintern und antwortete unverzüglich: „Ich weiß es nicht, mi cadete."

„Sie raufen miteinander", klärte die Stimme ihn auf. „Sie bellen und springen einander an. Und beißen!"

Der Sklave erinnerte sich nicht mehr an das Gesicht des anderen Jungen, der zusammen mit ihm getauft wurde. Er mußte zu einer der anderen Abteilungen gehören, denn er war klein. Sein Gesicht war vor Angst entstellt, und kaum verstummte die Stimme, fiel er über den Sklaven her, bellte und hatte Schaum vorm Mund. Auf einmal fühlte der Sklave an der Schulter einen Biß wie von einem tollen Hund. Da reagierte plötzlich sein ganzer Körper, und während er bellte und um sich biß, hatte er die feste Überzeugung, daß sich seine Haut in ein zähes Fell verwandelt hatte, daß sein Mund eine spitze Schnautze war und daß hinten ein Schwanz wie eine Peitsche um sich schlug.

„Genug", kommandierte die Stimme. „Sie haben gewonnen. Der Zwerg dagegen hat uns enttäuscht. Das ist kein Hund, sondern eine Hündin. Wissen Sie, was geschieht, wenn ein Hund und eine Hündin sich auf der Straße begegnen?"

„Nein, mi cadete", antwortete der Sklave.

„Sie lecken sich ab. Erst beschnüffeln sie sich liebevoll, und dann lecken sie sich ab."

Und danach führten sie ihn hinaus und brachten ihn ins Stadion; er wußte nicht mehr, ob es noch Tag war oder schon Nacht. Dort wurde er ausgezogen, und die Stimme befahl ihm, über die Aschenbahn um den Fußballplatz auf dem Rücken zu schwimmen. Dann wurde er in einen der Schlafsäle des Vierten Jahres gebracht, machte viele Betten, sang und tanzte auf einem Spind, ahmte Filmstars nach, putzte eine lange Reihe Stiefel, leckte mit der Zunge einen Fließenboden sauber, onanierte mit einem Kissen, trank Urin, aber all das geschah bereits wie in Trance, und unversehens fand er sich in einem Schlafsaal auf dem Bett liegend vor und dachte: ‚Ich schwöre, daß ich ausreißen werde. Morgen noch.'" (5)

Haut den Lukas

Wir greifen aus diesem komplexen Beispiel einer despotischen Schikane nur den Moment heraus, der geeignet ist, das Spiel-Motiv der Schikane weiter zu verdeutlichen.

Der Sklave wird von zwei Kadetten geschlagen. Er soll darüber urteilen, wer härter zugeschlagen hat. Der, den er als den schwächer Schlagenden bestimmt hatte, leitet empört eine neue Runde ein: Jetzt gesteht der Sklave beiden zu, gleich stark geschlagen zu haben. Die Peiniger aber legen das als ein Unentschieden aus und wollen erneut feststellen, wer der Stärkere ist ...

Abermals ein „Spiel ohne Ende": Egal, was der Sklave sagt, wen er als den Stärkeren bestimmt, ob beide oder keinen, sie werden nie zufrieden sein. Die einzige korrekte Antwort ist zugleich unmöglich: Er müßte beiden zugestehen, „stärker" als der andere zugeschlagen zu haben. Wäre das Spiel „ehrlich" gemeint, wäre es bereits nach der ersten Runde zu Ende gewesen. *Aber natürlich kann kein Sklave bestimmen, wer der wirkliche Herr sei.* Diese Schikane entfaltet sich in der Verfolgung der Fiktion eines unmöglichen „Spiels ohne Verlierer".

Ein eigenartiges, lebendiges „Haut den Lukas"-Spiel: der Geschlagene in der Rolle des erzwungenen „Richters" und die Schläger in der Rolle bestätigungsgieriger Folterer, die um die Härte ihrer Schläge wetteifern. *Die Schikaneure brauchen ihr Opfer, um ihm zeigen zu können, daß sie es nicht brauchen können.*

Die besondere Demütigung dieses Spiels liegt darin, daß der „Sklave" es nicht vermeiden kann, seinen „Herrn" zu demütigen. Die Schikaneure zwingen ihr Opfer, sie herauszufordern, sie zu provozieren. Jede Auszeichnung eines der beiden als Stärkeren beleidigt den anderen; die Auszeichnung beider kränkt beide in ihrem persönlichen Ehrgeiz, alleiniger Sieger zu sein.

In gewisser Hinsicht ist dieses schikanöse „Spiel ohne Ende" die zynische Karikatur mancher Wettkampfspiele im Alltag, in denen man – um die Kränkung des Verlierers zu vermeiden – von „ersten" und „zweiten" Siegern spricht.

Die Parklücke

Schon zum sechsten Mal ist Herr Grau auf der Suche nach einer Parklücke um den Block gefahren. Endlich sieht er jemanden zu seinem Auto gehen und einsteigen. Aber der hat es nicht eilig. Langsam nähert sich Herr Grau dem herausfahrenden Wagen und wartet hinter ihm. Seine Geduld wird arg auf die Probe gestellt. Endlich ist er fort. Herr Grau fährt an der Parklücke vorbei, um rückwärts einzuparken. Als er sich umdreht, sieht er einen kleinen Wagen rasant herankommen und in „seine" Parklücke fahren. Der Fahrer steigt aus und hebt dankend, winkend oder grüßend seinen Hut...

Eine kleine, ganz schnelle Schikane, die ihrem Opfer das Nach-Sehen gab: Herr Grau hatte umsonst gewartet. Der parasitäre Schikaneur war schneller.

Wurde ein „Recht" verletzt? Das „Recht des Ersten"? Wo steht denn geschrieben, daß, wer als erster auf einen Parkplatz wartet, diesen auch bekommt?

Der Schikaneur geht über das ideale, „unbeweisbare" Verbrechen noch hinaus: Er gibt sich während der Tat als Täter zu erkennen. Die Schikane gelingt nicht trotz, sondern wegen ihrer Transparenz. Einen Augenblick lang herrschte nackte Konkurrenz: Ein Spiel mit der Regel „Der Schnellere gewinnt" wurde gespielt und der Schnellere, der Schikaneur hat gewonnen. Darüber können wir uns empören, aber je mehr wir dies tun und um so sichtbar es wird, desto eher hat der Schikaneur sein Spiel gewonnen: In der Geste seines Triumphes demonstriert er nicht nur, daß er den Parkplatz in Besitz genommen hat, sondern auch, daß er ihn uns weggenommen hat. *In jeder Fülle, die er sich aneignet, genießt er die Leere mit, die er hinterließ.*

Er packt uns bei unserem konventionellem Spiel-Ethos, das die Fähigkeit, verlieren zu können, idealisiert. Wir haben jedoch nicht freiwillig mitgespielt – uns wurde mit-gespielt. Indem wir Figuren *im* Spiel waren, wurden wir zu Figuren *des* Spiels. Das Spiel war schon zu Ende, bevor es anfing. Wir wurden nur dazu benutzt, die Gewinnmeldung des anderen anzunehmen.

Wir kennen im Alltag zwei Arten von Spielverderbern: Die

einen, die sich auf das Spiel gar nicht erst einlassen, die durch ihre Apathie oder ihren Protest seine Entstehung verhindern; und die anderen, die mitmachen, aber mit einer exzessiven Lust am Heiklen, die das Spiel nur genießen, wenn es ständig zu kippen und „bitterer Ernst" zu werden droht. Die Schikane realisiert eine seltsame Brücke zwischen den beiden: Der Schikaneur als *Spielverderber im Spiel* stempelt den Schikanierten zum *Spielverderber vor dem Spiel*. Der Schikaneur ist nicht nur Schöpfer negativer Spiele, die *die Grenze des Spielerischen subvertieren*. Er ist auch nicht nur Erfinder von „Spielen ohne Ende", die die Grenzen des Spiels subvertieren, sondern auch Schöpfer des „Meta-Spiels", Erfinder des „Spiels ohne Nicht-Mitspieler". Er inszeniert ein Spiel, in dem man *nicht nicht mitspielen* kann.

Der Schikaneur läßt sein Opfer verlieren. Er hat einerseits die Grenze zwischen Nicht-mitspielen-Wollen und Nicht-mitspielen-Können und andererseits die zwischen Nicht-Mitspielen und Verloren-haben verwischt. Verloren zu haben, ohne jemals „wirklich" gespielt zu haben und nicht mitspielen zu können, ohne jemals „wirklich" mitspielen gewollt zu haben, ist die bittere weiße Erfahrung des Opfers.

Der stehengelassene Autofahrer hat in einer imaginären Auseinandersetzung verloren. Was heißt hier verloren? Kann man Spiele verlieren, in denen einem nur mitgespielt wurde? Wir werden in Kapitel Zehn zeigen, daß der weiße Spiel-Modus das „Spiel ohne Anfang" ist.

Konkurrenz und Kooperation

Der Schikaneur ist kein Machiavellist, kein Verbrecher und kein Intrigant, er verkörpert nicht die dunkle Seite der instrumentellen Vernunft. Die unmoralische Qualität des machiavellistischen Handelns bleibt rational gezügelt, beim schikanösen Handeln verschwindet auch die Rationalität als letzter Stützpunkt der Moral: Boshaftigkeit ist anti-rational und pseudo-legitim.

Die Schikane ist die *Tyrannei der Wiederholung*, die Wieder-Einholung ihrer Grundlagen. In der Schikane siegt der Narzißmus des Macht-Erwerbs gegen die Nüchternheit der Macht-Sicherung

„mit allen Mitteln". Sie gibt auch noch den letzten, scheinbar unverrückbarsten Grundsatz der Macht auf, die Selbsterhaltung „um jeden Preis" – paradoxerweise jedoch im Interesse einer „anderen" Selbsterhaltung.

Was unterscheidet die „andere" Selbsterhaltung der Schikane von der einfachen der Macht?

Spieltheoretisch gesprochen changiert die Schikane zwischen einem Nullsummen-Konzept und einem Nicht-Nullsummen-Konzept des Handelns. Bei einem Nullsummenspiel addieren sich die Verluste des einen Spielers mit den Gewinnen des anderen Spielers gegen Null; bei einem Nicht-Nullsummenspiel besteht keine lineare Abhängigkeit zwischen dem Gewinn eines Spielers und dem Verlust des anderen. Eine Nullsummen-Situation entsteht immer bei einem Verteilungskampf um einen fest umrissenen, also nicht veränderbaren, absehbaren Gewinn. Die Nicht-Nullsummen-Situation ist eher typisch für einen erst noch zu produzierenden, noch nicht fest umrissenen Gewinn. Während Nullsummen-Spiele in aller Regel auf einen Konkurrenz-Kampf und einen „entweder-oder" Sieg-oder-Verlust hinauslaufen, bleibt die Austragungsform für Nicht-Nullsummen-Spiele eher offen. Sie können also auch kooperativ bewältigt werden und lassen „sowohl-als-auch" Sieg und Verlust zu. Nullsummen-Spiele haben immer einen Gewinner und einen Verlierer.

Beim Nicht-Nullsummen-Spiel sind drei Varianten denkbar: ein *positives Nicht-Nullsummen-Spiel,* das sich idealerweise durch *zwei Gewinner* auszeichnet, und ein *negatives Nicht-Nullsummen-Spiel,* in dem es *zwei Verlierer* gibt (atomare Abschreckung!). Zwischen diesen beiden Varianten existiert noch ein *indifferentes Nicht-Nullsummen-Spiel,* bei dem es – wie beim Nullsummen-Spiel – einen Verlierer und einen Gewinner gibt, wobei der Gewinn des Gewinners nicht mit dem Verlust des Verlierers identisch ist.

In einem schikanösen Spiel genießt der Schikaneur den Schaden des Schikanierten. Es ist also nicht so, daß der Schikaneur nichts von seinem Opfer will; er will, daß der andere etwas „verliert", jedoch ohne daß er selbst etwas davon hat.

Negativer Wettkampf

Für ein Nullsummen-Spiel ist die Schikane nicht rational genug und zu wenig am Gewinn orientiert; für ein Nicht-Nullsummen-Spiel fehlt es ihr an Kontingenz und Fatalität in der Verknüpfung von Gewinn und Verlust.

Anders als die konkrete, an einem Zweck orientierte Konkurrenz eines Nullsummen-Spielers setzt der Schikaneur auf den Exzeß einer abstrakten *„Konkurrenz um der Konkurrenz willen".* Anders aber auch als der Nicht-Nullsummen-Spieler bleibt der Schikaneur mit der Wettkampf-Natur des Nullsummen-Spiels verbunden, ohne jedoch auf dessen Auszahlungscharakter Wert zu legen.

Im negativen Wettkampf verkehrt sich die Logik der Beweislast: Der Schikanierte ist nicht mehr deshalb der Verlierer, weil der Schikaneur der Gewinner ist, sondern der Schikaneur ist der Gewinner, weil der Schikanierte der Verlierer ist. Im „Para"-Nullsummen-Spiel tauscht er die gängige *Eigen-Gewinn-Orientierung* des normalen Nullsummen-Spiels gegen eine „neidische" *Fremd-Verlust-Orientierung* aus.

Der Schikaneur ist kleinlich, wenn es um Enteignung geht und irritierend großzügig, wenn es um Aneignung geht: Er nimmt mehr als er braucht. Dem einen verbietet er, seinen Abfall zu benutzen, das Geschenk des anderen behandelt er wie Müll.(6) Ganz im Sinne seiner Basis-Bewegung – der Totalisierung – akzeptiert er den Maßstab des Nutzens, um ihn von innen auszuhöhlen.

Vertrauen und Schikane

Die umgekehrte Totalisierung, die des Nutzlosen für das Nützliche, kann am Vertrauen studiert werden. Wenn die Bosheit Schädliches tut, ohne daraus Nutzen zu ziehen, dann ist Vertrauen die konträre Handlungsweise, weil der Vertrauende Nützliches und Gutes tut, ohne den eigenen Nutzen dabei absehen zu können.

Die Schikane bricht mit dem Nullsummen-Denken in negativer, das Vertrauen in positiver Hinsicht. Wenn die Schikane die Antwort auf die *Tragik des Endes* gibt („Wie kann etwas weitergehen, wenn es zuende ist?"), so antwortet das Vertrauen auf die *Tragik des*

Anfangs („Wie kann etwas beginnen, wenn es dazu bereits losgegangen sein müßte?").(7)

Schikane und Vertrauen totalisieren das Risiko zu ihrer Existenzbedingung. Sie bahnen es an, um es gerade damit zu bewältigen, sie wagen es, um es zu entschärfen. Beide brechen mit dem Tausch-Kalkül der Vorsicht („wenn … dann") und nehmen Luxus-Haltungen ein. Das Vertrauen verhält sich zur Idee und Wirklichkeit des Vertrages so, wie die Schikane zur Ideologie und Praxis der Konfrontation. Die paradoxe Strategie des Vertrauenden offeriert die eigene Verletzbarkeit, um über die Erfahrung, daß sie nicht mißbraucht wird (offensiver Vertrauensbeweis) Sicherheit auszubilden, oder sie unternimmt nichts gegen den anderen, obwohl ihr dies Vorteile bieten könnte (defensiver Vertrauensbeweis). Der defensive Beweis: keinen Vorteil nutzen; der offensive: einen Nachteil in Kauf nehmen.

Vertrauen bestreitet das erste Axiom jeder Zweckrationalität: Du mußt immer mit dem Egoismus des anderen rechnen und paktieren! Vertrauen ist paradoxer Egoismus: Ich erreiche meine Ziele, indem ich sie nur indirekt verfolge, ja, scheinbar sogar aufgebe. Aus Hölderlins „In Gefahr wächst das Rettende auch", spricht eine Metaphysik des Vertrauens.

Im nächsten Kapitel betrachten wir näher die Grundlosigkeit der Schikane als Leidenschaft und Kalkül, als offensive und defensive Einstellung.

Kapitel Vier

Das Umsonst-Motiv der Schikane

„Umsonst" & negativer Idealismus

Das zweite zentrale Moment der Schikane-Definition berührt mehr die psychische Dimension der Schikane, so wie ihr erstes bedeutendes Moment, das der Subversion, mehr das soziale charakterisiert. Die beiden Momente ergänzen sich, stehen aber auch in einem Widerspruch zueinander.

Als „böswillig bereitete Schwierigkeit" offenbart sich die Schikane in ihrer radikalen Grundlosigkeit. So wie sie in der sozialen Dimension Legitimationen simuliert, so radikal flieht sie vor jeder Begründung in der individuellen Dimension. Sie erscheint hier zunächst als zufälliger, böser Einfall, ohne ein besonderes Interesse und nur von der leeren Intentionalität der Boshaftigkeit angetrieben. Sie agiert gleichsam umsonst.

Was heißt „umsonst"? Zunächst werden damit sowohl angenehme („kostenlos"), wie auch unangenehme Erfahrungen („vergeblich") ausgedrückt. Wenn wir etwas „umsonst" haben können, bedeutet dies die Möglichkeit einer Aneignung ohne Äquivalent; etwas verlangt keinen Ausgleich. Der Ausdruck „umsonst" umfaßt sowohl extrem positive Erfahrungen der Nicht-Äquivalenz – wie etwa die Großzügigkeit eines Geschenks –, als auch extrem negative – wie etwa die des Abfalls und des Billigen, als wertlose Güter.

Mit „umsonst" bezeichnen wir aber auch die Sinnlosigkeit einer Handlung, das aussichtslose Unterfangen, das, was ohne Hoffnung auf Erfolg geschieht. Umgekehrt wird aber auch ein Handeln, das frei ist von Zwängen und Erwiderungs-Erwartungen, als „umsonst" bezeichnet. „Umsonst" dient also sowohl der Kennzeichnung eines extrem gelähmten und zähen als auch eines extrem „freien" Handelns. Wie der Schikaneur für sich den manischen Anteil des „umsonst " beansprucht und dem Schikanierten den depressiven Anteil des „umsonst" aufbürdet, werden wir in diesem Kapitel zeigen.

Negativer Idealismus. – In seiner Boshaftigkeit gibt sich der Schikaneur Mühe, dem anderen Mühsal zu bereiten. So sehr er in seinen subversiven Handlungen die moralischen Vorstellungen der Gesellschaft berücksichtigt, so sehr hat er für sich eine bis ins Groteske verzerrte Form abstrakter Moral behalten: das seitenverkehrte Spiegelbild des Humanismus. Die in ihm gepflegte „edle" Gesinnung praktiziert das Böse um seiner selbst willen.

Wie paßt die Grundlosigkeit der Umsonst-Motivation mit den simulierten Begründungen der Subversion zusammen? Die Lösung – am ausdruckstärksten in der Kantschen Moral formuliert – ist eine *Moralisierung des Umsonst.* Das Umsonst, als Askese und Abwehr gegen jede konkrete Motivation, erscheint – moralisch gewendet – als *Disziplin der reinsten Gesinnung.* Auch das „reine Gute" soll nur „um seiner selbst willen geschehen", ohne auf Anerkennung oder andere Honorierungen zu schielen. Das bedeutet: *Die Schikane zerbricht die Identität von Willkür und Umsonst.* Subversiv ist die autonome Schikane in ihrer *subjektiven* Dimension *nicht* durch Abschwächung der Intensität des Umsonst, durch Einlaß konkreter, böser Motive des Ressentiments.

Idealisten und Fanatiker tun etwas „um seiner selbst willen". Beide stellen dafür die eigenen Interessen, Bedürfnisse und Nöte zur Disposition. Ihr Handeln ist – wenn überhaupt – nur bedingt am scheinbar anthropologisch verallgemeinerten „Interesse an der Selbsterhaltung" zu messen. Die japanischen Kamikaze-Piloten und die Autobomben-Attentäter von Beirut entziehen sich einem Verständnis von Rationalität, in dessen Kern unbefragt das durchschnittliche Selbsterhaltungsinteresse des Menschen verlängert wird. Der Schikaneur ist kein Egoist, sondern frönt einem perversen Altruismus, er ist die groteske Karikatur eines Moralisten. *Der Schikaneur ist der Moralist des Bösen.* (1)

Damit nicht genug: Als taktvoller Moralist demoralisiert er „das Gute" nicht direkt, sondern nimmt es in Schutzhaft. Die seltsame Ambition des Schikaneurs in Bezug auf „das Gute" hat ein unerwartetes geschichtliches Vorbild:

Schikane und Theodizee

Die Theodizee antwortet auf die Frage nach der „Vereinbarkeit der schlechten Welt mit der Existenz Gottes": Wie kann ein gerechter Gott die Übel in der Welt erlauben? „Zugegeben, Gott ist gut; zugegeben ferner die Existenz des Übels – wie sind diese beiden widerstreitenden Tatsachen vereinbar?" (2)

Die *schwache Theodizee* formuliert Leibniz: „Der Schöpfer der Natur hat die Übel und Mängel durch zahlreiche Annehmlichkeiten kompensiert." (3) Hier werden „Gutes" und „Schlechtes" auf die Waage gelegt und gegeneinander aufgewogen.

Die *starke Theodizee* – der innovative Kern des Leibnizschen Arguments – verändert die Relation vom Guten und Schlechten entscheidend: Erst durch Übel entsteht, sie wettmachend, Gutes, das ohne diese Übel nicht zustandekäme.

In der starken Rechtfertigung Gottes fungiert das Böse nicht mehr als *Gegensatz*, sondern als *Bedingung* des Guten.

Die Theodizee integriert die diabolische Ambivalenz im Bilde Gottes und inkorporiert in Gott den Teufel.

Die Struktur der Schikane ist nichts anderes als die moderne Gestalt einer *negativen Theodizee*. Die Theodizee sagt: „Das Böse ist in der Welt, damit sich daran das Gute beweisen kann"; die Schikane sagt: „Das Gute ist in der Welt, damit sich daran das Böse beweisen kann." Aus dem Geist der Totalisierung braucht das Böse das Gute, um mit dessen demoralisierender Demütigung noch den Schein moralischer Legitimation verbinden zu können.

Die Schikane will niemals den „Endsieg", weil mit dem Guten auch das Böse endgültig von der Welt verschwände. Die Schikane verfolgt den Ehrgeiz, das Böse im Guten selbst zu erzeugen. Der schikanöse Triumph, der Orgasmus der Bösartigkeit, besteht darin, das Böse als zwingende Konsequenz aus der puren Dynamik der guten Kräfte zu zeigen.

Das Motiv der Grundlosigkeit

Der Schikaneur engagiert sich „nur so". Er ist zwar bestrebt, den anderen zu demütigen und zu erniedrigen, aber gleichzeitig will er sich in kein Motiv zu sehr verstricken. *Ein Motiv ist immer eine Abhängigkeit gegen sich selbst.* Der Schikaneur gibt sich nicht damit zufrieden, sein Opfer zu besitzen, er will auch noch dessen Freiheit für sich haben. Er will aber auch seine eigene Freiheit nicht zu sehr in einem konkreten Motiv fixieren. Er darf sich nicht zu wenig und nicht zu viel engagieren.

Die obszöne Offenheit des Schikanösen braucht einen rettenden Vorbehalt. Der kalte Hohlraum des Innenlebens des Schikaneurs ist das notwendige Komplement zu seinen außerordentlich sinnlichen, theatralischen Exerzitien. Der Schikaneur, der – ganz im Gegensatz zum Intriganten – das Rampenlicht sucht, muß als Konsequenz seiner Waghalsigkeit seinen Schutz anders organisieren. Die Politik der Geheimhaltung des Intriganten leistet gleichzeitig beides: Absicherung des Angriffs, aber auch Schutz vor Rückschlägen. In der Politik der Transparenz des Schikaneurs dagegen zerbricht diese Doppelstrategie: Exponierung schafft Angriffsfläche. Anders als der Intrigant braucht der Schikaneur einen „emotionalen Filter", der ihm den Genuß möglich macht, aber vor Enttäuschung schützt.

Der Schikaneur verfolgt seine Pläne, ohne sich mit der Zähigkeit der Erwartung an sie zu hängen. Immunisierung ist die defensive Funktion der Grundlosigkeit der Schikane: Wer nichts erwartet, kann auch nicht enttäuscht werden. Die subversive Involvierung des Schikaneurs in sein Tun bewahrt ihn nicht bloß vor konkreten Motiven, sondern schützt ihn auch davor, das Mißlingen der Schikane erleiden zu müssen. Jede Schikane muß fürchten, an der Gelassenheit ihres Opfers abzugleiten, seinen Widerwillen nicht aufstacheln zu können, an dem Panzer abzuprallen, unter den es sich zurückgezogen hat. Der Schikaneur, dem die Wut über das Mißlingen seiner Schikane im Gesicht steht, wäre selbst ihr Opfer geworden.

Etwas „umsonst" zu tun, kann unter der alltäglichen Handlungsperspektive nur paradox begriffen werden als vorsätzliche Kriterienlosigkeit.

Wer nicht bloß – wie die gewöhnliche Macht – die Loyalität des anderen, sondern auch dessen Freiheit besitzen will, braucht einen langen Atem. Den hat der Schikaneur bereits in den „Spielen ohne Ende" bewiesen. *In seiner organisierten Grundlosigkeit hat er auch ein Motiv „ohne Ende"; die Freiheit des anderen kann niemals „ganz" in Besitz genommen werden, weil sie sich jeden Augenblick ändern und auch negieren kann.* Wer es trotzdem auf sie abgesehen hat, muß genauso unkonditionierbar sein und ihr – mit prinzipieller Unzufriedenheit – ins Grenzenlose folgen können.

Das seltsame Freiheitsverständnis des Schikaneurs ist Thema des nächsten Abschnitts.

Positive und negative Freiheit & Schikane und Freiheit

Wir unterscheiden eine positive und eine negative Freiheit. Negative Freiheit meint Frei-sein-von-etwas, auch von sich selbst, sich loslösen, sich distanzieren zu können (bis hin zur „sich-selbst-zerstörenden-Prophezeiung"). Der negative Freiheitsbegriff idealisiert eine passive und defensive, sich entbindende Freiheitserfahrung.

Positive Freiheit bedeutet Frei-sein-zu-etwas, sich selbst binden, selbst etwas „in die Hand nehmen" zu können. Der positive Freiheitsbegriff idealisiert eine aktive und offensive, sich-selbst-bindende Freiheitserfahrung. Das negative Freiheitsverständnis erlaubt kein In-Besitz-Nehmen der Freiheit; Freiheit ist hier bloß rastlose Progression des Nein-Sagens. Das positive Freiheitsverständnis hingegen erlaubt es, die Freiheit zu vergegenständlichen, sie „anzusehen".

Das negative Freiheitsverständnis schränkt eine intensive Auslegung der Freiheit ein: Niemand ist zum Ausleben seiner Freiheit verpflichtet. Wir sind vom Druck des Frei-sein-Müssens freigesprochen. Das positive Freiheitsverständnis dagegen fordert eine extensive Auslegung der Freiheit: Jeder ist zum Ausleben seiner Freiheit verpflichtet; wir dürfen und können die Fähigkeit, frei zu sein, nicht ablehnen.

Jean-Paul Sartre hat am deutlichsten die paradoxe Selbstverstrickung des positiven Freiheitsbegriffs gesehen: „Ich bin dazu verurteilt, für immer jenseits meines Wesens zu existieren, jenseits der Antriebe und Anlässe meines Tuns: *Ich bin dazu verurteilt, frei zu sein.* Das bedeutet, daß wir für unsere Freiheit keine anderen Grenzen als sie selbst finden können oder, wenn man lieber will, daß wir nicht die Freiheit haben, aufzuhören, frei zu sein." (4)

Die Dialektik der beiden Freiheitsbegriffe zeigt, wie sehr die Unfreiheit durch die Freiheit und die Freiheit durch die Unfreiheit totalisiert werden kann. Beide Freiheitsbegriffe absorbieren die Erfahrung der Unfreiheit auf unterschiedliche Weise und grenzen sie nicht einfach nur als „das Andere" aus. Die Idealisierung der asketischen, passiven Freiheitserfahrung im Begriff der negativen Freiheit will die Freiheit aus dem Korsett „positiver" Referenzen befreien und sperrt sie doch nur in den neuen Käfig rigider Selbstreferenz ein. Als galoppierende Selbstvernichtungspogrammatik versucht sich die negative Freiheit an der paradoxen Kumulation von Trennungserfahrungen. Die Dynamik des negativen Freiheitsbegriffs zielt auf eine Post-Apokalypse: Die hartnäckige, ehrgeizige und verzweifelte *Wahl des Nicht-wählen-Wollens* (Umschlagen der Freiheit in Unfreiheit) ist von der „Furie des Verschwindens" (Hegel) gepackt.

In der Ideologie des positiven Freiheitsbegriffs besteht Freiheit in der permanenten *Nicht-Wahl des Wählens* (Umschlagen der Unfreiheit in Freiheit): gerade der „blinde Fleck", die unverfügbare Basis, der Druck, „nicht nicht frei sein zu können", schützt das positive Freiheitsverständnis vor der grassierenden negativen Selbstreferenz des negativen Freiheitsbegriffs. Deshalb hat der positive Freiheitsbegriff einen Ausdruck und nicht bloß ein Sammelsurium von Spuren der Flucht, wie der negative. Nicht das Nicht-neinsagen-Können (negativer Freiheitsbegriff), sondern das Ja-sagen-Können (positiver Freiheitsbegriff), die Entschiedenheit ist Ausdruck der Freiheit.

Schikane und Freiheit. – Sein spezifisches Freiheitsverlangen läßt den Schikaneur auf beiden Hochzeiten tanzen: Er will sowohl die Freiheit „zu" etwas, als auch die „von" etwas genießen. Weil er kein konkretes Motiv hat, wählt er nicht. Er bleibt aber nicht in der

Indifferenz stecken, sondern bereitet daraus die Beliebigkeit der Wahl vor. Die negative Freiheitserfahrung ist ihm die Bedingung der positiven, nicht ihr Gegensatz. Er läßt sich weder in die Falle des apokalyptischen Rausches locken, seine negative Freiheit selbst zu zerstören, noch in die komplementäre, fatale Falle, seine positive Freiheit selbst zu fundieren. Als *Held der Inkonsequenz* kann er sich keinem der beiden Freiheitskonzepte eindeutig verpflichten. Ihm schmeckt weder die Askese des negativen noch die Disziplin des positiven Freiheitsverständnisses. (Wir werden in Kapitel Zehn zeigen, wie sehr der schwarze Schikaneur eher vom positiven Freiheitsverständnis und der weiße Schikaneur mehr vom negativen getragen und getrieben wird.)

Der Schikaneur entscheidet sich zwar für eine bestimmte Art und Weise zu handeln, aber so, daß er sich jeden Augenblick ohne praktische, moralische oder psychologische Mühe von dieser Identifikation frei sprechen könnte. Intrigen sind Techniken, es nicht gewesen zu sein. Schikanen sind die Kunst, es gleichzeitig gewesen und nicht gewesen zu sein. Je mehr es ihnen gelingt, diesem Widerspruch einen sinnlichen Ausdruck zu verleihen, gleichzeitig brutale Faktizität und geisterhafte Chimäre zu sein, desto perfekter sind sie. Dieser Hauch von Unwirklichkeit liegt über allen etwas entwickelteren Schikanen: Sie erzeugen eine Atmosphäre, in der das Opfer davon träumt, nur zu träumen, ohne doch auch nur einen Augenblick vergessen zu können, wie hellwach es ist.

Coolness

Der Coole ist ein Verwandter des Schikaneurs.

Coolness ist die Leidenschaft der Kälte. Sie ist der Nachfolger pädagogischer Geduld und moralischer Gelassenheit. Der Coole vertritt nicht mehr die Moral der Entspanntheit, sondern die Ästhetik des Desengagements. Er formuliert die komlementäre Pose zur mittlerweile verallgemeinerten Haltung der Betroffenheit: diese stilisiert Nähe zu sich selbst, Coolness Ferne zu sich.

Für Betroffene ist alles „wahnsinnig" wichtig, für Coole alles irgendwie lächerlich. Der Betroffenheits-Fanatiker versucht ständig krampfhaft, mit geradezu verzweifelter Begeisterungsbereitschaft die Dinge aufzuwerten, während sich der Coole im Rausch der Nüchternheit damit begnügt, die Lexika der Nichtigkeiten mit immer neuen Errungenschaften zu füllen. Für den Coolen ist jede Begeisterung prekär – ganz gleich, ob es sich um ein begeistertes „Ja" oder um ein emphatisches „Nein" handelt. Deshalb verträgt er keine dauerhafte Aufmerksamkeit: „Schon wenn er länger als zwei oder drei Minuten über ein Alltagsthema redet, entschuldigt er sich bei seiner Freundin, sie mit ‚banalem Alltagsgeschwätz' zu langweilen." (5)

Der Coole erhebt die „Trägheit in den Rang der Strenge" (Roland Barthes).

Der Coole dankt in jedem Augenblick seines Lebens ab: Er hat deshalb nichts zu verlieren, weil kein Mangel es wert ist, ihn als Verlust zu bejammern. Coolness entsteht, wenn die Schadenfreude nicht mehr in Strömen fließt, sondern nur noch als ein zierliches Rinnsaal dahinvegitiert.

Der Coole bezieht keine Stellung – das macht ihn zur idealen Feindfigur für zwei, die sich streiten. Dabei entlockt ihm ihr Streit nur ein gelangweiltes Lächeln. Der Coole hat keine rotwangige Loyalität, aber auch keine wutentbrante Illoyalität zu bieten. Wenn er sich doch wenigstens zum Messianismus seiner zur Schau gestellten Langsamkeit aufschwingen könnte, jammern die Ja- und Nein-Sager und verzweifeln wütend am Paradox des konsequenten Coolen, der sich nicht einmal in seinem Desengagement engagiert.

„Es gibt zwei Arten, sich gegenüber dem Alltag illoyal zu verhalten: die Gefügigkeit des Stillhaltens und den konstruktiven Protest, der das Spiel des Dialogs ausmacht. Wer cool ist, ist weder das brave Kind noch das Kind, das widerspricht, und in dieser doppelten Abwesenheit – von Disziplin und Reaktion – ist die höchste Unverantwortlichkeit zu Hause. Wer sich zugleich dem Gehorsam und dem Widerspruch verweigert, der treibt die Passivität in der Tat auf die Spitze." (6)

Das Empörende am Coolen ist, daß er sich der üblichen Dialektik von Freund und Feind entzieht. Er macht nicht mit beim Mitmachen und auch nicht beim Nicht-Mitmachen, deshalb ist er allen ein Dorn im Auge. Der Coole ist gefürchtet, weil in seinem Spiegel die eigene Begeisterung plötzlich den fahlen Glanz des hohlen Pathos bekommt. Weil er „über den Dingen" steht – und dies in so ruhiger Konzentration –, ist man plötzlich peinlich berührt über die eigenen alltäglichen Eifrigkeiten. Die elegante Müdigkeit des Coolen beschämt alle durchschnittlich Aufgeregten, seine distinguierte Gleichgültigkeit lähmt, seine stille Arroganz brüskiert.

Der Coole will niemandes Freund und niemandes Feind sein. Selbst zu einem disziplinierten Nihilismus ist er zu faul. Sein defätistisches Schweigen und sein spöttisches Lächeln, sein Beklatschen jeder Attacke gegen ihn machen ihn unangreifbar – nicht wegen seiner Härte, sondern wegen seiner Elastizität. Weil er jeder Lage gewachsen ist und alles an ihm abgleitet, weil er keiner Kritik Halt bietet – weder durch Widerspruch noch durch Zustimmung – und an nichts glaubt – und daran schon gar nicht –, wird er zum modernen Inbegriff des Dämonischen.

Der Coole ist dem Schikaneur zu sehr in die Disziplin des „weder-noch" eingespannt, zu sehr auf den Stolz des *Desengagements* abonniert. Der Schikaneur treibt das Nicht-Mitmachen auf die Spitze, indem er die Zügel so führt, als wolle er sie jeden Augenblick aus der Hand fallen lassen. In der Schikane könnte sich die Coolness vom Stress der Nicht-Einmischung erholen, ohne deshalb an den alltäglichen Spielen teilnehmen zu müssen.

Wir werden dem passiven Coolen später wiederbegegnen, verwandelt in Gestalt des „weißen" Schikaneurs, des Verachtungsartisten.

Korruption des Verstehens

Der Schikaneur, der „umsonst" handelt, der seine Opfer gerne „aus heiterem Himmel" wählt und überfällt, verbreitet Wut, Angst und Verzweiflung, auch ohne selbst Hand anzulegen. Er gibt seinen Opfern nicht den letzten Trost, wenigstens zu wissen, warum ihnen dies geschieht.

Sich vor der *Vereinnahmung durch Verstehen* zu schützen, ist eine weitere Funktion der Grundlosigkeit der Schikane, denn in jedem Verstehen steckt fast unvermeidbar eine gewisse Billigung.

In jeder Einfühlung versetzt sich das Opfer an die Stelle des Täters; eindrucksvoll bewiesen im sogenannten „Stockholm-Syndrom": Die Bereitschaft der Opfer von Flugzeugentführungen, die harte Gangart der Terroristen ihnen gegenüber nicht bloß (gezwungenermaßen) hinzunehmen oder zu verstehen, sondern sie fast zu verteidigen. Diesem unfreiwilligen Sympathisantentum will sich der Schikaneur auf gar keinen Fall aussetzen.

An die Stelle der intriganten Uneinsehbarkeit, der strategischen Hermetik setzt der Schikaneur eine schikanöse Uneinfühlbarkeit, als bösartige Irritation: Was das Opfer nicht weiß, macht es auch nicht heiß. Wenn wir uns etwa als Opfer einer Intrige entdecken, ärgern wir uns vielleicht über ihre Perfektheit, kränken oder irritieren wird sie uns nicht. Irritierend ist vielmehr die Schikane, in der uns keine klare Trennung zwischen Tarnung und Aufklärung weiterhilft.

Die Schikane ist deshalb so gemein, weil wir uns in unserem Unverständnis fortlaufend über die schockierende Transparenz ihrer Praxis ärgern müssen. Die Handlungen des Intriganten entziehen sich dem unmittelbaren Verständnis, weil sie nicht als solche sichtbar sind. Der Schikaneur spitzt das Unverständnis paradox zu, indem er fortlaufend einen frustrierenden Einblick in sein Tun gewährt. Das Verstehen scheitert nicht wie bei der Intrige an dunkler Intransparenz, sondern an blendender Transparenz.

Wie man fürchtet, der Besitz von Geld oder Macht könne korrumpieren, so fürchtet der Schikaneur, daß ihn Sympathie, Mitleid und Verständnis seiner Opfer korrumpieren könnten.

Grundloses Handeln schützt vor unfreiwilligem Paktieren mit dem Feind. Man kann den Schikaneur nicht umstimmen, er ist nicht bestechlich oder anders zu beeinflussen, er verwaltet keine Interessen, sondern kultiviert Leidenschaften. Es sind jedoch eher kalte Leidenschaften – an heißen fürchtet er sich die Finger verbrennen zu können.

Inneres Ausland

In der Grundlosigkeit des Handelns des Schikaneurs, seinem
„darum" als Antwort auf ein „warum" wird der paradoxe Schein
seines Innenlebens als komplementäre Form seines Handelns
erkennbar: Der sinnliche, äußerliche, paradoxe Schein desillusio-
niert – der imaginäre, innere entführt ins Nichts, präsentiert eine
leere Identität. Auch wenn der Intrigant damit beschäftigt ist,
immer neue Illusionen zu erzeugen, bleibt er doch in all seinen
Mysterienspielen immer noch auf die konventionelle Trennung von
Sein und Schein bezogen.

Die Irritation, die die Motivlosigkeit des Schikaneurs begründet,
ist die Basis einer paradoxen Figur der Täuschung, einer „vorge-
täuschten Täuschung". Eine einfache Täuschung, eine schlichte
Lüge, nutzt immer die Differenz zwischen Wahrem und Falschem,
zwischen Sein und Schein. Die Praktik der Motivlosigkeit ebnet
diese Differenz ein; sie ist eine *Strategie des reinen Scheins,* der keine
stille Referenz mehr in einem irgendwie kaschierten und verborge-
nem Sein besitzt.

Im Kern der Motivlosigkeit wird ein leeres Geheimnis kultiviert,
eine Geheimhaltung ohne Geheimnis. Seine Funktion ist es, den
Akt der Entlarvung leerlaufen zu lassen: Im Kult des leeren
Geheimnisses verfängt sich die Obsession des Entlarvens. An der
Schikane – anders als an der Intrige – gibt es nichts zu „entlar-
ven".

„Nichts dabei im Sinn gehabt zu haben", wird zur Signatur eines
Verhaltens, das von nirgendwo her kommt und nirgendwo hin will.
Die kaum übersehbare Funktion der Motivlosigkeit ist es, das
Dilemma zwischen einem konkret-beschränkt motivierten Handeln und der Vorstellung eines abstrakten Nicht-Handelns zugunsten eines abstrakt motivierten zu lösen, also Handeln „wieder"
möglich zu machen.

Und doch verfängt sich die Radikalität der Motivlosigkeit selbst
wieder in einer Motivierung, noch dazu in einer ambivalenten,
wenn nicht gar widersprüchlichen. Die eigenartige Enthaltsamkeit
flüchtet mit skeptischem Blick in eine schwebende Leichtigkeit des
Verhaltens und versucht gleichzeitig auch noch, der Zuschreibungs-
routine des anderen zu entkommen, der mit nichts mehr Schwie-

rigkeiten haben wird wie mit dem nicht vorhandenen Motiv. Die Motivlosigkeit ist doppelt, strategisch und psychologisch motiviert.

Kann man überhaupt „motivlos" handeln? Ist das nicht „nur" eine theoretische Fiktion, ein haltloser Idealismus? Muß man nicht eher Nietzsche zustimmen, der – wohl als erster – in seiner Nihilismusanalyse deutlich gezeigt hat, daß man *nicht nicht wollen kann:* Wenn der Nihilist die Verlegenheit seiner Beschaulichkeit reflektiert, muß er resigniert feststellen: „Lieber das Nichts wollen, als nicht wollen". (7)

Kann der Schikaneur nicht – wenn auch „widerwillig" – lernen, einen Ausweg aus der Unmöglichkeit des Nicht-Wollens zu finden? Vielleicht ist die Schikane ja eine Lösungsstrategie für die Unmöglichkeit „reinen" Nicht-Wollens? Eine Strategie, in der das – wie immer – gebrochene Ideal noch „spürbar" ist?

Die Subversion hat in den grauen, alltäglichen Schikanen eher eine deckende als eine provokatorische Funktion. Damit lassen sich auch die „bloß" parasitären Schikanen von den autonomen – die fast ausschließlich Thema dieses Buches sind – unterscheiden. In der subjektiven Dimension ist die Schikane umso grauer, je mehr sie sich vom schieren Ressentiment, also von konkreten, situationsgebundenen Gefühlen wie Neid und Rache, leiten läßt. *Je abstrakter das Motiv, desto grundloser das Handeln, umso autonomer die Schikane.* In der Diskussion des Neides zeigen wir exemplarisch, wie sich die *Dialektik von konkreten und abstrakten Motiven* entwickelt. Auch dieses konkrete Motiv wird – vermittelt – von der Leidenschaft des Umsonst getragen.

Logik des Neides

Die Welt-Vernichter. – Diesem gelingt etwas nicht, schließlich ruft er empört aus: „So möge doch die ganze Welt zugrunde gehen!" Dieses abscheuliche Gefühl ist der Gipfel des Neides, welcher folgert: Weil ich etwas nicht haben kann, soll alle Welt nichts haben! Soll alle Welt nichts sein! (Friedrich Nietzsche) (8)

Der Neid ist ein seltsames Gefühl und Motiv: Er ist die zehrende Empfindung des Abstandes zwischem dem eigenem Mißerfolg und dem Erfolg des anderen. Wirklich neidisch ist man jedoch erst, wenn die Enttäuschung über den eigenen Mißerfolg zur Freude am Mißerfolg des anderen sublimiert wird. Im Neid wird die sprichwörtliche Weisheit, „geteiltes Leid ist halbes Leid", nicht mitleidig nehmend, sondern boshaft austeilend benutzt.

Friedrich Nietzsche hat die Verwandtschaft zwischen Mitleid und Neid mit folgendem Bild beschrieben: „In der vergoldeten Scheide des Mitleids steckt mitunter der Dolch des Neides." Der Neidische will nicht das haben, was der andere mehr hat als er, sondern daß der andere das, was er hat, verliert. Nicht die Freude über den eigenen Erfolg, sondern die Freude über den Mißerfolg des anderen, die Schadenfreude, beruhigt den Neidischen. „Der Schaden der den anderen trifft, stellt diesen ihm gleich, er versöhnt seinen Neid. Befindet er sich selbst gerade gut, so sammelt er doch das Unglück des Nächsten als ein Capital in seinem Bewußtsein auf, um es bei einbrechendem eigenen Unglück gegen dasselbe einzusetzen, auch so hat er ‚Schadenfreude'." (9)

Neid braucht – wie Nietzsche zeigt – nicht unbedingt den eigenen, faktischen und jetzigen Mißerfolg als Empfindungsgrundlage, er ist auch präventiv möglich. Für den wahren, chronischen Neider ist jede fremde Existenz – ihre Individualität, ihre Fähigkeiten und ihr Besitz – ein Grund zum Neid: Der chronische Neider neidet niemals nicht.

Jeder Neid hat etwas von unfreiwilliger Bewunderung, von

widerwilliger Anerkennung. Neid ist ein Resultat gehemmten Hasses, eine Reaktion auf die Unfähigkeit, den anderen zu verachten, ungebrochen zu bewundern oder einfach zu ignorieren. Der Neid ist der Taumel innerhalb dieses dreifachen Versagens. Neid entsteht nicht durch Antipathie, eher aus einer gewissen Sympathie für den Unsympathischen. So wie die Scham Ausdruck einer gebrochenen Selbst-Identifikation ist, so ist der Neid Ausdruck einer gebrochenen Fremd-Identifikation.

Auch im Neid gibt es die Erfahrung des „umsonst": Der Neider kann die Bewunderung des anderen nicht ganz vermeiden. Die Erfahrung dieser Abhängigkeit und der Unfähigkeit, ihr zu entkommen, läßt jede Anstrengung, ihr zu entgehen „umsonst" erscheinen.

Was bedeutet dies für das Verhältnis von Schikane und Neid?

Der Schikaneur wartet nicht, bis ihm die widrigen Umstände des Lebens Gelegenheit zur Schadenfreude geben. Er hilft kräftig mit am Zustandekommen des Schadens. *In der Schikane verwandelt sich die spezifisch passive Disposition des Neides in eine aktive Verhaltensweise, ohne allerdings das verschobene Ziel des Neides – den Mißerfolg des anderen – aufzugeben.*

In der Schikane strengt sich der Neidische nochmals „umsonst" an. Auch jetzt bringt ihm sein schikanöses Handeln nichts ein, jedenfalls keinen materiellen Gewinn, keine soziale Positionsverbesserung oder einen sonst irgendwie meßbaren Erfolg. In der neidischen Schikane rührt sich noch einmal der bereits aus dem Feld geschlagene Konkurrent: Wenn er schon keinen Erfolg hat, will er wenigstens beim Zustandekommen der Mißerfolge der anderen erfolgreich sein; er hat schließlich nichts mehr zu verlieren, aber auch nichts zu gewinnen.

Identifikation und Bruch

Die Schikane ist zugleich eine *Reaktionsbildung gegen den Neid*, aber auch eine Identifikation mit ihm. Die gespielte Gelassenheit, die elegante Coolness des Schikaneurs ist gut verdrängter Neid, ein Schauspiel, das dem anderen zeigt, wie wenig er es doch wert ist, gebraucht zu werden.

Die Schikane ist so paradox wie ein souveräner Neid: „Großheit als Maske. Mit Großheit des Benehmens erbittert man seine Feinde, mit Neid, den man merken läßt, versöhnt man sie sich beinahe: denn der Neid vergleicht, setzt gleich, er ist eine unfreiwillige und stöhnende Art von Bescheidenheit. – Obwohl hier und da, des erwähnten Vorteils halber, der Neid als Maske vorgenommen worden ist, von solchen, welche nicht neidisch waren? Vielleicht; sicherlich aber wird Großheit des Benehmens oft als Maske des Neides gebraucht, von Ehrgeizigen, welche lieber Nachteile erleiden und ihre Feinde erbittern wollen als merken lassen, daß sie sich innerlich ihnen gleichsetzen." (10)

Wenn der Neid unfreiwillige Bewunderung oder, wie Kierkegaard es formuliert, „versteckte Bewunderung" (11) ist, dann ist die Schikane die *Rache für das Bewundern-Müssen*. Gibt es etwas Bewundernswerteres und Beneidenswerteres als die Freiheit des anderen? Kaum, denn nichts ist so unverfügbar wie diese.

Die „Großheit" findet sich ebenfalls im Benehmen des Schikaneurs. Der neidische Schikaneur verdrängt den negativen Aspekt des „umsonst" zugunsten des positiven. Aus widerwilliger Anerkennung, hilfloser und unfreiwilliger Bewunderung wird in der Reaktionsbildung zur Schikane subtiles Verlangen der Demütigung und Herabwürdigung des anderen.

Der Neid ist die Empfindung des ständigen Scheiterns der Selbstachtung angesichts des anderen, die Schikane das chronische Bemühen, die Selbstachtung des anderen zu unterminieren. Der Schikaneur wendet die inneren Verwüstungen des Neides nach außen. Er versucht, Selbstverachtung zu injizieren. So wenig die Bewunderung im Neid freiwillig ist, so wenig ist sie auch erzwungen. Das ist ja mit ein Grund für die „Bitterkeit" des Neides, daß man ihn letztlich den eigenen Vorlieben verdankt.

Wie sehr der im Zentrum der Schikane wühlende Neid kaum noch spürbar, bis in sein scheinbares Gegenteil verkehrt sein kann, zeigt unser nächstes, eher „weißes" Beispiel.

Bedrohliche Symmetrie

„Wenn es sich aber so verhält, wenn jedes Geben eine kleine geheime Spekulation ist, ein Moralgeschäftchen à la longue, eine Zinsen erhoffende Güteranlage, ein do ut des, wie erklärt sich dann folgendes Phänomen: Dem Bettler, der demütig-zerflossenen Gesichts, Klage murmelnd, trauerweidig hängend und bebend, an den Tisch tritt, gibt fast jeder. Dem ebenso armen Teufel, der noch einen Funken Stolz in seines Lebens Asche hütet, der deine Gabe nicht umsonst haben will, der einen Gegenwert bietet: Schuhriemen oder Zündhölzer oder Ansichtskarten oder Notizbücher oder Englischpflaster – den schickt jeder weg. Danke, ich brauche nichts. Aber er braucht, das siehst du doch.

Warum achtest du durch eine Gabe die Not des Bettlers? Und mißachtest den ebenso nötigen Verkäufer, der seiner Bettelei Larve des Kommerz umhängt? Warum gibst du, o Bruder Rechner-Mensch, jenem fonds perdu? Und diesem nichts, obzwar du für deine Gabe ein Notizbuch empfingst? Oder ein Glücksschwein aus Goldpapiermaché?

Ich erkläre es mir so: Der Kerl mit den Schuhbändern, mit den Zündhölzern, steht, weil er sich als Geschäftsmann maskiert, gewissermaßen auf deiner Ebene. Er tritt in den Kreis bürgerlicher Konvention. Er ist Nebenmensch. Aber der Bettler, der fordert, ohne zu bieten, ist ein Subjekt außerhalb deiner Welt. Ein Untermensch. Schwärzlich dräut um ihn, sei er noch so winselnd und zerknickt, acherontische Drohung! Mit seiner offenen Hand langt die Tiefe nach dir. Seine Ohnmacht verspürst du, in der Magengrube, wie Kriegslist. Sein gebeugter Rücken ist auf dich zielender gespannter Bogen, sein Tierblick Dolch in der Scheide, sein Winseln verwehter Klang von Schlachtmusiken einer fernen, sehr furchtbaren Heerschar. Mein Lieber, aus Angst gibst du ihm. Aus blanker Furcht. Du kaufst dich los, du zahlst Lösegeld, du entrichtest Tribut. Du bestichst die Unterwelt. Wie du den Himmel bestechen willst, wenn du deinen lausigen Tausender in die Sammelbüchse tust." (Alfred Polgar) (12)

Revancheverbot

Wenn der Spender seine Gabe an die süffisant vorgebrachte Bedingung knüpfen würde, sie nur zu vergeben, *wenn der Bettler auf eine Gegen-Gabe verzichtet,* würde aus dieser Szene eine Schikane.

Der grausame Idealismus der Barmherzigkeit will den absoluten Armen, der nichts zurückgeben kann. Könnte sich der Bettler mit irgendetwas revanchieren, wäre er „Nebenmensch", potentiell Gleicher. Nur der Arme mit einem Offenbarungseid, der, der auch zu seiner Armut stünde, wäre ein richtiger Armer. Niemand will zu dem Bettler in ein Austauschverhältnis treten, weil dann auch die dahinterstehende Existenz austauschbar erschiene. Die Kleinigkeit, mit der sich der Bettler revanchieren möchte, beschämt, verärgert sogar, weil sie die eigene, emphatische Großzügigkeit nachträglich in den Dunstkreis einer Dienstleistung zieht.

Eine Großzügigkeit, die um jeden Preis verhindern will, daß sie oder ihr etwas zurückgegeben wird, ist kleinlich. Den zurückge-haltenen Almosen und dem dahinterstehenden Mitleid steht die Verachtung im Gesicht. Nichts geben schafft Distanz um jeden Preis. Sie sagt dem unverschämten Bettler, der glaubt, er könne sich revanchieren, daß er seine Armut perfektionieren muß, wenn er etwas will. Der potentielle Spender empfände sich als Betrogener, erhielte er etwas zurück, betrogen um die Einmaligkeit und Unwiderrufbarkeit seiner Tat.

Der Schikaneur ginge noch einen Schritt weiter: Er würde spenden, verbände dies aber offen mit einem Revancheverbot. Aus der Angst des Bürgers, auf die Stufe des Bettlers hinabgezogen zu werden, macht der Schikaneur eine *paradoxe Großzügigkeit, die nur gibt, wenn ihr nicht wiedergegeben wird.* Was der ängstliche Bürger durch die Enthaltsamkeit beim Spenden zu kaschieren versucht, wird vom Schikaneur forciert: Ich trete mit dir nur dann in Kontakt, wenn du mich nicht mit deiner Existenz berührst.

Wie im paradoxen Diebstahl (siehe Kapitel Eins) verwandelt die diabolische Ironie des paradoxen Geschenks den Gesinnungside-alismus des Geschenks, auf keinerlei Revanche gezielt zu haben, in eine Forderung nach dem „Nichts". Aus dem herausfordernden Verzicht auf alle Konditionen, die mit dem Geschenk einhergehen soll, wird eine negative Kondition. Der generöse Geschenkidealismus distanziert sich von der sklavischen Symmetrie des Tausches. Der Schikaneur verwandelt das Nicht-Tausch-Gebot des Geschenkidealismus in ein Tausch-Verbot und drängt es dem Opfer auf.

Vernichtung der Dankbarkeit

Im schikanösen Verbot der Gegen-Gabe wird auch eine allgemeinere Ambivalenz von Geschenk und Gegengeschenk ausgetragen: das Geschenk als Großzügigkeit bzw. Provokation; das Gegengeschenk als Dankbarkeit bzw. Rache oder List.

Grundlage für diese Doppeldeutigkeit des Schenkens und Spendens ist die Verquickung des humanistischen Geschenkidealismus mit dem archaischen Modell des Potlatch, das im heute gängigen Idealismus rudimentär fortlebt. Die idealistische Ritualisierung des Schenkens versucht sich als Anti-Institution zum/im allgemeinen Wettbewerb zu etablieren, als Reich, in dem die Logik der Äquivalenz tabuisiert ist. Unter der Hand setzt sich jedoch nicht selten das Motiv des archaischen Potlatch durch, die Verschwendungskonkurrenz: Wer macht das größte Geschenk?

Der Schikaneur inszeniert die perverse und offene Versöhnung beider Tendenzen. Die ideelle Substanz des humanen Geschenks zeigt sich in der gewährten Asymmetrie (geben können, ohne deshalb nehmen zu wollen); der Schikaneur überspitzt und pervertiert dies, indem er die Asymmetrie befiehlt (geben, nur wenn auf die Gegen-Gabe verzichtet wird), und sichert sich damit ein Monopol in der Verschwendungs-Konkurrenz. Die Eskalation des idealistischen Schenkens wird von ihm zum Steigbügelhalter eines halbierten Potlatch umfunktionalisiert.

Das schikanöse Dankbarkeitsverbot will das absolute, das Geschenk, dessen „Preis" es ist, „unbezahlbar", unabgeltbar zu sein. Der Schikaneur berauscht sich an der Kreation des paradoxen Umsonst, das nur für den Preis eines Widergutmachungsverzichts zu haben ist.

Die Schikane nimmt dem Beschenkten jede Möglichkeit, sich als Schenkender zu revanchieren. Sie verschärft das melancholische

Gefühl, „daß wir eine Gabe überhaupt nicht erwidern können." (Georg Simmel) (13) Zum Schenken gehört das Nehmen-Können ebenso wie das Geben-Können. Wenn die Möglichkeit, ebenfalls zu geben verhindert wird, verliert auch das Nehmen-Können seinen Sinn.

Günther Anders hat das deutlich formuliert: „Will jemand für etwas, was er dir verdankt, wirklich seinen Dank bezeugen, dann fertige ihn nicht mit der Floskel ‚nicht der Rede wert' ab. Wenn du hoffst, dein Verdienst damit zu bagatellisieren, täuschst du dich. Der Schuldner hört sie als ein: ‚Du bist nicht der Rede wert' und fühlt sich der Chance, sich durch sein Danken einigermaßen ‚gleich' zu bringen, betrogen. Horche vielmehr sorgfältig auf deine Rede und vergiß nicht, daß es ihm nicht weniger schwer fällt, seine Worte über die Lippen zu bringen, als dir, diesem dein Ohr zu leihen. Die achtungsvolle Entgegennahme des Dankes ist das letzte Stück der Gabe, die du bereits hinter dir zu haben glaubtest." (14)

Die diabolische Ironie des Schikaneurs, der weder den symbolischen noch den faktischen Dank der Gegen-Gabe erlaubt, will das überhebliche Konstrukt einer brutalen Uneigennützigkeit in die Welt setzen. In dieser „weißen" Schikane reproduziert sich die Verachtung als grausames Mitleid.

Kapitel Fünf

Das Gewalt-Motiv der Schikane

Der Raum als Parcours

Im dritten Element der DUDEN-Definition werden Schikanen als „eingebaute Schwierigkeit in eine Autorennstrecke" bezeichnet. Gemeint sind damit grundsätzlich alle Kurven – je enger, desto schikanöser. Auch der schnellste Fahrer muß abbremsen um diesen Streckenabschnitt zu bewältigen. Die zu Asphalt gewordenen Schikanen sind ein Denkmal des sportlichen Selbstverständnisses, das es sich nicht „zu leicht" machen will.

Die Schikane ist eine in sich widersprüchliche Verkehrsform, die sich in den Kurven der Rennstrecke als „künstliche Barriere" und „freiwillige Beschränkung" zeigt: Die „künstliche Barriere" vereint in sich den Gegensatz von Kultur und Natur, sie ist das zu Stein gewordene, sedimentierte und naturalisierte Verbot. Die „freiwillige Beschränkung" ist ein gegen sich selbst gerichtetes Verbot, denn die Rennfahrer betrachten die schikanösen Kurven nicht als Form der Unterdrückung, sondern als Herausforderung ihres Könnens.

Schließlich differenzieren die Kurven Geschwindigkeit: nur durch die von ihnen erzwungene Langsamkeit kann die Schnelligkeit richtig zum Zuge kommen. Sie verlangsamen die Fahrt, „damit" sie anschließend beschleunigt werden kann. Die Natur des Hindernisses ist nicht von kompakter Geschlossenheit, sondern von listiger Offenheit: die „Barriere" ist eine Krümmung des Raumes, nicht seine schlichte Versperrung.

In all diesen Eigenarten wirkt die Beschreibung der Rennstrecken-Schikane wie eine *Ikonographie der sozialen Schikane*. Diese konstruiert (wie in den vorhergegangenen Kapiteln gezeigt) mit Vorliebe nicht-materielle Hindernisse, löst selbstgesetzte Probleme, dehnt die Zeit und krümmt den Raum.

Reflexive Gewalt

Was ist das Besondere schikanöser Gewalt? Eine grausame Brutalität, eine ausschweifende Grausamkeit? Die schikanöse Gewalt eskaliert die Gewalt nicht in intensiver, sondern in extensiver Hinsicht. *Schikanöse Gewalt ist sublimierte, epische Gewalt, die durch Selbstdisziplinierung boshafte Potenzen entfaltet.* Sie kann auch deshalb nicht „zügellose Gewalt" sein, weil ihr jeder Zug von Legitimation/Subversion fehlen würde.

Der schikanöse Gewaltgebrauch entspricht am ehesten dem asiatischer Kampfpraktiken, in denen die Kraft des Gegners zu der eigenen gemacht wird: nicht Gewalt gegen Gewalt, sondern Rückwendung der gegnerischen Gewalt gegen sich selbst.

Schikanöser Gewaltgebrauch ist disziplinierter, reflexiver Gewaltgebrauch. Um die Gewalt des Gegners gegen ihn verwenden zu können, muß der Schikaneur seine eigene kontrollieren können; um ihn in seine Gewalt zu bekommen, muß er sich selbst in der Gewalt haben.

Es gehört zu den zahllosen, der Schikane eigentümlichen Widersprüchen, ausgerechnet die Disziplinierung der Gewalt zu ihrer Eskalation zu benutzen. Um sie dem Schikanierten in den Weg stellen zu können, muß sie sich erst gleichsam selbst den Weg verstellen: Die ältere Militärpsychologie ahnt den Zusammenhang, wenn sie formuliert, daß man um befehlen zu können erst gehorchen lernen muß. Wer den anderen bezwingen will, darf nicht an sich selbst zweifeln, denn das würde den anderen an der Macht und seiner Ohnmacht zweifeln lassen. *Gewalt erzeugt nicht bloß immer Gewalt, sondern Gewalt gegen andere setzt immer schon Gewalt gegen sich selbst voraus.*

Unendliche Vorlust der Gewalt

In einer körperlichen Auseinandersetzung gibt es meist Sieger und Verlierer, Stärkere und Schwächere; eine Schlägerei ist in der Regel ein Nullsummenspiel: der Sieg des einen beinhaltet die Niederlage des anderen. Gewalt produziert Eindeutigkeit: die Machtfrage ist geklärt, man kann wieder zur Tagesordnung übergehen.

Derartig gebrauchte Gewalt eignet sich kaum als Medium der Schikane: der „Krisenfall" der Macht wäre zu schnell vorbei, das schikanöse Verlangen, die Macht „auszukosten" könnte sich nicht mehr ausleben. Im zweckrationalen Machtverhältnis hat die Gewalt nur eine vorübergehende Existenzberechtigung: ist die Machtfrage geklärt, ist ihr Gebrauch überflüssig, ja, sogar schädlich.

Die Gewalt gewinnt einen imaginären Zug, wenn sie so „perfekt" ist, daß ihr einmaliger Einsatz, die Bedingungen einer möglichen, erneuten Anwendung mitvernichtet. Mit der Überlegenheit physischer Macht wächst auch ihre imaginäre Natur. Wir haben den Schikaneur als jemanden beschrieben, der nicht mehr gewinnen kann, weil er „immer schon" gewonnen hat; *eine Gewaltanwendung ist dann schikanös, wenn sie die Bedingungen des Gewaltsamwerden-Könnens selbst herstellt, also reflexiv ist.* So wie die politische Ökonomie die *„Produktion der Produktionsbedingungen"* analysiert, beschreibt die Theorie der Schikane die *„Produktion der Destruktionsbedingungen".*

Ziel der Schikane ist es, die „Quasimoralität der Gewalt", ihre glatte Selbstaufhebung aufzuschieben, um Raum für einen genüßlichen und ausgiebigen Gewaltgebrauch zu schaffen, das „bittere Ende" in einem „Spiel ohne Ende" vor sich her zu schieben.

Der Schikaneur ist ein Künstler des Vorspiels:

Er berührt sein Opfer mit infamer Zärtlichkeit, streicht mit seinen Händen, scheinbar prüfend, immer wieder über den Hemdkragen des Opfers, fühlt den Stoff, reibt ihn zwischen seinen Fingern und nimmt sich dazu sehr viel Zeit. Er kultiviert alle Arten obszöner Berührung des anderen. Schamlos erkundet er den Körper des anderen, nimmt seine Oberarme und prüft schmunzelnd dessen Muskeln oder greift ihm behutsam zwischen die Beine. Er zieht die Linien des krampfhaften Lächelns auf dem Gesicht seines Opfers nach und fragt lächelnd, ob es seinem Gesicht nicht eine Pause gönnen möchte; er zieht dem Verängstigten die Augenlider zu, mit dem boshaften Kommentar, er wolle ihm helfen die Augen vor den Unannehmlichkeiten zu schließen.

Er liebt es, die Ereignisse, mit denen er droht, als die Summe ihrer Ankündigungen zu vervielfältigen. Er träumt davon, daß sich sein Opfer bereits zigmal unter seinem imaginären Schlag krümmt, bevor es irgendwann dann doch von ihm getroffen wird.

Ein brutaler, skrupelloser Schläger berauscht sich vielleicht an der Eindeutigkeit seines Sieges und prahlt mit der Souveränität eines Gewinners. Der Schikaneur fürchtet die „Melancholie der Erfüllung", das Gefühl, seine Potenz zu verlieren, wenn er schnell und ohne Umwege sein Ziel erreicht. Der einfache Gewaltgebrauch kulminiert in einem „Ende mit Schrecken" – für den Unterlegenen und den Überlegenen. Die einmal erworbene Macht ist tot, in ihrem kalten Produkt ist der Genuß ihres Erringens verschwunden.

Der Schikaneur hingegen wird von dem „unmöglichen Verlangen" getrieben, den Rausch des Kampfes, des Noch-nicht-gewonnen-Habens gleichzeitig mit dem „Endsieg", der glanzvollen Erschöpfung des „Ich habe gewonnen!" zu genießen. Gegen den „Widerspruch" der einfachen Gewalt, mit ihrem Erfolg zu verlöschen, setzt der Schikaneur die – ebenso widersprüchliche Praxis – die Permanenz der Gewaltausübung mit dem Triumph ihrer Durchsetzung zu vereinen. „Schon immer" am Ziel angekommen, will er sich den besonderen Genuß nicht versagen, den Weg, der zu ihm führte, „immer wieder" aufs neue zu gehen.

Bevor wir die Stadien schikanösen Gewaltgebrauchs an einigen Beispielen näher analysieren, wollen wir uns einer anderen Form reflexiver, jedoch nicht-schikanöser Gewaltanwendung zuwenden: der Folter…

Folter: Exitus interruptus

Auch die zweckrational orientierteste Macht, der alle Mittel zur Erreichung und Erhaltung ihres Zwecks heilig sind, kennt eine Form des Gewaltgebrauchs, die „Umwege" geht, wenn sie ein „zu schnelles" Ende ihres Machtgebrauchs verhindern will, wenn sie von ihrem Opfer nicht bloß Gehorsam, sondern Zustimmung, ein Geständnis oder Abbitte hören will: die Folter.

Günther Anders beschreibt die Struktur der Folter als den Versuch, einen *'exitus interruptus'* herzustellen. „Dieses approximative Morden ist aus zwei Gründen beliebt. Einmal deshalb, weil das Opfer, solange es noch nicht umgebracht ist, noch mitspielt, und durch sein Schrein und Flehn den Triumph des Schlägers noch bestätigt. Und dann deshalb, weil es, solange es sich noch ins Leben zurückrufen läßt, dem Schläger die Chance des neuen Mordens verschafft – und was gäbe es für diesen Willkommeneres, als daß er einen Mann mehrere Male umbringen kann? Durch den total Verstummten, der von seiner Niederlage und seiner Entwürdigung nichts mehr weiß, fühlt sich der Schläger betrogen – eben um die Bestätigung seines Triumphes und um die Chance der Wiederholung.

Die letzten Worte, die M. in seinem Leben gehört hat – er verendete auf dem Boden eines Gestapokellers – die lauteten: ‚des Aas ist uns fortkrepiert, dem werd ichs zeigen‘. Diese Drohung ist abgesehen (von allem anderen) höchst merkwürdig: Denn sie beweist, daß der Schläger sogar angesichts der blutigen Masse, die da übriggeblieben ist, noch immer nicht bereit war, den Gedanken der Fortsetzbarkeit des Mordens aufzugeben, und noch immer nicht fähig, sich die Reaktionslosigkeit des Toten vorzustellen.

Als Idealbild schwebt dem Folterer ein Opfer vor, daß deshalb unsterblich ist, weil es nicht sterben kann bzw. darf. Tatsächlich hat M's Mörder auch wirklich versucht ‚es ihm zu zeigen‘, nämlich dadurch, daß er auf dem Toten, zur Strafe für sein Stummbleiben, herumtrampelte. Aber dieser Triumph war natürlich nicht mehr zu erzwingen, und der vergebliche Racheakt endete mit Kotzen." (1)

Das Prinzip der Folter ist die Intensivierung der Gewalt durch Extensivierung ihres zeitlichen Gebrauchs; die Folter wird von einer Hömöopathie des Bösen beherrscht. Ihr grausames Verlangen ist es, einen Menschen mehrfach zu töten, den individuellen Tod zu multiplizieren.

Schikane und Folter

Trotz struktureller Gemeinsamkeiten gibt es gewichtige Unterschiede: Nicht der Körper, die physische Identität des Opfers ist Ziel und Medium der schikanösen Gewalt, auch nicht der Schmerz, der empfindsame Ausdruck seiner Zerstörung; *schikanöse Gewalt zerstört nicht die Selbstbeherrschung, sondern die Selbstachtung.*

Die Folter ist „rationaler" als schikanöse Gewalt: Eine Folter wird ausgesetzt, wenn ihr Zweck auch mit „geringeren" Mitteln erreicht werden kann. Indem sich die Folter der Notwendigkeit beugt, die Schmerzfähigkeit des Individuums zu reorganisieren, produziert sie ihre Destruktionsbedingungen eher gezwungenermaßen. Die schikanöse Gewalt aber reproduziert ihre Destruktionsbedingungen mit einer gewissen Faszination, indem sie die Leidensfähigkeit des Individuums rekultiviert.

Die Folter hat es darauf abgesehen, den Widerstand ihres Opfers immer und immer wieder zu brechen, seinen Tod mit vielen Vorgriffen unendlich aufzuschieben. Die Schikane beteiligt das Opfer an der Gewaltausübung gegen sich. Schikanös wäre der Folterer, der sein Opfer den Beginn der nächsten Folterrunde selbst einleiten läßt. Die schikanöse Gewaltanwendung will nicht nur – mittels verzögerter, dosierter Gewalt – das Opfer in den Griff bekommen, sondern vielmehr Gewalt über die Fähigkeit des Opfers, „dennoch" Gewalt auszuüben, gewinnen; sie will die Gewalt des Opfers gegen es selbst wenden. „Reflexiver Gewaltgebrauch" bedeutet also in der schikanösen Gewalt die eigene *und* die Gewalt des Opfers „im Griff zu haben", aber nicht nur restriktiv unterdrückend, sondern produktiv herausfordernd. Die folgenden Szenen illustrieren das eigentümlich widersprüchliche Verhältnis der Schikane zur Gewalt:

Der kleine und der große Bruder

Es war eine alte Feindschaft. Sie dauerte ihr Leben lang. Nur zwei Jahre waren die Brüder auseinander, aber die Spanne genügte, um dem Größeren die Überlegenheit über den Kleineren zu sichern. Er neidete ihm die Liebe der Mutter, die er, wie es ihm schien, nicht nur teilen mußte, sondern an den kleineren ganz verlor.

Wie so oft, wenn sie allein waren, hatte er ihn verprügelt, sich dabei Zeit gelassen und die Wut und die Scham des Kleineren, wenn er verheult in einer Ecke lag, ausgekostet. Neuerdings hatte sich der Kleine angewöhnt, ihn trotzig anzuschreien: „Ja, ja, ist ja schon gut, ich weiß es, du bist der Stärkere. Danke, ich habe es verstanden, aber du scheinst es nicht zu verstehen, warum sonst verprügelst du mich immer wieder aufs neue."

Immer kecker, seiner Niederlage schon zu gewiß, schrie er ihn an und versuchte die Demütigung zurückzugeben. Der Große erinnerte sich, in letzter Zeit öfter dann von einer rasenden Wut angefallen worden zu sein, so daß er immer brutaler auf den Kleinen einschlug. Die Mutter war schon mißtrauisch geworden. Daß ihn die Umstände zwangen, sich noch mehr zu mäßigen, der Kleine dies offenbar begriff und seine Tiraden gegen ihn nur noch unverschämter herausschleuderte, schürte seine Wut und schnürte sie zugleich ein.

Auch dieses Mal lag der Kleine erschöpft und verweint vor ihm, starrte ihn diesmal nur still an und schien fast etwas zu grinsen. Kalte Wut ergriff der Großen, und er genoß die Verwunderung mit der der Kleine registrierte, daß der Große seine Hand nahm, sie emporzog, ohne daß der Kleine etwas dagegen vermochte und anfing, diese gegen dessen Willen hin und her zu zerren. „Da staunst du, was", meinte der Große, „was so eine Hand alles alleine unternimmt. Mal sehen, ob sie weiß, was du denkst...".

Er nahm die Hand des Kleinen, der sich vergeblich gegen die allzugroße Kraft des Großen sträubte, ergriff dessen Zeigefinger und lenkte ihn gegen die Stirn des Kleinen, so, als zeigte dieser einen Vogel. „Was? Du meinst, dein großer Bruder hätte einen Vogel", empörte sich der Große künstlich. Er schlug dem Kleinen mit dessen eigener Hand ins Gesicht. „Laß mich in Frieden, du Schwein!" schrie der Kleine.

Nocheinmal zog ihm der Große die eigene Hand durchs Gesicht: „Soviel Frechheit gehört bestraft!" Der Große spürte, daß es dem Kleinen dieses Mal nicht gelang, sich seiner Gewalt zu entziehen. „Kannst du mich nicht endlich in Frieden lassen!", schrie ihn der Kleine in einem Ton an, der nichts von der Aufsässigkeit spüren ließ, mit der er sonst die Gewaltakte seines Bruders hämisch verfolgte.

„Tu ich doch, tu ich doch. Ich habe schon längst begriffen, daß es hier nur eine faire Auseinandersetzung geben wird, wenn du gegen dich selbst antrittst. Das wenige, was ich dazu noch tun kann, ist dir vorzumachen, wie es geht!" Abermals nahm er die Hand des Kleineren und schlug sie ihm ins Gesicht. „Siehst du, so geht das!", kommentierte er seine Brutalität mit spitzfindiger Gelehrsamkeit. Abrupt ließ er ihn los, postierte sich breitbeinig vor ihm und forderte: „Los, jetzt zeig, was du gelernt hast!"

Der Kleine sah ihn verwundert an: „Was meinst du?"

„Los, schlag dich! Ich will sehen, ob du wenigstens dir standhälst!"

„Das meinst du doch nicht ernst...!", reklamierte der Kleine mit einer Stimme, die sich krampfhaft um etwas Hohn bemühte, die aber mehr vor Angst zitterte.

„Aber sicher doch, da!" Erneut schlug der Große den Kleinen mit dessen eigener Hand, ließ los und stand wieder vor ihm.

„Nein, nein! Das mach ich nicht!" wimmerte der Kleine.

Zunächst sah es so aus als wollte der Große erneut die Hand des Kleinen ergreifen um ihn zu malträtieren, überlegte es sich aber offenbar anders. Ein flüchtiges Grinsen zog über sein Gesicht: „Na gut, wenn du das nicht verstehst... Ich hab auch nicht alles am ersten Tag verstanden, aber das wirst du doch verstehen, paß auf: Du wirst jetzt mich schlagen. Los, greif mich an!"

Ungläubig starrte der Kleine ihn an. „Du, du meinst tatsächlich ich soll dich schlagen...?"

„Ja, nun mach schon!" forderte der Große ungeduldig.

„Du wirst bestimmt zurückschlagen!" ängstigte sich der Kleine.

„Nein, wenn du mich richtig triffst, werde ich es nicht tun."

Der Kleine boxte zaghaft gegen den Arm seines großen Bruders; sofort hatte er dessen flache Hand im Gesicht.

„Ich denke du wolltest mich nicht mehr schlagen!" schrie der Kleine in bebendem Zorn.

„Stimmt auch – aber nur, wenn du es richtig machst!"

„Was heißt das?"

„Versuchs, los!" Er schubste den Kleinen vor sich her. „Los schon, hau mir eine runter!" Man sah, wie in dem Kleinen etwas platzte, die lange angestaute Wut in einen kräftigen Schlag rutschte. Der Große, nicht nur älter, sondern auch unvergleichlich kräftiger als der kleine Bruder schwankte nur ein wenig, rieb sich den Arm, der von dem Schlag schmerzte und grinste seinen Bruder an. „Na, wenn das alles war...", drehte sich um und verließ das Zimmer.

Symbolische Selbstvergewaltigung

Schikanöse Gewalt ist boshafte und subversive Gewalt. Der große Bruder, unzufrieden mit dem Eklat nackter Gewalt, seinem kleinen Bruder körperlich in jeder Hinsicht überlegen, verlegt sich darauf, ihn zu demütigen.

Er ist nicht mehr bereit, Wut und Langeweile in den gewohnheitsmäßig entkräfteten Prügeleien zu ertragen, nimmt die Arme des Kleinen und schlägt ihn mit sich selbst.

Aus einer chronischen Verprügelung wird in der Schikane eine symbolische Selbstvergewaltigung: Ich kann dich nicht bloß schlagen, ich bin auch noch fähig, dir mit deinem eigenen Körper Schmerz zuzufügen!

Nackter und brutaler kann das Opfer zum Täter an sich kaum noch werden. Nicht genug der ständigen Demütigung, gezwungen zu sein in einem Spiel mitzuspielen, in dem er nicht gewinnen kann, muß er es sich jetzt auch noch gefallen lassen, die blauen Flecken von den eigenen Händen zu beziehen.

Die Überlegenheit bedient sich dabei der Theatralik der Leichtigkeit: sie zeigt das Kunststück, „kraftlos" Kraft auszuüben. In der Schikane verwandelt sich die bloß quantitative „Über"gewalt in eine qualitative „Luxus"gewalt.

Der große Bruder übt nicht mehr bloß Gewalt gegen den Kleinen aus, sondern mit ihm. Gewalt entwickelt sich zum Zwang, wenn sie das Handeln des anderen beliebig einschränken, unterbinden und beeinflussen kann. Während Gewalt letztlich bloß immer blockiert, kann Zwang führen, leiten, kanalisieren. Zwang verhindert und unterdrückt nicht die Gewalt des anderen, sondern erzwingt ihr Erscheinen zu seinen Bedingungen und Zielen. Der große Bruder begnügt sich nicht damit, den Kleinen zu schlagen oder dessen Arme zur Demonstration seiner Wehrlosigkeit einfach festzuhalten, nein, er durchbricht auch noch das letzte Bollwerk des Wehrlosen, seine trotzige Passivität und macht aus ihr einen unfreiwilligen, gewaltsamen Akt, in dem sich der Kleine selbst schlägt.

Trotz seiner entwickelteren Potenz bleibt die Ausübung des schikanösen Zwangs hier noch unmittelbar an die Ausübung von Gewalt gebunden. Trotz der zurückhaltenden Kraft bleibt Zwang auf den Gewaltverweis angewiesen. Kann sich der Schikaneur von der Notwendigkeit der Gewaltanwendung noch weiter emanzipieren?

Schlag Dich!

In der Eskalation des schikanösen Verlangens versucht der große Bruder den kleinen zu zwingen sich selbst zu schlagen: Wenn du nicht zuschlägst oder „nicht richtig", tu ich es!

Gelänge dem Schikaneur diese Inszenierung, akzentuierte er die souveräne Gewaltaussparung: Es wäre dann tatsächlich das Opfer, das sich schlägt. Die feine Kausalität des Willens träte an die Stelle der groben Kausalität des Fleisches. Das Opfer würde nicht mehr in Bewegung gesetzt, sondern setzte sich in Bewegung. Damit hätte der große Bruder *die Freiheit* des kleinen fundamentaler ergriffen: ihn nicht als Objekt, sondern als Subjekt erobert.

Restaurants, die ihre Preise von der Großzügigkeit, Eitelkeit und Scham der Gäste bestimmen lassen, machen regelmäßig ein besseres Geschäft: In der verzweifelten Bemühung, den Großen zufriedenzustellen und sich gleichzeitig dabei zu schonen, schwankt der Kleine immer zwischen zu mildem und zu heftigem Schlag.

Hinter dem paradoxen Wunsch, die Gewalt zugleich als Prozeß und Produkt, als Ehrgeiz und Erfolg, als antizipierte aber auch als retrospektive Überlegenheit zu genießen, steht das Phantasma einer perfekten und gleichzeitig nicht-perfekten Gewalt, göttlich und menschlich zu sein.

Der Versuch mißlingt: Was den Schikaneur nicht weiter enttäuscht, da er ohnehin fortlaufend „wer verliert, gewinnt" spielt. Nur der Schikaneur, der die passive, gewaltasketische (weiße) Selbstverwirklichung bevorzugt, empfände dieses „Scheitern" als empfindliche Demütigung.

Das Achillesfersen-Prinzip

Achilles, der mythische Held, war nur an seiner Ferse verwundbar. Wenn innerhalb eines perfekten Systems ein winziger Makel eingebaut ist, der als Steigerung und nicht als Minderung der Perfektion funktioniert, nennen wir dies das „Achillesfersen-Prinzip". Der „winzige Makel" dient der Plausibilisierung und Legitimation des Vollendeten. Nur mit dem kleinen Fehler ist überhaupt eine duale Beziehung, ein Kampf möglich. Ein Kampf, in dem der Sieger von vornherein schon feststeht, ist unendlich langweilig und unwahrscheinlich: Es kämpft nur der, der sich eine Chance ausrechnet.

Das Achillesfersen-Prinzip ermöglicht die *Konfusion zwischen einem offenen und einem abgekarteten Spiel.* Wäre SUPERMAN nicht durch Kryptonit verwundbar und gegen magische Kräfte wehrlos, ließe sich mit ihm als Titelhelden niemals eine erfolgreiche Comic-Serie, eine „unendliche Geschichte" entwickeln.

Das Achillesfersen-Prinzip interveniert in die Dialektik der Unangreifbarkeit, die gerade dann „angreifbar" wäre, wenn sie perfekt ist. Die Unmöglichkeit gegen sie zu gewinnen, der Rückzug der Allmacht aus der Dialektik der Anerkennung, könnte ihr zum Verhängnis werden. Die Allmacht spielt immer ein Spiel ohne Einsatz: Wer nichts verlieren kann, kann auch nichts gewinnen. Allmacht schlägt um in Ohnmacht: beide sind nicht „satisfaktionsfähig".

Gerade durch das partielle Sich-angreifbar-Machen mittels des Achillesfersen-Prinzips forciert die Macht ihre Unangreifbarkeit: „Freiwillige" Ohnmacht schlägt um in „erweiterte" Allmacht. Eine absolute, aber wirkungslose Macht wird zu einer relativen, aber wirksamen Macht.

Das Ganze ist weniger als die Summe seiner Teile, die Summe der Teile ist mehr als das Ganze. Die deprimierende Erfahrung, daß „das Ganze das Unwahre ist" (Theodor W. Adorno) (2), steht am Anfang der manischen Flucht der Schikane.

Zurück zu dem kleinen und großen Bruder: Im Unterschied zur ersten Sequenz, aus der die zweite entsprang, weil in ihr der „winzige Makel" „zu groß" war, zeigte sich in der zweiten das komplementäre Problem, daß der „winzige Makel" „zu klein" ist. Es kann keinen „perfekten" Ausgleich zwischen klassischen und schikanösen Perfektions-Bedürfnissen geben, ohne das Dilemma der sich selbst überdrüssigen Vollkommenheit erneut herbeizuführen.

Trotzdem gibt es eine weitere strukturelle Eskalation der schikanösen Gewaltanwendung in unserer Szene: Die Gewalt bekommt wieder mehr Geltung, ohne deshalb die bereits erreichte souveräne Überlegenheit zu gefährden. Nach der schwarzen Ouvertüre kehrt die Gewalt im weißen Finale zurück.

Erzwungener Angriff und demonstrative Unverletzbarkeit

Der große Bruder zwingt den kleinen zurückzuschlagen; „Wehr dich!" lautet sein Befehl. Der kleine Bruder „darf" den großen schlagen.

Auf der Suche nach immer neuen Superlativen, seinen Bruder zu demütigen, suggeriert er ihm die Möglichkeit der Gegenwehr, der Symmetrie.

Dieses pseudosymmetrische Komplott forciert nicht mehr die Ohnmacht des Schikanierten, sondern simuliert die Ohnmacht des Schikaneurs; das Opfer wurde zur Gewalt gegen den Täter gezwungen.

Die Situation der ursprünglichen Überlegenheit ist nun komplett auf den Kopf gestellt: Der Unterlegene schlägt den Überlegenen erst zaghaft. Der Große sanktioniert diese „Schwäche". Erst indem der Kleine nun heftiger zuschlägt hat der Schikaneur sein Ziel erreicht: er genießt die Folgenlosigkeit der ohnmächtigen Gewalt.

Die Ohnmacht des kleinen Bruders nimmt nun die aktivste und widersprüchlichste Gestalt an: sie erscheint als reine, uneingeschränkte Fähigkeit, Gewalt auszuüben. *Diese Ohnmacht ist die verzweifeltste, denn der Weg aus ihr heraus führt – gerade weil er nicht versperrt wird – nur noch weiter in sie hinein.*

In dieser vollendeten Schikane macht sich der Täter zum Opfer seines Opfers, indem er es zum Täter kürt. Schikanöse Macht erlebt ihren grandiosen Triumph, wenn sie in der Pose wehrloser Ohnmacht ihre Unverletzlichkeit zur Schau stellt.

Politik der Sanktion

Schikanöse Gewalt ist paradoxe, disziplinierte Brutalität: nicht nur karges Mittel einer Macht, sondern Ausdrucksmedium der Schikane. Der Schläger, der zugunsten seiner Freundin in der dunklen Seitenstraße darauf verzichtet, den Mann zusammenzuschlagen und sich nun daran vergnügt, wie sich der Mann „freiwillig" von seiner Freundin zusammentreten läßt, weil er fürchten muß, ansonsten seinen wesentlich härteren und brutaleren Schlägen ausgesetzt zu sein, illustriert die Praktik schikanöser Strafen. Durch ihre subversive Einbettung erscheint die Gewalt in der Schikane immer mit dem Anspruch, Sanktion zu sein.

Nach der fatalen Logik des kleineren Übels „begrüßt" der Mann das Zusammengeschlagen-Werden durch das Mädchen, weil die angedrohten brutaleren Schläge ihres Freundes noch schlimmer wären. Der gewalttätige Schikaneur ist bestrebt, die „negative Sanktion" als positive erscheinen zu lassen: „weniger" Gewalt als Belohnung.

Die schikanöse Sanktionsweise verbindet die liberale und autoritäre Sanktionsweise. *Obwohl die Schikane bestraft, erscheint ihre Sanktion als Belohnung.* (In „weißen" Schikanen, wie am Schluß des Bruder-Streits, erscheint die Belohnung als Bestrafung: der kleine Bruder „darf" den großen schlagen.)

Gelingt die Schikane, akzeptiert also der Schikanierte die unmögliche Wahl zwischen Brutalität und kleinerem Übel, wird er – so pervers sich das anhört – ständig nur durch „kleinere Übel" „belohnt"; genau das aber kennzeichnet die liberale Sanktionsweise!

In einem imaginären System von Sanktionsideologien lassen sich vier Formen unterscheiden:

	positive Sanktion	negative Sanktion	
Realisation	Belohnung:	+ Bestrafung:	= konventionelle Sanktionsweise
	+	+	
Unterlassung (indirekt)	Entzug der Belohnung:	Aussetzung der + Bestrafung:	= laissez-faire Sanktionsweise
	=	=	
	liberale Sanktionsweise	autoritäre Sanktionsweise	

Um von der Gewalt verschont zu werden, muß man sich ihr aussetzen. Emotional reflektiert sich die perfide Amalgierung von liberaler und autoritärer Sanktionsweise darin, Unglück und Trost zugleich empfinden zu lassen. Wer die Demütigung der Gewalt vorzieht, verachtet oder haßt sich letztlich (deswegen) selbst. Der Schikanierte wird nicht nur einer Bestrafung ausgesetzt, die als Belohnung erscheint, sondern darüber hinaus auch noch dafür bestraft, *daß er sich bestrafen läßt.*

Was dem Schikaneur zunächst bloß äußerlich gelingt, die Rückwendung der Gewalt des Schikanierten gegen sich selbst, wird bei besonders erfolgreichen Schikanen zum Modell der Verinnerlichung der reflexiven Gewalt: als Selbst-Bestrafung und Selbst-Verleumdung. Der Schikaneur will den besonderen Triumph genießen, daß seine Gewalt erfolgreich zur Selbstvergewaltigung führt.

Hand-an-sich-Legen

Der Sklave wird gezwungen, „mit einem Kissen zu onanieren". (3) Die erzwungene Lust, der Zwang zur Selbstbefriedigung ist schikanös. Die Spaltung eines Subjekts in Subjekt und Objekt erzeugt eine Form von Selbstvergewaltigung: das Hand-an-sich-Legen wird tatsächlich zum „Hand-an-sich-Legen". Dieses schikanöse Arrangement verhält sich umgekehrt zu dem masochistischen: während dort die Sanktion, die Strafe zur Bedingung der Legitimität der Lust wird, ist bei der erzwungenen Selbstbefriedigung die Lust die Ausdrucksform der Sanktion. Schikanös ist die Konfusion von positiver Sanktion (Belohnung) und negativer Sanktion (Bestrafung).

Als Form „repressiver Entsublimierung" (Herbert Marcuse) beschädigt und verbindet die Schikane die sonst isolierten Erfahrungen von Lust und Strafe. Sie zerstört sowohl den positiven Charakter der Lust wie auch den negativen Charakter der Strafe. Sie verhindert damit die Eindeutigkeit positiver und negativer Erfahrungen. *Die Lustlosigkeit wird nicht gegen, sondern in der Lust erzeugt:* Das Opfer empfindet Ekel an seiner Lust. In der Sprache des Behaviorismus wäre die Schikane als Einheit von Aversions- und Verstärkungstechnik zu definieren.

Der erlittene Orgasmus ist der Höhepunkt der Erniedrigung: Mein Körper korrumpiert mich und läßt mich noch unter den unmöglichsten Umstanden den Schatten einer Lust erleben. Die Schikane führt einem letztlich immer auch die eigene Monstrosität vor Augen.

System der Ehre

Die schikanöse Sanktionsweise der Demütigung kann freilich noch anders, denn als Konfusion von autoritärer und liberaler Sanktionsweise entwickelt werden. Nietzsche gibt dazu einen entscheidenden Hinweis: „Das Bemitleidetwerden. – Unter Wilden denkt man mit moralischem Schauder ans Bemitleidetwerden: da ist man aller Tugend bar. Mitleid-gewähren heißt soviel wie Verachten: ein verächtliches Wesen will man nicht leiden sehen, es gewährt dies keinen Genuß. Dagegen einen Feind leiden zu sehen, den man als ebenbürtig-stolz anerkannt und der unter Martern seinen Stolz nicht preisgibt, und überhaupt jenes Wesen, welches sich nicht zum Mitleid-Anrufen, das heißt zur schmählichsten und tiefsten Demütigung verstehen will, – das ist ein Genuß der Genüsse, dabei erhebt sich die Seele des Wilden zur Bewunderung: er tötet zuletzt einen solchen Tapferen, wenn er es in der Hand hat, und gibt ihm, dem Ungebrochenen seine letzte Ehre: hätte er gejammert, den Ausdruck des kalten Hohnes aus dem Gesichte verloren, hätte er sich verächtlich gezeigt, – nun, so hätte er Leben bleiben dürfen, wie ein Hund, – und hätte den Stolz des Zuschauenden nicht mehr gereizt und an Stelle der Bewunderung wäre Mitleiden getreten." (Nietzsche: Morgenröte, Nr. 135)

Es ist geschichtlich und ethnologisch keineswegs selbstverständlich, einerseits lebenserhaltende Maßnahmen mit positiven Sanktionen zu identifizieren, wie andererseits die lebensbedrohenden mit negativen. Wir wollen die Sanktionsideologie, die Nietzsche skizziert, als das „System der Ehre" bezeichnen.

Für die bereits unterschiedenen vier Sanktionsideologien gilt gemeinsam, daß sie lebensentfaltende Maßnahmen als positive und die lebenseinschränkenden mit negativen Sanktionen identifizieren. Wir nennen diese vier Ideologien zusammenfassend das „System der Klugheit", weil sie alle – dies gilt indirekt auch für die liberale und die autoritäre Ideologie – die Wahl zwischen positiven und negativen Konsequenzen unter dem Gesichtspunkt der Selbsterhaltung zulassen. So wird der Unterschied zwischen beiden Sanktionskonzepten deutlich: Der zentrale Wert des Systems der Ehre wird nicht als Anhänglichkeit an das Leben (Selbsterhaltung), sondern als Furchtlosigkeit gegen den Tod (Ehre) bestimmt.

Wenn aber die Schikane entweder Bestrafungen als Belohnungen (schwarze Schikane) oder Belohnungen als Bestrafungen erscheinen läßt (weiße Schikane), dann erzeugt sie eine Konfusion zwischen dem „System der Ehre" und dem „System der Klugheit". Sie spielt innerhalb des Kampfes um die Identität der Person die Selbsterhaltung gegen die Selbstachtung aus.

Wenn wir die zweite, wesentlich verschiedene Codierung des Systems der Ehre nachtragen, die von Konformität und Abweichung, können wir die Übergangsformen zwischen den beiden

Sanktions-Konzepten besser bestimmen. Im System der Ehre genießt derjenige Ansehen, der sich bis zuletzt nicht in sein Schicksal fügt, gegen es ankämpft, auch dann, wenn damit keinerlei Aussicht auf Erfolg verbunden ist. Der Heroismus des Kampfes „bis zum letzten Atemzug" ist nichts anderes als die Idealisierung eines „Spiels ohne Ende". Das bedeutet jedoch nicht, daß das System der Ehre selbst schikanös ist.

Innerhalb des Systems der Ehre demütigt sich vielmehr der, der nicht bereit ist, sich ausdauernd in das Spiel ohne Ende um die Ehre zu fügen. Konform handelt hier derjenige, der seine faktische Niederlage in einer Auseinandersetzung nachhaltig verleugnet. Je mehr Widerstand er leistet, desto konformer handelt er. Damit haben wir den zweiten, wichtigen Unterschied zwischen dem System der Klugheit und dem der Ehre isoliert.

Zusammengefaßt: Im System der Ehre wird das Aufbegehren gegen die sich abzeichnende Niederlage als Konformität bewertet und mit dem Tod honoriert, während tendenzielle Einwilligung und Apathie gegenüber der Niederlage als Abweichung gilt und mit dem Leben bestraft wird. (4)

Kapitel Sechs

Das Luxus-Motiv der Schikane

Luxus und Besessenheit

Das vierte Element der DUDEN-Definition, die Redewendung „mit allen Schikanen", hebt als einziges eine positive Bedeutung der Schikane hervor und steht in enger Beziehung zum Umsonst-Motiv: Schikane nicht als Einschränkung, sondern als üppige Großzügigkeit, als extravaganter Luxus. Darunter fällt etwa der Sportwagen, dessen Innenfront nur so vor (überflüssigen) Armaturen strotzt, das plappernde Auto, das uns fortlaufend auf seine diversen Wartungspflichten und Reparaturbedürfnisse aufmerksam macht, Bhagwan mit seinen 52 Rolls Royce (für jede Woche einen), die 3.000 Paar Schuhe im Schrank der Frau des ehemaligen philippinischen Diktators Marcos (1), die Fernbedienung, die alle Funktionsänderungen auf die Winzigkeit eines Knopfdrucks reduziert und zum frei flottierenden Programmwechsel einlädt usw. usf.

Der Gebrauch der extraordinären Normalität des Reichtums hat Makel: Wollte der Sportwagenfahrer den luxuriösen Angeboten seines Wageninneren gerecht werden, dürfte er eigentlich gar nicht mehr auf die Straße schauen. Wenn Baghwan schon 52 Autos haben mußte, warum dann immer die gleichen und nur für eine Strecke von einigen hundert Metern? Wann will Frau Marcos ihre Schuhe alle tragen? Irgendwie ist in und mit dem schikanösen Luxus der umstandslose Genuß des Reichtums gestört.

Fast scheint es, als kämpfe der Reiche mit seinem Luxus um die Vormachtstellung, ob der Besitzer „wirklich" seinen Besitz „ganz" in Besitz nehmen kann oder ob der Besitzer von seinem Besitz „besessen" wird.

Der Luxus wird dann schikanös, wenn er beginnt, seinen Besitzer zu nötigen, und seine Gegenstände rufen: „Gebrauche uns – wenn du kannst!" Im schikanösen Luxus erlebt der Reiche die Dialektik des Besitzes: Nicht nur er hat Ansprüche an seine Besitztümer, sie haben auch Ansprüche an ihn, die er nie ganz erfüllen kann.

Abstrakter und konkreter Besitz

Georg Simmel schreibt in seiner „Philosophie des Geldes": „Im alten Nord-Peru und ebenso im alten Mexiko war die Bearbeitung der – jährlich aufgeteilten – Felder eine Gemeinsame; der Ertrag aber war individueller Besitz. Nicht aber durfte niemand seinen Anteil verkaufen oder verschenken, sondern, wenn er freiwillig verreiste und nicht zur Bebauung des Feldes zurückkehrte, so ging er seines Anteils überhaupt verlustig. Ganz ebenso bedeutete in den alten deutschen Marken der Besitz eines Stückes Land für sich selbst noch nicht, daß man auch wirklich Markgenosse war: dazu mußte man den Besitz auch noch wirklich bebauen, mußte, wie es in den Weistümern heißt, dort selbst Wasser und Weide genießen und seinen eigenen Rauch haben." (2)

Nach dieser „altmodischen" Besitzauffassung soll niemand mehr besitzen, als er sich aneignen kann, ob nun produktiv, durch Bearbeitung oder konsumtiv, durch Verbrauch. Die kapitalistische Gesellschaft, die den allgemeinen wie den individuellen Reichtum grenzenlos vermehrt, mußte mit einem solchen Besitzbegriff brechen. Nach dem heute herrschenden, abstrakten Besitzbegriff bedeutet „besitzen" nicht *„gebrauchen"*, sondern darüber *„verfügen"* können.

Wie das Geld und die Macht, hat der abstrakte Besitz eine doppelte Existenz: als Aktualität und Potentialität. Nach dem Konzept des modernen Besitzbegriffs ist es sehr wohl möglich „alles" zu besitzen, ohne es deswegen „in Besitz nehmen zu müssen". Äquivalenz und Symmetrie zwischen Besitzer und Besitz sind zerbrochen, es gibt keine wechselseitige Verfügung aneinander mehr; kein Besitzer muß heute noch seinem Besitz, wie Simmel schreibt, „gewachsen sein".

Erst der moderne Besitz-Begriff macht eine Form des Besitzes denkbar, in der er bereits als purer Besitz-Titel Geltung hat. Die Möglichkeit, Besitz brach liegen zu lassen, entwickelte sich in dem

Maße, in dem der Geldbesitz zum reinen Tausch-Prinzip ohne gegenständliche Verpflichtungen wurde. Potentieller Besitz wurde als solcher um so unangreifbarer, je mehr das Geld nicht nur herrschendes *Medium,* sondern – kapitalistisch – auch herrschender *Motor* der wirtschaftlichen Entwicklung wurde. Das klassische, konkrete Besitz-Konzept mit seinen – gemessen am Maß möglichen Besitzes – Aneignungs-Zumutungen wird immer unzumutbarer.

Der alte Mann, der seinen Söhnen nur so viel von seinem riesigen Grundbesitz vererbt, wie sie mit eigener Kraft in einer Frist „erlaufen" können, betreibt eine Aneignungs-Zumutung in schikanösen Ausmaßen. Er will, daß sie den ursprünglichen Akt der Inbesitznahme wiederholen, sie sollen umlaufen, was er erarbeitet und besessen hat. Diese Reformulierung des konkreten Besitzbegriffs als Erbschaftsvoraussetzung, als „letzter Wille" schikaniert die Söhne mit ihrem bequemen und abstrakten Besitzbegriff.

Wäre der alte Mann wirklich nur daran interessiert gewesen, dem alten Besitzbegriff zu seinem Recht zu verhelfen, hätte er seinen Söhnen schon Jahre vor seinem Ableben die Gelegenheit gegeben, sich als Verwalter zu profilieren und damit als Erben zu qualifizieren. Indem er aber die jahrelange, allmähliche Inbesitznahme durch Feldarbeit auf den symbolischen Akt des Umlaufens reduziert, betreibt er die Rückkehr des alten Besitzbegriffs, als Fortsetzung des neuen.

Totaler Besitz

Mit dem modernen, abstrakten Besitz-Begriff ist das persönliche Verhältnis von Besitzer und Besitz ambivalent geworden. Einerseits wächst die Freiheit des Besitzers gegenüber seinem Besitz, seine Verfügungsgewalt ist grundsätzlich unbegrenzt; andererseits schrumpft seine Möglichkeit, den Besitz auch „vollständig" in Besitz zu nehmen. Einerseits befreit das abstrakte Besitz-Verständnis den Besitzer von den „altmodischen" Anforderungen praktischer „Inbesitznahme"; andererseits fordert er den „totalen Besitz", weil erst durch Geld die Vorstellung eines unendlich großen Besitzes überhaupt realisierbar ist. In gewisser Hinsicht sind die besonderen Verpflichtungen des abstrakten Besitzes grandioser und magischer als die des konkreten, sie fordern ein ebenso unendliches wie unerfüllbares Bedürfnis.

Jean-Paul Sartre beschreibt diese Verpflichtungen im Kontext des konkreten Besitzes:

„Ein Fahrrad besitzen heißt, es betrachten und anfassen können. Das Anfassen erweist sich aber sogleich als ungenügend; man muß es besteigen können, um spazierenzufahren. Aber diese unmotivierte Spazierfahrt ist wiederum ungenügend; man müßte es dazu gebrauchen, Gänge zu erledigen. Damit sind wir auf längere, vollständigere Verwendungen hingewiesen, auf lange Fahrten durch ganz Frankreich. Solche Fahrten setzen sich selbst aus tausend aneignenden Verhaltensweisen zusammen, die wiederum auf andere hindeuten. Ich brauche nur eine Banknote darzureichen, um das Fahrrad zu erhalten; schließlich brauche ich jedoch, wie man vorausehen konnte, mein ganzes Leben, um diesen Besitz zu realisieren; gerade das fühle ich beim Erwerb des Gegenstandes: das Besitzen ist ein Unternehmen, das der Tod stets unvollendet läßt." (3)

Jeder abstrakte Besitz weckt den Wunsch nach Totalität. Jeder konkrete Besitz eines Dinges überzieht sich in einer Gesellschaft, in der der Geldbesitz dominiert, automatisch mit einem Hauch von Unendlichkeit. Die Tendenz, auch den konkreten Besitz in seiner sinnlosesten Mannigfaltigkeit „auszuleben", ist eine unfreiwillige Folge der verallgemeinerten Geldbesitzerfahrungen.

Midas oder: die Unersättlichkeit

Michael Schneider hat die Grundlage für das Frustrierende des atemlosen Konsummarathons beschrieben: „Mit der universellen Ausbreitung und Entwicklung der Geldform entsteht daher eine gesellschaftliche Bedürfnisstruktur, die so abstrakt und maßlos ist wie diese." (4)

Die Erfahrung, daß „genug nicht genug ist", ist die Folge der universellen Bedürfnisbefriedigung durch Geld. Da man mit Geld „alles" kaufen kann, ist jeder besondere Erwerb immer „weniger", als die unendliche Potenz des Geldes verspricht. Das Geld ist der eigentliche Motor der „Totalitätsgier", des Willens zum Ganzen.

An diesem grandiosen Ideal scheitern alle konkreten Befriedigungen, die immer auf das Eine beschränkt sind.

Unter dem hedonistischen Regime des Geldes wird jeder Genießende von einem midasartigen Schatten befallen:

„Reich und elend zugleich, und betäubt von dem seltsamen Unglück / Will er dem Reichtum entfliehen und haßt, was er eben begehrte / nichts mehr stillt seinen Hunger, von Durst brennt trocken die Kehle / Überall quält ihn das leidige Gold, das er selbst sich gewählt hat." (Ovid) (5)

Michael Schneider kommentiert: „Midas, der Gold- und Geldsüchtige, erkrankt daran, daß er sich die gegenständliche Welt, die Welt der Gebrauchswerte, um so weniger sinnlich aneignen kann, je mehr er sie besitzt, je mehr sie sein Eigentum wird." (6)

Midas ist der, der das Geld nicht mehr los wird, weil es ihm – buchstäblich – an den Händen klebt. Bekanntlich verwandelte sich alles, was Midas berührte, zu Gold. *Midas ist eine Metapher für die Unfähigkeit zur realen Befriedigung.* Indem sich ihm alles sofort in abstrakten Reichtum verwandelt, entbehrt er jeder konkreten Befriedigung. Sein mythologisches Schicksal zeigt die allgemeine, für jeden spürbare Funktion des Geldes, zwischen „Haben und Sein zu trennen" (Simmel) und damit auch den Gegensatz zwischen realer und imaginärer Befriedigung zu verschärfen.

Geld ist schiere Potenz, bloße Möglichkeit, abstrakter Reichtum; wirklicher Reichtum wird Geld nur um den Preis einer „Verausgabung" der vielfältigen Möglichkeiten, die in ihm stecken. Die „Qual der Wahl" ist eine Gelderfahrung. Die Möglichkeiten des Geldes sind unendlich und „phantastisch"; in Wirklichkeit opfert es die unendlichen Möglichkeiten der Befriedigung einer einzigen. Indem das Geld die imaginäre Befriedigung, die Vorlust, aufwertet, entwertet es zugleich die reale Befriedigung, die Endlust. Geld öffnet und schließt den Gegensatz von imaginärer und realer Befriedigung in einem Widerspruch: Weil Imaginäres mit Geld Realität werden kann, wird auch die Realität mit einem Hauch käuflicher Imagination überzogen. Durch Geld verschwindet das „bloß" der bloßen Vorstellung, und umgekehrt zerstört Geld die Erfahrung von der Einmaligkeit der Dinge, ihren Genuß. Weil Geld prinzipiell den Zugang zu allen Genüssen öffnet, transformiert es das einfache Bedürfnis zum unendlichen Begehren; die „schlechte

Unendlichkeit" (Hegel) der Zirkulation des Geldes zieht als Ruhelosigkeit in die Struktur der menschlichen Befriedigungsmöglichkeiten ein.

Wie sehr jeder konkrete Gegenstand als austauschbar betrachtet und erfahren wird, zeigt die sich ausbreitende schlechte Gewohnheit, bei einem Geschenk die Quittung für den Umtausch beizulegen. Selbst das Ritual des Schenkens, dessen Sinn die Inszenierung „einmaliger" Gegenstände für „einmalige" Wünsche ist, bleibt von dem Klima universeller Austauschbarkeit nicht verschont.(7) Die Differenz von konkretem und abstraktem Reichtum wiederholt sich im Unterschied von konkreter und „abstrakter" Armut. Vor dem Hintergrund des Gelduniversums erscheint jeder einzelne Gegenstand, jedes konkrete Objekt bloß noch als Schatten seiner selbst, als Fragment, als „Partialobjekt", als Wirklichkeitsausschnitt.

Für die Theorie der Schikane ist nicht die konkrete Armut, sondern die universelle Erfahrung der abstrakten Armut bedeutsam.

Objektive Melancholie

Schikanöse Konstellationen erzeugen Ohnmacht, Hilflosigkeit und Ausbruchswillen. Objektiv schikanös ist die kapitalistische Form des Besitzes, weil er eine grundsätzliche, unübersteigbare Barriere gegen seine totale Aneignung darstellt.

Die Konfusion von Ge- und Verbrauchen, die Fusion von Genuß und Zerstörung, die Verschmelzung von Tausch- und Gebrauchswerten sind die Prinzipien einer Gesellschaft, die finanzielle, ökonomische, touristische etc. Grenzenlosigkeit produziert. Quasi-schikanös daran ist, daß auch noch der Genuß des geringsten materiellen, konkreten Besitzes von der Erfahrung des möglichen, abstrakten Besitzes überschattet bleibt. Nicht die Armut ist schikanös, wohl aber der Zwang, sie noch auf jeder Stufe des gesellschaftlichen und privaten Reichtums in den Dingen zu spüren. Nicht die Unerreichbarkeit der vielen Objekte, die man niemals haben wird, ist schikanös, sondern die Entwertung der wenigen Objekte, die man besitzen kann oder besitzt. Schikanös ist nicht die

Ideologie der Selbstbescheidung als Opium für die Armen, sondern die Unmöglichkeit, selbst bescheiden zu sein.

Die tägliche Fata Morgana des unendlichen Warenmeeres, spätestens im abendlichen Werbefernsehen, erzeugt eine *objektive Melancholie*: die Erfahrung, *etwas verloren zu haben, was man nie besaß*. Angesichts der potentiellen Unendlichkeit der Genüsse erscheint jeder tatsächliche Genuß als kümmerlich. Der Kapitalismus realisiert den Traum vom Schlaraffenland als Museum, in dem man alles sehen, aber nichts berühren darf. Das Prinzip des kapitalistischen Verkaufs, durch Präsentation (im Schaufenster oder Katalog) jede Ware in greifbare Nähe zu rücken, die Aufhebung des Unterschieds von Lager und Verkaufsraum, verlagert die Anerkennung der Besitzgrenzen ganz in die Selbstdisziplin des einzelnen Käufers. Das ausgebreitete Warenmeer provoziert Übergriffe.

Totalitätsgier und Destruktivität

Mit der Einwegflasche ist nicht nur mehr Geld zu verdienen als mit der Pfandflasche, sie entspricht auch der Bequemlichkeit der meisten Konsumenten. Darüberhinaus befriedigt der „einmalige" Gebrauch allerdings auch auf sublime Weise das latente Bedürfnis, es der Totalität jedes Besitzes „zu zeigen". Die kapitalistische Ware, in der Ge- und Verbrauch zusammenfallen sollen, verbindet die in ihr enthaltene Tendenz zur destruktiven Eskalation der Gebrauchsgüter mit der durch Geld erzeugten „Totalitätsgier". Das massenhafte Angebot von Einmalgütern – die keine sein müssen – ermöglicht es, diese Totalitätsgier in negativer Form symbolisch zu befriedigen, als *Sozialpartnerschaft der Konsumdestruktivität*.

Im gesellschaftlich anerkannten, alltäglichen Vandalismus schafft der Kapitalismus ein Ventil für die mit ihm unaufhebbar verbundene Sehnsucht, „das Ganze" besitzen zu wollen: Der Verbrauch erhascht für einen Augenblick die Totalität des Besitzes. In der Zerstörung jedoch verschwindet jede weitere Möglichkeit des Gebrauchs. Die Zerstörung nähert sich der unmöglichen Totalität der Verwendungsweisen, indem sie die Bedingung der Möglichkeit einer Verwendung, also die Gegenstände, zerstört.

Jean-Paul Sarte: „Eben die Erkenntnis der Unmöglichkeit, ein

Objekt wahrhaft zu besitzen, gibt dem Für-Sich das starke Verlangen, es zu zerstören (...) Die Zerstörung verwirklicht – vielleicht noch subtiler als die Schöpfung – die Aneignung, da das zerstörte Objekt nicht mehr da ist und seine Undurchdringlichkeit nicht mehr zeigen kann." (8)

Dieser eigentümliche Widerspruch, ein Objekt gerade dann „vollständig" zu besitzen, wenn man es vernichtet, weil dann seine Möglichkeiten nicht mehr die Fähigkeit sie einzulösen übersteigen können, ist für die Theorie der Schikane bedeutsam.

Die scheinbar grundlosen Zerstörungsakte sind Versuche, den totalen Besitz imaginär zu realisieren. Das Paradox der vandalischen Destruktivität ist es, ausgerechnet im Augenblick der Zerstörung den Höhepunkt der negativ bleibenden Aneignung zu erreichen. Der Ehemann, dem es in seiner Verzweiflung nicht genügt, seinem Leben ein Ende zu setzen, sondern auch noch seine ganze Familie umbringt, illustriert die absurde Anstrengung jeder negativen Aneignung. Jede positive Aneignung muß sich auf die ermüdende Vielfalt eines jeden Gegenstandes einlassen.

Schikanöser Vandalismus

Schikanöser Vandalismus ist boshafte Subversion. Er zerstört nicht heimlich irgendein Gemeineigentum, sondern sein Privateigentum öffentlich und rekrutiert dafür Zuschauer. Anders als die gesellschaftlich organisierte, funktionale Verschwendung steht der schikanöse Vandalismus – als *Leidenschaft der Leere* – in keinem reproduktiven Verwertungszusammenhang.

Der Schikaneur betreibt „unmögliche", negative Objektaneignungen, er will das gesamte latente Potential der Gegenstände in Besitz nehmen. In der negativen Aneignung kann er einen Gegenstand zugleich konkret und abstrakt besitzen. In der Leidenschaft nutzloser Zerstörung emanzipiert er die unterdrückte Totalität der Dinge für seine gemeinen Zwecke. In der Schikane wird die Totalitätsgier rabiat. Der Schikaneur sorgt für die „Wiederkehr des Verdrängten".

Statt den Gegenstand zu zerstören, genügt es dem Schikaneur manchmal, „nur" dessen symbolische Bedeutung zu vernichten. Er wirft dem Pfarrer eine Bibel an den Kopf. Daß das Opfer ausgerechnet von einem Objekt der Gewaltlosigkeit getroffen wird, ist schikanös. Die höhnische Botschaft der kleinen Schikane: Es gibt keine an sich friedfertigen Gegenstände.

Was ist, wenn sich der Schikaneur nicht auf die symbolische, negative Aneignung beschränkt? Zwei Männer sitzen auf einer Parkbank: Der eine liest Zeitung, der andere schaut ihm über die Schulter und liest mit, bis ihm der Zeitungsbesitzer dies verbietet. Nachdem er die Zeitung gelesen hat, geht er zum Papierkorb und zerreißt sie demonstrativ vor den Augen des Möchte-gern-Lesers.

Schikanös und nicht nur gemein daran ist es, die Zeitung zu zerreißen und damit eine billige Informationsware in ein Luxusprodukt zu verwandeln: Für diesen Augenblick eignet sich der schikanierende Zeitungsbesitzer den Gestus des prahlerischen Reichtums, die „ostentative Verschwendung" (Marx) an.

Der schikanöse Vandale liebt Gegenstände, die sich dem gleichzeitigen Ge- und Verbrauch entziehen: Geld, Kunst und „heilige Gegenstände". So sehr die Schikane in der persönlichen Dimension eine Praxis der Entwürdigung ist, so sehr ist sie in der sachlichen eine der Entheiligung. Die Lektüre verbraucht die Zeitung nicht; deshalb wirkt ihre Zerstörung besonders sinnlos und provokativ. Sie ist der Inbegriff der Differenz von Ge- und Verbrauchen. Gerade weil ihr Konsum bloß abstrakt ist, sie als konkreter, materieller Gegenstand nicht weiter berührt, fesselt sie den Schikaneur. In ihre besonders breite Kluft zwischen Ge- und Verbrauch kann er sich aggressiv spreizen.

Im schikanösen Luxus spitzt sich die Zerstörungsdynamik des schikanösen Vandalismus zu. In ihm wird das Ausmaß der Verschwendung nicht einmal mehr durch die Bedürfnisse des Besitze(r)s eingeschränkt. Und doch bleibt er in der Verschwendung geizig: *Er vernichtet das, was die anderen nie besaßen, nie besitzen werden.*

Kumulation der Vernichtung

So wie die konkrete und die abstrakte Ware als gesellschaftliches und „sinnlich-übersinnliches Ding" (Marx) eine Existenz führt, die ebenso wirklich wie „unwirklich" ist, ebenso vorder- wie hintergründig entfaltet der Schikaneur eine geradezu metaphysische Gier nach dem totalen Besitz der Dinge.

In einer Welt, die durch eine immer größere „Kluft von Welt- und Lebenszeit" (Hans Blumenberg) (9) bestimmt ist, breitet sich unweigerlich Melancholie darüber aus, immer mehr Dinge an sich vorbeigehen lassen zu müssen. In diesem Klima kämpft der Schikaneur gegen die verallgemeinerte, kapitalistische Ökonomie der Verschwendung mit einem Rausch nutzloser Verschwendung und Vernichtung, so wie man den Teufel mit dem Beelzebub auszutreiben gedenkt. Ihn kümmert nicht das langatmige Ethos des vernünftigen Gebrauchs, das jedem Ding seine Zeit einräumt: An jedem Gebrauch klebt ihm noch zuviel Vernunft, Kalkül und Nützlichkeitserwägung.

Das extreme Gegenteil zum luxuriösen Schikaneur ist der Restaurantbesucher, der, auch wenn er satt ist, den Teller leer ißt, weil er ihn schließlich bezahlt hat. Hier berühren sich aber auch die Extreme: *Der disziplinierte Konsument träumt vom abfallfreien Gebrauch, der Schikaneur vom gebrauchsfreien Abfall.* Der Schikaneur liebt die Dinge nur auf den „letzten Blick", in ihrem Verschwinden. Sein Genuß ist diabolisch, weil er gerade das „von ihnen hat", daß niemand etwas von ihnen hat. In ihm lebt der Geist „unproduktiver Verausgabung" (Georges Bataille) (10), der Geist des archaischen Potlatch fort. In einer Welt, in der die gesellschaftlich geregelte Zerstörung produktiv (und „Produktivkraft") ist, macht er sich zum Verwalter einer irreversiblen, nicht-verwertbaren Verschwendung. Einerseits agiert er gegen die herrschende Aneignungs- und Verwertungslogik, andererseits setzt er deren Totalisierung fort.

Der Schikaneur will sich nicht einfach als totaler Besitzer etablieren, er will dies vor anderen tun. Das ist nicht nur Ausdruck einer besonderen Eitelkeit, das ist auch konsequent, weil in der ostentativen, öffentlichen Zerstörung auch alle Hoffnungen auf den Besitz der Dinge mitzerstört werden. Die schikanöse Praxis der negativen Aneignung zerstört die objektive, gegenständliche Totalität des Besitzes und – im Idealfall – auch noch die subjektive, sozialisierte Totalität der – möglichen – Besitzwünsche.

Roland Barthes zeigt das Festhalten am Besitz – nicht dessen Verausgabung – bei De Sade: „Die Sadesche Gesellschaft ist nicht zynisch, sie ist grausam; sie sagt nicht: es muß Arme geben, damit es Reiche gibt. Sie sagt das Gegenteil: es muß Reiche geben, damit es Arme gibt. Reichtum ist notwendig, um das Unglück zu inszenieren. Wenn Juliette, dem Beispiel der Clairwil folgend, sich zuweilen einsperrt, um mit einem Jubilieren, das sie zur Ekstase bringt, ihr Gold zu betrachten, sieht sie in ihm nicht die Summe ihrer möglichen Lüste, sondern die Summe der begangenen Verbrechen, das allgemeine Elend, das sich in dem hier vorhandenen und daher anderswo fehlenden Gold positiv niederschlägt.

Geld bezeichnet also keineswegs das, was es erwirbt (es stellt keinen Wert dar), sondern das, was durch Geld entzogen wird (es ist ein Ort der Trennungen). Haben bedeutet so vor allem, diejenigen betrachten können, die nicht haben." (11)

Der Schikaneur und dieser Sadist unterscheiden sich durch Art und Ort ihrer Inszenierungen: Der Sadist erfreut sich während seiner einsamen Schatzkammer-Orgie an dem nachträglichen Entzug durch das Verbrechen; der Schikaneur genießt bei seinen öffentlichen vandalischen Akten den vorsorglichen Entzug durch die Zerstörung. Beide sind Fanatiker des Entzugs, nur speichert der geizige Sadist die Entzugserfahrung im Gold, während der Schikaneur mit seiner asketischen Verschwendung noch jedem den Trost „entzieht", der abstrakte Reichtum könne irgendwann wieder in einen konkreten umgewandelt werden.

Reproduktion der Destruktion

In der endgültigen und unwiderruflichen Zerstörung bleibt auch dem Schikaneur nur noch die Vorstellung vom totalen Besitz. Was für die gebrochene schikanöse Gewalt gegen Subjekte gilt, trifft auch für die gegen Objekte zu. Ihr Ideal ist nicht die totale, sondern die totalisierende, paradoxe Zerstörung, eine Destruktivität, die ebenso endgültig ist wie sie auch Spuren zurückläßt.

Die Bibel, die dem Pfarrer an den Kopf geworfen wird, die symbolische Zerstörung eines Gegenstandes, bleibt als Mahnmal ihres Mißbrauchs zurück. *Das Ideal der schikanösen Destruktivität ist die Ruine.*(12)

Schwebend zwischen Sein und Nicht-Sein verkörpert sie weniger den Status des Verschwunden-Seins, als den andauernden Prozeß des Verschwindens. „Wo etwas fehlt, da fehlt bald auch das Fehlen des Fehlenden. Wo etwas nicht mehr da ist, ist bald auch dessen Nicht-mehr-Dasein nicht mehr da. Jedes Gewesene stirbt so zum zweiten Male. Und gäbe es nicht dieses zweite Sterben, über kein unwiederbringlich Vergangenes kämen wir hinweg. Die Ruinen aber verhindern dieses zweite Sterben. Oder schieben es auf. Denn sie sind Nichtdaseiendes in der Form von Daseiendem; nicht mehr Gegenwärtiges in der Form von Gegenwärtigem." (Günther Anders) (13)

Die Ruine ist das Symbol der gebremsten und andauernden Zerstörung. In ihr werden die Reste eines Gegenstandes zum Denkmal ihrer selbst. Als bleibendes Verschwundenes, als objektiviertes Ressentiment rauben sie uns das endgültige Vergessen.

Da schickt eine Frau noch Jahre nach dem Ende einer ehemals leidenschaftlichen Beziehung ihrem Freund seine alten Liebesbriefe Stück für Stück zurück: an den Rändern hämisch kommentiert, wie ein Schüleraufsatz korrigiert und nach gutem und schlechtem Ausdruck bewertet; teilweise hat sie auch seine Liebesbeteuerungen aus dem Brief herausgeschnitten und nur mehrfach durchlöcherte Seiten zurückgesandt. Der Mann durchlebt mit jedem Brief erneut die Trennung von der Frau, die er abgöttisch liebte und die ihn mit dem Schwur lebenslanger Rache verließ, weil er für kurze Zeit eine andere liebte.

„Der Satz, von Jean Paul wohl, die Erinnerungen seien der einzige Besitz, den niemand uns wegnehmen könne, gehört in den Vorrat des ohnmächtig sentimentalen Trostes, der die entsagende Zurücknahme des Subjekts in die Innerlichkeit jenem als eben die Erfüllung einreden möchte, von der es abläßt." (Theodor W. Adorno) (14)

Dem Mann die Erinnerungen wegnehmen und wachhalten, genau das will die Ex-Geliebte mit ihrer langatmigen Schikane. Um die Erinnerungen am quälendsten zerstören zu können, muß sie sie erst wieder hervorrufen. In den nach Jahren zurückgesandten Briefen kehrt die Vergangenheit in episodischen Abständen unverhinderbar wieder. Als Beziehungs-Fragmente eignen sie sich hervorragend für eine Zerstörung, die immer wiederkehrt und sich ständig erneuert.

„Wie kein früheres Erlebnis wirklich ist, das nicht durch unwillkürliches Eingedenken aus der Totenstarre seines isolierten Daseins gelöst ward, so ist umgekehrt keine Erinnerung garantiert, an sich seiend, indifferent gegen die Zukunft dessen, der sie hegt; kein Vergangenes durch den Übergang in die bloße Vorstellung gefeit vorm Fluch der empirischen Gegenwart. Die seligste Erinnerung an einen Menschen kann ihrer Substanz nach widerrufen werden durch spätere Erfahrung. Wer liebte und Liebe verrät, tut Schlimmes nicht nur dem Bilde des Gewesenen, sondern diesem selber an. (...) Verzweiflung hat den Ausdruck des Unwiderruflichen nicht, weil es nicht noch einmal besser werden könnte, sondern weil sie die Vorzeit selber in den Schlund zieht." (Theodor W. Adorno) (15)

Kapitel Sieben

Phänomenologie der Schikane II

Das kleine Unglück

Gerade noch geschafft, dachte er, als er, um die Ecke biegend, den Bus noch an der Haltestelle stehen sah. Er blickte kurz zu dem Busschaffner. Ja, er hatte ihn gesehen und winkte. Als er nur noch einige Meter von dem Bus entfernt war, schloß der Fahrer die Türen und fuhr davon. Als der Bus an ihm vorbei kam, grinste der Fahrer aus dem Fenster.

Wenn er von hinten an den Bus herangerannt wäre und der Fahrer ihn nicht hätte sehen können, wäre er nur enttäuscht, vielleicht sogar verärgert über die zu frühe Abfahrt gewesen. Aber er kam von vorne, der Busfahrer hatte ihn gesehen und war trotzdem losgefahren – mit Absicht, offensichtlich für beide.

Der Schikaneur liebt die Transparenz seines Tuns. Seine Verbrechen sind so perfekt, daß er seine Opfer ruhigen Gewissens in deren Verlauf einweihen kann: Der Schikanierte ist Opfer als Vertrauter. Das Verbrechen findet mitten in seiner Aufklärung statt. Die Schikane erzeugt das Gefühl, daß Wissen Ohnmacht ist. Der Fußgänger wußte, daß der Busfahrer erst in dem Moment losfuhr, als er sicher war, den Bus zu erreichen. Der Fahrer schien sogar auf ihn zu warten; erleichtert erlaubte sich der Fußgänger sogar eine Verschnaufpause, doch der Fahrer hatte nur auf diesen Moment gewartet, um loszufahren. Die überraschende Beinahe-Erfüllung eines Wunsches, den man bereits mehr oder weniger aufgegeben hatte, verstärkt die Enttäuschung und Empörung.

Der Schikaneur weiß um die besondere Natur des „kleinen Glücks": Wenn ein Wunsch, dessen Erfüllung bereits abgeschrieben wurde, unerwarteterweise doch noch in Erfüllung geht, sind wir nicht einfach zufrieden, sondern „glücklich". Immer dann, wenn die Dinge eine „andere Wendung" nehmen, wir etwas finden, was wir uns schon immer wünschten oder von dem wir nicht einmal wußten, daß wir es wünschten, sprechen wir zurecht davon, nicht bloß zufrieden, sondern glücklich zu sein. Das Glück ist kein Eigentum; es ist eine Gabe, niemals ein Produkt. Das „kleine" Glück ist keine quantitative, sondern eine qualitative Bestimmung: es ist ein Kompromiß zwischen der absehbaren Befriedigung und der unabsehbaren des „großen" Glücks.

Wenn zurückkehrt, was wir schon verloren glaubten, und wir „doch noch ans Ziel kommen" finden wir einen Weg wieder, von dem wir bereits abgeraten waren. Die Zufriedenheit ist mit einem Hauch von Glück überzogen, wenn uns das Erwartete auf unerwartetem Weg erreicht.

Zufriedenheit ist ebensowenig mit Glück identisch wie Unzufriedenheit mit Unglück. Der Schikaneur will uns unglücklich machen, nicht einfach „nur" unzufrieden – auch wenn der Busfahrer es nur darauf abgesehen hatte, das „kleine" Glück zu vernichten.

In ihrem Allmachtsehrgeiz versucht die Schikane das Nicht-Manipulationsfähige – das Glück – zu manipulieren. Sie ähnelt dem ehrfurchtsvollen und zugleich resignativen Fatalismus an noch offenen Gräbern: „Der Herr hat es gegeben, der Herr hat es genommen."

Die hypothetische Beleidigung

Es gibt Schikanen, in denen das einzige Medium ihrer Gewalt die Sprache ist. Eine subtile Technik ist die hypothetische Beleidigung. Der Mann, dessen Parkplatz (im Abschnitt „Die Parklücke" in Kapitel Drei) „gestohlen" wurde, könnte im Versuch, die Schikane zurückzuwenden, dem unverschämten Dieb sagen: „Wenn man man bei Leuten wie Ihnen nicht befürchten müßte, daß sie gleich einen Prozeß anstrengen, würde ich Ihnen ja sagen, daß sie ein Arschloch sind, aber so haben sie noch mal Glück gehabt".

Das ist eine hypothetische Beleidigung. Sie bedient sich der rhetorischen Figur der Paralipse, „die darin besteht, zu sagen, daß man es nicht sagen wird, und damit zu sagen, was man verschweigen will: ich werde nicht davon sprechen – und dann folgen drei Seiten. Die Paralipse impliziert die Überzeugung, daß das Indirekte ein rentabler Modus der Sprache ist." (Roland Barthes) (1) Die paraliptische Technik bildet einen Kompromiß zwischen der Souveränität der Rede und dem Pathos des Schweigens.

Der Schikaneur bedient sich dieser Technik in der hypothetischen Beleidigung, um etwas zu sagen, was er nicht sagen darf oder nicht sagen will. So kann er das Beleidigungsverbot umgehen.

Eine paraliptische Beleidigung geht vom indirekten zum direkten Sprachmodus über, ihr gelingt nicht nur eine sukzessive, sondern eine simultane Einheit von „Reden von" und „Reden über".

Die hypothetische Beleidigung beleidigt, indem sie die Bedingung ihrer Wirksamkeit beim anderen bestreitet. Seltsamerweise reklamiert sie für sich als Bedingung ausgerechnet die Haltung, die im Falle einer „normalen" Beleidigung *als Standardhaltung ihrer Abwehr fungiert:* souveräne Gelassenheit, die Fähigkeit, „sich nicht getroffen zu fühlen".

Ostentative Gelassenheit, distanzierte Coolness, gelassene Souveränität, das ist die Haltung derer, die – angegriffen und angefeindet – entschlossen sind, sich nicht aus der Ruhe bringen zu lassen. Ihre Botschaft lautet: Du bist kein Gegner für mich, ich spreche dir die Satisfaktionsfähigkeit ab. Die Pointe der schikanösen Beleidigung ist, *daß sie beleidigt, indem sie ihr Gegenüber bezichtigt, keine Beleidigung aushalten zu können.*

Einfache Beleidigungen scheitern an entschlossener Geduld; schikanöse Beleidigungen leben von ihr, indem sie diese geschickt umdeuten: „Wüßte ich, daß du gelassen reagierst, würde ich dich beleidigen, aber so..." Die Schikane erobert die Gelassenheit, indem sie diese dem indirekt Beleidigten vorschreibt. Wie man mit Selbstkritik der Kritik zuvorkommen kann, so entwertet der Schikaneur die entschlossene Neutralität, indem er sie anordnet. Der überlegene Boxer, der dem angeschlagenen Gegner im Ring hämisch Ratschläge erteilt, wie er sich besser gegen ihn wehren könne, erobert auch die Abwehr seines Gegners. Der Schikaneur praktiziert eine *Beleidigung zweiten Grades:* Die Beleidigung entsteht gerade in der Behauptung, sie sei unmöglich. Er praktiziert damit eine seltsame Form von Meta-Kommunikation.

Reflektierende Meta-Kommunikation

Wenn eine Aussage, Äußerung, Handlung oder ein Ausdruck selbst Gegenstand einer weiteren Äußerung ist, sprechen wir von Meta-Kommunikation: Kommunikation über Kommunikation. Sie versucht, die Differenz von Meinen und Sagen, von Intention und Funktion einer Äußerung oder Handlung aufzuheben.

Meta-Kommunikation bemüht sich ein ideales Handlungsklima zu entfalten: keinerlei Verzerrungen, keinerlei Mißverständnisse und keinerlei Zerwürfnisse.

Auf die Spitze getrieben, erzeugt andauernde Meta-Kommunikation ein sedatives Handlungsklima: Der Mann küßt die Frau nicht mehr „einfach so", sondern fragt vorher: „Würdest du es als aufdringlich empfinden, wenn ich dich jetzt küsse?"

Permanente Meta-Kommunikation will die Zeit aufhalten: Jede einzelne Handlung taucht doppelt auf, als Probe und Ernstfall. Der absolute Meta-Kommunizierer geht ständig auf Zehenspitzen und in Zeitlupe durchs Leben. Nichts fürchtet er so sehr, wie von Plötzlichkeit überrascht zu werden.

Doch sein Ideal der absoluten Probe, die jederzeit zurücknehmbar ist, scheitert. Auch der, der niemanden gegen seinen Willen behelligen will, kommt nicht umhin, ihn mit der Frage zu „behelligen", ob er ihn mit dieser Frage behelligt. Die Leidenschaft fortwährender Meta-Kommunikation hat ihre strukturelle Grenze am Paradox des Beginnens: um herauszufinden, ob man anfangen darf, muß man irgendwie anfangen. (Wir haben das „Dilemma des Anfangens" bereits am Ende des Gewalt-Kapitels behandelt.)

Das Ideal scheitert aber noch aus anderen Gründen: Keine Form der Meta-Kommunikation ist davor gefeit, selbst genau die Reaktionen zu erzeugen, die sie verhindern will. Vielleicht vergeht der Frau ja gerade die Lust auf den Kuß, weil sie dazu keine Erlaubnis erteilen möchte, vielleicht schmecken ihr unerlaubte Küsse besser?

Wenn der immer noch von der Leidenschaft permanenter Meta-Kommunikation Ergriffene ihre Grenzen begreift und Sehnsucht nach unvorbereitetem Handeln empfindet, die meta-kommunikative Einstellung aber immer noch nicht aufgeben will, hat er nur noch eine Möglichkeit: die Meta-Kommunikation so zu reflektieren, daß er auch noch die Grenzen ihrer Interpretationsfähigkeit mitinterpretiert. Der Mann müßte dann zu seiner Frau sagen: „Wenn ich dich fragen würde, ob ich dich küssen darf, was würdest du sagen?"

Es gibt kein Beispiel einer „vollends" reflektierten Meta-Kommunikation, weil sie selbst ja nur die Bewegung sein kann, das Scheitern der einfachen Meta-Kommunikation auszudrücken.

Was haben diese Überlegungen mit der Struktur der hypothetischen Beleidigung zu tun? Sie ist eine besondere Variante verzerrter Meta-Kommunikation.

Paradoxe Meta-Kommunikation

Wer einem anderen sagt: „Sie sind ein Arschloch!", muß sich möglicherweise dafür vor Gericht verantworten. Wenn allerdings ein Anwalt in diesem Prozeß – um den Tatzusammenhang zu rekonstruieren – sagt: „Der Angeklagte soll zu dem Kläger gesagt haben: ‚Sie sind ein Arschloch!'", so riskiert er nicht, wegen Beleidigung angeklagt zu werden. Wir werden nur für die direkte, zielende Rede verantwortlich gemacht.

Die indirekte, zitierende Rede ist ein meta-kommunikativer Freibrief. Als außerordentlich passive und defensive Form der Meta-Kommunikation hat sie keine andere Funktion, als bereits gemachte Äußerungen oder geschehene Handlungen nachträglich mit dem Schein des „als ob" auszustatten und damit zu neutralisieren. In der einfachen Meta-Kommunikation geht die Probehandlung der Handlung voraus. Hier ist es genau umgekehrt: In der Handlung wird von ihr ein „schwacher Abzug", eine Probehandlung erstellt.

Eine hypothetische Beleidigung (zum Beispiel „Was würden Sie sagen, wenn ich ‚Du Arschloch!' zu Ihnen sagen würde?") mißbraucht die konjunktivische, hypothetische und zitierende Haltung einer Meta-Kommunikation für eine einfache Aussage. *Die Schikane gibt der indirekten Rede die „Kraft" der direkten, sie „akzeptiert" das „liberale Tabu" direkter Beleidigung.* Dabei wird das zurückhaltende „Reden über" mit einem Hauch von „Reden von" ausgestattet.

Während die reflektierende Meta-Kommunikation an ihrer hinterfragenden Absicht festhält, betreibt die Schikane „Gegen-Aufklärung mit Mitteln der Aufklärung": *Sie kultiviert den „kommunikativen Rest" innerhalb der Meta-Kommunikation.*

Während sich die reflektierende Meta-Kommunikation immer wieder vor dem zwangsläufigen Kommunikations-„Unfall" zu retten versucht, erzeugt die paradoxe Meta-Kommunikation gerade diesen Unfall. Im Mund des Schikaneurs wird eine mühevolle, geduldige Rettungstechnik zu einer subversiven Verfluchungstechnik.

Die Treibjagd

Die zwei standen vor Bernd, die Hände in den Taschen und grinsten ihn an. Sie sprachen so laut miteinander, daß er es hören mußte. „Ob so ein Schwein ausschaut?" warf der eine dem anderen die rhetorische Frage zu, worauf dieser antwortete, nachdem er ausführlich Bernd ins Auge gefaßt hatte: „Ich weiß nicht so recht, es fehlt doch irgendwie die Schnauze, findest du nicht auch?".

Beide besahen sich Bernd von neuem, lang und ausführlich, offensichtlich ohne zu einem eindeutigen Ergebnis zu kommen. Bernd erinnerte sich: Die beiden waren ihm schon während der Vorlesung aufgefallen. Die ganze Zeit hatten sie unmögliche Fragen gestellt, offenbar nur darauf bedacht, die Vorlesung zu sprengen.

„Ob wir ihn fragen sollen?" meinte einer mit gespielter Ratlosigkeit zu dem anderen, worauf dieser lachend zurückgab: „Das wäre das erste Schwein, das wüßte, daß es ein Schwein ist."

„Da hast du allerdings recht", antwortete der eine, die klassische Geste des Zweifels imitierend, die das Kinn zwischen Daumen und Zeigefinger zermürbt. „Was auch dagegen spricht, daß wir es hier mit einem Schwein zu tun haben, sind die schicken Klamotten. Hast du schon mal ein Schwein gesehen, das so fein angezogen gewesen ist?"

Nach der obligatorischen Zweifelspose und -pause antwortete sein Freund: „Vielleicht gehört es zu diesen Wundertieren, denen man das Sprechen beibringen kann!" „Dann müßte es uns doch antworten können…"

Beide starrten den immer noch fassungslos Erstarrten an, der plötzlich aufsprang, seine Aktentasche und den Mantel nahm und versuchte, an ihnen vorbeizukommen, ohne sich noch einmal ihren Blicken auszusetzen.

Die beiden standen ebenfalls auf und gingen hinter ihm her. Auf seiner Flucht durch die weiten Gänge der alten Universität traktierten sie ihn weiter mit ihren unüberhörbaren Sätzen: „Und wie es laufen kann, das Schwein, erstaunlich." „Ob er diesen weiten Mantel trägt, um seinen Ringelschwanz zu verbergen?", meinte kreischend der eine zum anderen und versuchte, den Saum des Trenchcoats hochzuheben, woran ihn sein Freund, ihm auf die Hände schlagend, hinderte, „Nein, laß das. Auch ein Schwein besitzt ein Schamgefühl." „Und wenn es nun gar kein Schwein ist, sondern ein Mensch, der nur die ganze Zeit so tut, als ob er ein Schwein wäre?", keuchte einer der beiden im Laufen. „Das wäre ja ungeheuerlich!"

Beide rannten an ihrem Opfer vorbei, drehten sich um und stellten sich ihm in den Weg. Er hätte sie beiseite stoßen müssen, um durch die enge Tür zu gelangen, die in den nächsten Gang führte. „Du solltest nicht so schnell laufen, dafür sind deine bloß an Schweinekoben gewöhnten Beine zu kurz", meinte der eine. „Weißt du was", antwortete der andere, „das ist ein menschliches Schwein, er ist beides auf einmal. Diese Sau. Er hat uns betrogen, er hat nur so getan, als wäre er ein Schwein!" fauchte nun auch der eine und spielte nicht schlecht den Betrogenen.

Die beiden standen wütend und lauernd vor Bernd. Ganz langsam, so daß er es kaum sehen konnte, bewegten sie sich auf ihn zu und starrten ihn verärgert an. Bernd wurde von Panik erfaßt und rannte davon; das Gelächter der beiden, die keine Anstalten machten, ihn zu verfolgen, hallte ihm nach.

Opfer des Opfers

Auch hier geht es um Beleidigungen, direkte und indirekte. Bernd wird Opfer einer Treibjagd. Die beiden, die aus unerfindlichen Gründen beschlossen hatten, gerade ihn zu schikanieren, bedienen sich zunächst der hypothetischen Beleidigung, allerdings in einer interessanten Variante: In dem Raum zwischen unmittelbarer und hypothetischer Beleidigung erörtern sie den beleidigenden Inhalt. Nach der hingezogenen Pseudo-Debatte, ob er nun ein Schwein ist oder nicht, kommen sie zu dem Ergebnis, daß er keines ist.

Das Ganze ist ein Spiel mit gefährlichen Spielregeln. Ronald D. Laing: „Sie spielen ein Spiel. Sie spielen damit, kein Spiel zu spielen. Zeige ich ihnen, daß ich sie spielen sehe, dann breche ich die Regeln, und sie werden mich bestrafen. Ich muß ihr Spiel, nicht zu sehen, daß ich das Spiel sehe, spielen." (2)

Das schikanöse Spiel ist ein negatives Spiel: Es „spielt" mit der Grenze zwischen Schein und Sein, Wirklichkeit und Spiel, Spaß und Ernst. Jedes negative Spiel beruht auf einem zentralen Tabu: Die Spielregel darf nicht ausgesprochen werden. Für jedes Rollenspiel gilt, daß alle Teilnehmer so tun, „als ob" sie dies oder das verkörpern, im negativen Spiel müssen die Beteiligten auch noch so tun, als würden sie nicht nur so tun. Diese Schikane ist die Erörterung ihrer Voraussetzungen: die Schikane vor der Schikane.

Die Schikane betreibt in der grotesken Erörterung der Schweine-Identität, der verschleppten Opfer-Deklarierung, Mimikry an dem universitären Ort des Geschehens. Ausgerechnet die Atmosphäre des „zwanglosen Zwangs des besseren Arguments" wird als Medium der Schikane mißbraucht. Die Schikaneure mobilisieren den Anschein einer der vorsichtigsten und distanziertesten Formen des menschlichen Verkehrs – die Erörterung einer Hypothese – für ihre Hetzjagd. Die beiden spielen ein Spiegel-Spiel: Nicht sie irritieren ihn, sondern er irritiert sie. Nicht sie spielen mit ihm, sondern er spielt mit ihnen. Schikaneure lieben die *boshafte Mimikry an das Opfer.*

Der besondere Clou des Spiels ist es, den, dem mitgespielt wird, ausgerechnet in die Rolle dessen zu versetzen, der den andern mitspielt. Hier wird das Opfer nicht wie sonst zum Täter an sich selbst, sondern zum Täter an den Tätern emanzipiert, oder genauer: Die Schikaneure inszenieren sich als Opfer ihres Opfers.

Die Zerstörung der Grazie

Im Jugendzentrum bewegen sich zwei Mädchen alleine auf einer großen, ziemlich verlassenen Tanzfläche, für 14- bis 16jährige nicht unbedingt das Selbstverständlichste. Nicht daß die Blicke der zahlreich umherstehenden Jugendlichen unbedingt tödlich wären – aber die Qualität von Fallstricken haben sie schon. Und deren Blicke sind, nach einem ungeschriebenen Gesetz der Faszination, auch dann auf die Tanzfläche gerichtet, wenn dort nichts oder nur sehr wenig passiert.

Man merkt den Bewegungen der isoliert tanzenden Mädchen die Anstrengung der gewollten Lockerheit an. Ob die beiden wollen oder nicht, ob sie ihrem persönlichen Gefühl nach gut sind oder nicht, ihr Tanz gleicht einem unfreiwilligen Auftritt. Die beiden Mädchen gehören sicherlich nicht zu den unsichersten Tänzern, aber auch nicht zu den souveränen, dafür ist zu viel Entschlossenheit und Trotz und zu wenig Spielerisches und Selbstverständliches in ihrem Ausdruck.

Einer der am Rand stehenden Jungen geht langsam auf die Tanzfläche und zieht einen Holzstuhl hinter sich her. Er stellt ihn wenige Meter vor die Tanzenden, mitten auf die Tanzfläche und setzt sich darauf, mit der Lehne nach vorne, auf die er demonstrativ den Kopf stützt. Grinsend, feixend und kommentierend verfolgt er den „Auftritt" der Mädchen. Von der anderen Seite zieht der nächste aus der Clique seinen Stuhl hinter sich her auf die Tanzfläche, und dann noch einer. Nun tanzen die Mädchen in einem Dreieck von selbsternannten Kampfrichtern.

Der gewaltsame Blick

Was für ein Schauspiel: Die schikanöse Absicht versteht es, sich die Gewalt der Blicke anzueignen. Die drei Jungen veranstalten ein Spießrutenlaufen ohne Ruten. Feixend zerren diejenigen, die sich jederzeit unter allen Umständen auf der Tanzfläche exponieren können, an dem noch wackelnden Selbstbewußtsein der beiden Grazien.

Es ist schon schwer genug, die Blicke der am Rand Stehenden zu ignorieren, dabei hilft wenigstens die Indirektheit der Blicke und die Dunkelheit der Halle. Aber die drei legen es darauf an, daß ihr An-Sehen nicht übersehen werden kann. Die drei treten aus der Anonymität des im Dunkeln, an den Rändern der Halle verstreuten Publikums hervor und spielen den unverschämten Voyeur.

Der Voyeur ist einer, der den verbotenen Blick wirft; der sehen will, was normalerweise nicht gezeigt wird. Der „normale" voyeuristische Blick ist passiv und wartet darauf, daß seine Schaulust befriedigt wird. Die Schikane inszeniert selbst das Schauspiel, an dem sie sich weidet. Der normale voyeuristische Blick ist heimlich und fristet nur in den sektoralisierten gesellschaftlichen Enklaven der Unterhaltungsindustrie eine legale Existenz. Der schikanöse Voyeur durchbricht die Ghettoisierung und inszeniert nicht nur die Qualität des peinlichen Schauspiels, sondern definiert auch Zeit und Ort seiner Inszenierung.

Er kauft sich nicht wie der Peep-Show-Kunde die Freiheit, das auf der Scheibe rotierende Mädchen anzusehen, er will nicht bloß Zeuge eines durch Geld arrangierten Schauspiels werden, das durch seine Käuflichkeit einen Großteil des Flairs des Verbotenen verloren hat. Er begnügt sich nicht mit dem Blick auf das Vorhandene, er zieht das Vorhandene in seinen Blick. Der aggressive Blick des schikanösen Voyeurs hat taktile Qualität: Er dringt durch die Kleider, unter die Haut; er zieht mit Blicken aus.

Der schikanöse Blick etabliert sich zwischen den beiden herkömmlichen Weisen des voyeuristischen Blicks, dem „verbotenen", heimlichen, der mit dem unfreiwilligen und seiner selbst nicht bewußten Exhibitionisten korrespondiert, und dem „offenen" Blick, der mit dem freiwilligen und seiner selbst bewußten Exhibitionisten korrespondiert.

Der intrigante Blick des heimlichen Voyeurs demütigt sein Opfer, ohne daß es etwas davon bemerkt. Möglicherweise genießt er *auch* die heimliche Qualität seines Blicks. Der offen auftretende, bezahlende Voyeur weiß von der Wechselseitigkeit seines Blicks und der Demütigung. Der voyeuristische Blick des Peep-Show-Kunden gehorcht einem Klapp-Mechanismus, der sich ihm – nach Einwurf von Geld – für eine Minute öffnet. Souverän ist er sicherlich nicht. Spätestens im Augenblick der Kastration des Blicks fällt die Demütigung auf den Voyeur zurück.

Im Triumvirat mit dem intriganten und legalisierten Voyeur gelingt es nur dem schikanösen Voyeur, *einseitig, gezielt und zugleich offen zu demütigen.*

Klippe des Selbstbewußtseins

Der aggressive Blick des schikanösen Voyeurs kann ein labiles, aber trotziges Selbstbewußtsein zerstören – und zwar mit ihm selbst: Es stolpert über die eigenen Füße. Es geht hier nicht darum, ein Selbstbewußtsein an seinem Mangel scheitern zu lassen. Ein Selbstbewußtsein, das in den Augen der Zuschauer, die eigenen krampfhaften Bemühungen sieht, nicht verkrampft zu sein, muß sich verkrampfen. Das Selbstbewußtsein scheitert unter dem aggressiven und provozierend-offenen Blick des schikanösen Voyeurs nicht deshalb, weil es ohnehin schon unsicher war (sonst wären die Mädchen nicht alleine auf die Tanzfläche gegangen), sondern weil es seiner Sicherheit nicht gewiß war und diese krampfhaft verteidigte (sonst wären die Mädchen nicht auf der Tanzfläche geblieben).

„Selbstbewußtsein" ist sowohl Ausdruck von Souveränität wie des Sich-seiner-selbst-bewußt-Seins. Nun ist das erste nicht unbedingt Folge des zweiten, eher sein Gegenteil, wie das „Tausendfüßler-Paradox" eindrucksvoll zeigt: Weil der Tausendfüßler nicht nur einfach gehen will, sondern sich jeder Bewegung jedes seiner zahlreichen Beine bewußt sein will, kommt er gar nicht mehr zum Gehen oder stolpert ständig. Bewußtsein hemmt das Handeln.

Wahres Selbstbewußtsein hat etwas von einer *zweiten Naivität:* Einmal seiner selbst inne gewesen und jetzt die Gewißheit in sich zu tragen, dies auch jederzeit wieder einholen zu können, kann es auf die *zwangsneurotische Dauertransparenz* seiner selbst verzichten. Als souveräne Haltung, hat es etwas von einem sokratischen Wissen an sich: Wissen, daß man nicht in jedem Augenblick alles wissen kann und muß.

Die Schikane richtet den Spiegel wieder auf, dessen blendendem Schein die beiden Mädchen gerade entrinnen wollten.

Der aggressive Voyeur

„Und zum Abschluß der Freundesfeier noch einen kleinen Film" rief Sam in die Runde, schaltete den Videorecorder ein und ließ das Band zurücklaufen. Alle sahen ihn fragend an, sie wußten, daß er etwas Besonderes geplant hatte. Er war für seine skurrilen Späße bekannt.

Sam saß nur da, wehrte alle Fragen geheimnisvoll lächelnd ab, spielte mit seiner Zigarette und betrachtete ihren Rauch, der sich langsam in die Luft kringelte. Als das Band zurückgespult war, stand er auf und verdunkelte den Raum. Er forderte alle auf, sich zu entspannen, knipste den Fernseher an und startete den Recorder.

Ein Schlafzimmer erschien und der Rücken einer Frau, die sich gerade auszog. Die Frau drehte sich um. Es war Alice, Sams Frau. Sie redete mit einem Mann, von dem man nur den Hinterkopf am rechten unteren Bildschirmrand sehen konnte. Die Bilder waren offensichtlich von einer Kamera aufgenommen worden, die an der Decke hing.

Plötzlich bewegte sich der Hinterkopf auf Alice zu. Alle erkannten ihn. Es war Peter, einer von Sams und Alices Gästen, der schon die ganze Zeit unruhig auf seinem Sessel umhergerutscht war. Er umfaßte Alice von hinten, drückte seinen nackten Körper an ihren und fragte: „Haben wir wirklich Ruhe?" Als Antwort zog sie ihn in Richtung Bett.

Peter sprang auf: „Was soll das Sam, wo hast du das her?"

Sam drehte sich grinsend um: „Das müßtest du doch wissen…"

Alice, mit bleichem Gesicht, das noch gut in der Dunkelheit des großen Wohnzimmers zu sehen war, wandte sich zögernd zu ihrem Mann: „Sam…"

Er unterbrach sie: „Gib dir keine Mühe, Kleines. Die beste Entschuldigung ist jetzt, erst gar keine zu versuchen."

Sam hatte aufgehört zu lächeln und sah sie kalt an. Nachdem Peter das peinliche Gefühl in sich ein wenig beiseite gedrängt hatte, bat er: „Bitte laß das Sam, wir wissen nun, daß du es weißt und alle anderen auch." Er sah zu Cindy, seiner Frau, die starr und mit einer Mischung aus Gier und Ekel im Gesicht im Sessel saß, und blickte zu Bret und Sarah, die betreten auf ihre Füße starrten.

Alice war währenddessen zum Recorder gegangen und versuchte ihn abzustellen. Sam nahm ihre Hand, drehte sie weg und drückte Alice in einen Sessel. Alice schwieg. Sie konnte sich nicht rühren.

„Nein, nein", wehrte Sam lachend ab, „wann kommt ihr schon mal in den Genuß, die Darsteller eines Pornos persönlich zu kennen."

Peter versuchte sich an Sam vorbeizudrängen, um den Recorder auszuschalten. Sam stellte sich ihm in den Weg. Peter wollte ihn beiseitedrängen, aber Sam blieb stehen: „Na, na, Peter, du wirst doch nicht deinen Freund, den du betrogen hast, auch noch schlagen?" Langsam und bebend ließ Peter von ihm ab.

„Das Beste kommt ja erst noch", meinte Sam geheimnisvoll, „und im übrigen, wenn ihr so empfindsam seid, dann laßt uns doch abstimmen, ob wir den Film sehen wollen oder nicht." Sam sah sich triumphierend um. Bret und Sarah standen auf, murmelten eine Entschuldigung und verließen das Zimmer. Die Haustür fiel krachend ins Schloß.

Sam blickte Cindy an: „Na? Was meinst du, sollen wir uns das Schauspiel weiter ansehen oder nicht?"

Cindy drehte langsam den Kopf in seine Richtung, sah ihn an und nickte stumm.

„Ich nehme an, ihr zwei habt kein Interesse, den Film noch länger mit anzusehen, stimmt's? Aber ihr werdet uns doch den Gefallen tun, nicht wahr? Es steht zwei zu zwei, nachdem uns Bret und Sarah so schnell verlassen haben. Ihr werdet doch zugeben, daß unsere beiden Stimmen mehr wiegen als eure, schließlich sind wir doch die Betroffenen."

„Komm", sagte Peter schroff zu Alice, die stumm im Sessel saß, nahm ihren Arm und zog sie hinter sich her zur Tür.

„Alice", rief Sam hinter ihnen her, „Alice, wenn du jetzt gehst, dann gehst du für immer…" Alice, die mehr in Peters Armen hing, als daß sie gegangen wäre, schaute ihn an, sagte aber nichts. „Verderbt uns doch nicht den Abend, wo doch das Finale so schön ist. Das würde ich euch wirklich übel nehmen."

Alice sah Peter an: „Ich habe Angst." Sie zog ihn an der Hand ins Zimmer zurück und setzte sich mit ihm in einen der entfernter stehenden Sessel.

„So ist es gut. Endlich können wir den Film in Ruhe zu Ende genießen", meinte Sam, ließ sich in einen Sessel in der Nähe des Recorders fallen und drückte auf die Start-Taste.

„Schau mal da, Alice", rief er. „Weißt du, ich habe den Film schon ziemlich oft gesehen und ich bin mir immer noch nicht sicher... Schau mal, sieht das nicht so aus, als schielte Peter zur Uhr? Jetzt! Sieh mal genau hin."

Sam drehte sich zu ihr um und sah, wie sie stumm an Peters Schulter weinte.

„Willst du den Film nicht sehen?" fragte Sam, während er den Film weiter betrachtete. „Na ja, kann ich ja verstehen. Beim zweiten Mal ist es immer schon öder als beim ersten Mal."

Einige Sekunden lang schwieg er. Dann drehte er sich plötzlich zu Alice und Peter um: „Ich glaube, je öfter ich euch zuschaue, um so mehr habe ich den Eindruck, daß es euch irgendwie an Feuer gefehlt hat." Er stand auf, ging zu dem Recorder und erhöhte die Filmgeschwindigkeit. Aus den in leidenschaftlicher Anmut verschlungenen Körpern wurde ein fahriges und hektisches Geklapper fliegender Glieder. „Seht ihr, das ist wahre Freundschaft und...", er schmunzelte, „auch wahre Leidenschaft!"

Die gnadenlose Erinnerung

Eine bösartige, mit viel Aufwand betriebene Schikane. Der gehörnte, von seiner Frau und seinem Freud hintergangene Ehemann inszeniert einen schikanösen Prozeß: Er macht sich, seine Frau und ihren Geliebten, dessen Frau und ein befreundetes Ehepaar zu unfreiwilligen Voyeuren seiner Demütigung. *Er bestraft den Seitensprung seiner Frau, indem er die Beteiligten zwingt, ihn mit ihm zusammen noch einmal zu erleben.* Aus der intimen Heimlichkeit macht er ein öffentliches Tribunal provokativer Obszönität. Er rächt sich, indem er die, die ihn hintergangen haben, zu Darstellern in einem Porno degradiert. Seine Verletztheit überspielt er mit betont sachlichen, manchmal fast schon bittenden Kommentaren.

Der Film sagt: Ich war dabei. Der Gedemütigte antwortet auf die Intrige des Ehebruchs mit einer Schikane: Er weiht die, die ihm ihr

Verhältnis verheimlichten, in sein Wissen ein; der Betrogene wehrt sich mit einem Schauprozeß. Aber er weiß nicht nur, daß es geschah, sondern auch wann, wo und wie.

Und als moderner, aggressiver Voyeur hat er den voyeuristischen Blick objektiviert: im Film gebannter, der Zeit enthobener Verrat. Das Zelluloid macht die Einmaligkeit wiederholbar und erzeugt unendlich viele Kopien davon. Obwohl das Ereignis längst beendet ist, hört es niemals auf. *Der Film stiftet eine imaginäre Unsterblichkeit.* Er speichert die Zeit als gnadenlose Erinnerung, die das Vergessen sabotiert.

In der Rangfolge der Qualität von Beweisen, vom Indiz bis zum Geständnis, besetzt der Schikaneur den höchsten Platz, den des Zeugen. Selbst zum Zuschauen verurteilt, verurteilt er die, die ihn dazu zwangen, zum Zuschauen; so wie er Zeuge wurde, werden sie nun von ihm zu Zeugen gemacht.

Indem Sam den Film schneller laufen läßt, beschleunigt er die künstliche Zeit und setzt die unfreiwilligen Protagonisten einem grotesken Verfall aus. Er zerstört jede Anmut der Bewegungen. Die Manipulation der Filmgeschwindigkeit ist ein magisch-technologischer Versuch, es ungeschehen zu machen, ein nachträglicher Todesstoß – beliebig oft wiederholbar. Gipfel der schikanösen Ironie ist, daß er die imaginäre Zersetzung zugleich als Virilitätsförderung als „Beihilfe zum Beischlaf" ausgeben kann. Mehr noch, sein Triumph ist, gleichsam diesen Puppen auf der Leinwand erst das wilde Leben einzuhauchen, ihnen ein rascheres Leben zu verfügen. Im Imaginären gelingt es dem Schikaneur so fast, vom Geprellten zum Mitschöpfer des Debakels zu werden.

Logik der Scham

Sam beschämt die Anwesenden. Die Scham gehört, wie Angst und Wut, zu den bevorzugt vom Schikaneur hervorgerufenen Gefühlen – nicht nur, weil sie ein unangenehmes Gefühl ist. Die Scham impliziert ein Gefühl der Irritation und der Ohnmacht.

Unsere Erörterungen der Scham schließen sich Günther Anders' Auffassung an:

„Was also ist Scham?

I. a) ein reflexiver Akt (sich schämen), also ein Selbstbezug
   b) aber ein Selbstbezug, der scheitert
   c) aber nicht nur gelegentlich (wie auch andere Akte, etwa die Erinnerung); sondern einer, der grundsätzlich scheitert.
   d) Und zwar grundsätzlich, weil der sich-Schämende sich zugleich als mit sich identisch und als mit sich nicht identisch begegnet („Ich bin's, aber ich bin's doch nicht");
   e) was zur Folge hat, daß der Akt niemals ein Ende findet: Da nämlich der sich-Schämende mit der widerspruchsvollen Begegnung nicht „fertig wird", wird auch die Scham selbst nicht fertig. (Darin und in den zwei folgenden Zügen f und g ähnelt sie dem Staunen.)
   f) So daß diese ihren eigentlichen Akt-Charakter einbüßt und zu einem Zustand degeneriert.
   g) aber nicht zu einem equilibrierten Zustande stationärer „Stimmung", sondern zu einem oszillierenden der Irritation und der Desorientiertheit; zu einem Zustand, der immer neu anzufangen scheint, auch wenn man längst schon mittendrin zu sein glaubt.

Kurz: Scham ist eine Störung der Selbst-Identifizierung; eine „Verstörtheit".

II. Im Unterschied zu der Mehrzahl der in der Psychologie und Phänomenologie gewöhnlich untersuchten harmlosen „Akte" enthält die Scham wesensmäßig eine „Doppel-Intentionalität": Nicht allein ihrem (normalen) „intentionalen Gegenstande" (in diesem Falle dem Makel) ist sie zugewandt, sondern immer zugleich einer „Instanz"; der Instanz, vor der der Schämende sich schämt.

III. Diese Instanz ist eine unerwünschte Instanz, oft sogar eine verwünschte; also nicht eigentlich eine „intendierte", sondern eine geflohene. Die intentionale Zuwendung ist Abwendung; der intentionale Hinweis Abweisung; also „negativ intentional"." (3)

Scham und Schuld

Die Scham ist der Schikane deshalb „sympathisch", weil sie eine Empfindung der Ohnmacht ist. Wer sich schämt, „gesteht" durch seinen Körper: Er wird rot, guckt weg usw. Während uns die Schuld – geradezu „gnädig" – zwischen (Selbst)anklage und (Selbst)verurteilung beläßt, vernichtet die selbstbezichtigende Scham diesen rettenden und schützenden Unterschied. *Scham ist eine peinliche Fusionierung von Verfehlung und Bestrafung.* Scham kennt keinen Freispruch.

Auch die quälendste Schuld muß sich nicht am Subjekt äußern; das Quälende der Scham ist es aber gerade, unübersehbar zu sein. Die Scham ist eine „Vorverurteilung", bevor der Prozeß überhaupt begonnen hat, noch dazu eine, die wir an uns selbst vornehmen. Jede Schuld ist diskussionsfähig, was nicht bedeutet, daß sie wirklich aufhebbar wäre, aber sie ist im Zuge der Einschränkung, Präzisierung und Akzentuierung dazu grundsätzlich fähig. In der Schuld hat das Subjekt die Chance, gegen sich selbst anzutreten, den inneren Monolog des „einerseits ... andererseits" zu führen. Die Scham ist immer schon schneller und gibt uns keine Chance. Sie ist ein ultimativer und hämischer Urteilsspruch gegen uns selbst, eine tiefe Selbstverletzung. In ihr ertappen wir uns auf frischer Tat, sind unfreiwillig ehrlich gegen uns selbst und vor anderen: Die nackte Wahrheit über uns selbst steht uns im Gesicht geschrieben. *In der Scham stellen wir uns selbst an den Pranger.*

Wie die mittelalterliche Tradition der „peinlichen Bestrafung", die den Täter öffentlich ausstellt, bedient sich die Schikane ganz unverhohlen der tiefergreifenden und erniedrigenderen Wirkung der Scham. Unter dem entwürdigenden Zwang, sich vor anderen auszuziehen, die einen dann nach allen Regeln der Kunst verspotten, ist das Opfer auf der Ebene der Schuld von vornherein „raus" – schließlich wurde es gezwungen, dies zu tun; dafür kann das Opfer nicht verantwortlich gemacht werden und muß sich auch nicht selbst verantwortlich machen.

Die Schikane will das Subjekt „unterhalb" des verantwortlichen Subjekts belangen. In der Scham erreicht die Schikane den Zwielichtraum der Freiheit, die Dimension des Selbst, die sich nicht dem Gegensatz der reinen Verfügbarkeit des Wollens und ebenso der reinen Unverfügbarkeit der Physis zuordnen läßt. Die Scham verhindert dabei die Flucht des Opfers in ein mentales Reservat. An der Scham hängt sich das Subjekt auf. In ihr gesteht es, inwieweit es glaubt, in eine Innerlichkeit flüchten zu können. Wenn wir uns in einer Situation schämen, zeigen wir, wie wenig wir uns von ihr distanzieren können.

„Tiefer" als von jeder Gewalt wird das Opfer von der Schikane in Besitz genommen; über die zwangsweise Erfahrung hinaus, der Willkür eines anderen ausgesetzt zu sein, macht es die schlimme Erfahrung, auch sich selbst ausgesetzt zu sein.

Bestrafung der Unschuld

In der Scham leuchtet der Triumph der Schikane. Sie setzt uns der Empfindung aus, *„nichts dagegen tun zu können, daß man nichts dafür kann".* (Günther Anders) (4). Mit der Scham macht uns die Schikane dafür haftbar, *nicht* haftbar zu sein. Der Schikaneur genießt es, *die Unschuld* seiner Opfer einer quasi-moralischen Zerreißprobe auszusetzen. Mit der Scham entsteht ein paradoxes Schuldgefühl: die ins Gesicht gezeichnete Qual einer unfreiwilligen, schuldigen Unschuld.

Natürlich sind Alice und Peter verantwortlich dafür, Sam betrogen zu haben; sie sind des Ehebruchs schuldig. Aber darum geht es der Schikane nicht. Indem der Schikaneur Scham erzeugt, statt die Schuldfrage zu diskutieren, beugt er einer Verweigerung der Schuld-Anerkennung vor – die in diesem Fall ohnehin nicht möglichen ist. Wenn die beiden Ertappten das *Recht der Liebe* gegen die *Pflicht zur ehelichen Treue* stellen würden, verliefe jeder Versuch, Schuldgefühle zu erzeugen, im Sande. Selbst wenn Alice ihre Schuld anerkennen würde, bliebe Sam erst recht kaum etwas anderes übrig, als sich der üblichen Symmetrie von Schuld-Geständnis und Schuld-Erlaß zu fügen. Schikanös wäre es in diesem Fall, ihr die Symmetrie der Schuld-Annulation und ihrem Bedürfnis, schuld zu sein, die komplementäre Ankläger-Pose zu verweigern, so zu tun, als wäre gar nichts gewesen.

Nein, Sam ist nicht zufrieden mit den üblichen Schuldzuweisungen. Er will Alice dort treffen, wo sie es am wenigsten nach der

Moral des authentischen Selbst „verdient", in der puren „Unschuld des Wunsches", im Augenblick und Anblick „nackten Begehrens". *Der Schikaneur sanktioniert nicht die Vorsätzlichkeit des Tuns, sondern seine Leidenschaftlichkeit.* Er ergreift ausgerechnet das, was – wenn überhaupt – schon immer zur Legitimation des Ehebruchs dienen könnte: das Gefühl, die Neigung, das Begehren. Er erreicht damit das Innerste seines Opfers. Der Schikaneur will die Freiheit des anderen erobern: Umstandslos und willig übereignet, ebenso wie gewaltsam beraubt, verliert sie diese paradoxe Qualität. Die Scham als Signal gestörter Identität ist dafür das ideale Medium.

Wir alle kennen Situationen, in denen wir mit Scham gerade auf die Spontaneität unserer Gefühle reagieren. Die junge, begeisterte Schwesternschülerin, die sich vor dem Geruch schwer kranker Menschen ekelt, schämt sich zugleich ihres Gefühls. Sie schämt sich, weil sie nichts für ihren Ekel kann.

Beschämung und Wut

Aber mit seinem privaten Porno geht es Sam nicht nur um die einfache Empfindung der Scham; er will sie vielmehr aktiv verbreiten: Er will beschämen.

Was ist eine Beschämung? Wir sind beschämt, wenn jemand etwas tut, das an oder in uns etwas offenbart, dessen wir uns schämen. Schon die transitive Bildung des Begriffs Be-Schämung, zeigt, daß die Scham von außen mobilisiert wird. *In der Beschämung tauchen „die anderen" nicht nur als Instanz der Scham auf, sondern auch als ihre Ursache.* Das Besondere an der Beschämung – vor allem der absichtlichen, schikanösen – ist, daß es dem Schikaneur mit ihrer Hilfe gelingt, die eigentümliche Dissoziation in der Empfindung der Scham zu verdoppeln.

In der Beschämung verändert sich nicht nur der Verlauf, die Genese der Scham, sondern auch ihre Qualität. Die absichtliche Beschämung betreibt eine paradoxe Zuspitzung der Scham: Obwohl doch der Anteil von – wie immer auch fremder – Vorsätzlichkeit das „Nicht-dafür-zu-Können" entschärfen könnte, verschärft sie sich vielmehr, weil das Opfer nun auch noch dazu neigt, sich zu schämen, *daß* es so treffsicher zu beschämen war. Das Wissen um die böse Absicht des anderen wirkt keineswegs ent-, sondern belastend. Das Opfer schämt sich zusätzlich, weil es ihm nicht gelingt, die eigene Scham mit der Taktlosigkeit des Schikaneurs zu „verrechnen".

Die indirekte Entlastung von einer Schuld, die im Alltag manchmal eintritt, wenn jemand, in dessen Schuld wir stehen, diese unangemessen zu nutzen versucht, funktioniert innerhalb der geschickt arrangierten Schikane nicht. Je unverschämter der Schikaneur in der Beschämung, desto verschämter die Scham seines Opfers. Der grandiose Selbstgenuß des Schikaneurs freut sich über die Selbstfortsetzung der Scham seines Opfers. Die Scham des Opfers *über* seine Scham kassiert er auch noch mit.

Mit der Beschämung erzeugt der Schikaneur bei seinem Opfer bewußt das Gefühl, „nichts dafür zu können, daß er nichts dafür kann". Der Schikanierte schwankt zwischen Scham und Wut, weil er weiß, daß er absichtlich in eine peinliche Situation gebracht wurde. Scham ist eher eine depressive Wut, die aggressive Verarbeitung einer zugleich gelingenden wie scheiternden Selbst-Beziehung.

Was ist Wut? Eine Art „gehemmter Haß", ein gebändigter Vernichtungswille? Ein Haß, der seinen Vernichtungswillen aufstaut, der an seiner eigenen Destruktivität fast erstickt? Ein Haß, der „zu schnell" zur Vernunft gekommen ist? Ist die zum Schlag erhobene Hand, die – scheinbar vergessen – in der Luft schwebt und irgendwann ganz langsam heruntergenommen wird, nicht die Pose einer „ohnmächtigen Wut"? Verhalten sich Haß und Wut zueinander wie Lachen und Lächeln? Ist Wut nicht die zivilisierte, die lizenzierte Form des Hassens? Die angemessene Reaktion auf die eigenartige Situation, in der man den drohenden Verlust an Selbstkontrolle „gerade noch" kontrollieren kann? Ist Wut der Indifferenzpunkt zwischen Aggressivität und Auto-Aggressivität?

Wut ist gescheiterter Haß, gehemmte Aggressivität und erstickte Ohnmacht. Deshalb gehört sie auch zu den von Schikaneuren bevorzugt erzeugten Gefühlen. Alle Gefühle, in denen ein Leiden an sich selbst mitspielt oder wesentlicher Inhalt ist, besitzen eine wichtige Bedeutung für die Schikane. Die Wut als sich ständig wiederholende Implosion der Aggressivität gehorcht, wie Sigmund Freud es auch am Gewissen gezeigt hat, einem seltsamen Mechanismus: Ausgerechnet die Energie des Umklammerten sorgt dafür, daß sie ihn auch weiterhin hält. In der Wut findet der Schikaneur ein Opfer, das sich selbst knebelt. *Die Wut ist die Scham der Aggressivität.*

Wie wir uns in der Scham einer Instanz zugleich zu- und abwenden (negative Intentionalität), so ist die Wut zugleich Folge eines zunächst ungezügelt losbrechenden Hasses wie Ursache eben dieses immer erneuten „Beinahe-Losbrechens" der ungemilderten Aggressivität. Die Wut ist das Ventil, das den Haß zugleich bändigt und schürt.

Der nächtliche Heimkehrer

Es ist Nacht. Ein Mann geht alleine durch eine einsame Straße, unter dem Arm eine Aktentasche. Er ist auf dem Weg nach Hause. Irgendwann merkt er, daß ihn jemand verfolgt: Immer wenn er einen Augenblick anhält – um sich Gewißheit für sein unheimliches Gefühl zu verschaffen, – stoppt auch der Unbekannte, zündet sich eine Zigarette an, bindet sich die Schnürsenkel oder vertieft sich in irgendeine andere nicht weiter auffällige Beschäftigung.

Langsam holt der Fremde auf, geht jetzt wenige Meter hinter ihm. In wenigen Sekunden ist es soweit, denkt der Mann mit der Aktentasche.

Der Fremde holt noch weiter auf, geht nun auf gleicher Höhe und fast hautnah mit dem Heimkehrer auf dem Bürgersteig.

Beunruhigt über die dreiste Offenheit der Verfolgung, bleibt der Mann abermals stehen. Neugierig und ängstlich will er wissen, was der fremde Verfolger nun tun wird. Der stoppt auch, zündet sich wieder eine Zigarette an und tut ansonsten so, als wäre er alleine auf der Welt.

Der Mann sieht sich um: niemand zu sehen und die Fenster sind auch alle dunkel. Hier würde sich garantiert niemand um irgend ein Geschrei auf der Straße kümmern. Er ist alleine mit dem fremden Mann.

Und der tut von sich aus nichts, um die spürbare Spannung zu beseitigen: Er sagt nichts, nimmt nicht die geringste Notiz von dem verängstigten Mann und bleibt stur einen Meter entfernt von ihm stehen.

„Was wollen Sie von mir?" schreit er ihn plötzlich an, erschreckt von der Lautstärke seiner Stimme.

Zum ersten Mal scheint ihn nun der Fremde zu bemerken, wendet sich ihm zu und starrt ihn an – ohne ein Wort zu sagen.

Eine – lange oder kurze? – Zeit schauen sie sich gegenseitig an: der eine fassungslos und stumm, der andere ruhig und mit bedrohlicher Geduld.

Der Heimkehrer entschließt sich wegzulaufen. Er stürzt davon, merkt aber nach wenigen Metern, daß ihn der andere verfolgt. Abrupt bleibt er stehen und schreit den Verfolger wieder an: „Lassen sie mich doch endlich in Ruhe!"

Doch dieser reagiert immer noch nicht; er atmet etwas heftiger und starrt den Heimkehrer an.

Zufällig fährt ein Polizeiwagen vorbei. Völlig nervös und fast rasend vor Angst springt der Heimkehrer vor den Wagen und schreit um Hilfe. Der Polizeiwagen hält, die Polizisten steigen aus. „Dieser Mann folgt mir ununterbrochen!" wendet er sich händeringend an die Beamten.

Der Fremde ist währenddessen stehengeblieben, vollkommen ruhig, als ginge ihn das Ganze nichts an.

„Was ist hier los?" fragt einer der Beamten.

„Wissen Sie", antwortet der Unbekannte, „der Mann redete schon die ganze Zeit ziemlich wirr. Da bin ich zu ihm hin und habe ihn gefragt, was mit ihm los ist, und da ist er ganz panisch vor mir davongelaufen. Na ja, und dann kamen Sie auch schon... Wie hätte ich denn wissen können, daß er es so auffaßt?"

Die Beamten schütteln nur den Kopf und fordern beide auf weiterzugehen. Der Heimkehrer schaut sie an, als hätte er sie nicht richtig verstanden. „Sie wollen mich allein lassen?", fragt er zweifelnd. Die Beamten können ihr Grinsen nicht unterdrücken. „Wir haben anderes zu tun, als uns Schauermärchen anzuhören", sagt einer der beiden.

Das ist gewissermaßen die Urszene reiner, schikanöser Bedrohlichkeit. Entscheidend ist, daß der schikanierende Verfolger niemals den qualitativen Sprung zum Raub oder Mord vollziehen wird. Er wird den Mann auch weiterhin nur deshalb „entkommen" lassen, um ihn wieder einzuholen. Er wird sich auch weiterhin die ängstliche Verzweiflung des Heimkehrers darüber, den Verfolger nicht los zu werden, ins Gesicht schleudern lassen. Im Extremfall wird er den Mann irgendwann, wenn der völlig fertig ist, zur Ambulanz schleppen, um dort zu erzählen: „Er faselte immer etwas von einer Verfolgung".

Uns interessiert an diesem Beispiel vor allem die schikanöse Verzerrung der Zeitwahrnehmung. Die Schikane entfaltet – nicht nur hier – eine komplexere Form des Wartens, das Suspense, das vor allem aus Hitchcock-Krimis bekannt sein müßte.

Langeweile und Suspense & Überraschung und Antizipation

Eine sich anbahnende Bedrohung, von der sich der, über den sie hereinbrechen wird, nicht freimachen kann, obwohl er von ihr Kenntnis oder doch Ahnung hat, nennt man „suspense" (engl. Ungewißheit, Unentschiedenheit, Spannung). Suspense ist eine spezifische Spannung – etwa im Horrorfilm – mit den „Elementen des Ungewissen, Zögernden, Schwebenden; zugleich das einer nicht bestimmten Zeit oder Dauer dieses Zustandes". (Theodor Reik) (5)

Suspense ist eine quälende, schweißtreibende Form des Wartens; nicht zu vergleichen mit der zum Beispiel durch „Unterbeschäftigung" erzeugten, quälenden Form des „normalen" Wartens, der Langeweile. Suspense läßt den in beängstigenden Antizipationen Gefangenen zu einer Pose des Schreckens erstarren. Sie ist also eher Ausdruck einer „überbeschäftigten" Phantasie, die vollständig von dem eigenen, reißenden Bewußtseinsstrom in Anspruch genommen wird. Doch die Raserei des Bewußtseins ist nur der Strom, der entsteht, wenn panisch versucht wird, das Vakuum um die Identität des drohenden Schreckens zu füllen: Man weiß zwar, daß etwas passieren wird, aber man weiß nicht, was es sein wird und wann es sein wird.

„Gram dehnt die Zeit", sagt Shakespeare und meint damit, daß sie von schlechtem Befinden „verdünnt" und „verlängert" wird; die Angst vor der unbestimmten Frist verdichtet und zerdehnt die Zeit. In der Angst entwickelt sich jede Sekunde zu einem Hohlraum des Schreckens. Gram überläßt den Enttäuschten einer leeren, langen Zeit, die er mit trägen und zähen Phantasien dürftig füllt; die Angst stößt den Furchtsamen in eine enge, kurze Zeit, die bis zum Bersten mit nervösen Phantasien über das kommende Unheil gefüllt ist. Gelangweiltes Warten wünscht sich: „Ginge es doch endlich zu Ende!"; angstvolles Warten: „Würde es doch nie passieren!" Suspense vereint unendliche Angst mit schrecklicher Langeweile.

Überraschung und Antizipation. – Suspense ist eine Form des Terrors der Vagheit, wie geschaffen für Machtformen, die – wie die Schikane – mit ihrer eigenen Identität spielen.

Wenn Macht Vagheit beinhaltet, ist Suspense der machtvolle Gebrauch vager Zeitstrecken. Die unbestimmte Frist des Suspense ist quälender als jede bestimmte Frist, denn sie enthält alle Zeitspannungsqualitäten vom „jetzt gleich" bis zum „niemals". Innerhalb der unbestimmten Frist werden alle Überraschungen, erwartet und gleichzeitig alle Erwartungen überrascht: Suspense erzeugt das *Paradox einer erwartbaren Überraschung.*

Im Suspense realisiert sich der Schrecken, weil man ihn erwartet. Suspense erzeugt einen Schrecken, der durch Aufmerksamkeit, Konzentration und Anspannung nicht zu verhindern ist, sondern gerade dadurch in seiner Plötzlichkeit und Intensität verstärkt wird. Wer sich auf den Schrecken vorbereitet, liefert sich ihm innerhalb der unbestimmten Frist erbarmungslos aus, erbarmungsloser noch, als wenn er unerwartet von ihm getroffen würde. Selbst wenn das Unheil nicht eintritt, hat der Schikaneur seine Freude am „umsonst" der Angst seines Opfers – wie der unheimliche Verfolger. Suspense vereinnahmt die Abwehr und zögert den endgültigen Schrecken hinaus; die Erleichterung darüber ist fatal. Denn der Schrecken bleibt: Nicht nur, weil und obwohl er erwartet wird, sondern auch, wenn er gar nicht eintritt.

Das Simulacrum eines Schreckens schreckt manchmal mehr als ein „echter", ereignisförmiger Schrecken. Wie eine Angst, Angst vor „Nichts" ist, so ist Suspense ein Schrecken vor „Nichts".

Katz-und-Maus-Spiel

Suspense ist der Kern des Katz-und-Maus-Spiels: Der Mächtige zögert die bereits eindeutige Niederlage des Opfers noch hinaus und versetzt es so in einen schwebenden Zustand zwischen Leben und Tod. Die Macht schenkt dem Opfer noch eine unbestimmte Zeit Leben. Im Katz-und-Maus-Spiel sind Großzügigkeit und Grausamkeit bis zur Unkenntlichkeit und Ununterscheidbarkeit miteinander verschmolzen. Grausam ist nicht die vollendete Hoffnungslosigkeit, sondern die zwanghaft motivierte Hoffnung, die von vornherein zum Scheitern verurteilt ist.

Die absolute, negative Ungewißheit, die das Suspense vollstreckt, hat die Formel: „Nichts ist gewiß, nicht einmal dies!" Im Suspense lebt der „Schrecken ohne Ende" unendlich viele „Ende mit Schrecken". In ihm zeigen die Mächtigen eine grausame Geduld: Auf dem Höhepunkt ihrer Macht lehnen sie sich zurück und studieren genießerisch die Lähmung und die Ohnmacht ihrer Opfer.

In den brutaleren Formen des „Spiels ohne Ende", in denen der Suspense eine Todesdrohung enthält, erzeugt die Schikane bei ihrem Opfer zwei paradoxe Wünsche: „Es möge endlich zuende gehen, damit endlich die Angst nachläßt" und „Es möge niemals zuende gehen, damit niemals der Tod eintritt".

Suspense läßt eine Todesdrohung eskalieren. Die schikanöse Grausamkeit weiß, *daß das Sterben immer schlimmer ist als der Tod.* Unter den lebbaren und erlebbaren Zeitformen ist die „vollendete Zukunft" eine der bedrückendsten: „Ich werde gewesen sein". Der schnelle Tod erspart uns diese Erfahrung, Suspense annulliert diese „humane" Möglichkeit. Mehr noch: Er entzieht uns nicht nur die *Gnade des schnellen Todes,* der uns trifft, bevor wir des Schreckens innewerden könnten, sondern auch die *Gnade des langsamen Todes,* der immerhin zuließe, sich auf das Unvermeidliche einzurichten. Im Suspense erleben wir die Zeit gedehnt und gestreckt, slow- und fast-motion; Suspense ist die gedehnte Plötzlichkeit, reiht Schrecksekunde vor Schrecksekunde vor Schrecksekunde...

Vorwegnahme und Aufschub

Suspense ist die Einheit von Aufschub und Vorwegnahme, Bremsung und Beschleunigung der Zeit. Sie verändert Volumen und *Tempo* der Zeit. Der Aufschub ist eine Möglichkeit, angenehme oder unangenehme Ereignisse vor uns herzuschieben, die Ankunft in der Zukunft zu verzögern. Die Vorwegnahme beschleunigt das Eintreffen der Zukunft, zieht die Ereignisse zu uns hin. Beide Male geben wir uns mit dem „Lauf der Dinge" nicht zufrieden.

Was heißt das für den Aufschub bzw. die Vorwegnahme einer Bedrohung, eines Schreckens?

Mit der Vorwegnahme wollen wir etwas „hinter uns bringen"; sie ist eine zentripetale Fluchtbewegung, eine „Flucht nach vorn". Beim Aufschub schieben wir etwas „vor uns her", sie ist eine zentrifugale Fluchtbewegung, eine Flucht „weg vor". Der Aufschub betreibt Krisenbewältigung durch Zeitgewinn, die Vorwegnahme durch Zeitverlust. Der Aufschub dient als opportune Strategie der Lebens-Sicherung, die Vorwegnahme als heroische Strategie der „Todes-Sicherung".

Suspense ist eine Art, etwas bereits dasein zu lassen, was – streng genommen – noch abwesend ist, eine Existenz zwischen An- und Abwesenheit schweben zu lassen, ein Ereignis zur Summe seiner Ankündigungen zu machen.

Wenn der Aufschub als Schutz versagt oder alle Kräfte verbraucht hat, greifen wir zur Vorwegnahme um das Unangenehme hinter uns zu bringen: „wenn schon – denn schon". Suspense gebraucht die immer wieder aufgeschobene Vorwegnahme und raubt uns damit alle Fluchtmöglichkeiten. Suspense nimmt den Schrecken vorweg, der doch nie eintritt.

Suspense erzeugt Ewigkeit, nicht „überzeitliche", also außerhalb alltäglicher Zeiterfahrung, sondern „innerzeitliche" Ewigkeit. Als Ewigkeit überdauert sich die Zeit selbst, wird Zeit ohne Ende, unendliche Dauer. Überzeitliche Ewigkeit bedeutet Herrschaft des Bleibenden über dem Vergehenden; innerzeitliche, Herrschaft des Vergehenden über dem Bleibenden. Im Suspense wird das Bleibende zugunsten des Werdenden, das Ergebnis zugunsten des Niemals-fertig-Werdens aufgegeben. (6)

Wir haben bereits in Kapitel Eins beschrieben, welches Vergnügen dem Schikaneur das Wartenlassen bedeutet und bereitet, wie gerne er der Vernichtung der Zeit *in* der Zeit genügend Zeit einräumt. Wenn im religiösen Denken die Ewigkeit ein unabbrechendes Andauern ist, eine Zeit ohne Anfang und Ende, dann kopiert der Schikaneur diesen Zeit-Rahmen, diese Über-Zeit in die alltägliche Zeit hinein: Er verpaßt ihr einen giftigen Schuß „Ewigkeit". Er nimmt die Zeit, indem er sie gibt; er gibt die Zeit, indem er nimmt. Der paradoxe Zeitverbrauch des Schikaneurs: Indem er seine Intentionen verfolgt, braucht er Zeit, um der Vernichtung der Zeit immer wieder beiwohnen zu können. Die Ewigkeit, die er schafft, um sein Opfer daran leiden zu lassen, ist negativ: Die Zeit, die der Schikaneur gibt, um in ihr ein „ewiges Sterben" zu inszenieren, verdient den Titel einer „negativen Ewigkeit".

Orpheus und Eurydike

L. Kolakowski erzählt in einem seiner Diskurse über das Böse eine – gegenüber Ovids Fassung – leicht veränderte Version des Mythos von Orpheus, der die Chance bekam, seine Geliebte aus dem Totenreich herauszuführen, wenn er sie dabei nicht ansehen würde. Ein merkwürdiges Spiel der Götter. Kolakowski läßt Orpheus erzählen:

„Sie gaben, und gaben auch wieder nicht. Im Grunde hab' ich sie gar nicht zu sehen bekommen.

„Dreh dich um" – hieß es. Also hab' ich mich umgedreht. „Behalt den Kopf vorn." Ich tat, wie sie's verlangten. „Sie steht hinter dir" – sagten sie – „du aber sieh nicht nach ihr." Ich tat's nicht. Ich sagte nur: „Eurydike, bist du's?" Nichts, Stille. Einer unter ihnen sagte: „Sie wird wieder sprechen können, sobald sie oben ist, mach dir darüber keine Sorgen, alles in Ordnung."

„Geh voran – sagten sie – so, wie du hergekommen bist. Schau dich nicht um, solange du den See nicht erreicht hast. Tust du's dennoch, ist alles umsonst, sie kehrt zu uns zurück."

„Gut", sagte ich, „so soll es sein."

Wir gehen, daß heißt: ich gehe, von hinten kommt nur Geräusch.

Der Weg, den wir gingen? Ich wünsch' euch nicht, daß ihr ihn auch nur zu Gesicht bekommt. Schlangen, Feuer, Eisen, Sümpfe, Zischen, Knirschen, Leuchtkäfer, Ungetüme, Fledermäuse, die ganze altbekannte Szenerie, aber lassen wir das.

Wir hatten schon beinahe den See erreicht, das heißt, ich hatte ihn erreicht. Vor mir war ein Steg, winzig schmal, über eine Schlucht hinweg, darunter ein Abgrund, bei dem man die Sohle nicht sehen konnte. Ich besteige ihn mit äußerster Vorsicht, krümme mich inwendig vor lauter Angst, mache ein Schrittchen, ein zweites, doch es muß wohl geregnet haben, so schlüpfrig war's, ich rutschte aus, wankte, wäre wohl beinahe abgestürzt. Verrat, ich schrie nur das eine Wort „Eurydike!" – weil ich Angst hatte, sie könnte abstürzen, drum schrie ich, wandte den Kopf – und aus. Leere." (7)

In Ovids Fassung – wahrscheinlich der bekanntesten – des Orpheus-Mythos, *hört* Orpheus hinter sich die Stimme Eurydikes und *sieht* sie auch in dem Augenblick, in dem er sich nach ihr umdreht. Als sie versuchte, nach ihm zu greifen, verflüchtigte sie sich.

In Kolakowskis Fassung hört Orpheus nur von hinten irgendein Geräusch. Er hat keinen strengen Anhaltspunkt, ob Eurydike jemals hinter ihm war.

Nimmt man diesen feinen Unterschied ernst, zeigt sich die Differenz von tragischer und schikanöser Verzweiflung.

Entwertung der Verzweiflung

Ausgerechnet Orpheus' Sorge um Eurydike bringt diese um. Er hätte sie nicht warnen dürfen, dann wäre sie ihm erhalten geblieben. Doch Orpheus wußte zu keinem Zeitpunkt, ob Eurydike wirklich hinter ihm war.

Tragisch daran ist der zweite Verlust: Obwohl Eurydike bereits im Totenreich verloren war, gaben ihr die Götter die Chance einer „Wiedergeburt" – durch Orpheus. Etwas, was schon immer verloren schien, deutet seine zweite Rückkehr an – aber nur, um erneut verloren zu gehen. Deutlich erkennbar daran ist die „Strategie" der aufgeschobenen Destruktion, der verzögerten

Vernichtung: Kurz vor dem Ziel, der Rückkehr aus dem Totenreich, im Augenblick der größten Hoffnung „tötet" Orpheus Eurydike durch seine spontane Fürsorglichkeit.

Orpheus' Mut und seine Überzeugungskraft verschafften Eurydike eine Chance; seine Unvorsichtigkeit und Spontaneität nahmen sie ihr wieder.

Die Situation wäre einfach bloß tragisch, wenn Orpheus niemals daran gezweifelt hätte, daß Eurydike wirklich hinter ihm her ging. In Kolakowskis Version hat die Situation jedoch einen schikanösen Zug: *Orpheus „verliert" Eurydike, obwohl er überhaupt nicht wußte, ob sie wirklich hinter ihm her ging. Hat Orpheus etwas verloren, was er niemals besaß?*

Die Schikane ist eine paradoxe Steigerung des tragischen Handelns wider Willen: Vielleicht habe ich sie ja gar nicht umgebracht, weil sie gar nicht da war. Diese tröstende Hoffnung wird von der Schikane benutzt, um die Verzweiflung zu intensivieren: Der Trost geht davon aus, daß für Eurydike niemals wirklich eine Hoffnung bestand. Was aber kann infamer, peinlicher und furchtbarer sein, als den eigenen „Trost" aus der Trostlosigkeit der Frau zu schöpfen, die man aus dieser Trostlosigkeit retten wollte? Das ist fast so, als stieße man sie ein endloses drittes Mal in die Unterwelt hinab.

Die tragische Verzweiflung ist „rein", frei von anderen Gefühlen. Wenn Orpheus wußte, daß Eurydike hinter ihm war, dann wäre an ihrem zweiten Verlust nichts doppeldeutig. In der schikanösen Verzweiflung jedoch zweifelt Orpheus auch an seiner Verzweiflung: Vielleicht war Eurydike gar nicht hinter ihm, vielleicht war die ganze Rettungsaktion nur ein schikanöses Spiel der Götter, vielleicht trauert er *umsonst.*

Muß sich Orpheus nicht seiner – womöglich „falschen" – Hoffnung schämen? Muß er nicht – ob er will oder nicht – darüber nachdenken, ob er betrogen wurde? Und muß er nicht auch daran verzweifeln, daß er nicht die geringste Chance hat, diese Fragen jemals mit „ja" oder „nein" zu beantworten? Ist diese schikanöse Verzweiflung nicht deshalb so besonders perfide, *weil sie verhindert, daß Orpheus die Möglichkeit einer Erleichterung jemals beiseite schieben kann, ohne sie doch jemals wirklich ergreifen zu können?* Was ist schwerer zu tragen: das tragische „Ich bin es gewesen!" oder das schikanöse „Bin ich es gewesen?" Ist die schlimmste Verzweiflung nicht die, die niemals der Versuchung des infamen Trostes widerstehen kann? Wie unnachgiebig, zäh und zermübend die tragische Verzweiflung auch in ihrem Opfer bohren mag, eines ist gewiß: Er verzweifelt wenigstens nicht „umsonst". Der Schikaneur steigert die Verzweiflung noch, indem er auch die Berechtigung und die Selbstgewißheit der Verzweiflung unterminiert.

Die unfreiwillige Hure

Balzac erzählt in seinen „Tolldreisten Geschichten" von einer tugendhaften Frau, die mit einem infamen Trick zur Aufgabe ihrer Tugend gebracht wird.

In der *Rolle des Schikaneurs:* der Herzog von Orleans – „der größte und unverschämteste Matratzenheld, geriebenste Lüstling und Wüstling aus dem königlichen Geschlecht … war stets zu den tollsten Tollheiten aufgelegt und hatte einen wahrhaft alcobadischen Witz".

In der *Rolle der Schikanierten:* die Gräfin von Hocquentonville, deren Schönheit erst „durch ihre engelhafte Unschuld, keusche Erziehung und anmutsvolle Bescheidenheit ihre Weihe und wahren Wert" erhielt.

In der *Rolle des unwissentlich Intrigierten:* Raoul, Graf von Hocquentonville, Freund des Herzogs und Ehemann der Gräfin.

Der Herzog von Orléans „geriet nach und nach in eine wahre Wut und schwur, daß er, sei es mit geheimer Zauberei oder offenbarer Gewalt, mit List oder Hinterlist – oder auch mit einer einfachen Einwilligung, die sehr anmutsreiche Dame haben wolle, als welche allein schon durch ihre graziöse Erscheinung ihm Schlaf und Ruhe raubte, daß all seine Nächte trist und trostlos wurden."

Er versuchte, sie „mit zuckrigen Worten zu ködern, erkannte aber bald an ihrem heiteren und offenen Wesen, daß sie bei sich fest entschlossen war, tugendhaft zu bleiben; sie zeigte gar kein Erstaunen über seine Anträge und trug auch nicht nach der Art dummer Gänse eine geheuchelte Entrüstung zur Schau."

Daraufhin beschloß der Herzog, ihr eine Falle zu stellen. Unter einem Vorwand lud er sie ins Schloß, entließ alle Diener und verbarrikadierte Türen und Fenster. Unfähig zu fliehen, bewaffnete sie sich und drohte dem Herzog, sich das Leben zu nehmen, sollte er ihr nahetreten.

„Der Herzog aber nahm in aller Gelassenheit einen Stuhl und fing an, indem er sich hart vor sie hinsetzte, zu unterhandeln und auf sie einzureden, in der Hoffnung, die Lebensgeister des scheuen Weibs aus ihrer kühlen Ruhe aufzupeitschen, sie dahin zu bringen, daß ihr Sehen und Hören verging, und durch verführerische und laszive Bilder ihr Gehirn, ihr Herz und all ihr Blut zu hellem Aufruhr zu entzünden."

Zunächst erklärte er ihr, daß sie – als treue Ehefrau – Opfer einer „Politik der Ehe" sei, die die „wahren Kleinodien der Liebe aufs sorgfältigste vor ihnen versteckt", weil er fürchten müsse, sie „hätten ein allzu heftiges Feuer und strahlten eine solche Wonne und wollüstige Regung in Herz und Hirn, daß es so einer armen Frau aus den lauen Regionen der Häuslichkeit dabei wind und wehe würde". Er bemerkte, daß „sich die Dame dabei keineswegs die Ohren verstopfte" und begann, ihr „die lasziven Erfindungen der famosesten Ausschweiflinge zu schildern und auszumalen."

In einem Augenblick schließlich, in dem es ihm erscheint, „als ob seiner Dame die scharfe Waffe aus der Hand gleiten wollte", tritt er ihr näher.

„Sie aber voller Scham, daß der Satan in Menschengestalt sie über einer augenblicklichen Träumerei ertappt hat: „schöner Herr", sagte sie, „ich danke euch, Ihr lehrt mich meinen edlen Gemahl doppelt und dreifach lieben; aus Euren Reden ersehe ich, wie hoch er mich achtet und welche Ehrerbietung er mir erweist, indem er es verschmäht, das eheliche Lager mit den Verruchtheiten und Scheußlichkeiten verworfener Dirnen und den Hurensitten von Euresgleichen zu beschmutzen und zu verunehren. Ich hielte mich für geschändet und der ewigen Verdammnis sicher, an solche unreinen Sachen nur zu rühren. Etwas andres ist die Frau und etwas andres das Liebchen eines Mannes."

„Dennoch wette ich", sagte der Herzog lächelnd, „daß Ihr von heute an Eurem Gemahl bei dem gewissen Spiel lebhafteren Widerpart leisten werdet."

Die Dame erbebte am ganzen Körper bei diesen Worten.

„Ihr seid ein Monstrum!" rief sie aus. „Ich verachte und verabscheue Euch. Meine Ehre könnt ihr mir nicht nehmen, dafür wollt Ihr mir meine Seele besudeln. Ach, hoher Herr, diese Stunde wird Unheil über Euch bringen." (…)

„Schöne Frau", sprach der Herzog blaß in Zorn, „ich kann euch binden lassen…"

„O nein!" rief sie, indem sie ihr Eisen schwang, „ich halte meine Freiheit in meiner Hand."

„Langsam!" versetzte er; „ich kann Euch mit den Scheußlichkeiten loser Dirnen, wovor Euch so sehr graut, in allernächste Berührung bringen."

„Nicht bei lebendigem Leibe."

„Im Gegenteil, mit Seele und Leib sollt Ihr dabeisein, auf beiden Beinen, mit beiden Händen, mit euren beiden Brüsten wie Elfenbein, mit Euren beiden Schenkeln weiß wie Schnee, mit Euren Zähnen, mit Euren Haaren, mit allem… Freiwillig sollt Ihr dabeisein und schamlos Eurer Lüsternheit die Zügel schießen lassen, einer wildgewordenen Stute gleich, die wiehernd über die Stränge schlägt, aufsteigt, sich bäumt, die Nüstern bläht… Ich schwöre es bei Sankt Luzifer!"

„Der Herzog lockt die Frau ins Schlafzimmer und empfiehlt ihr, reichlich Gebrauch von den Salben und wohlriechenden Parfümen der Königin zu machen. Sie versteht nicht, erfährt auf ihre Nachfrage aber, daß sie bald verstehen werde, „daß der Herzog von Orléans ein guter Kerl ist, der sich an den Damen, die ihn verachten, auf eine edle Weise rächt, indem er ihnen den Schlüssel zum Paradies in die Hand gibt.

„Er verabschiedet sich von ihr mit den Worten: „Nur empfehle ich Euch, spitzt die Ohren und gebt mir wohl acht auf die lustigen Reden, die man im Gemach nebenan zum besten geben wird; vor allem aber tut keine Muckser, wenn Euch Eure Kinder lieb sind."

Anschließend sperrt er die Türe ab und lädt seine Freunde zu sich ein – unter ihnen auch Raoul, den Ehemann der eingesperrten Frau. Das Schlafzimmer ist vergittert, einen zweiten Ausgang gibt es nicht.

Der Herzog empfängt seine Freunde und kündet ein großartiges

Mahl an: „Nichts soll fehlen bei unserem Gelag, und zum Nachtisch soll es Schnepfen geben, von der Art derer mit drei Schnäbeln, wovon, wie ich aus der Praxis langer Jahre weiß, einer immer besser schnäbelt als der andere."

Alle waren begeistert, außer Raoul: „Hoher Herr", sagte er, „ich mag Euch gern zur Seite stehen in der Männerschlacht, nicht aber in einem Gefecht mit Unterröcken, gern beim Waffenklingen, aber nicht beim Becher- und Fächerschwingen. Die guten Gesellen hier haben keine Frau zu Hause; so steht es nicht bei mir, ich habe eine edle Gemahlin, der allein gehör ich mit meiner Person, ihr bin ich Rechenschaft schuldig über mein Tun und Lassen."

„Bei diesen herzhaften Worten ihres Gemahls lief es der eingesperrten Dame, wie ihr euch denken könnt, heiß und kalt zugleich über den Rücken. „Oh, mein Raoul", sprach sie bei sich, „du bist ein edler Mann."

Der Herzog hält ein Geschenk für Raoul bereit: „Ich hatte dich für einen Tugendhelden gehalten, dem alle außereheliche Liebes-ergötzungen böhmische Dörfer sind, und so hatte ich dir hier in dem Schlafgemach der Königin eine Königin anderer Art zuge-dacht. Eine Königin von Lesbia, eine wahre Teufelin und Ausbund von einer Weibsmaschine. Und da wollte ich, daß du, der allzeit wenig Geschmack an den Konfitüren der Liebe finden konnte und nur von Jagden und Schlachten träumte, daß du wenigstens einmal in deinem Leben deine Nase mit dieser absonderlicheren Spezerei in Berührung brächtest, denn wahrlich, es ist eine Schande für einen meiner Leute, in der vornehmsten Wissenschaft seines Herrn und Meisters ein Unwissender zu sein."

„Und also ging es nun los in der Tafelrunde mit Lachen und liederlichen Reden über die Frauen; denn so war es bei ihnen Herkommen. Sie erzählten ihre Abenteuer und Wüstheiten, und außer der Dame ihres Herzens schonten sie keine Frau, sondern verrieten mit Geprahl die absonderlichsten Bettgeheimnisse einer jeden. Sie gestanden sich Ungeheuerlichkeiten und Niederträchtig-keiten der schmutzigsten Art, die immer saftiger wurden, je weniger Saft in den Bechern und Kannen blieb. Der Herzog, aufgeräumt wie ein Universalerbe, reizte die Bande zum Äußersten und gab falsche Geschichten zum besten, um aus den anderen die wahren heraus-zulocken, und also überboten sie sich im Sauen und Saufen.

Dem Herrn von Hocquentonville stieg die Schamröte ins Gesicht. Aber allmählich und unmerklich gewöhnte er sich fast ein klein wenig daran, die empörenden Dinge zu hören. Trotz all seiner Tugend regte sich in ihm etwas wie Neugierde, immer mehr schlug ihm der Schmutz über dem Kopf zusammen, daß er darin untertauchte wie ein Heiliger in seinem Gebet. Mit heimlicher Freude und einem Vorgeschmack süßer Rache sah das der Prinz."

Abermals, nun herausfordernder, versucht der Herzog Raoul Geschmack auf die Dame in seinem Schlafzimmer zu machen.

„Hier drinnen" – er stieß bei diesen Worten gegen die Kammertüre, hinter welcher er die Dame von Hocquentonville gefangenhielt –, „hier drinnen ist eine Dame des Hofs und Freundin der Königin, eine Venuspriesterin, wie sie größer keine je gegeben, die in ihrem Handwerk alle übertrifft: Kurtisanen, Freudenmädchen, Straßenhuren, Kupplerinnen und wie man sie alle nennen mag … Sie ist gezeugt worden in einem Augenblick, in dem das Paradies berauscht war, wo die Natur neu wurde, wo Blumen und Bäume Hochzeit hielten, wo in Brunst loderte alle Kreatur. Aber sie ist eine zu große Dame, um sich sehen zu lassen, und ist eine zu bekannte Dame, darum bleibt sie stumm, die Schreie der Lust ausgenommen. Man braucht auch bei ihr kein Licht, ihre Augen leuchten wie Flammen, und noch weniger bedarf es ihrer Worte, sie spricht mit ihrem Leib eine wildere Sprache als die Tiere des Waldes in ihrer Berauschtheit. Das aber will ich dir sagen, Raoul, mit einem so aufbäumenden Roß ist jeder verloren, der sich nicht in der Mähne des tollen Tieres festhält. Du würdest, ohne zu wissen wie, aus dem Sattel fliegen, und mit einem einzigen Ruck ist sie imstande, dich, wenn du etwa Pech am Hintern haben solltest, an einen Balken der Zimmerdecke zu leimen. Es ist ein Weib, das nur lebt, wenn es eine Matraze unter sich hat. Sie ist mannstoll. Unser armer Freund selig, der Junker von Bärenklau, hat sich an ihr den Tod geholt; in weniger als einem halben Frühling hat sie ihm das Mark aus den Knochen gesaugt. Aber bei Gott auch, welcher Mann gäbe nicht ein Drittel seines Lebens und künftigen Glückes dafür, sich an das Bankett setzen zu dürfen, zu dem sie die Glocken läuten läßt und die Fackeln anzündet. Wer sie gekannt hat, gibt gern für eine zweite Nacht seiner Seele ewige Seligkeit."

„Sagt mir nur", erwiderte Raoul, „wie es in einer so natürlichen und ewig gleichen Sache so ungeheure Unterschiede geben kann?"

Ein wieherndes Gelächter der Tafelrunde antwortete ihm. Und dann, von Wein erhitzt und aufgefordert durch einen Wink ihres Meisters, begannen sie die ganze Geheimwissenschaft des Lasters vor den Ohren des unschuldigen Schülers auszukramen. Sie lärmten wie Tolle, wurden von ihren Worten noch berauschter als vom Wein und erzählten Dinge und hatten Ausdrücke und Redewendungen, daß die Skulpturen des Kamins und des Getafels hätten erröten mögen. Sie selber hatten längst alle Scham im Wein ertränkt. Alle aber übertraf der Herzog. „Die Dame, die in der Kammer eines Verliebten harre", sagte er, „sei die Kaiserin aller Venuskünste und so unerschöpflich, daß sie jede Nacht deren neue erfinde, eine unerhörter als die andere."

Unterdessen waren die Kannen leer geworden, und Raoul ließ sich, so weit war es schon mit ihm gekommen, ohne viel Widerstreben von dem Herzog in die Kammer stoßen, der also die Dame nötigte, sich zu entscheiden für den einen oder anderen Dolch, für Leben oder Sterben.

Gegen Mitternacht verließ der Graf von Hocquentonville fröhlichen Herzens das Gemach, und nur in seinem Gewissen bedauerte er, seine gute Frau betrogen zu haben. Der Herzog von Orléans aber ließ durch eine geheime Gartentüre die Dame von Hocquentonville nach ihrem Palast geleiten, wo sie noch rechtzeitig vor ihrem Gemahl ankam." (8)

Ehebruch in der Ehe

Der Herzog verwickelt seinen Freund, den Grafen von Hocquentonville, in eine Intrige: Er präsentiert ihm seine Frau als unerkannte Luxus-Hure.

Das besondere Vergnügen des Schikaneurs, Unmöglichkeiten zu konstruieren, äußert sich hier in der Inszenierung eines grausam-faszinierenden Schauspiels, in dem das Opfer einer Intrige und das Opfer einer Schikane aufeinandertreffen, um sich in ihrem Opfer-Status zu bestätigen und zu festigen.

Die Gräfin betrügt ihren Mann, ohne ihn zu betrügen. Sie schläft mit ihm, ohne mit ihm zu schlafen. Sie erniedrigt sich, indem sie die Rolle spielt, die der Herzog ihr zugedacht hat. Und ihr Mann erniedrigt sie auch, ohne es zu wissen. Die Gräfin kann sich ihrem Mann nicht zu erkennen geben, ohne sich und ihn auf andere Art und Weise zu erniedrigen. Letzteres ist um so zwingender, je länger sie die quälende Frage, ob sie sich ihm offenbaren soll, vor sich hergeschoben hat. Unwiderruflich ist ihre Entscheidung, als Raoul bereit ist, zu ihr in die Kammer zu steigen und sie dort auf ihn wartet, ohne zu flüchten.

Die Schikane gelingt, indem die Gräfin in die Intrige einwilligt: Das ist die besondere diabolische Ironie dieser Inszenierung. Die Gräfin erkämpft das „kleinere Übel", die zeitweilige Illusion, nur ihre Ehre zu verletzen, indem sie mit dem Herzog gemeinsame Sache macht und ihren Mann über ihre wirkliche Identität im unklaren läßt. Dies gelingt ihr jedoch nur, weil sie sich mit aller Kraft mit der ihr vom Herzog zugeschriebenen Rolle der Luxus-Hure identifiziert. So paradox es klingt: Sie kann ihrem Mann in dieser fatalen Situation nur treu bleiben, indem sie ihn verrät. Mehr noch: Sie bleibt ihm um so treuer, je mehr sie sich in der Kammer des Herzogs als die erweist, als die er sie versprach – als Edelhure.

Und das keineswegs bloß strategisch, also mit einer intriganten Motivation um der Geheimhaltung der Identität willen, sondern durchaus auch identifiziert, also mit einer durch die Schikane geprägten Motivation: Würde ihr Mann nicht die versprochene „Kaiserin der Venuskünste" vorfinden, wäre er ja gleichsam über die eigene Frau enttäuscht. Auch wenn für ihn eine solche Enttäuschung in ihr nur eine anonyme, unerkannte Quelle hätte: Sie könnte ihm diese Demütigung kaum nachsehen.

Je besser sie aber ihren Mann betrügt, desto mehr erhält sie die traurige und beschämende Gelegenheit, die Lust ihres Mannes an der anderen Frau, die doch sie selbst ist, zu erfahren. Je „besser" sie ihren Mann betrügt, desto nachhaltiger betrügt er sie.

So wie sie sich vor der Demütigung nur schützen kann, indem sie sich noch tiefer in sie hineinbegibt, so kann sie ihn nur schützen, indem sie ihn noch tiefer in sie stößt. Wie üblich steigert die Schikane ihre Potenzen paradox: Ausgerechnet, indem die Gräfin die Gelegenheit erhält, ihren Betrug mit dem Schein der Fürsorglichkeit für die Familie und dem Edelmut der Unterbindung der Desavouierung ihres Mannes auszustatten, dann also, wenn die Schikane den möglichen, anfänglichen Egoismus ihres Schweigens ausräumt, ihr „entgegenkommt", erreicht sie ihr Opfer am tiefsten. Diese Schikane verwischt die Konturen zwischen „guter" und „böser" Tat bis zur Unkenntlichkeit.

Nehmen wir an, wofür Balzac immerhin einen Anhaltspunkt gibt, der Graf fände in der Kammer ein wenig von dem Versprochenen – seine Frau entpuppte sich als „Kaiserin der Venuskünste". Die Gräfin hätte die Gewißheit, daß der Seitensprung ihres Mannes keineswegs mehr bloß – wie sie vielleicht noch zu Beginn glauben konnte – dem Alkohol oder dem Druck der Kumpane zuzuschreiben wäre, sondern die Lust ihres Mannes belehrte sie, daß er sich viel tiefer auf die Situation eingelassen hat. Muß sie sich nicht provoziert fühlen, den letzten Vorbehalt des – bis dahin womöglich nur perfekten Schauspiels – fallen zu lassen? Muß sie nicht wünschen, in der Rolle lustvoll aufzugehen? Und dies keineswegs nur aus Gründen der Ansteckung. Das könnte auch für einen tugendhaften Willen Anlaß zu verstärkten Anstrengungen sein, dem zu begegnen. Relevanter für die Schikane ist die Untersuchung der Gründe, aus denen sie in die Ansteckung *einwilligt*.

Der stärkste Grund, sich der Untugend hinzugeben, könnte doch nur sein – schließen wir den Fall des „bloß" moralischen Kollaps als irrelevant für die Schikane aus – , *daß die Untugend besser als die Tugend geeignet wäre, die Tugend zu erhalten*.

Selbstbestrafung

Nicht nur die archaische, sondern auch die idealistische Konzeption des Vergehens hat die Vorstellung, daß ein Vergehen seine Strafe in sich selbst findet. In archaischen Gesellschaften wird die Kausalität der Natur noch „sozial", als Kausalität des Willens gedeutet (der personifizierte Gott, der den Regen macht etc.). Seltener wird der umgekehrte, gleichfalls geltende Zusammenhang bemerkt: Daß die Kausalität des Willens nach dem Muster der Kausalität der Natur gedeutet wird. Der erste Kausalitätszusammenhang spiegelt die primitive Ohnmacht, die zweite die archaische Omnipotenz.

Im moralischen Masochismus wird der Schicksals-Zusammenhang zu einem bewußt forcierten Selbstbestrafungsexzeß. Der Triumph dieser Schikane wäre die Initiierung eines moralischen Masochismus bei der Gräfin. (9)

Um den Abstand der moralischen gegenüber der bereits erörterten strategischen und psychologischen Dimension des Opfer-Seins zu verstehen ein Blick zurück: Zunächst ist die Gräfin – wartend – nur Ko-Intrigantin des Herzogs. Mit jeder Minute, mit der sie in der Kammer verweilt, wächst ihre Identität als Ko-Intrigantin, aber auch die als schikaniertes Opfer. Wir sind bereits auf die Psychologie des Soges, „das Spiel zu spielen, kein Spiel zu spielen" (R. D. Laing) in Kapitel Drei eingegangen.

Subversive Qualitäten aber gewinnt die Schikane erst recht dann, wenn die Gräfin, das Opfer der Schikane, die Kaiserin der Venuskünste, die Intensität ihrer möglichen Lust zum Maßstab ihrer moralischen Verworfenheit erhebt, die wiederum Zeugnis von der Intensität der Reue geben soll.

Schicht für Schicht wird die Identität der Gräfin ab- und aufgelöst: Nach der – vergleichsweise beruhigenden – strategischen Dissoziation „Ich bin eine Andere" folgt die – beunruhigende, aber auch einschmeichelnde und verführerische, psychologische Konfusion „Die Andere bin ich", um schließlich nochmals zur moralischen Absorption zu eskalieren. Die paradoxe Struktur des Identitätserhalts der Gräfin verschärft sich zusehends:

In der strategischen Dimension wird ihre Anerkennung berührt, in der psychologischen Dimension wird ihr Selbstwertgefühl betroffen und in der moralischen Dimension wird auch noch ihre Selbstachtung tangiert: Zunächst Identitätserhalt durch Identitätsaufgabe; dann Selbstwerterhalt durch Selbstdemütigung und schließlich Selbstachtungsschutz durch Selbstverachtungsexzesse.

In der Verworfenheit hilft nur noch tiefere Verworfenheit, also die schiere und vorbehaltlose Lust. Erst indem die Gräfin aus moralischen Gründen und keineswegs aus persönlicher Korruptheit zwischen identifizierter Sinnlichkeit und empörter Tugend hin- und hergerissen wird, vollendet die Schikane ihren Triumph: Ihr Opfer verspürt zugleich den höchsten Genuß, aber auch die höchste

Qual. Zu keinem Augenblick wäre die Rache, wie sie der Herzog will, veredelter gewesen. Je mehr der Rest willentlich und nicht bloß durch pure sinnliche Ansteckung verschwände, also nicht trotz, sondern wegen der Erhaltung der Tugend stattfände, desto mehr „besäße" der Schikaneur die moralische Identität seines Opfers.

Der schikanöse Triumph will das Zusammentreffen von Selbstentfremdung und Selbstgenuß. Schlimmer noch: Je mehr sich die Gräfin in die ihr auferlegte Rolle einfühlte, sie mit authentischem Erleben erfüllte, desto perfekter schlösse sich der Schein um den Mann zusammen. Zum Ende erweist sich damit nicht nur das Gelingen der Intrige als Bedingung für das Zustandekommen der Schikane, sondern ebenso die Vollendung der Schikane als Perfektion der Intrige.

Rätselhafter Spiegel

Balzac beschreibt, wie Lucien, der Held seines Romans „Verlorene Illusionen", durch die Straßen von Paris flaniert:

„In der Passage, die so stolz den Namen Glasgalerie führte, waren die sonderbarsten Gewerbe vertreten. Dort hatten sich Bauchredner, Marktschreier aller Art niedergelassen, die Buden, in denen man nichts sieht, und die, in denen einem die Welt gezeigt wird. Dort hat sich zum erstenmal ein Mann etabliert, der dann auf allen Märkten zu sehen war und dabei sieben- oder achthunderttausend Francs verdient hat. Er hatte als Wahrzeichen eine Sonne, die sich in einem schwarzen Rahmen drehte, um den in roter Schrift die leuchtenden Worte standen: „Hier ist zu sehen, was Gott nicht sehen kann. Preis zwei Sous." Der Ausrufer ließ nie eine Person allein hinein, und nie mehr als zwei. War man drin, so stand man mit der Nase dicht vor einem großen Spiegel. Plötzlich erschallte eine Stimme, die den Berliner Hoffmann in Schrecken gesetzt hätte, denn sie klang wie ein Automat, dessen Feder abschnurrt: „Meine Herren, Sie sehen hier, was bis in alle Ewigkeit Gott nicht sehen kann, nämlich Ihr Ebenbild. Gott hat kein Ebenbild!" Die Leute gingen dann beschämt hinaus, ohne ihre Torheit einzugestehen."
(10)

Ein seltsames, überheblich und prahlerisch wirkendes Versprechen: Ausgerechnet in einer Jahrmarktsbude soll man etwas zu sehen bekommen, was Gott nicht sehen kann – für zwei Sous. Man denkt: Was Gott nicht sehen kann, was sich seiner Allgegenwart zu entziehen vermag, muß noch größer, noch gewaltiger, noch mächtiger sein als er. Wer in solch einer Bude so etwas verspricht, muß wissen, wovon er redet, wäre er sonst nicht längst entlarvt und vertrieben worden?

Der Schikaneur präsentiert ein Rätsel, dessen Lösung zugleich unendlich naheliegend und „problemlos", aber auch ebenso schwierig und unlösbar anmutet. Ein Rätsel ist die offene Simulation eines Dilemmas. In einem wirklichen Dilemma, ist der, der ihm ausgesetzt ist, schon immer entschuldigt: Wie soll er sich auch entscheiden, wenn er sich nicht entscheiden kann. Beim Rätsel weiß man jedoch, daß es eine Lösung gibt, noch dazu eine „einfache". Darin liegt die Demütigung des Rätsels: Die Lösung ist „einfach" – aber man findet sie trotzdem nicht.

Die Lösung des Rätsels in der Bude ist das Spiegelbild des Menschen. Das einzige, was Gott nicht haben kann ist ein Ebenbild, er kann sich nicht verdoppeln, er ist nicht reflektionsfähig und kopierbar. *So sehr Gott jedem endlichen Wesen überlegen sein muß, eines haben sie ihm alle voraus: ihre Endlichkeit und ihre gebrochene Einzigartigkeit.* Die Grundlage der Unterlegenheit endlicher gegenüber unendlicher Wesen ist zugleich auch Grundlage der „Überlegenheit" ihnen gegenüber.

Logik der Demütigung

Die kleine Jahrmarkt-Schikane erzeugt eine anti-narzißtische Spiegelerfahrung. Der Spiegel fungiert nicht als Medium der Eitelkeit, sondern als Agent der Provokation. Die Schikane läßt uns unser Eben-Bild – und damit indirekt uns selbst – als Enttäuschung erfahren. Wir haben etwas Grandioses erwartet und finden nur unser eigenes, lächerlich gemachtes Antlitz.

Wie die schikanöse Technik der Frustration möglichst viele Glückserwartungen und -erfahrungen in ihren Strudel ziehen will, inszeniert die schikanöse Technik der Kränkung eine möglichst grandiose Idealisierungskatastrophe. Das Versprechen der Schikane („etwas zu sehen, was Gott nicht sieht") verschafft unserem Selbstwertgefühl einen ungewöhnlichen Idealisierungsschub: *Wir werden mehr sehen, als der Allgegenwärtige!* Wer kann das schon!

Schließlich aber sehen wir nur uns selbst ins Gesicht. Das genügt, um ein künstliches, narzißtisches Debakel anzurichten und uns zu beweisen, daß sie uns nicht getäuscht hat: Gott hat kein Eben-Bild. *Ausgerechnet die Fähigkeit zum Ab-Bild, zur kopierfähigen Existenz, zur imaginären Verdoppelung, garantiert die Einzigartigkeit.*

Die kleine, metaphysische Schikane demonstriert dem endlichen Wesen seine elende Endlichkeit als Vorzug. Das ist ungefähr so, als wolle man den Blinden trösten, indem man ihm erklärt, daß er wenigstens nie geblendet werden könne.

Was ist das Besondere der Demütigung, der schikanösen Form der Kränkung?

Die Kränkung zerstört unser Selbstwertgefühl, die narzißtische Balance des Subjekts, die Achtung vor uns selbst. Jede Enttäuschung kränkt, für die sich das Subjekt die Schuld selbst zuschreibt und nicht den Umständen oder den anderen. Wer mit einem Mann oder einer Frau nicht schlafen kann, obwohl er und sie Lust dazu haben, ist nicht nur auf einer libidinösen Ebene enttäuscht, sondern fundamentaler, narzißtisch betroffen. Der narzißtische Schlag trifft tiefer, weil er nicht nur die momentane Befriedigung, sondern darüber hinaus, prinzipiell die Möglichkeit der Befriedigung in Frage stellt.

So wie die Kränkung die Frustration vertieft, indem sie sie verinnerlicht, steigert die Demütigung die Kränkung. In jeder Kränkung liegt noch ein schützender Rest (möglicher, einbildbarer) Zufälligkeit. Die Demütigung ist eine vorsätzliche Kränkung: Dem Gekränkten wird seine Unfähigkeit vorgeworfen.

Die schikanöse Demütigung steigert zunächst das Selbstwertgefühl des Opfers, zum Beispiel mit dem Versprechen, mehr als Gott sehen zu können. Der Schikaneur ist ein perfider Karrierehelfer: Je höher er sein Opfer (in Gedanken) nach oben bringt, desto tiefer fällt es. Die Demütigung plaziert das Scheitern im Umfeld eines sich anbahnenden Erfolgs. In der Kränkung kollabiert „nur" die Differenz von Wunsch und Niederlage, von idealem und negativem Selbst. Die schikanöse Demütigung bläht das Selbst erst noch auf, um es – mit noch mehr Getöse – zum Platzen zu bringen. Die Maxime der Demütigung: Träume zu Alpträumen zu machen.

Mangel zweiten Grades & Negative Omnipotenz

Was ist das Thema der Schikane? Hat sie überhaupt *eines*?

Wir haben bisher viele Beispiele, Themen und Motive der Schikane diskutiert. Wir haben gezeigt, wie der Schikaneur die Zeit deformiert, warum er uns Angst machen und Scham bereiten will, wieso er uns warten läßt und warum er gerne Opfer zu Tätern an sich selbst macht, wieso er uns demütigen will und welche Mittel er dazu benutzt, warum er sein gemeines Treiben nicht im Dunkeln, sondern im Hellen vollzieht, wieso er Gewalt nur gebrochen gebraucht und warum er nicht auf den besonderen Triumph verzichtet, sein diabolisches Werk zu rechtfertigen. Wir haben gezeigt, wie leicht die seltsamen Spiele, die er mit uns treibt, in Ernst umschlagen können. Und wir zeigten, daß er den Schein nur konstruiert, um ihn bloßstellen zu können.

Aber was ist nun das heimliche/unheimliche Thema der Schikane?

Ihr zentrales Thema ist die Re-Produktion der Allmacht. Die Schikane ist die Manie eines „Gottes", der gegen die Perfektion und Glätte seiner Identität wütet. Ein Gott kennt keinen Mangel – ihm fehlt die Erfahrung des Fehlens. Dieser Mangel zweiten Grades (11), diese Unfähigkeit zur Unfähigkeit, dieser Alptraum der Perfektion, diese Melancholie der Erfüllung, die Langeweile der Souveränität ist die allgemeine Grundlage und der Ausgangspunkt für den schikanösen Exzeß des „umsonst".

Die kleine, weiße Spiegel-Schikane spricht die allgemeine Bewegungs-Logik der Schikane recht unverblümt mit einer leichten Verschiebung aus: Wenn die Schikane – mythisch gesprochen – der Prozeß der Vermenschlichung der Götter – und weniger mythisch –

der Abschaffung des Mangels zweiten Grades ist, dann inszeniert die Schikane das infame Kompliment, ihr Opfer habe längst alles das, was der Schikaneur ersehnt. *Aus der Perspektive der Melancholie der (Macht)-Erfüllung, dem Nullpunkt der Schikane, gerät jeder einfache Mangel zur Bedingung der Möglichkeit einer wundersamen Erfüllung.*

Negative Omnipotenz. - Die Schikane ist ein Luxus- ein Überdruß-Phänomen der Macht. Der Schikaneur verabscheut den glatten, direkten Weg, die Routinen der Macht. Er will eine andere Macht, die nicht nur wächst, sondern eine Macht, die zugleich zwingt und verführt, die ausgerechnet dann am wirksamsten ist, wenn sie ohne Waffen herrscht.

Die Schikane will Macht aus nichts (Ursprungslosigkeit), um nichts (Ziellosigkeit) und mit nichts (Mittellosigkeit). Sie träumt von einer negativen Omnipotenz.

Ihre Tendenz, die Opfer an der Macht über sie, an ihrer Beherrschung zu beteiligen, hat ihre Ursache in der Selbst-Konzeption schikanöser Macht: Sie „borgt" sich die Macht ihrer Opfer um sie damit zu beherrschen. Sie benutzt asiatische Kampftechniken nicht physisch, sondern kausal: Die Wirkung erscheint als Bedingung ihrer eigenen Ursache.

Ihr Triumph ist Verschwendung, nicht Sparsamkeit. Normalerweise folgt die Macht bei ihrer Schaffung und Erhaltung dem zweckrational-strategischen Prinzip des geringsten Widerstandes. Schikanöse Macht jedoch konstituiert und relativiert sich auf ihren zahlreichen Umwegen nach dem *Prinzip des größtmöglichen Widerstandes.* Paradox ist die Macht, die sich in der Schikane entfaltet auch deshalb, weil sie erst in der selbst erzeugten Destabilisierung eine äußerst flexible Stabilität gewinnt.

Bevor wir in Kapitel Zehn die Grundzüge einer Systematik der Schikane(n) entwickeln, untersuchen wir im folgenden Kapitel die allgemeine Logik paradoxer Macht, d.h. die Gleichzeitigkeit schikanöser und nicht-schikanöser, paradoxer Machtformen. Wir hoffen dabei auf einen Präzisionsgewinn durch den Vergleich der Struktur imaginärer bzw. souveräner Macht am Beispiel der Abschreckung und der Erpressung und bereiten die Unterscheidung von schwarzen und weißen Schikanen vor.

Kapitel Acht

Imaginäre und souveräne Macht

Begriff der Macht

Was ist Macht? Die Fähigkeit, jemanden zu etwas zu zwingen, das dieser nicht will. Max Webers Definition der Macht, eine der konventionellsten und etabliertesten, unterstellt sie als „jede Chance, innerhalb einer sozialen Beziehung den eigenen Willen auch gegen Widerstreben durchzusetzen". (1)

Weber betont die Macht als Chance, als nicht unbedingt bereits eingelöste Realität. Diese Potentialität ist auch für das besondere Verständnis von Macht in diesem Kapitel zentral. Macht ist nicht angemessen als faktische, sondern nur als *hypothetische Kausalität* zu begreifen. Gleichwohl zeigt Webers Definition, wie sehr er die Kausalität der Möglichkeit nur dann als wirksam auch für sich betrachtet, wenn sie sich notfalls durchaus zu aktualisieren versteht.

Die Glaubwürdigkeit, das Charisma, die Eindruckskapazität einer konventionell-potentiellen Macht sind das Produkt mindestens dreier Faktoren. Erstens muß eine Macht ihre *Anwendungs- und Vermeidungsbedingungen* festlegen. Sie muß ihre Äußerungen in Form negativer oder positiver Sanktionen in „wenn...dann"-Strukturen einbinden. Dadurch wird eine Macht vorhersehbar in ihren Reaktionen und schafft darin auch die Grundlage für ihre Legitimität.

Zweitens muß die Macht ihre *Anwendungs- und Vermeidungsintentionalität* darlegen. Unter normalen Bedingungen kann eine Macht nicht beliebig ihre einmal getroffenen Konditionen ändern; sie ist sich selbst-verpflichtet. Mehr noch: Zögert sie im Anwendungsfall, die angedrohte bzw. angebotene Sanktion zu realisieren, wird sie unglaubwürdig.

Schließlich muß eine normale Macht drittens ihre *Anwend- und*

Vermeidbarkeit darlegen. Sie muß, ohne von ihrer Macht bereits effektiv Gebrauch zu machen, in der Lage sein, von ihr einen Vorgeschmack zu geben bzw. den Betroffenen zu überzeugen, daß sie die angedrohten Machtmittel auch wirklich besitzt und über sie zu verfügen vermag.

Eine Drohung muß also zunächst ihren Rahmen definieren, dann ihre Entschlossenheit ostentativ versichern und schließlich Besitzstand und Verfügbarkeit von Sanktionsmitteln plausibilisieren. Sie deklariert zunächst Ziele und Mittel, dann verpflichtet sie sich auf den Gebrauch der Mittel und schließlich demonstriert sie deren Kontrollierbarkeit. Wir werden in diesem Kapitel zwei fundamentale Macht-Modifikationen untersuchen, die sich nicht auf die Normal-Form der Macht reduzieren lassen: imaginäre und souveräne Macht. Beide Macht-Formen werden sich als strukturell stabile Verzerrungen des Möglichkeitscharakters der potentiellen Macht zeigen lassen.

Unsere These: *Alle Macht-Konstellationen, in denen ein imaginärer Macht-Gebrauch dominiert, sind im wesentlichen weißer Natur und alle, in denen souveräner Macht-Gebrauch dominiert, schwarzer Natur.* Souveräne und imaginäre Macht müssen sich nicht den oben genannten drei Macht-Faktoren beugen, um Glaubwürdigkeit und Potenz entfalten zu können.

Souveräne Macht kann als Subversion „normaler" Macht in der *ersten* Dimension verstanden werden, während imaginäre Macht als Subversion der „normalen" Macht in der *dritten* Dimension erscheint. *Souveräne Macht* verträgt nicht bloß, sondern forciert sogar ihre *Nicht-Konditionierbarkeit*, während *imaginäre Macht* keinen Hehl aus ihrer *Nicht-Aktualisierbarkeit* macht.

Die Glaubwürdigkeit einer Drohung, ihre Eindruckskraft, die sie zu mobilisieren versteht, ist also nur für den Fall des normalen Machtgebrauchs an die Explizitheit ihrer Konditionen , an die Intensität der Selbst-Verpflichtung und die Verfügbarkeit der Sanktion geknüpft: Imaginäre und souveräne Macht sind der lebhafte Beweis für die Existenz von Macht-Formen, die mit diesen nur scheinbar universalen Bedingungen für die Produktion und Reproduktion von Macht nicht nur brechen, sondern diesen Bruch produktiv wenden und vereinnahmen.

Die Struktur imaginärer Macht

Diskutieren wir unsere These der Struktur imaginärer Macht als Störung der Realisierbarkeit näher. *Imaginäre Macht kann nur eingelöst werden, wenn sie sich ihre Ausführung versagt.* Wenn normalerweise die Ausführung einer Handlung die Bedingung der Möglichkeit für ihr Gelingen ist, verkehrt sich diese Struktur für den Fall imaginärer Macht: die Ausführung der Sanktion wäre nun Grund ihres Mißlingens. Anders als im Fall normaler Macht hätte der Gebrauch der Sanktion keineswegs nur für das Opfer der Macht, sondern auch für den Machthaber negative Konsequenzen. Also müssen in einer imaginären Macht-Situation sowohl Besitzer wie Betroffener der Macht ein Interesse daran haben, daß sie nicht geäußert wird.

Wenn eine normale, potentiell organisierte Macht Wirksamkeit besitzt auch ohne sich direkt angewendet zu haben, dann doch nur, weil sie dies im Zweifelsfall immer noch nachholen kann. Ohne die Verfügbarkeit des finalen Aktes, der praktischen Artikulation wäre sie nur eine leere Drohung. Natürlich kann auch eine leere Drohung praktisch durchaus Wirksamkeit entfalten. Nicht immer wird die Macht einer Probe auf ihre Potenz unterzogen. *Was aber eine Bluff-Macht von einer wirklich imaginären Macht unterscheidet ist, daß jene nur wirksam ist, weil sie ihre Leere kaschiert, diese dagegen nur, wenn sie ihre Leere ostentativ ausstellt.* Imaginäre Macht wirkt nicht trotz ihrer Leere – wie die Macht des Bluffs –, sondern wegen dieser: Sie entfaltet nur dann Wirksamkeit, wenn man die Natur ihrer Selbst-Aushöhlung nicht verkennt.

Wir erkennen die imaginäre Macht als das phantastische Projekt einer Macht, in der allein die Möglichkeit ihrer Anwendung die ganze Kraft ihrer faktischen Anwendung in sich aufsaugen muß, um dem Debakel, verwirklichte sie sich tatsächlich, produktiv zu entgehen. Die faktisch durchgeführte Sanktion der imaginären Macht behält ihre Kraft, verliert aber ihre Funktion. Man kann auch sagen: Sie schädigt das Opfer der Macht, ohne doch deshalb noch dem Machthaber dienen zu können. Ihre Ausübung kann den Zweck, den sie zu garantieren vorgibt, nur einlösen, wenn sie verhindert wird. Umgekehrt aber kann sie ihren Zweck nur erreichen, wenn sie vorgibt, die Sanktion notfalls auch zweckfrei

185

und „sinnlos" zu äußern. Imaginäre Macht ist, nehmen wir den Begriff ernst, leere Macht oder Herrschaft mit... Nichts. Das ist auch der Grund, sie „imaginär" zu nennen: Keine Machtform ist ausschließlicher an die *Gewalt der Vorstellungskraft* gebunden als die imaginäre. Das historisch markanteste Modell imaginärer Macht ist die atomare Abschreckung, Thema eines der nächsten Abschnitte. Atomare Waffen können eingesetzt werden, aber nur um den Preis der Selbstvernichtung.

Natürlich ist eine säkuläre, weltliche Gestalt totaler Macht nicht als wirklich gewordene denkbar, nur: Der Prozeß des approximativen Übergangs potentieller zu totalen Macht-Formen verdient den Titel einer imaginären Macht. Imaginäre Macht ist auch nicht wirklich leer, keine vollendete „creatio ex nihil" (Schöpfung aus dem Nichts), sondern vielmehr eine Büchse der Pandora, die, einmal geöffnet, alle, auch den Öffner, unterschiedslos ihrem Schrecken aussetzen würde. Sie ist nicht einfach substratlos, sondern in ihrem – imaginären – Zentrum agiert ein unmögliches Substrat. Wir werden sehen, daß das „Nukleare", der „nucleus" alle Eigenschaften besitzt, um ihn als eine Realisationsweise dieses unmöglichen Substrats auszuweisen.

Aber weil dieses unmögliche Substrat existiert, verdient die imaginäre Macht, gleichsam als das Hereingreifen der totalen Macht in das Weltgeschehen unter der Bedingung ihrer Abwesenheit verstanden zu werden.

Die Struktur souveräner Macht

Der Begriff der potentiellen Macht kann in seinem ganzen Umfang und Sinn nicht durch den der Drohung abgedeckt werden: Die konditionale Macht ist nur ein Ausschnitt potentieller Macht. In einer Drohung „gefriert" gleichsam die Potentialität einer Macht wieder; in der Drohung wird potentielle Macht wieder kalkulierbar. *Drohung impliziert Selbstbindung der Macht.* Eine Macht aber, die sich festgelegt hat, verliert ihre Souveränität.

Die Größe, die Leistungsfähigkeit einer Macht bemißt sich an ihrer Fähigkeit, Herausforderungen aller Art gelassen entgegenblicken zu können: Groß ist eine Macht, die alle Auseinandersetzungen im Feld nicht zu fürchten braucht. Größer aber ist eine Macht, von deren Fähigkeiten und Möglichkeiten eine dermaßen ohnmächtige Überzeugung (als Mischung aus Glauben und Wissen) obligatorisch kursiert, daß nicht einmal mehr die Erprobung gewagt wird. Eine Macht, die alle Auseinandersetzungen im Vor-Feld erledigen könnte, ist souverän.

Je stärker die Potentialität einer Macht, desto geringer der Druck und die unumgängliche Verpflichtung, ständig ihr Ausmaß zu beweisen. Ist sie souverän geworden, geht dieser Beweisdruck gegen Null. So wie die imaginäre Macht gleichsam an *Wirklichkeitsentzug* krankt, so leidet die souveräne an *Notwendigkeitsentzug*. Souveräne Macht ist uneingeschränkt anwendungsfähig und von unbedingter Erfolgsgewißheit. Sie ist despotisch: Eine Belohnung von konformen Handeln gegen ihre Erwartungen muß nicht vorgesehen werden. (2)

Die Rationalität des souveränen Kalküls der Unberechenbarkeit liegt in der von ihm hervorgerufenen Hyperdisziplin. Wer mit allem rechnen muß, verhält sich noch vorsichtiger, als er es ohnehin schon muß. Unter den Bedingungen der Souveränität kann das Ideal der Konformität gegen die Herrschaft nur noch Näherungswerte kennen. Wer selbst für den Gehorsam mit Strafe rechnen muß, wird sich an dem absurden Projekt versuchen müssen, besser als der Herrscher selbst zu wissen, was er will. Freilich steckt in dieser Einfühlung in den Aggressor die Doppeldeutigkeit, ihm seinen Platz als Gehorsam definierenden Herrscher streitig zu machen. (3) Weil unvorhersehbare Machtäußerungen natürlich durch verstärkte Antizipations- und Einfühlungsversuche kompensiert werden sollen, entsteht damit für den souverän Mächtigen ein weiteres, allerdings sekundäres Motiv, die Unvorhersehbarkeit seines Handelns als Kompensation zweiten Grades zu forcieren.

Jedes Handeln, das sich in Erwartungsstrukturen fügt, ermöglicht – selbst in den asymmetrischsten Situationen – dem Opfer ein Handeln, das noch die schlimmsten Zwänge mit Vorteilen aufwiegt. Jede konventionelle Form potentieller Macht arbeitet mit Kosten-Nutzen-Kalkülen, die jedenfalls mehr als nur negative Sanktionen anzubieten vermögen. Souveräne Macht muß sich der Ökonomie des Mangels nicht mehr beugen. Sie verfolgt eine Ökonomie des Überflusses. *Souverän wird eine Macht, wenn sie ihre Unberechen-*

barkeit zu kultivieren, zu instrumentalisieren und zu funktionalisieren versteht. Ihre Vagheit, ihre Unberechenbarkeit, ihre systematisch verwischte Identität ist nicht Hindernis, sondern Kern und Bedingung ihrer Potenz. Eine absolut souveräne Macht braucht nicht einmal ihre Drohungen zu konkretisieren, d.h. in Vermeidungsalternativen einzubinden. Souveräne Macht ist terroristisch, weil sie dem von ihr Betroffenen keinerlei Gelegenheit gibt, sich antizipativ auf sie einzustellen. Sie leistet sich den Luxus, ihre Drohungen nicht mehr zu artikulieren und zu präzisieren. Gerade wenn die Macht Gewalt nicht als „ultima ratio" einsetzt, kann und muß man von einem machtvollen Gewaltgebrauch sprechen. Eine Macht ist souverän, wenn ihr Opfer keinerlei Widerstand gegen sie zu leisten vermag. Wirklich souverän ist, wer seine Macht immer wahrmachen könnte, aber niemals mehr braucht.

Eine Macht, die nicht mehr hungert, spielt mit sich selbst. Sie wird souverän, wenn sie herauszufinden versucht, wie weit es ihr gelingt, gegen die Regeln des Macht-Spiels zu verstoßen. Sie laboriert am Basis-Paradox jeder Macht: *Eine Macht, „dingfest" gemacht und auf ihre Ausübung verpflichtet, besäße keine Definitionsmacht mehr über sich selbst.* Genau konditionierbare Macht ist unmittelbar weniger wert. Für die Macht gilt wie für das Kapital: Selbsterhaltung nur als Selbststeigerung. Jede Macht entfaltet um so mehr „Sein", je mehr „Schein" sie zu mobilisieren weiß; je weniger „Schein" sie mobilisieren kann, desto mehr verflüchtigt sich ihr Sein. Die Macht lebt von den Zerrbildern, die man sich von ihr macht, und von denen, die sie über sich in Umlauf zu setzen versteht.

Zum Verhältnis von imaginärer und souveräner Macht

Souveräne wie imaginäre Macht teilen die Eigentümlichkeit, „über-sinnlicher" Natur zu sein: Beide Macht-Modi entziehen sich systematisch einer Einschätzung ihrer „wirklichen" Potenz, beide konstituieren sich wesentlich in den Köpfen ihrer Opfer.

Sie sind gleichsam „verschwindende" Mächte: In der imaginären

Macht fehlt die Macht-Praxis, in der souveränen die Macht-Grenze. Imaginäre Macht bezahlt ihre Perfektion mit einem rigorosen deflationären Anwendungs-Tabu; souveräne Macht mit einer luxuriös-überflüssigen, sich verausgabenden, inflationären Anwendbarkeit. Weiße Macht wirkt, ohne wirken zu *dürfen*, schwarze, ohne wirken zu *müssen*. Beiden fehlt die Dimension der kämpferischen Selbstgründung. Beide unterliegen der Dialektik der Perfektion, empfinden den Mangel zweiten Grades: die Unfähigkeit zu scheitern. Schwarze, souveräne Macht kann sich in jedem Augenblick realisieren – aber gerade in dieser Omnipotenz fehlt der Widerstand, in dessen Niederriß sich die eigene Macht spüren könnte. *In der schwarzen Macht schlägt die Machtrealisation in Selbst-Annulation um.* Weiße Macht leidet gleichsam daran, auf einen unendlich großen Widerstand in der Selbst-Äußerung zu prallen, während schwarze Macht an dem umgekehrten Problem leidet – sich nur einem unendlich kleinen Widerstand gegenüber zu sehen. Weiße, imaginäre Macht dagegen kann sich niemals sinnvoll selbst realisieren – aber gerade in dieser Blockierung steckt die Macht-Wirkung.

In der weißen Macht schlägt also Selbst-Annulation in Macht-Realisation um. Die weiße Macht zahlt für den Vorteil imaginärer Kausalität den Preis einer absurden und exzessiven Selbst-Verpflichtung: Um sich selbst erhalten zu können, muß sie mit der Ignoranz gegen dieses Ziel drohen. Die schwarze Macht dagegen reagiert auf die überdrüssige Selbstgewißheit der Realisierbarkeit mit einer radikalen und exzessiven Selbst-Entpflichtung: Eine Macht, die nicht mehr mit ihren Kräften disponieren muß, kann einem „letzten" Interesse folgen – herauszufinden, wo doch noch ihre Grenzen liegen könnten.

Sehen wir also genauer hin, müssen wir unsere bislang recht vorbehaltlose Gleichsetzung von imaginärer mit weißer und souveräner mit schwarzer Macht relativieren. Vielmehr ist imaginäre Macht eine weiße Macht, die nur so lange „weiß" bleiben kann, wie sie die Möglichkeit eines „schwarzen Unfalls" nicht umgeht. Ebensosehr ist souveräne Macht eine schwarze Macht, die nur solange „schwarz" bleibt, wie sie die Möglichkeit einer weißen Krise zuläßt. Souveräne und imaginäre Macht sind keine „reinen" Macht-Formen.

Souveräne Macht ist die Reaktionsbildung gegen permanenten Falsifikationsmangel schwarzer Macht; imaginäre Macht die Reaktionsbildung gegen permanenten Verifikationsmangel weißer Macht. Indem die imaginäre Macht den schwarzen Unfall in sich aufnimmt, gar zu einer Bedingung ihrer Möglichkeit macht, schafft sie gleichsam ein fatales Simulacra einer Verifikationsgelegenheit. Ebenso die souveräne Macht: indem sie ständig unvorhersehbar handelt und Konfrontation provoziert schafft sie gleichsam ein groteskes Simulacra einer Falsifikationsgelegenheit.

Wir werden im folgenden die beiden konkreten Macht-Strukturen der Abschreckung und der Erpressung auf ihren imaginären bzw. souveränen Macht-Gehalt untersuchen.

Das Abschreckungskalkül

Das Abschreckungskalkül ist ein Netz von Paradoxa: Spieltheoretisch ist die atomare Auseinandersetzung ein Spiel, in dem es zwei Verlierer gäbe. Wir haben diese Struktur bereits in Kapitel Drei als ein negatives Nicht-Nullsummenspiel kennengelernt. Daß eine atomare Auseinandersetzung nicht zu gewinnen ist, soll treibendes Motiv bilden, niemals in Versuchung kommen zu wollen, sie zu führen. Gerade die Durchführbarkeit eines totalen Krieges, die nicht-metaphorische Realisierung von Goebbels Traum, soll Grundlage seiner Undurchführbarkeit, seiner Abschreckungsqualitäten sein. Die Struktur atomar-imaginärer Macht ist als Einheit von hyperstabiler und hyperlabiler Macht zu verstehen: Sie ist der Macht-Inflation durch Gebrauch ebensosehr wie durch Nicht-Gebrauch ausgesetzt.

Macht-Inflation durch Gebrauch: Die atomare Macht wäre nur um den Preis der Selbstzerstörung anwendbar. Macht-Inflation durch Nicht-Gebrauch: Legten sich die Besitzer atomarer Waffen nicht mindestens auf den reaktiven Gebrauch der Waffen fest, wäre die Vollständigkeit des Abschreckungskalküls gefährdet.

Wenn wir die atomare Abschreckung in Erst- und Zweitschlag differenzieren, wird deutlich, daß vor allem für den Zweitschläger eine vollkommen absurde Situation gegeben ist: Niemand könnte heute versprechen, daß er, würde er „der Zweite" sein, dann den

Gebrauch des Zweitschlages aussetzen würde, weil er nichts mehr von ihm hätte. Das Abschreckungskalkül verlangt nicht bloß vom Erstschläger, das Risiko der Selbstvernichtung im Vernichtungsversuch in Kauf zu nehmen, sondern mehr noch vom potentiellen Zweitschläger, an der unbedingten Suggestion der Gnadenlosigkeit zu arbeiten.

André Glucksmann hat diesen Zwang zynisch genug formuliert: „Die glücklichen Besitzer dieser kostspieligen Waffen können nicht verhehlen, daß sie diese, und sei es zu einem noch so unwahrscheinlichen Zeitpunkt, auch zu zünden gedenken. Was nützt ihre aufwendige Zurschaustellung, wenn ausgemacht ist, daß sie moralisch für immer an den Boden geschmiedet sind; wären sie von vornherein und endgültig zum Nicht-Gebrauch bestimmt, würden sie nicht mehr abschrecken als ein Kinderspielzeug." (4)

Imaginäre Macht als Subversion

Aber gerade deshalb verdient imaginäre Macht den Titel einer subversiven Macht. Die gleichsam unschuldigste und enthaltsamste, weißeste Macht entsteht nur um den Preis der Exposition ihres schwärzesten, selbstdestruktiven Exzesses. Imaginäre Macht ist als ihre eigene Ideologie mit einem Schein von Legitimität ausgestattet: Macht, die sich nur um den Preis des Selbstzerfalls äußern kann, ist, als hybride Mischung von Ultimativität und Diszipliniertheit, die perfekteste Totalisierung von konditionierter und unkonditionierter Macht.

Als Einheit einer absoluten Hemmung und einer ebenso absoluten Ent-Hemmung von Machtanwendung eignet sie sich hervorragend zur Ausbildung der Subversions-Logik innerhalb der Machtsphäre. Mehr als andere Macht-Formen sind bei ihr Irrationalitäten keineswegs nur die Ausnahme, sondern „reguläre Ausnahme", ohne die sie überhaupt nicht funktionierte. Aber genauso gilt, daß sie sich – um den Preis ihrer Existenz – ein faktisches Ausagieren dieser latenten, kultivierten Destruktivität nicht leisten kann.

Das Abschreckungskalkül will, daß der absolute Schrecken in dem Maße seine Gewalt über uns verlöre, in dem wir uns ihm ausgeliefert haben. Eine seltsam späte, geradezu diabolische Zuspitzung der Theodizee-Idee: Nur indem die Hölle auf Erden ständig hereinbrechen kann und die Menschheit dieser Versuchung widersteht, verdient sie sich jeden Tag aufs Neue unter den Bedingungen der atomaren Moderne ihre Fortexistenz.

Als Superlativ der Theodizee verdient die atomare Verkörperung imaginärer Macht verstanden zu werden, weil hier weder Schlechtes mit Gutem aufgewogen wird (schwache Theodizee) noch Gutes nur durch die Bekämpfung des Bösen entstehen kann (starke Theodizee), sondern weil nun das Gute gezwungen ist, das Böse selbst erst zu initiieren, um sich in seiner ständigen Wieder-Abschaffung und Noch-Verhinderung, die niemals mehr an ihr Ende kommen kann, seine Existenz zu verdienen. (5)

Der Zweitschlag: Posthume Rache

Günther Anders hat die soziale Logik der strategischen Notwendigkeit einer unbedingten ultima-irratio treffend als posthume Rache gekennzeichnet:

„Selbst wenn alle Städte und Bevölkerungen der Kriegführenden bereits liquidiert wären – deren Liquidierung würde nicht notwendigerweise die Liquidierung ihrer automatisch arbeitenden Basen nach sich ziehen. Um so weniger, als sich diese Basen ja irgendwo außerhalb des Mutterlandes befinden könnten oder gar unter der Polardecke. Zum ersten Male gibt es die Möglichkeit, daß Tote zurückschlagen, zum ersten Male die Chance posthumer Rache – einer Rache an Gegnern freilich, die selbst bereits liquidiert wären und von dieser Rache nicht das Mindeste mehr spüren würden. Kein Gedanke ist furchtbarer als der an dieses Feuerwerk ohne Publikum, an dieses Finalspiel, das sich unter Ausschluß der Spieler abspielen könnte." (6)

Günther Anders zieht im Begriff der posthumen Rache drei Momente zusammen, die – wie sich an der geschichtlichen Entwicklung des Abschreckungskalküls zeigen läßt – nicht unbedingt in dieser Einheit existieren müssen: das „Moment der automatisierten Rache" (als Rache ohne Subjekt), die futuristisch anmutende Möglichkeit eines ohne Menschen nur von ihren

Maschinen fortgeführten Krieges; die *„verspätetete Rache"* (als *Rache ohne Objekt*), der exzessive „Versuch", jemanden zum wiederholten Male zu töten, als Ausdruck einer Rache, die sich gleichsam dafür rächt, sich nicht mehr rächen zu können; die *„nutzlose Rache"* (als *Rache ohne Interessenten*), die im Augenblick des Todes der eigenen Nation auch dem idealistischen Gattungsinteresse einen Tritt gibt und sich ganz der apokalyptischen Leidenschaft hingibt („Was fällt, soll man noch stoßen!" – Nietzsche) und auch noch den Rest der Menschheit mit in den Untergang zieht, eine Haltung also, die die strategisch geforderte Gnadenlosigkeit nicht nur mimt, sondern auch meint.

Im Fall des letzten Moments kann noch am „sinnvollsten" von einer Rache gesprochen werden, weil es in ihr wenigstens noch ein „echtes" Opfer gibt. Die ersten beiden Momente ergänzen sich zu der absurden Figur einer Rache ohne Subjekte und ohne Objekte. Wie lange und unter welchen Bedingungen behält die im atomaren Kalkül verfangene Menschheit noch die Möglichkeit, sich nicht posthum zu rächen? Wie lange hat (hatte?) sie eine Chance, zwischen freiwilliger und unfreiwilliger, posthumer Rache zu unterscheiden? Wann ist der Begriff der posthumen Rache endgültig nur noch eine tragische Reminiszenz? Wann wird auch noch der letzte, fatale Rest moralischer Qualifikation innerhalb des Kalküls der Abschreckung keine Rolle mehr spielen können?

Unsere These: *In der Frühphase der internationalen Ausbildung des „Gleichgewichts des Schreckens" gab es eine Zeit, in der diese menschliche Restkompetenz noch gefragt sein konnte. Von einer Vermeidbarkeit posthumer Rache kann aber spätestens dann nicht mehr die Rede sein, wenn Tempo, Richtung und Endstadium der permanenten Umwälzung der technologischen Grundlagen der Abschreckung immer rasanter bzw. totaler werden.*

Die Weltuntergangsmaschine

Um das Glaubwürdigkeitsproblem der Abschreckung, also die moralische und politische Zweitschlagsgarantie auf ein sichereres Fundament zu stellen, schlug der amerikanische Futurologe H. Kahn in den fünfziger Jahren vor, eine Maschine zu konstruieren, die auf jeden Fall und *unabschaltbar* dafür sorgen sollte, daß die für einen möglichen Zweitschlag vorgesehenen Interkontinentalraketen auch wirklich unbedingt abgeschossen würden. Eine solche Maschine würde die Glaubwürdigkeitslücke im Abschreckungskalkül „perfekter" als jede Politik der – diabolischen – Entschlossenheit lösen und damit ebenfalls die Geltung des Kalküls verbessern.

Die Weltuntergangsmaschine Kahns ist die *Automatisierung der posthumen Rache*. Die Glaubwürdigkeit wäre radikal entsubjektiviert. Erst im totalen Selbstentzug der Entscheidungshoheit und Autonomie, also im Projekt absoluter Selbst-Entmächtigung als unbedingter Zweitschlagsgarantie, d.h. in der vollkommenen technologischen Forcierung und Festschreibung des irrationalistischsten Moments des Abschreckungskalküls erlangte es eine groteske Vollendung.

Wenn es aber stimmt, daß seit geraumer Zeit die interne Entwicklungslogik der atomaren Technologie ohnehin dem Gesetz der allmählichen und irreversiblen Verkürzung der Reaktionszeiten im Schlagabtausch, also des Abstands von Angriff (Erstschlag) und Vergeltung (Zweitschlag) gehorcht, dann ist die Frage, ob nun die „Kahnsche Maschine" entwickelt werden soll oder nicht, längst historisch entschieden, denn aus dem *Gesetz der approximativen Verkürzung der Reaktionszeiten* folgt der *Zwang zur Eskalation des Computeranteils* in der atomaren Entscheidungslogik; das aber ist nichts anderes als die dezentralisierte und unauffällige Genese der Kahnschen Weltuntergangsmaschine.

Fatale Macht: Das Ende der Abschreckung

Die technologische Prognose zeigt die unendliche Labilität atomar-imaginärer Macht. Die „Glaubwürdigkeitslücke" im Abschreckungskalkül ist kein Mangel, sondern ein notwendiger „Fehler". Schließt sich die „Glaubwürdigkeitslücke", ist es keine Frage, ob zurückgeschlagen wird und zwar total, dann muß festgestellt werden, daß das „Schließen" der Glaubwürdigkeitslücke ebenso gefährlich ist, wie sie offen zu lassen. Wenn nicht einmal mehr über den Zweitschlag zu disponieren ist, verliert sich der Rest an souveränem Machtgebrauch, den auch die dominant imaginär verfaßte, atomare Macht impliziert.

Innerhalb der nun vierzig Jahre währenden Genese des Abschreckungskalküls gibt es unter dem Gesichtspunkt, wie „perfekt" ihr die Realisation des paradoxen Konstrukts der imaginären Macht gelang, nur zwei Phasen: eine Zeit, in der die Abschreckung „noch nicht" perfekt war, weil sich die Glaubwürdigkeitslücke noch nicht unbedingt schließen ließ, und eine Zeit, in der sie „nicht mehr" perfekt ist, weil sich eben diese Lücke nun mit quasi automatischer Konsequenz zu schließen beginnt. Wir leben in der Übergangszeit...

Die Geschichte der letzten dreißig und der kommenden dreißig Jahre wird sich schreiben lassen als eine des Übergangs einer Zeit, in der die Abschreckung versagen *konnte,* zu einer, in der die Wahrscheinlichkeit allmählich bis zur Gewißheit wächst, daß die Abschreckung versagen *muß.* Machttheoretisch bedeutet dies, daß die Stabilisierung des „unendlichen Übergangs" von der totalen zur potentiellen Macht in Gestalt der imaginären Macht scheitert.

Die sich abzeichnende Degeneration des Abschreckungskalküls ist fatal: So sehr die atomare Macht ihre Imaginarität im Gang der technischen Entwicklung zu verlieren droht, so wenig verliert sich die faktische Totalität der Vernichtungswaffen. „Total" bleibt die atomare Macht auch und gerade dann, wenn sie sich nicht imaginär mehr zu fixieren weiß. Wenn sich aber noch etwas Schrecklicheres als das Abschreckungskalkül denken läßt, dann eine „domesday machine", die sich nicht nur nicht abschalten läßt, sondern die sich gleichsam selbst baut.

Eine solche Macht, die – im Sinne der von uns explizierten Terminologie der Genealogie höher entwickelter Macht-Formen – als Einheit von konditionaler und totaler Macht zu verstehen ist, ist eine fatale Macht. *Fatal ist eine Macht dann, wenn sie sich selbst anwenden muß und ihr Gebrauch notwendig selbst- und totaldestruktiv ist.* Es wird eine entscheidende Frage der nächsten Jahrzehnte sein, ob die zwanghaft anmutende Selbstdegeneration eines noch imaginär verfaßten Abschreckungskalküls zu einem fatal modalisierten aufgehalten oder kompensiert werden kann.

Die Struktur der Erpressung

Wir diskutieren die Erpressung als ein Beispiel für eine imaginäre Machtformation mit starken, souveränen Momenten. Ihr Beispiel liegt nahe, weil das Abschreckungskalkül sich als wechselseitige Erpressung verstehen läßt. Umgekehrt ist also der Normalfall krimineller Erpressung einseitige Abschreckung, die nicht mit total-materieller, sondern mit spezifisch-existenzieller Vernichtung droht.

Das folgende Schema zeigt die vier Verlaufsmöglichkeiten einer Erpressung:

	der Erpresser wendet sein Druckmittel nicht an	der Erpresser wendet sein Druckmittel an
der Erpresste beugt sich den Bedingungen der Erpressung	„normale", aktiv funktionierende Erpressung (1)	„schikanöse", verzerrte Erpressung (2)
der Erpresste beugt sich nicht den Bedingungen der Erpressung	„normale", passiv funktionierende Erpressung (3)	„irrationale", verzerrte Erpressung (4)

Zum Vergleich das Schema einer Drohung:

	der Drohende wendet seine Sanktion nicht an:	der Drohende wendet seine Sanktion an:
der Bedrohte geht auf die Bedrohung ein	defensiver, rationaler Machtgebrauch: *Nicht-Repressivität* (1)	offensiver, irrationaler Machtgebrauch: *Über-Repressivität* (2)
der Bedrohte geht auf die Bedrohung nicht ein	defensiver, irrationaler Machtgebrauch: *Unter-Repressivität* (3)	offensiver, rationaler Machtgebrauch: *Repressivität* (4)

Und zuletzt das Schema einer Drohung in den Begriffen von Gehorsam und Ungehorsam:

	Sanktionsvermeidung	Sanktionsanwendung
sich anpassen	Belohnung von Gehor-sam (1)	Bestrafung von Gehorsam (2)
sich widersetzen	Nicht-Bestrafung von Un-gehorsam (3)	Bestrafung von Ungehor-sam (4)

Rationale Irrationalität

Erpresserische Macht ist imaginär, weil ein Erpresser seine Macht nur sinnvoll anwenden kann, wenn er sie nicht anwendet. Sie ist souverän, weil er sie anwenden kann, wenn er erreicht hat, was er wollte oder auf die sinnvolle Einlösung seiner Macht verzichtet.

Zwar ähneln auf den ersten Blick seine Handlungsmöglichkeiten ganz denen einer normalen, potentiell strukturierten Drohung. Aber im Fall der potentiellen Macht läßt sich klar zwischen rationalem (Quadrant 1 und 4) und irrationalem Machtgebrauch (Quadrant 2 und 3) unterscheiden. Diese Möglichkeit fällt für die Erpressung aus. Vergleicht man vor allem die Quadranten 4 der Schemata, so zeigt es sich, daß die Erpressung ein Nichteingehen auf den Erpressungsversuch nicht rational sanktionieren kann.

Eine rationale, negative Sanktion steht in einer überprüfbaren Zweck-Mittel-Relation zu einem Anpassungswert. Die Qualifikation als Sanktion ist im Kontext der Erpressung nicht „an sich", also situations- und personenunabhängig gegeben, sondern muß konkret „für sich" erarbeitet werden. Ob die Sanktion als Sanktion zählt, bestimmt hier letztlich erst der, dem sie gilt. Nur: Wenn doch der Erpreßte der Sanktion gegen ihn erst Grund und Zugkraft gibt, wieso kann dann eine Erpressung überhaupt funktionieren?

Sie funktioniert, weil es dem Erpresser gelingen kann, dem Erpreßten glaubhaft zu machen, er werde sein Sanktionsmittel *auch dann* gebrauchen, wenn er dadurch das Gewünschte (z. B. Geld) nicht mehr bekommen kann (Quadrant 4). Und sie funktioniert, weil der Erpresser es sich leisten kann, die Sanktion zu gebrauchen, auch wenn sie ihren Zweck nicht mehr erfüllt. Er kann sich also nicht nur für die Absicht, sondern auch für ihre Möglichkeit der Erpressung verbürgen.

Im Kern der Erpressung arbeitet ein eigentümliches Rationalitäts-Paradox: Die Erpressung funktioniert um so „besser", rationaler, je eher dem Erpresser abgenommen wird, daß er auch zu einem hemmungslosen, irrationalen Verhalten fähig und bereit ist.

Der Erpresser muß versuchen, für den Erpreßten eine Ununterscheidbarkeit zwischen rationalen und irrationalen Machtabsichten zu erzeugen, zwischen konditionierter und nicht-konditionierter Macht, zwischen Vernunft und Wahnsinn, zwischen Nüchternheit und Boshaftigkeit.

Erving Goffman umreißt das Erpresserdilemma: „Man beachte, daß die Erpressung eine ganz bestimmte, soziale, fast moralische Qualität besitzt: Für das Opfer gibt es gute Gründe, daß es nicht bekannt werden lassen möchte, was der Erpresser angeblich weiß, während dieser im Weigerungsfalle nichts zu gewinnen hat, wenn er seine Drohung wahrmacht. Ein nicht willfähriges und dann bloßgestelltes Opfer trägt lediglich dazu bei, daß die Erpressungen im allgemeinen an Wirksamkeit einbüßen, und der einzelne Erpresser trägt diesem Gesichtspunkt wohl nicht immer genügend Rechnung. Die Ältesten machen ihre Drohung aus reiner Bosheit wahr, doch solche Gefühle haben in einem gut organisierten Gewerbe keinen Platz – wohl aber der Eindruck, man sei boshaft. Kurz, damit Erpressungen Erfolg haben, muß der Erpresser den Eindruck erwecken, er werde reden, wenn man ihm nicht willfährig ist, doch nachdem sich sein Opfer geweigert hat, gibt es nur noch wenig Grund dazu. Damit also Erpressungen gut funktionieren, müssen die Erpresser den glaubhaften Eindruck erwecken, als seien sie ihres Dilemmas nicht gewahr." (7)

Es muß für den Erpreßten sowohl glaubwürdig sein, daß der Erpresser seine Drohung wahrmacht, obwohl sie gar keinen Sinn mehr hat, als auch, daß der Erpresser auf die Realisierung seiner Drohung verzichten würde, weil sie keinen – rationalen – Sinn mehr hat. Er kann sich den Erpresser weder als bloß boshaft, noch als nur berechnend vorstellen. Er muß ihn als „dämonisch", als einen Menschen mit zwei Seelen in einer Brust unterstellen: fähig zur nackten Bosheit ohne Zweck, aber auch kühl kalkulierend und an der Vermeidung einer möglichen Strafe orientiert. Als einen Menschen, der sich so verhält, als habe er nichts zu verlieren, und gleichzeitig als jemanden, der sehr wohl etwas zu verlieren hat.

Untersuchen wir noch einige weitere Eigentümlichkeiten der Erpressung.

Sanktionsmodi der Erpressung

Spieltheoretisch betrachtet ist die Erpressung, genau wie die Schikane (8), weder zureichend als Nullsummen- noch korrekt als Nicht-Nullsummenspiel zu begreifen.

Der Erpresser muß sich einerseits bemühen, den Eindruck hervorzurufen, den Verlust des anderen nur zu wollen, sofern sich dieser als eigener Gewinn auszahlt (das wäre das Nullsummen-Moment der Erpressung); andererseits muß er aber auch versuchen, den gegenteiligen Eindruck auszubilden, daß er sehr wohl nicht bloß fähig, sondern auch willens ist, den anderen einem Verlust auszusetzen, von dem er nichts hätte.

Die Erpressung ist dem *Ideal der Unberechenbarkeit zweiten Grades* verpflichtet. Einfach irrationales Handeln ist – zwar nicht konkret, aber in seiner Modalität als irrationales Handeln – einer sekundären Rationalisierung fähig: Man weiß, daß man „nichts erwarten" kann. Eine Struktur der Unberechenbarkeit zweiten Grades entsteht, wenn man nicht wissen kann, soll oder darf, ob sich der Erpresser nun berechenbar (rational) oder unberechenbar (irrational) verhalten wird. Im Unterschied zur Unberechenbarkeit ersten Grades schrumpft der Umfang des Erwartbaren wesentlich weiter zusammen: Weder Inhalt *noch* Modus des Handelns lassen sich vorhersehen. Funktion der Unberechenbarkeit zweiten Grades ist es – hier im Sinne der Erpressung –, Unkalkulierbarkeit des Handelns zu steigern, das heißt Verunsicherung zu forcieren. Auch diese Eigenart teilt die Erpressung mit der Schikane.

Das erpresserische Sanktionsmittel trifft nur den Erpreßten. Es ist nicht, wie etwa das Paradigma aller Sanktionsformen, physische Gewalt, gegen jeden ohne weiteres anzuwenden. Ein Erpressungsversuch ist auch nicht beliebig anwendbar. Das Sanktionsmittel des

Erpressers muß, im Unterschied zur pauschalen Kraft durchschnittlicher Sanktionen maßgeschneidert sein. Kein imaginatives Erpressungsmittel kann in seiner „Überzeugungskraft" getestet werden: Ob der Erpreßte seine gesellschaftliche Diskreditierung tatsächlich fürchtet, wenn „anstößige Fotos" von ihm verbreitet werden, ist vor der Erpressung niemals sicher auszumachen.

Das Sanktionsmittel ist nicht nur sachlich, sondern auch zeitlich außerordentlich spezifiziert: Selbst wenn das Drohungsmittel zur Erpressung geeignet ist, ist es so hochgradig inflationär, daß es nur zur einmaligen Veröffentlichung taugt. Wenn die Integrität eines Erpreßten zum Beispiel durch die Bekanntmachung „unangenehmer Details" aus seiner Lebensgeschichte gefährdet ist, können sie nur einmal gebraucht werden. Ansonsten gilt das Sprichwort „Ist der Ruf erst mal lädiert, lebt sich's gänzlich ungeniert" als Grenze für die Wiederholbarkeit dieser Erpressung. Auch die *Schikane kultiviert eine traditionslose Macht.*

Grenzen des Umsonst

Die Erpressung kann mit und ohne imaginäre Macht erfolgen. Eine Erpressung, die eine Probe ihrer Mittel gibt, ist kein Exempel imaginärer Macht. Dieser reinen, souveränen Erpressung entspricht eine Form schwarzer Schikanen, die wir als parasitär bezeichnen. *Parasitäre Schikanen zeichnen sich durch eine produktive Koexistenz von zweckrationalem und boshaftem Handeln aus.* Für sie ist Boshaftigkeit als solche bereits rational und nicht erst mittelbar, wie bei der oben geschilderten Erpressung, die aus einer Mischung von imaginärer und souveräner Macht entstand. Der Erpresser, der seine Macht nicht der „Alles-oder-Nichts"-Alternative unterwerfen muß, erlebt eine eigenartige Handlungsqualität: Er kann sein Erpressungsmittel nicht nur im nachhinein „sinnlos", sondern bereits während der Erpressung außerordentlich sinnvoll einsetzen.

Ein Beispiel aus der Fernsehserie „Straßen von San Franzisco": Der Gangster, der im Gefängnis sitzt, wird erpreßt, seine Frau zum Drogen-Schmuggel in den Knast zu mißbrauchen. Er fürchtet um ihr Leben – sie um seins. Schließlich taucht ein Mitglied der

Schmugglerbande bei der Frau auf. Anstatt ihr einfach die Ware zu geben und zu beschreiben, wie sie sie schmuggeln soll, demonstriert er ihr sehr handgreiflich, wie sie die Drogen übergeben soll: Eine kleine rote Kapsel wird unter die Zunge geschoben und beim Küssen in den Mund ihres Mannes gedrückt. Er küßt sie gewaltsam und sie spuckt angeekelt die Kapsel aus. Dann fragt er sie, ob er es ihr noch einmal zeigen soll.

Der Erpresser leistet sich, über die nackte Drohung hinaus, „außerdem" den Luxus einer kleinen Begleit-Schikane; als Vorgeschmack auf das Ausmaß der von ihm zu erwartenden Brutalität ist sie allerdings außerordentlich funktional, zweckrational.

Der Erpresser muß jederzeit den Eindruck erwecken, zu allem bereit zu sein. Die Verbreitung von Angst und die Anwendung von Gewalt ist „sinnvoll": Um die Kraft der eigenen Drohungen zu untermauern, tritt die kleine Ekel-Schikane stellvertretend den Beweis für seine Skrupellosigkeit an.

Die Frau wäre auch ohne die ekelhafte Lektion auf die Erpressung eingegangen. Sie wäre nicht notwendig gewesen, um den Willen der Frau zu brechen, verstärkte aber ihre bittere Entschlossenheit. *Die parasitäre Schikane hat zugleich rationale als auch irrationale Qualitäten, ist nicht paradox, sondern komplementär.* Die widerliche Lektion ist zugleich überflüssig und brauchbar.

Auch für die in diesem Kapitel zuvor diskutierte Form der Erpressung wäre eine Konstellation denkbar, in der die Schikane „nur" parasitären Status hätte: Stünden dem Erpresser zwei diskreditierende Fotos zur Verfügung, könnte eines von ihnen – sinnvollerweise das „schwächere" – als Mittel für den Irrationalitäts-Test dienen. Für diese Form der Erpressung wäre es allerdings typisch, daß in ihr jedes Moment imaginärer Macht verschwunden wäre – der Erpresser könnte dann sein Erpressungsmittel nicht nur nachgerade „sinnlos", sondern bereits während der Erpressung außerordentlich sinnvoll einsetzen.

Wir können dies verallgemeinern: Alle Formen der Erpressung, die – ohne ihre Durchführung damit grundsätzlich zu gefährden – in der Lage sind, einen Vorgeschmack auf sich selbst zu geben, also zu einer Steigerung der Sanktion fähig sind, können und werden sich parasitärer Schikanen bedienen. Immer dann, wenn eine Macht sich dazu entschließt, ihre Drohungen bereits ein wenig wahr zu machen, obwohl noch gar nicht abzusehen ist, ob nicht die reine, potentielle Kraft der Drohung selbst als Mittel zur Durchsetzung ihrer Ansprüche ausreichen könnte, wählt sie eine schikanöse Sicherheitsstrategie.

Schikanös wird die Sicherheitsstrategie, wenn sie den Unfall unterstellt, um ihn zu verhindern. Es sind also mindestens zwei basale Formen rationaler Macht-Strategie denkbar: jene, die einer Ökonomie der Knappheit folgt und solche, die einer Ökonomie des Überflusses folgt. Für erstere gibt es einen dezidierten und glatten, genau konditionierten Übergang von einer Drohung zur Notwendigkeit ihrer Einlösung. In der zweiten Form existiert dieses Kontinuum nicht. Sie arbeitet mit einem paradoxen Vorgriff auf den Fall des Scheiterns der Drohung, um ihn zu verhindern. Die Macht, die in der Verfolgung ihrer Absichten der Ökonomie des Überflusses folgt, suspendiert das Prinzip der „ultima ratio". Es gibt für sie keine saubere zeitliche Sukzession zwischen noch potentieller und schon aktualisierter Macht.

Dies reproduziert die Unterscheidung von schwarzer und weißer Macht auf dem Niveau einer Macht, die mit „normalen" Macht-Mitteln leben und arbeiten muß, also auf der Ebene potentieller Macht, wo sie ihre Stärke und Überlegenheit immer noch „im Feld" erwerben muß. *Dieser einfachste Gegensatz von weißen und schwarzen Machtformen ist der von konzeptioneller Hemmung oder Enthemmung im Übergang von potentieller zu aktualisierter Macht.*

Im Grunde erörtern wir eine schwache Form souveräner Macht, die noch nicht autonom in der Wahl ihrer Ziele, aber bereits souverän genug ist, um sich nicht mehr dem Vorsichtigkeits-Prinzip der „ultima ratio" in der Wahl ihrer Mittel beugen zu müssen.

Wenn der „reine", autonome Schikaneur, der *Apokalyptiker des Umsonst,* gleichwohl immer noch um den Schein der Legitimität, der Begründung seiner Tätigkeit besorgt ist, wechseln in der parasitären, funktionalen Schikane nur die Dominanzen in der Totalisierungsbewegung: Jetzt wird das Moment des Umsonst für die Realisation des Zwecks vereinnahmt, während die reine Schikane die Parodie des Zwecks für die Realisation des Umsonst vereinnahmt.

Abschreckung und Erpressung

Dies rückt die Erpressung in die Nähe der besonderen Struktur schikanöser Macht: Das „irrationale" Moment der „posthumen Rache" kann schon gefahrloser als im Abschreckungskalkül sichtbar werden. Die „ultima irratio" ist im Falle der Abschreckung wesentlich „schwärzer" als in dem der Erpressung. Der Erpresser kann sein Sanktionsmittel zu jedem Zeitpunkt realisieren. Sofern dies nach dem Scheitern bzw. der Einlösung der erpresserischen Absicht geschieht, vermag die Anwendung der Sanktion zwar nicht mehr ihre Absicht, aber durchaus noch ihren Zweck zu erfüllen.

Die Selbstblockade erpresserischer, imaginärer Macht ist nicht so tief verankert wie im Fall der Abschreckung: Das Selbstanwendungstabu hat nur „sinnhafte" aber keine „existenziellen" Grundlagen. Die verfrühte Anwendung der erpresserischen Sanktion zerstört die Macht, aber keineswegs den Machthaber. Das paradoxe Ergebnis: Die Imaginarität der Erpressung ist zugleich perfekter und weniger perfekt als die des Abschreckungsmodells. „Weniger perfekt", weil die Erpressung sich im Erpressungsvorgang erst imaginäre Machtqualitäten erwerben muß; „perfekter", weil es ihr am Ende einer erfolgreichen Erpressung gelingt, sie auch wieder abzustreifen.

Das Erpressungsmittel, etwa das diskreditierende Photo, behält seine peinliche Dimension auch dann, wenn der Erpresser es nicht mehr in Geld verwandeln kann. Es gibt für den Erpresser wesentlich weniger Gründe, die absurde Sanktion – ihres funktionalen Machtbezugs entkleidet – zu vermeiden, als für die Abschreckungs„partner". Das weiß auch der Erpreßte. Das bedeutet, daß sich in der Erpressung ebensosehr das imaginäre Moment der Macht lockert, wie sich das der Souveränität stärkt.

Aus dem schwarzen Unfall wird ein schwarzer Fall: Die Unberechenbarkeit als Grundzug souveräner Macht ist in der Erpressung von wesentlich stärkerer Bedeutung als im atomaren Abschreckungsprozeß. Die posthume Rache ist durchführbar, ohne daß sie auf den Erpresser zurückschlagen müßte. *Eine Macht aber, die zugleich imaginäre und souveräne Potenzen in sich birgt, ist die stärkste Modalität schikanöser Macht.*

Schikane: die Lösung der Allmachtshemmung

Welche Beziehung hat schikanöse Macht zu imaginärer und souveräner?

Unsere These: *Die Schikane löst das Problem der Allmachtshemmung, die Falsifikations- und Verifikationskrise imaginärer und souveräner Macht.* Beide haben nur ein einziges, wirklich „unlösbares" Problem.

Das *schwarze Problem souveräner Macht:* Wenn ich alles kann, wenn ich mich weder an fremde noch an eigene Regeln und Normen zu binden brauche, wie könnte es mir dann noch gelingen, auch diese Permanenz der Überschreitung als Ausdruck einer Regel-Befolgung erscheinen zu lassen?

Das *weiße Problem imaginärer Macht:* Wenn ich alles erreichen kann, ohne wirklich direkt zu handeln, wie könnte ich dann noch etwas tun, ohne damit auf meine imaginäre Potenz der Unterlassung verzichten zu müssen?

Schwarze und weiße Schikanen sind kategoriale Antworten auf diese Probleme. Schikanöse Macht als absurder Steigerungsversuch der beiden strukturell entwickeltsten Machtformen will noch die spezifische „Schwäche", die jene überwanden, wieder in sich aufnehmen, um sie einer, im Prinzip ewigen Wiederüberwindung zuzuführen. Unter dem Titel „Schikane" lassen sich die zahlreichen kleinen und großen Versuche versammeln, *Aktualisierungsmöglichkeiten* imaginärer und *Konditionalisierungsmöglichkeiten* souveräner Macht aufzuspüren. Je nachdem, ob mehr die Ritualisierung der Unberechenbarkeit oder aber die Kultivierung der Unsichtbarkeit im Zentrum der Bemühungen steht, wollen wir – ausführlich im übernächsten Kapitel – von einer schwarzen oder einer weißen Schikane sprechen.

Auf die spezifisch imaginäre Unmöglichkeit, nur wirken zu können, ohne „wirklich" wirksam werden zu dürfen, antwortet die weiße Schikane mit der ebenso paradoxen Anstrengung, Wirkungsmöglichkeiten zu identifizieren, in denen die imaginäre Macht ihren Charakter *als* imaginäre Macht nicht verliert. Das tut sie um so weniger, je mehr es ihr gelingt zu handeln, ohne „zu handeln".

Die Schikane will dem Perfektionsdilemma imaginärer Macht, ihrem Handlungsverbot entrinnen, ohne deshalb wieder in die

Dauertestsituation einer normalen, potentiellen Macht zu geraten. Sie begibt sich „spielerisch" in die Krise ihrer selbst. So wie wir bereits im ersten Kapitel die Schikane als Inszenator der paradoxen Gabe zeigen konnten, folgt ihre gesamte Bewegung der *Logik einer paradoxen Selbstaufgabe:* Sie will sich verlieren, um sich wiederzugewinnen.

Wir haben dies im Abschnitt über das „Achillesfersenprinzip" im fünften Kapitel in seiner Struktur schon vorweggenommen: Schikanöse Macht muß – im Sinne der Totalisierung – zwischen wirklicher Krise und echter Stabilität lavieren. Sie will den Sündenfall als Auferstehung feiern. In der atomaren Form imaginärer Macht ist Perfektion nur um den Preis apokalyptischer (Selbst-)Gefährdung zu erreichen und ihrer Selbst-Durchstreichung zu realisieren. Der schikanösen Macht gelingt es – im Rahmen mikrosozialer Situationen – sich selbst zu gefährden und gerade darin wieder als imaginäre Macht zu vervollkommnen.

Die Schikane zerbricht die Identität von Selbst- und Fremdzerstörung, von Kampf und Selbstgefährdung. In der Sprache der Abschreckungslogik entspräche sie den strategischen Modellen, den Atomkrieg „wieder" führbar zu machen. Die Schikane erobert der Macht ihre Ausdrucksdimension zurück. Die Macht steigert sich, indem sie freiwillig in die Sphäre zurückkehrt, in der sie sich messen lassen muß: Macht-Progression mittels Macht-Regression.

Die Schikane, als die säkularisierte Praxis der Wunder, will zugleich „unendliche" und „endliche" Qualitäten in sich vereinen. Sie ist gleichsam die Neidpose einer imaginären Macht, die auf die jederzeitige Aktualisierbarkeit der „normalen" Mächte starrt.

Die schwarze Schikane dagegen scheut keinen offenen Gewalt-Gebrauch. (9)

Ihr Problem ist weniger die Herstellung der Anwendbarkeit als die Produktion von Unvorhersehbarkeit. Die schwarze Schikane ist die Praxis, in der die souveräne Macht, den ihr – zur Bestätigung ihrer selbst – fehlenden Widerstand anfacht. Die schwarze Schikane ist die Wiedereinführung des differenziellen Moments in die souveräne Macht. Wir haben gezeigt, daß der Sinn der Totalisierung die beliebige Wiederholbarkeit der Selbstwerdung ist. (10)

Die schwarze Schikane ist die Wiederbelebung des Wettbewerbs, die Wiederholung eines Zustandes, in dem sie noch unter Beweisdruck stand. Perfekt ist die schwarze Schikane, wenn sie der souveränen Macht eine Äußerungsgelegenheit schafft, in der sie zugleich ober- als auch unterhalb des bereits erreichten, souveränen Niveaus agieren kann. „Unterhalb des erreichten Niveaus" kann nur bedeuten, daß sich die schwarze Schikane scheinbar selbst gesetzten Konditionen beugt, um sie – souverän – zu unterlaufen. Daß schikanöse Boshaftigkeit nur entsteht, wenn sie ihr grundloses Handeln als legitimes, einer Regel folgendes Handeln zu kostümieren versteht, erfährt so ihre dynamische Erklärung.

Wenn es der weißen Schikane um die Rückeroberung der Handlungs*möglichkeit* geht, dann zielt die schwarze Schikane auf den Wiedererwerb der Handlungs*notwendigkeit*. Die schwarze Schikane existiert in einem Kreislauf aus Verabschiedung und Wiedergewinn der Souveränität und erwirbt in diesem exzessiven Spiel das Gefühl, eine Qualität von Souveränität zu erlangen, die maßlose Überlegenheit nicht mehr mit zäher Langeweile bezahlen muß. Nicht imaginär- und souverän-*sein*, sondern souverän- und imaginär-*werden* macht das Bewegungsgesetz der schwarzen und weißen Schikane aus.

Untersuchen wir zum Schluß dieses Kapitels die schikanösen Potenzen der Erpressung genauer.

Bestrafung des Gehorsams

Wir haben die der Erpressung eigentümliche Dopplung des irrationalen Handelns im Abschnitt „Struktur der Erpressung" beschrieben. Die Realisierung der Sanktion, obwohl der Erpresser bekommen hat, was er wollte, wirkt nicht bloß defensiv irrational, wie die Realisierung der Sanktion, weil der Erpresser sein Ziel nicht erreichte. Diese Handlungsweise könnte noch als verständliche Rache, als krampfhafte Nachahmung zur Geltungskraft einer negativen Sanktion im Kontext einer normalen Drohungssituation betrachtet werden, als der kraftlose Versuch einer „Bestrafung von Ungehorsam". Die forcierte Irrationalität einer Bestrafung des Gehorsams ist schwarz-schikanös.

Der Abbau der Allmachtshemmung geht den Weg, den anderen für sie haftbar zu machen. In der schwarzen Schikane nimmt die Wut, der Verdruß an der Ambivalenz der eigenen Allmacht projektive Formen an. *Sie bestraft den anderen für seine mangelnde Feind-Qualifikation.* Wenn irgend jemand „schuld" an ihrer Allmachtsverfassung ist, dann der, der sie so werden ließ. Warum konnte sie immer souveräner werden? Weil man ihr mit einem Übermaß an Gehorsam unangenehm entgegenkam.

Schuld ist der Schikanierte, weil er unschuldig ist. Nicht die souveräne Allmacht ist Grund der Ohnmacht des anderen, sondern dessen Ohnmacht erscheint plötzlich als Grund für die Souveränität. Eines der zentralen Paradoxa schwarzer Schikanen ist, daß sie sich *für die Ohnmacht des anderen rächen, indem sie ihn noch tiefer in sie stoßen.*

Wenn ein Erpreßter dafür bestraft wird, daß er sich erpressen ließ, wird er zum Opfer einer schikanösen Meta-Sanktion – eine faszinierende Konstellation von hochgradiger Irrationalität und einer seltsamen „Moral". In der Hand des sarkastischen und perfiden Schikaneurs verwandelt sich die Erpressung in ein Mittel hämischer Anti-Sozialisation, sich nie und von niemandem erpressen zu lassen. *Ausgerechnet die Erpressung selbst wird zum Medium der Botschaft, sich ihr niemals zu beugen.* Wenn aber der andere bestraft wird, weil man ihn bestrafen *kann*, dann wird die schwarze Schikane zur perversen Autokatalyse der ständigen Wiederkehr der Sanktionsberechtigung.

Die Logik des Umwegs

Die Veröffentlichung diskreditierender Fotos wäre ohne den Erpressungskontext nicht schikanös, weil dann das Opfer von einer Mitschuld an seinem Unglück frei wäre. Auch das Gesetz der Leidensintensität, das besagt, daß Leiden um so intensiver ist, je „größer" das dabei vernichtete Glück war, bzw. daß ein Glück um so größer ist, je „mehr" Unglück es hinter sich läßt, wäre bei einer derart umstandslosen Gemeinheit nicht angemessen berücksichtigt. (11)

In den finalen, kulminierten Glücks- und Leidenserfahrungen

reflektiert sich die je „individuelle Wegstrecke", die sie zurücklegen mußten, um dort anzulangen. Deshalb geht die Schikane so gerne Umwege: Je mehr Glück, Zuversicht und Hoffnung sie zwischenzeitlich bei ihrem Opfer erzeugt, desto böser ist die Enttäuschung, die sie bereitet. Nur weil das Opfer zurecht hofft, nach der Erfüllung der Forderung „in Ruhe gelasssen zu werden", trifft es die unerwartete Sanktion „um so härter". Es hat dann drei widersprüchliche, emotionale Kehrtwendungen hinter sich: zunächst Angst angesichts der Erpressung, dann Zuversicht angesichts der eigenen Bereitschaft, auf die Erpressung einzugehen, schließlich die böse Überraschung, doch die Sanktion erleiden zu müssen, obwohl man alles tat, um ihr zu entgehen.

Die Schikane ist keine platte, direkte Bösartigkeit, sondern der ehrgeizigere Versuch, eine Pseudolegitimation für ihre Bösartigkeiten zu basteln, so wie die öffentliche, mittelalterliche Hinrichtung nicht selten dadurch gekrönt wurde, daß das Opfer sein eigenes Urteil verlas. (12) Die Schikane ist immer der verführerische bzw. mehr oder weniger gewaltsame Versuch, sich von ihren Opfern Recht zu ihrem Unrecht geben zu lassen.

Die schikanöse Potenz der Bestrafung des Gehorsams wächst, wenn der Erpresser dem Schikanierten diesen „Sinn" auch noch ausdrücklich mitteilt. Deshalb ist die Schikane auch nicht einfach gemein, Medium motivlos verteilten Leidens. Sie besetzt vielmehr noch das scheinbar sinnloseste und widersinnigste Tun mit einem perversen Sinn. Der Schikaneur ist kein irrwitziger Amokläufer, sondern ein sarkastischer Anti-Moralist, der nach der Unschuld fahndet. Er vollstreckt dabei die...

Negative Rache

Was bedeutet es, die Schikane als Ausdruck einer negativen Rache zu lesen?

Der Schikaneur, eifrig auf der Suche nach Gelegenheiten, seine Allmachtsfrustration zu kompensieren, wird von dem Gefühl getrieben, sich dafür rächen zu müssen, daß er sich bislang niemals ordentlich rächen konnte. Der Geburt der Schikane aus dem Geist der Rache liegt eine Phantomschwangerschaft zu Grunde; ihre

Basis ist: Nichts. Wenn Ressentiment das besondere Gefühl ist, der andere sei – aus welchen Gründen auch immer – für das eigene Übel verantwortlich, dann ist negative Rache, die die Schikane nährt, das verdrehte Ressentiment, *schlecht weggekommen zu sein beim Schlecht-weggekommen-Sein.*

Was neidet der Schikaneur dem Schikanierten? So paradox es sich anhören mag: Er neidet ihm die Nicht-Selbstverständlichkeit des Macht-Besitzes. Schikanöser Neid beneidet den anderen um das dubiose Talent, noch neiden zu können, noch ein „Fehlen" empfinden zu können. Dieser schikanöse, reflexive Neid, *der Neid auf die Neid-Fähigkeit des anderen* wird in der Schikane gestillt.

Negative Rache klagt gleichsam aktiv ein, was man ihr versagt hat: Sie läßt den anderen das spüren, was man sie nicht spüren ließ, sie gibt den Tritt weiter, den man ihr nicht verpaßt hat. Negative Rache ist die Reaktionsbildung gegen die Erfahrung negativer Verzweiflung, aus dem Gefühl, „verzweifeln zu müssen, weil man nicht verzweifeln kann". (13)

Negativer Rache fehlt niemals ein Anlaß zu agieren. Der Unschuldige ist der weiße Teufel, dessen Schuld es ist, keine auf sich geladen zu haben. Das muß gerächt werden! Da der Schikaneur ein sensibler Mensch ist, entgeht ihm nicht, daß seine maßlose Attacke die Unschuld des anderen nur noch steigert…

Das schöne an der Unschuld ist ihr negatives Wachstum; je mehr man sie anfeindet, zu untergraben und ihr Selbstvertrauen zu sprengen versucht, desto unschuldiger wird sie.

Trost der Ausweglosigkeit

Die unmögliche Moral dieser Schikane wäre die reuevolle und ärgerliche Vorstellung: „Hätte ich mich doch nicht erpressen lassen!" „Unmöglich", weil eine Erpressung ein singuläres Ereignis ist: Es gibt keinen zweiten Anlauf. Der Blick zurück auf den scheinbaren Ausweg ist imaginär, „nicht verifizierbar".

Niemals kann der Schikanierte herausfinden, ob der Erpresser ihn in Ruhe gelassen hätte, wenn er sich nicht hätte erpressen lassen. Die vergangene Möglichkeit bleibt unprüfbar. Der Schikaneur setzt den Schikanierten einer Erfahrungsweise aus, unter der er selbst leidet. So ambivalent die Allmachtserfahrung für den Schikaneur ist, so ambivalent strukturiert die Schikane die Erfahrung der Ohnmacht für den Schikanierten.

Gerade indem er dem Schikanierten eine imaginäre Handlungsalternative vorgaukelt, gelingt es ihm, ein Unglück ohne Ende zu schaffen. *Die Schikane entzieht den Trost der Ausweglosigkeit.* Wenn wir „am Ende sind", wissen wir in aller Regel nur noch eins: eben daß wir am Ende sind. Diese Gewißheit, daß es eigentlich nicht mehr schlimmer kommen kann, die Empfindung apathischer Melancholie, die seltsam tröstet, ist der extremste Ausdruck des oben bereits beschriebenen Gesetzes der Leidensintensität. Dessen extremste Konsequenz: Wenn alles Glück vernichtet ist, kann – endlich! – nichts mehr verloren gehen. Das fatale „Glück im Unglück" besteht also darin, eine negative Idylle des Elends zu erleben, in der die Ruhe nach dem Sturm herrscht. Die Apathie ist die Zufriedenheit der Unglücklichen.

Die Schikane versperrt diese fatale Zuflucht der negativen Idylle. Sie nimmt uns die besondere Chance der Chancenlosigkeit, sie verurteilt uns dazu, frei zu sein. Sie weckt in uns eine wütende Sentimentalität über entgangene Auswege. Sie zwingt uns zur permanenten Erinnerung an Ungelebtes. Was aber ist schlimmer als die Erinnerung an unsere Niederlagen: Die Erinnerung daran, sich ihnen nicht einmal auch nur der Möglichkeit nach ausgesetzt zu haben. Wir leiden in dieser spezifischen Erinnerung weniger daran, etwas verloren zu haben, sondern eher, nicht riskiert zu haben, etwas (den Ausweg) möglicherweise zu verlieren. Wir haben die vergangene Möglichkeit nicht verloren, weil sie Wirklichkeit geworden ist, sondern weil sie immer Möglichkeit bleibt. *Verzweifelt ist der, der nicht einmal "richtig„ scheitern kann. (14)*

Die perfekte Schikane schürt in uns mit Vorliebe dieses Inkompetenzgefühl zweiten Grades: Wir sind nicht einmal fähig dazu, „richtig" unfähig zu sein. Der Schikaneur überträgt seine negative Verzweiflung auf den Schikanierten und wird sie so gleichsam „los". Die Schikane ist eine „Verzweiflungstat": So wie Menschen besonders dann eine unheimliche Gefährlichkeit entwickeln, wenn sie „nichts mehr zu verlieren haben", so ist der Schikaneur meistens in der komplementären Lage, „nichts mehr zu gewinnen zu haben". Bevor das Spiel losgeht, hat er immer schon alles gewonnen.

Umweg zweiten Grades

Diskutieren wir zum Schluß eine verschärfte Variante der diabolischen Erpressung. Der Erpresser könnte, über die Realisation der Sanktion hinaus, auch noch das Lösungsmittel – etwa Geld – an den Erpreßten zurückgeben. Der Gipfel des schikanösen Triumphes ist immer der Exzeß des Umsonst.

Indem der Erpresser sich seines „Gewinns" entledigt, macht er aus einer bislang eher sekundären, „parasitären" eine autonome Schikane. Gibt es eine triumphalere Form des Gewinnens als die, einen Gewinn, den man bereits in der Hand hielt, fallen zu lassen? Der Schikaneur erweitert abermals seine Partitur: Er geht nun einen Umweg zweiten Grades, um doch noch an sein „Ziel" zu gelangen.

Die verächtliche Rückgabe des Geldes verbindet die „schwächere" mit der „stärkeren" Irrationalität. (15) Der Erpreßte verschafft ihm die Gelegenheit zum ostentativen Beweis seines entschlossenen Anti-Utilitarismus: Wenn er schon vor der veränderten Situation, durch die jetzt unterstellte Rückgabe des Geldes, „keinen Grund" zum Gebrauch der Sanktion hatte, so hat er nun „noch weniger" Grund dazu. Sowenig die Schikane einfach Willkür, sondern liszensierte Willkür ist, sowenig ist sie einfach unmoralisches Handeln, sondern vielmehr um Pseudo-Legitimation bemühte Unmoralität. Als Totalisierung ist sie allemal auf eine Vereinnahmung und Subsumption ihres Gegenteils aus.

Das Böse triumphiert erst, wenn es sich nicht von der banalen verbrecherischen Versuchung korrumpieren läßt. Diese seltsame, schiefe Legitimität des Bösen erlangt die Schikane erst dann, wenn der Schikaneur auf das bereits erlangte Geld wieder verzichtet. *Die letzte, grandiose Totalisierung in diesem schikanösen Spiel ist die Aufhebung der Trennung von Sanktionsmittel und „Schweigegeld" in seiner Funktion als Auslösungsmittel.*

Das Opfer finanziert dem Schikaneur die Demütigung. Der Clou der neuen, zugespitzten Variante ist es doch, daß in ihr dem Schikaneur der sarkastische Triumph gelingt, nicht nur die Bestrafung des Gehorsams mit dem Sanktionsmittel durchzuführen, sondern auch mit der Rückgabe des Geldes zu vollenden.

Im nächsten Kapitel verfolgen wir noch einmal die Unterscheidung von schwarzer und weißer Dynamik – allerdings mehr in ihren isolierten, „reineren" Formen. Nach der Betrachtung der Verstrickung von schwarzer und weißer Macht in den hybriden Gestalten souveräner und imaginärer Macht, kommt es darauf an, die Ausgangsfaktoren in ihrer Abstraktion etwas genauer zu betrachten. In dieser Perspektive werden sich schwarze und weiße Logik als Handlungs-Paradigmen zeigen, die weit über die unmittelbare Bedeutung im Bereich der Macht auch andere soziale Phänomene zu prägen vermögen. Allerdings werden wir auch nochmals auf die „reineren" Formen der schwarzen und weißen *Macht* eingehen. Die genauere Abgrenzung von schwarzer und weißer Macht gegenüber korrespondierenden Macht-Formen wird auch das Empfinden für den relativen und oft hauchdünnen Unterschied von schwarzer und weißer Schikane stärken, die dann – wieder mehr an die Ausführungen dieses Kapitels anschließend – ausführlich Gegenstand in Kapitel Zehn sein werden.

Kapitel Neun

Schwarze und weiße Dynamik

Schwarze und weiße Dynamik

Wir können *schwarzes Handeln* allgemein bestimmen als eines, durch das man etwas erreicht, indem man scheinbar das Gegenteil dessen tut, was dafür notwendig zu sein scheint. Unter *weißem Handeln* verstehen wir den Versuch, durch Nicht-Engagement, durch *Unterlassung* das Handlungsziel *trotzdem* zu erreichen.

Betrachten wir zwei einfache Beispiele für weiße und schwarze Strategien:

Die weiße, erotische Strategie: „Weil ich niemals dich anhielt, halt ich dich fest." (1)

„Die jungen Offiziere eines österreichischen Kavallerieregiments, das in einer gottverlassenen galizischen Stadt in Garnison liegt, haben nur einen Lichtstrahl in ihrem monotonen Leben: die Kassiererin des einzigen Cafés, eine überaus charmante, höchst begehrenswerte junge Dame. Und da sitzt sie hinter ihrem Pult, umringt von eifrigen, schneidigen Offizieren, hält Hof und widersteht kokett allen Avancen. Der Held der Geschichte ist über beide Ohren in sie verliebt, weiß aber, daß er im Wettbewerb mit seinen Kameraden keine Chance hat, solange er dasselbe oder mehr desselben versucht wie sie. Er sitzt allein an seinem Tisch, mit dem Rücken gegen sie, und wenn er weggeht, zahlt er ihr seine Rechnung mit gespielter Gleichgültigkeit. Dies macht ihn zum einzigen Offizier, der nicht hinter ihr her ist, und wie menschliche Natur nun einmal ist, erweckt dies solches Interesse in ihr, daß sie ihm schließlich nachstellt. Zum fassungslosen Staunen seiner Kameraden, die jede ihnen bekannte Verführung versuchten und ihn absolut „nichts" tun sahen, gewinnt er so ihre Gunst." (2)

Die entsprechende schwarze Strategie lautet: „Frechheit siegt!" – etwa als Motto eines Bewerbungsgesprächs, in dem mit gut ausgesuchten Provokationen versucht wird, eine Art „negativer Schmeichelei" zu arrangieren.

Die entsprechende schwarze, erotische Strategie, das „negative Kompliment", ließe sich so ausdrücken: „Hallo, sie sind doch die Frau, mit der ich den schrecklichsten Abend meines Lebens verbracht habe!" (3)

Der Logik der weißen Strategie zufolge erreicht man etwas, indem man vorgibt, es nicht erreichen zu wollen (passive Negation); mit der schwarzen Strategie erreicht man etwas, indem man vorgibt das Gegenteil erreichen zu wollen (aktive Negation). (4) Die passive, weiße Strategie funktionalisiert die Nicht-Handlung als „Handlung", die aktive, schwarze Strategie die Kontra-Handlung als „Handlung". Die weiße Strategie erreicht ein Ziel immer durch passive Negation des dafür geeigneten Mittels, während die schwarze Strategie ein Ziel dadurch zu erreichen versucht, indem das dafür geeignete Mittel aktiv negiert wird.

So wie Handlungen auf schwarze und weiße Weise glücken können, können sie auf diese Weise auch verunglücken. So wie schwarze und weiße Handlungen dann entstehen, wenn Handlungsweisen, die normalerweise das Scheitern des Plans zur Folge haben, doch zu einem Erfolg führen, so entstehen schwarze und weiße Krisen, weil etwas, das unter normalen Umständen immer richtig wäre, sich nun als falsch erweist. (5)

Logik der Panik

Panik entsteht, wenn sich eine „Fluchtmasse" (Canetti) unter repressiven und restriktiven räumlichen Bedingungen bildet. Panik ist die kontraeffektive Reaktion auf eine Bedrohung. Die rettende Flucht wird durch die Panik selbst zu einer Gefahr. Canetti beschreibt die Bedingungen, die aus einer einfachen, gerichteten Massenflucht eine panische Bewegung machen: „Am häufigsten kommt es zu einem Umschlag, wenn die Richtung der Masse wiederholt gestört wird. Es genügt, der Masse den Weg abzuschneiden, damit sie in eine andere Richtung ausbricht. Schneidet man ihr immer wieder den Weg ab, so weiß sie bald nicht mehr, wo sie sich hinwenden soll." (6)

Wenn sich eine massenhafte Fluchtbewegung potentiell in alle Richtungen ausbreiten kann, besteht nur eine geringe Wahrscheinlichkeit für eine Panik. Sobald aber ein Raum nicht mehr in jeder seiner Dimensionen total offen ist, wächst die Wahrscheinlichkeit einer Panik. „Wäre man nicht in einem Theater, so könnte man gemeinsam fliehen, wie eine Tierherde in Gefahr, und durch gleichgerichtete Bewegungen die Energie der Flucht erhöhen." (7)

„Im Theater (...) muß die Masse auf eine gewaltsame Weise zerfallen. Die Türen lassen nur einen oder wenige Menschen durch. Die Energie der Flucht wird von selbst zu einer Energie des Zurückstoßens."(8)

Jeder „andere" wird in einer panischen Flucht zu einem Hindernis: Alle stehen allen im Weg. „Je mehr man um sein Leben kämpft, desto klarer wird es, daß man gegen die anderen kämpft, die einen auf allen Seiten behindern. Sie stehen da wie Stühle, Balustraden, verschlossene Türen, aber mit dem Unterschied, daß sie gegen einen angehen. Sie drängen einen da und dort hinein, wo es ihnen paßt, oder eigentlich wohin sie selber gedrängt werden." (9)

In der dialektischen Struktur der Panik schlägt Rettung in Gefahr und Schnelligkeit in Blockierung um. „Die Panik ist ein Zerfall der Masse in der Masse." (10) In der panischen Fluchtmasse führt ausgerechnet die Bewegung der Auflösung der Masse zu ihrer Rekonstitution. Panik ist deshalb ein Beispiel einer objektiven Schikane. „Objektiv", weil gerade die kollektive Aktion der Subjekte ihre Subjektivität unterminiert, indem sie sie forciert. Die „Serialität" (Sartre) der Panik bedeutet die Auflösung des Gegensatzes von Ursache und Wirkung, die Erzeugung reiner Zirkularität: Drängen oder bloß gedrängt werden ist so gut wie ununterscheidbar geworden. Gerade die Fluchtabsicht der Subjekte erzeugt permanente „absichtslose", fluchtvernichtende Effekte.

Was bedeutet der Begriff der objektiven Schikane? Fassen wir kurz die Eigenschaften der Schikane zusammen: Zunächst vernichtet die Schikane die Freiheit des anderen mit dessen Beihilfe. Das Opfer wird zum Täter an sich selbst (gemacht). Dabei verzichtet der Schikaneur nicht darauf, der willkürlichen Gemeinheit den Anschein von Legitimität zu verleihen.

Schikanöse Diabolität ist immer ironisch: Als offenes Geheimnis liegt die schikanöse Prozedur für ihr Opfer weitgehend zutage und bewirkt eine besondere Ohnmacht – im Unterschied etwa zur verdeckten Tätigkeit der Intrige. Schließlich verfolgt der Schikaneur keine rationalen Zwecke, sondern handelt „umsonst": Sein Tun ist nicht libidinös-rational auf Selbsterhaltung, sondern narzißtisch auf Selbstwertsteigerung gerichtet.

Die objektive Schikane enthält wesentliche Kriterien der eigentlichen autonom-subjektivierten Schikane, die das Thema des Buches ist. Eine noch weiter reichende, strukturelle Verwandschaft gilt für die Beziehung zwischen Schikane und schwarzer und weißer Strategie wie es die weiteren Abschnitte zeigen werden. Allerdings entwickeln die beteiligten Subjekte kein Bewußtsein als Schikaneure oder Schikanierte. *Die objektive Schikane ist eine Schikane ohne Schikaneur.* Es gibt Opfer, die zu Tätern an sich selbst werden, aber es gibt niemanden, der den möglichen narzißtischen Profit aus der Selbstverstrickung ihrer Opfer „kassiert".

Diese fatal-zirkuläre Struktur, in der ein befürchtetes Ereignis erst dann wirklich eintritt, wenn man versucht, seine Entstehung zu verhindern, läßt sich als sich-selbst-erfüllende Prophezeiung beschreiben.

Sich-selbst-erfüllende und -zerstörende Prophezeiungen

„Als im März 1979 die kalifornischen Zeitungen mit sensationellen Berichten über eine bevorstehende, einschneidende Benzinverknappung aufzuwarten begannen, stürmten die kalifornischen Autofahrer die Tankstellen, um ihre Benzintanks zu füllen und möglichst gefüllt zu halten. Dieses Vollfüllen von 12 Millionen Benzintanks (die bis zu diesem Zeitpunkt im Durchschnitt zu 75 Prozent leer gewesen waren) erschöpfte die enormen Reserven und bewirkte so praktisch über Nacht die vorhergesagte Knappheit, während das Bestreben, die Brennstoffbehälter möglichst voll zu halten (statt wie bisher erst bei fast leerem Tank aufzufüllen), riesige Wagenschlangen und stundenlange Wartezeiten an den Tankstellen verursachte und die Panik erhöhte. Als die Aufregung sich legte, stellte sich heraus, daß die Benzinzuteilung an den Bundesstaat Kalifornien kaum vermindert worden war." (11)

„Eine sich-selbst-erfüllende-Prophezeiung ist eine Annahme oder Voraussage, die rein aus der Tatsache heraus, daß sie gemacht wurde, das angenommene, erwartete oder vorhergesagte Ereignis Wirklichkeit werden läßt und so ihre eigene „Richtigkeit" bestätigt." (12)

Entscheidend für die präzise Definition einer sich-selbsterfüllenden Prophezeiung ist die Einschränkung, daß – wie an diesem Beispiel demonstriert – die Benzinknappheit ohne die Prognose nicht eingetreten wäre. (13) „Eine aus einer selbsterfüllenden Prophezeihung resultierende Handlung (dagegen) schafft erst die Voraussetzungen für das Eintreten des erwarteten Ereignisses und erzeugt in diesem Sinne recht eigentlich eine Wirklichkeit, die sich ohne sie nicht ergeben hätte. Sie ist also zunächst weder wahr noch falsch; sie erschafft eine Tatsache und mit ihr ihre eigene „Wahrheit"." (14)

Zur Dynamik einer sich-selbst-erfüllenden Prophezeiung gehören:
- eine negativ wertende Prognose
- die Transformation von Fiktion in Realität
- die Verkehrung von Folge und Voraussetzung
- der Umschlag eines Vermeidungsversuchs in eine Herbeiführung.

Vor allem das letzte Moment ist entscheidend für die Dynamik einer sich-selbst-erfüllenden Prophezeiung: Gerade der Versuch, das Eintreten der Prognose zu verhindern, führt zu ihrer Einlösung. In der Struktur der sich-selbst-zerstörenden Prophezeiung dagegen führt die Prophezeiung dazu, daß das von ihr vorausgesagte Ereignis nicht eintritt.

Dazu ein Beispiel: Die schwärmerische Beschreibung eines touristischen Insiders im Radiointerview über einen nahen und kaum besuchten Fleck an der Mittelmeerküste zu sagenhaft billigen Preisen, die in der Aufforderung und Versprechung gipfelt, dort einen herrlichen, ungestörten und billigen Urlaub verleben zu können: Mit fast an Sicherheit grenzender Wahrscheinlichkeit wird aufgrund dieser Beschreibung schon nächstes Jahr der Fleck Erde vor Menschen nur so wimmeln, und die Preise werden auch ordentlich angezogen haben.

Zur Dynamik der sich-selbst-zerstörenden Prophezeiung gehört also: eine positive Prognose, die Transformation von Realität in Fiktion, die Verkehrung von Folge und Voraussetzung, schließlich der Umschlag eines Herbeiführungsversuchs in eine Vermeidung. Entscheidend ist hier der letzte Punkt: Ausgerechnet der Versuch, einen wünschenswerten Zustand herbeizuführen, zerstört die Bedingungen dafür.

Beide Strukturen, sich-selbst-erfüllende und -zerstörende Prophezeiungen, begründen eine negative Totalität, einen Widerspruch zwischen individueller und kollektiver Rationalität. Wenn alle „es" tun, funktioniert „es" nicht mehr.

Schwarze und weiße Krise

Wenn wir nun die Möglichkeiten der negativ- und positiv-fatalen Prognose mit denen der schwarzen und weißen Krise kombinieren, entsteht folgendes Schema:

	…versuchen, aktiv zu negieren oder zu realisieren:	…versuchen, passiv zu negieren oder zu realisieren:
eine negative Prognose…	schwarze, aktive sich-selbst-erfüllende Prophezeiung Umschlag eines Annulationsversuchs der negativen Prognose in seine Realisation	weiße, passive sich-selbst-erfüllende Prophezeiung Umschlag eines nicht-mehr-Annulationsversuchs der negativen Prognose in seine Realisation

	...versuchen, aktiv zu negieren oder zu realisieren:	...versuchen, passiv zu negieren oder zu realisieren:
	Paradigma: Tragik der Panik *Beispiel:* negative Prognose „kommende Benzinknappheit" *aktive Negation:* „möglichst schnell, möglichst viel Benzin tanken" *fatales Ergebnis:* „Benzinknappheit"	*Paradigma:* Tragik des Defätismus *Beispiel:* negative Prognose „sichere Wahlniederlage der SPD" *passive Negation:* „wegen Aussichtslosigkeit nicht zur Wahl gehen" *fatales Ergebnis:* „Wahlniederlage der SPD"
eine positive Prognose...	schwarze, aktive sich-selbst-zerstörende Prophezeiung Umschlag eines Realisationsversuchs der positiven Prognose in seine Annulation	weiße, passive sich-selbst-zerstörende Prophezeiung Umschlag eines nicht-mehr Realisationsversuchs der positiven Prognose in seine Annulation
	Paradigma: Tragik der Selbstverständlichkeit *Beispiel:* positive Prognose „idyllischer und billiger Urlaubsort" *aktive Position:* „unbedingt dorthin fahren!" *fatales Ergebnis:* „überlaufener und teurer Urlaubsort"	*Paradigma:* Tragik der Siegesgewißheit *Beispiel:* positive Prognose „sicherer Wahlgewinn der CDU" *passive Position:* „wegen Siegesgewißheit nicht zur Wahl gehen" *fatales Ergebnis:* „(relative) Wahlniederlage der CDU"

Schwarze Krise und Strategie

Eine *schwarze Strategie* ist *die produktive Vereinnahmung der fatalen Dynamik einer schwarzen Krise.* Schwarze Strategien produzieren Schäden, um sie beheben zu können, erzeugen Mängel, um sie zu kompensieren, veranlassen Fehler, um sie korrigieren zu können. Wenn sich in der schwarzen Krise der Versuch der Rettung in die Installation der Gefahr verwandelt, dann gelingt der schwarzen Strategie das Kunststück, in der Erzeugung der Gefahr die Möglichkeit der Rettung vorwegzunehmen. Schwarze Systeme produzieren eine Störung, um sie beheben zu können.

Im kybernetischen Sprachgebrauch: Die „Para-Hömöostasis" eines schwarzen Systems nutzt nicht nur die Kontingenz einer Störung zur Selbst-Regulation des Systems, sondern provoziert diese, um in ihrer Negation das System zu stabilisieren. Während in der schwarzen Krise funktionales Handeln notwendig in dysfunktionales umschlägt, besteht die Subtilität einer schwarzen Strategie darin, vermeintliche Dysfunktionalitäten eines Systems zu funktionalisieren.

Schwarze Logik praktiziert den Kontrollmodus, der sich mit dem Notfall selbst versorgt. *Der Alptraum selbst ist der Traum schwarzer Rationalität.* Die schwarze Strategie folgt einer Logik des Umwegs: Sie schafft ihre Notfälle, Unfälle, Abweichungen, Katastrophen usw., um sich als „Retter in der Not" aufspielen zu können. (15)

„Nachdem Präsident Nos von Molussien in den Annalen seines Landes gelesen hatte, konnte er sich nicht verhehlen, daß es unter allen Mitteln, mit deren Hilfe seine Vorgänger ihre Beliebtheit gesichert und gesteigert hatten, keines gegeben hatte, das sich so bewährt hatte wie die Beendigung unpopulärer Kriege. Da Nos für seine Wiederwahl Popularität bitter benötigte, aber keinen unpopulären Krieg zur Verfügung hatte, beschloß er, einen solchen herzustellen." (16)

Nos wendet eine schwarze Strategie an: Etwas wird nur geschaffen, um aus seinem Scheitern Profit, Vorteil und Erfolg zu schlagen. Nicht einfache Kontraproduktivität (Ivan Illich), sondern *produktive Kontraproduktivität* ist die Devise der schwarzen

Strategie. Schwarze Strategie heißt: Das Scheitern soll zum Gelingen beitragen. Sie buchen Umwegserfolge. So entsteht im geplanten Konkurs aus dem scheinbaren Verlust der tatsächliche Gewinn.

Schwarze Systeme halten gleichsam ihren Widerspruch am Leben, sie produzieren Abweichung, Mangel oder – politisch – Notstand. Der Warenhausdedektiv, der ab und zu ein paar Waren mitgehen läßt, um seine Tätigkeit zu legitimieren; der Kraftfahrzeugmechaniker, der eine Reparatur nicht rechtzeitig behebt, wenn er das Auto vor sich hat, sondern wartet, „bis es sich lohnt zu reparieren"; der Arzt, der mit seinem Patienten die Anrechnung hoher Leistungen gegenüber den Krankenkassen vereinbart, um sie sich dann mit ihm zu teilen: Alle diejenigen, die von Problemen leben, kommen dann und wann in die Lage und in die Versuchung, die Probleme, von deren Behebung sie leben, in eigener Regie „herzustellen".

Für jedes expansive, auf Wachstum eingestellte System ist einfache, kybernetische Rationalität eine verkürzte Perspektive: Es geht ja gerade nicht um Selbsterhaltung auf einem einmal erreichten Niveau, sondern um erweiterte Selbsterhaltung. „Schwarz" wird die Fusion von Selbsterhaltung und Selbststeigerung dann, wenn die „natürlichen" Ressourcen zur Bildung dieser Allianz erschöpft sind. Paradox formuliert: Schwarze Rationalität sorgt dafür, daß Systeme auch nach dem Ende ihres Wachstums noch weiterwachsen können.Nennen wir ein System, das sich in einer gegebenen Umwelt erhält, ein sich selbst reproduzierendes, einfaches *System ersten Grades;* ein System, das in seine Umwelt expandiert und durch Austausch fortlaufend die eigene Identität und die der Umwelt verändert, ein *System zweiten Grades.* Dann ist die schwarze Rationalität der Operations- und Existenzmodus eines *Systems dritten Grades:* Eines, das, nachdem es seine Umwelt zu vollständig beherrscht und okkupiert hat und an Kontingenzmangel leidet, dazu übergeht, die Umwelt in eigener Regie herzustellen. Ein *System dritten Grades* sorgt für das *Wachstum der Wachstumsbedingungen.* (17)

Künstliche Obsoleszenz

Schwarze Strategien entstehen, wenn ein System nicht mehr von selbst wächst, wenn es stagniert oder gar in seinen „Leistungen" rückläufig ist. Wenn eine hömöostatische Strategie bei Absatzschwierigkeiten die Produktion drosselt, dann versucht eine schwarze Strategie die Nachfrage zu steigern, um den Absatz auch dann, wenn die Bedarfsschwelle überschritten ist, anzukurbeln. Wolfgang Fritz Haug hat eine solche schwarze Strategie im Werbesektor unter dem Titel der Warenästhetik analysiert: Schwarze Strategien produzieren Bedürfnisse. (18)

Die strukturelle Verkürzung der Lebenszeit einzelner Waren ist ein ausgezeichnetes Beispiel für einen gesellschaftlichen Sektor, der in einem hohen Maße nach der Logik der schwarzen Rationalität funktioniert: Eine Ware ist im kapitalistischen Kontext um so besser, je eher sie sich abnutzt.

Für das rechtzeitige Veralten der Waren sorgt der Kapitalismus gleichzeitig auf drei Ebenen: Zunächst materiell mit der Strategie künstlicher Obsoleszenz, ideologisch mit der Werbung und ihrer generalisierten Botschaft „Altes raus, Neues rein!"; auf dem Schnittpunkt zwischen beiden Strategien in *materiell-ideologischer Doppelfunktion* noch die „Warenästhetik": Durch die Modellierung der Waren-Körper wird ihnen ein Outfit verliehen, das vor allem den imaginären Phantasiewert einer Ware gegen ihren wirklichen Gebrauchswert ausspielt.

Alle drei Strategien dienen dazu, die Erschöpfung „natürlicher" Märkte strategisch zu kompensieren. Weil die gigantischen Warenmassen, die der Kapitalismus jedes Jahr neu auf den Markt wirft, auf keine adäquate Konsumtionskraft stoßen, greift das kapitalistische System zu Strategien schwarzer Rationalität, um die tendenziell wachsender De-Balancierung zwischen Produktiv- und Konsumtivkräften (19) auszugleichen.

Im zwanzigsten Jahrhundert stößt der sich weltweit entfaltende Kapitalismus gleich auf drei „natürliche" Schranken: In der *ökologischen Krise* muß er die Illusion von der Beliebigkeit und Unerschöpflichkeit der von ihm produzierten Gebrauchswerte aufgeben; in der *Rohstoffkrise* muß er die Illusion von der unbegrenzten Verfügbarkeit von Rohstoffen aufgeben; in der

Konsumtionskrise schließlich muß er die Illusion von der unbegrenzten Expansionsfähigkeit der Ge- und Verbrauchsfähigkeit der Menschen aufgeben.

Im Unterschied zur Rohstoffkrise, in welcher der einfache Mangel das Problem ist, und zur ökologischen Krise, für die eher ein Überschuß an Stoffen typisch ist, hat die Konsumtionskrise eine besondere Struktur: Es fehlt ein besonderes „Fehlen", ein sich in beliebiger Größenordnung reproduzierender Mangel. Der Konsumtionskrise liegt ein Mangel zweiten Grades zugrunde. Deshalb weist vor allem sie hohe Strukturähnlichkeiten mit den Problemen des Schikaneurs auf.

Man muß die ökonomische Version schwarzer Rationalität unter den Bedingungen des Kapitalismus strukturell als *Produktion der Destruktion,* als *Produktion des Mangels,* als *Produktion der Konsumtion* bestimmen. (20)

Logik der Mode

Jede Mode ist eine *exklusive Konformität.* Sie ist doppelt gefährdet: Zuviel Affirmation in einer Mode, also zuviel Konformität an ihren eigenen Standard, ist tödlich für sie; die extreme Exklusivität, die gesicherte Nicht-Verbreitung genauso.

Eine Mode verspricht immer Einzigartigkeit und Zugehörigkeit zugleich; Modus dieses „zugleich" ist bemerkenswerterweise allerdings kein „obwohl", sondern ein wechselseitiges „deshalb". Der wahre Modische weiß, daß es ebensosehr darauf ankommt, sich von einer Mode tragen zu lassen, wie eben „sie zu tragen": Noch bis in den Gestus des jeweiligen Mode-Trägers hinein setzt sich – im Idealfall – das Modische als Balance von Distanz und Nähe zur jeweiligen Mode durch.

Man kann keinesfalls bloß vor einer Mode versagen (Unteridentifikation), sondern ebenso auch in sie „einbrechen" (Überidentifikation). Jede Mode konstituiert sich in einer Bewegung der hinausgeschobenen Selbstannulation. Individualismus ist ihr Sog- und Flucht-Punkt. Die abrupte Geschichtlichkeit der Mode, die „ewige Wiederkehr des Neuen" (Walter Benjamin) fordert von ihrem Träger – vor allem wegen der ihr immanenten, wechselnden

Tempi – eine stetige Aufmerksamkeit dafür, ob sie „noch" oder schon „nicht-mehr" angesagt ist. Individualismus ist Keim und Krebs der Mode zugleich. Das Tückische der Moden sind die wechselnden Überlebensdauern des jeweils Neuen: Niemand kann genau wissen, wann es an der Zeit ist, von ihr „abzuspringen", weil sie vollends Gewohnheit geworden ist und keinerlei Schauer der Neuheit mehr auslöst.

Die Mode als ein gezähmter Avantgardismus ist seltsam paradox, weil sie ausgerechnet dann besonders „erfolgreich" ist, wenn das Neue als „Neues" besonders „alt" zu werden vermag. Jede Mode ist fasziniert vom Unmodischen – Faszination begriffen als Einheit von Angst und Sehnsucht. Eine Mode wird von der Bewegung ihrer Selbstannulation nicht hinterrücks ergriffen, ein wenig betreibt sie sie selbst, inszeniert ihren eigenen Taumel, so daß auch noch ihr Untergang attraktiv ist. Die Mode ist die Produktion des Neuen: Sie produziert damit gleichsam ein befristetes Leben. „Neu" kann das Neue strenggenommen nur im Augenblick seiner Initiation sein. Deshalb ist die Affirmation des Modischen selbst wiederum nur paradox als Treue zur Untreue zu beschreiben: Modisch bleibt letztlich nur der, der sich zu keinem Zeitpunkt an irgendeine ihrer bereits geschichtlichen Gestalten klammert.

Diese niemals ganz auszurottende Anhänglichkeit an vergangene Produkt-Formen, diese Waren-Sentimentalität vereinnahmt die Mode selbst noch einmal in einer ihrer besonderen Gestalten: der Retro-Mode. Die Retro-Mode ist die lizenzierte Wiedergeburt des schon Totgesagten. Die Bedingungen der Wiedergeburt sind um so besser, je weiter das frühere Leben zurückliegt. Das Massiv der Geschichte wird im retrospektiven Griff der Mode in Beliebtheitssegmente zerlegt.

Die Mode gibt das fortschrittsenthusiastische Gefühl, in der Kolonisation der Zukunft an vorderster Front dabei zu sein: In einer Zeit, in der schon das Vorgestern durch die Informationslawine ins fast Vor-Geschichtliche verspült wird, kann man Gegenwärtigkeit nur noch im stetigen Übergang zur Zukunft erleben.

Die Mode ist die Habitualisierung der Unfähigkeit, irgendwo anzukommen, zu verweilen. Ihr Motto lautet: „Ich breche auf, also bin ich!". Modisch-sein bedeutet: „in-Fahrt-sein". Die Gegenwart wird in der Moderne zwischen dem gewaltigen Schutthaufen der

Geschichte und dem offenen Schauplatz der Zukunft erstickt. Nachdem jedes horizontale, räumliche Abenteuer in der Weltgeschichte nur noch auf Plätze trifft, wo GEO schon war, muß die Mode als Statthalter des vertikalen, zeitlichen Abenteuers auch noch die unbefriedigten Bedürfnisse aus dem geschichtlich gewachsenen Mangel an unbekanntem Raum mittragen.

Weiße Krise und Strategie

Weißes Handeln ist immer negatives Handeln, Handeln durch Unterlassung. Die weiße Strategie ist die *Vereinnahmung der fatalen Dynamik der weißen Krise.* Eine weiße Krise entsteht, wenn das Opfer glaubt, es habe einer drohenden Gefahr ohnehin nichts entgegenzusetzen, und sich die Gefahr eben deshalb realisiert (Defätismus). Die weiße Strategie macht die defätistische Haltung zu einem Machtmittel. Anders als die schwarze Strategie provoziert die weiße nicht den Mangel, die Störung, die Abweichung, den Fehler, sondern läßt diese Phänomene zu, damit sie sich selbst sabotieren. *Eine weiße Strategie greift um so mehr, als die Identität der „Störung" um so mehr gefährdet ist, wenn man auf sie als solche nicht reagiert.* Jede weiße Strategie ist „repressive Toleranz" (Herbert Marcuse). In der weißen Strategie triumphiert die Macht in ihrem Verschwinden; als radikale Selbst-Absentierung entfaltet sie eine hintergründige Wirkung.

Wenn eine schwarze Strategie eine Verschwörung der Gegner simuliert, um über ihre aufgeschobene Vernichtung die Fortdauer des Kampfes zu organisieren (im zaristischen Rußland war der Chef des Geheimdienstes zugleich Kopf der Aufständler (21)), dann vernichtet die weiße Strategie die Bedingungen der Konfrontation. Dies tut sie aber nicht klassisch repressiv, indem sie massiv Gewalt einsetzt, sondern indem sie die Umstände herstellt, die selbst dem Versuch einer Auseinandersetzung von vornherein jeden Sinn nehmen.

In der Politik der Terrorismusbekämpfung ist das staatliche Verbot des Geisel-Austausches eine *weiße Strategie, die sich schwarzer Mittel bedient:* Man bekämpft nicht die Drohungsmittel des Gegners, sondern entwertet sie. Auch das immer wieder erwogene Verbot der Publikation über Akte des Terrorismus wäre ein taktischer schwarzer Zug in einer weißen Strategie: Weiß, weil man ein Phänomen bekämpfen würde, indem man ihm mit der Zerstörung seines Spiegelbildes auch allmählich die originäre Existenz entzieht.

Weiße Strategien spekulieren auf eine Wirkung, die wir bereits im zweiten Kapitel unter dem Begriff des „perfekten Gesetzes" und im vorigen Kapitel unter dem Begriff der „imaginären Macht" analysiert haben. Jede weiße Strategie setzt auf eine sanfte Destruktion. Wie die atomare Abschreckung verkörpert die weiße Abschreckung eine absolute Eskalation der Bedrohung, die niemals die faktische Abweichung untergräbt, aber den Gedanken an sie. Praktiken weißer Rationalität transformieren die Unruhe der imaginären Verifikationskrise zum Triumph der weißen Nicht-Falsifizierbarkeit.

Weiße Macht ist die paradoxe Wiederannäherung der imaginären an die normale, potentielle Macht: Sie behielte das Prädikat der imaginären Macht, sich um ihrer Wirkung willen nicht anwenden zu müssen, gewänne allerdings das der potentiellen Macht, es zu können, wieder zurück. Die perfekte, weiße Macht gewinnt jede Auseinandersetzung, bevor sie begonnen hat. Und gerade weil sie so absolut ist, kann sie auf jedes Droh-Ritual verzichten. *Die weiße Strategie läßt die Abweichung zu, erstickt sie in sich selbst.* Wozu noch eine Geisel nehmen, wenn sie nichts mehr wert ist?

Weiße Repression zielt auf die universelle Kultivierung von Apathie. Weiße Macht besitzt kein Zentrum mehr: Als Versachlichung und Anonymisierung von Herrschaft ist sie zugleich allgegenwärtig und unauffindbar. Eine weiße Strategie ist eine depersonifizierte Herrschaftsform, die mit der Inszenierung von Sachzwängen eine strukurelle Gewalt (Johan Galtung) begründet, die den eigentlichen Herrschaftsorganen einen Rückzug in die Anonymität ermöglicht und den Beherrschten eine Unfixierbarkeit der Herrschaft aufnötigt. Weiße Herrschaft ist Herrschaft aus dem Nichts.

Eine Herrschaft, die Macht verdinglicht, die Repression gleichsam „versteinert" und so eine Form von Unangreifbarkeit durch Naturalisierung der Herrschaft erzielt, besitzt eine weiße Macht, die „Mikrophysik der Macht". (Michel Foucault)

Weiße Macht ist die diskreteste Macht. So wie der Taktvolle sogar in seiner Empörung noch zurückhaltend ist, so versucht die weiße Macht, den von ihr Betroffenen zu „schonen", indem sie ihm Gelegenheit zur schleichenden Selbstsabotage gibt. Sie erscheint als das Gegen-Bild zum repräsentativen Königs-Protz des Feudalismus: Sie ist sanft und unauffällig, allerdings nicht so diskret, daß sie den Betroffenen überhaupt nicht mehr über ihr Vorgehen unterrichten würde. Weiße Macht teilt vieles mit einer Intrige, verzichtet aber im Unterschied zu dieser nicht darauf, Zeichen zu geben.

Das Panopticum

Wir kennen das panoptische Überwachungsprinzip von Kaufhäusern, an deren Decken sich Kameras langsam drehen. Niemals weiß man wirklich, ob die Geschäftsleitung nur blufft oder sich wirklich einen Angestellten leistet, der den ganzen Tag auf den Bildschirm starrt. Nur eines ist gewiß: Obwohl wir es nicht wissen können, müssen wir es glauben.

Michael Foucault hat mit der Figur des Panopticums den kardinalen Fall einer weißen Strategie innerhalb der beginnenden Moderne analysiert.

Die Konstruktion des Panopticums, von seinem Erfinder J. Bentham ursprünglich als spezifische Form des Gefängnisses konzipiert, beschreibt Foucault folgendermaßen: „Sein Prinzip ist bekannt: an der Peripherie ein ringförmiges Gebäude; in der Mitte ein Turm, der von breiten Fenstern durchbrochen ist, welche sich nach der Innenseite des Ringes öffnen; das Ringgebäude ist in Zellen unterteilt, von denen jede durch die gesamte Tiefe des Gebäudes reicht; sie haben jeweils zwei Fenster, eines nach innen, und eines nach außen, so daß die Zelle auf beiden Seiten von Licht durchdrungen wird. Es genügt demnach, einen Aufseher im Turm aufzustellen und in jeder Zelle einen Irren, einen Kranken, einen Sträfling, einen Arbeiter oder einen Schüler unterzubringen. Vor dem Gegenlicht lassen sich vom Turm aus die kleinen Gefangenensilhouetten in den Zellen des Ringes ausmachen. Jeder Käfig ist ein kleines Theater, in dem jeder Akteur allein ist, vollkommen individualisiert und ständig sichtbar. Die panoptische Anlage schafft Raumeinheiten, die es ermöglichen, ohne Unterlaß zu sehen und zugleich zu erkennen." (22)

Eine wesentliche Eigenart des Panopticums fehlt noch: „Damit die Anwesenheit oder Abwesenheit des Aufsehers verborgen bleibt, damit die Häftlinge von ihren Zellen aus auch nicht einen Schatten oder eine Silhouette wahrnehmen können, hat Bentham nicht nur feste Jalousien an den Fenstern des zentralen Überwachungssaales vorgesehen, sondern auch Zwischenwände, die den Saal im rechten Winkel unterteilen, und für den Durchgang von einem Abteil ins andere keine Türen: denn das geringste Schlagen, jeder Lichtschein durch eine angelehnte Tür hindurch könnten die Anwesenheit des Wärters verraten." (23)

Welchen Sinn, welchen Zweck verfolgt eine solche Konstruktion? Foucault schreibt: „Daraus ergibt sich die Hauptwirkung des Panopticon: die Schaffung eines bewußten und permanenten Sichtbarkeitszustandes beim Gefangenen, der das automatische Funktionieren der Macht sicherstellt. Die Wirkung der Überwachung ist permanent, auch wenn ihre Durchführung sporadisch ist; die Perfektion der Macht vermag ihre tatsächliche Ausführung überflüssig machen; der architektonische Apparat ist eine Maschine, die ein Machtverhältnis schaffen und aufrecht erhalten kann, welches vom Machtausübenden unabhängig ist; die Häftlinge sind Gefangene einer Machtsituation, die sie selber stützen." (24)

Das Panopticum „ist eine Maschine zur Scheidung des Paares Sehen/Gesehenwerden: im Außenring wird man vollständig gesehen, ohne jemals zu sehen; im Zentralturm sieht man alles, ohne je gesehen zu werden." (25)

„Die Wucht der alten ‚Sicherheitshäuser‘ mit ihrer Festungsarchitektur läßt sich durch die einfache und sparsame Geometrie eines ‚Gewißheitshauses‘ ersetzen. Die Wirksamkeit der Macht und ihre Zwingkraft gehen sozusagen auf die Zielscheibe über. Derjenige, welcher der Sichtbarkeit unterworfen ist und dies weiß, übernimmt die Zwangsmittel der Macht und spielt sie gegen sich selber aus; er internalisiert das Machtverhältnis, in welchem er gleichzeitig beide Rollen spielt; er wird zum Prinzip seiner eigenen Unterwerfung. Aus diesem Grunde kann ihn die äußere Macht von physischen Beschwerden befreien. Die Macht wird tendenziell unkörperlich, und je mehr sie sich diesem Grenzwert annähert, um so beständiger, tiefer, endgültiger und anpassungsfähiger werden ihre Wirkungen: der immerwährende Sieg vermeidet jede physische Konfrontation und ist immer schon im voraus gewiß." (26)

Wir wollen versuchen, den Modus der Einsperrung im Panopticum über Foucault hinaus anhand der „Logik der Falle" etwas genauer zu beschreiben.

Logik der Falle &
Fallen zweiten Grades

Die Falle in ihrer archaischsten Gestalt, als verdecktes Loch im Boden – ist eine Einrichtung, um den Gegner mit einer List „zu Fall zu bringen". Die Falle ersten Grades ist immer ein reflexives Geheimnis: Wer in sie hineinfallen soll, darf von ihrer Existenz nicht nur nichts wissen, sondern er darf auch nicht wissen, daß er nichts weiß.

Bereits in ihrer elementaren Form, als Falle ersten Grades, repräsentiert sie eine weiße Macht, die das Opfer zum Täter an sich selbst macht. Im Unterschied zu den archaischen Formen der offensiven Einsperrung (zum Beispiel Jagd, Verfolgung und Gefangennahme) fungiert die Falle als Paradigma der defensiven Einsperrung: Das Opfer sperrt sich gleichsam selbst ein.

Wie kann man eine Falle abwehren? Nur durch Vorsicht und Antizipation, dem Schein der Evidenz und den „harten" Tatsachen mißtrauend. Die Abwehr von Fallen ist nur durch Mißtrauen zu leisten. Wie kann sich ein Fallensteller gegen die Antizipation der Möglichkeit seiner Fallen wehren? Gibt es eine gegenständliche Form der Falle, die das Mißtrauen ihres Opfers zu absorbieren vermag?

Fallen zweiten Grades. – Die Falle zweiten Grades gleicht einem Loch, in das man fällt, wenn man versucht, dem gerade entdeckten Loch auszuweichen. Fallen zweiten Grades rechnen mit Opfern, die schon mit Fallen ersten Grades konfrontiert waren und sich nun entsprechend vorsichtig verhalten.

Darauf kann der Fallensteller in zweifacher Hinsicht reagieren.

Entweder beschränkt er sich darauf, den inneren Aufbau, die Konstruktion der Falle ersten Grades zu perfektionieren, das heißt, er bemüht sich, ihren reflexiven Geheimnischarakter zu forcieren. Oder aber er bedient sich einer „Lösung zweiten Grades" (Paul Watzlawick) und baut zwei Fallen nebeneinander. Die Falle zweiten Grades ist nicht einfach nur eine besonders gut und subtil konstruierte Falle ersten Grades: In die Falle zweiten Grades fällt man ja gerade typischerweise dann, wenn man sich durch die Entdeckung der Falle vor ihr sicher glaubt.

Nietzsche hat in einem einfachen Bild das Wesen der Falle zweiten Grades festgehalten: „Man ist am meisten in Gefahr, überfahren zu werden, wenn man eben einem Wagen ausgewichen ist." (27) Die erste Falle dient nur dazu, entdeckt zu werden, um das Opfer in trügerischer Sicherheit zu wiegen. Der Selbstverstrikkungsmodus der Fallen zweiten Grades, also ihre besondere Form, die Opfer zu Tätern an sich selbst zu machen, ist ein anderer als bei den Fallen ersten Grades: Funktionalisieren jene die Unwissenheit ihrer Opfer, so mißbrauchen diese ausgerechnet das „Wissen" ihrer Opfer über die Existenz der Falle.

Genau dies gilt auch für die panoptische Situation, die die Differenz zwischen verdeckter und offener Beschattung verwischt. Aber hierin liegt zugleich auch ihr Trennendes: Das Panopticum ist die Herrschaftsfigur, die den offenen Selbstverweis stabilisiert, ohne deshalb ihre Kraft zu verlieren. Das Opfer einer Falle zweiten Grades weiß, daß es getäuscht wurde, es kann durch weitere Disziplinierung seines Mißtrauens antworten.

Auch die Struktur einer Falle zweiten Grades ist grundsätzlich noch nicht so geartet, daß man aus ihr nichts mehr lernen könnte. Genau dies aber ist eine Eigenschaft des Panopticums: Man kann sich ihrer seltsamen Kraft nicht dadurch entziehen, daß man darauf setzt, ihre Fiktionalität zu „durchschauen". Das Panopticum läßt sich, im Unterschied zur Falle zweiten Grades, nicht entlarven.

Fallen dritten Grades

Gibt es eine Möglichkeit, jegliches Mißtrauen zu absorbieren, also eine Falle dritten Grades zu bauen? Der Übergang von einer Falle ersten zu einer zweiten Grades war nicht einfach nur Kompliziertheitswachstum, sondern ein qualitativer Komplexitätssprung. Gleiches gilt für den Übergang zu einer Falle dritten Grades; sie entsteht nicht, wenn man statt zwei, drei, vier oder n-Löcher in einen imaginären Boden grübe, sondern nur, wenn es ihr gleichsam gelänge, die gesamte Realität zu einem einzigen „Loch" zu machen.

Fallen ersten Grades weisen eine an sich klare Grenze zwischen gefährlichem und ungefährlichem Territorium auf. Fallen zweiten Grades charakterisieren eine beginnende Konfusion zwischen gefährlichem und ungefährlichem Territorium. *Bei Fallen dritten Grades verschwindet die Grenze zwischen gefährlichem und ungefährlichem Territorium.*

Die Entwicklungslogik der Fallen ist der Prozeß einer allmählichen Aufhebung des Gegensatzes von Innen und Außen. In Fallen dritten Grades wird der „gesamte Boden der Realität" zu einer einzigen Falle. Aus ihnen gibt es kein Entkommen, weil sie überall doch wieder vorhanden wären; man kann auch nicht in sie „hineinfallen", weil man „immer schon" in ihnen drin ist. Indem aber der Gegensatz von gefährlichem und ungefährlichem Territorium nicht mehr gilt, verflüchtigt sich auch die Unterscheidbarkeit von Freiheit und Unfreiheit: Es zeichnet sie aus, daß sie niemals zuschnappen. Man kann, man soll, vielleicht muß man sich sogar ein Leben lang in ihnen bewegen, ohne die Illusion der Freiheit verloren zu haben. Weil Fallen dritten Grades ihre Opfer jederzeit in die Falle gehen lassen können, brauchen sie diesen Akt nicht mehr faktisch zu vollziehen. – „Gott" ist eine Falle 3. Grades.

Das Panopticum ist das erste post-klassische Gefängnis in der Geschichte, aber auf die Existenz von Mauern kann es auch noch nicht verzichten. Was aber ist eine Falle dritten Grades anderes als ein Gefängnis ohne Mauern? Stellen wir uns das klassiche Panopticum einen Augenblick ohne Mauern vor: Es wäre dem Gefangenen möglich, jederzeit zu entkommen. Durch das Verschwinden der Mauern hätte der Gefangene die Möglichkeit, die

Macht durch eine – gleichsam „experimentelle" – Flucht zum Erscheinen zu zwingen, sie zu verifizieren. Die Macht könnte zur Wahrheit über ihre Ausmaße, zum „Geständnis" über den Realitätsgehalt ihrer Drohung gezwungen werden. Der panoptische Luxus einer Bewachung ohne Bewacher stünde zur Disposition. Das Panopticum verlöre die Kraft der absoluten Prävention.

Und doch gibt es in wenigstens einer Hinsicht eine Verwandtschaft zwischen der panoptischen Struktur und der weißen Allmachtsfigur einer Falle dritten Grades: Beiden gelingt eine nicht nur vorübergehende Stabilisierung der Fiktionalität ihrer Herrschaftsstruktur. *Das Panopticum ist eine Übergangsfigur zwischen einer Falle zweiten und einer dritten Grades.* Dem klassischen Panopticum in seiner steinernen, architektonischen Form gelingt es noch nicht, seine fiktionale Macht ohne repressive Reste zu fundieren. Die Funktion der Mauer im Panopticum ist gleichsam paradoxer Natur: Als Ruine ihrer selbst muß sie gerade deshalb stehen bleiben, um sich fortlaufend ihre Existenznotwendigkeit immer wieder zu entziehen.

Schwarze und weiße Irrationalität

Was hat die bisher beschriebene Dynamik schwarzer und weißer Rationalität mit der im letzten Kapitel beschriebenen Struktur imaginärer und souveräner Macht zu tun?

Souveräne und imaginäre Macht sind paradox-hybride Macht-Formen: Sie müssen ihre Macht-Basis fortlaufend in Frage stellen, weil sie nur in ihrer Gefährdung Macht entfalten. Schwarze und weiße Rationalität sind Versuche, diese Konstrukte um ihre spezifische Wirkungsweise und Kraft zu beerben, ohne die damit verbundene exzessive Selbstgefährdung in Kauf nehmen zu wollen. Anders als im Paradigma imaginärer Macht, dem atomaren Kalkül, das die absolute Kraft hypothetischer Kausalität nur um den Preis der riskierten Selbstzerstörung erlangt, gelingt es der weißen Strategie, diesen fatalen Rückbezug imaginärer Macht zu unterbinden. In der Struktur weißer Rationalität wird die weiße Macht von der Notwendigkeit entbunden, den schwarzen Unfall in Kauf zu nehmen. Der weiße Allmachtstraum, durch Unterlassung perfekt zu handeln, wird in der Figur reiner, weißer Macht, exemplarisch im Panopticum, endlich abgekoppelt vom Alptraum der schwarzen Krise.

Auch die souveräne Macht kann statt der brachialen und absurden Strategie, ihre Macht durch immer größere Forcierung der Anti-Konditionalität zu steigern, den Weg gehen, ihren Gegner zu stützen und zu lancieren – freilich immer nur soweit, daß dessen Konfrontationsfähigkeit kontrolliert bleibt. Das Paradigma des „agent provocateur" nimmt dem Gegner nicht, wie weiße Strategien, von vornherein den Mut zur Auseinandersetzung, sondern stattet ihn mit einer begrenzten Kraft zum Widerstand aus.

Der Überwachungsstaat, die Gesamtgesellschaft als Super-Panopticum auf elektronischer Basis, die weiße Anti-Utopie, bräuchte vermutlich zur Kompensation der unvermeidlichen Dysfunktionalität massenhafter Apathie nicht mehr nur schwarze Toleranz – das ist im Trend der gegenwärtige Zustand –, sondern explizite, geplante schwarze Strategien, um die radikalste Schließung des Projekts der „offenen Gesellschaft" systematisch zu kompensieren. *Aldous Huxleys weiße und George Orwells schwarze Anti-Utopien befanden sich niemals im Widerspruch zueinander:* Die Zukunft wird allenfalls über die jeweiligen Anteile entscheiden.

Schwarze und weiße Schikane verbinden die apokalyptische Hybridität paradoxer Rationalität mit der souveränen Stabilität von schwarzer und weißer Rationalität. Der Schikaneur ist kein Vabanque-Spieler. Er ist allenfalls die Karikatur eines Hasardeurs. Wie sehr er auch daran leiden mag, „immer schon gewonnen zu haben", so wenig würde er sich in eine Situation begeben, in der seine Macht ernsthaft in Frage gestellt sein könnte. Alle kalkulierte Selbstgefährdung des Schikaneurs bedeutet doch niemals, daß er Russisches Roulett spielt, sich irgendeinem Spiel fataler Kräfte überantwortet.

Die schwarze Schikane oszilliert zwischen souveräner und schwarzer Macht und die weiße zwischen imaginärer und weißer Macht. Die Schikane ist immer nur die Simulation eines Risikos für den Schikaneur.

Sie praktiziert die beiden Macht-Formen freilich mit negativen Vorzeichen. Die Schikane ist paradoxe Irrationalität und A-

Moralität. So wie die Identität und Rationalität souveräner und imaginärer Macht nur über die Kultivierung der Boshaftigkeit denkbar ist, so kann die Schikane ihre Identität nur ausbilden, indem sie fortlaufend alle ihre Kraft darin investiert, die Vereinbarkeit mit ihrem Gegenteil – Moralität und Rationalität – vorzustellen. Wäre sie als reine Irrationalität zu bestimmen, dann wäre der Gegenstand des Buches, die Phänomenologie blanker Bosheit, reiner Gemeinheit und purer Brutalität, Haltungen, denen über ihren rasanten Erfolg am Opfer auch die Möglichkeit zum fortgesetzten Selbstgenuß der Erniedrigung vergeht. Als paradoxe Irrationalität, als kultivierte und auf Selbsterhaltung ausgerichtete Bosheit produziert sie nicht einfach Chaos und Gewalt, sondern Chaos mit dem Schein von Ordnung, und Gewalt mit dem Schein von Legitimität.

So wie die Grenzphänomene der Rationalität – exemplarisch und überdeutlich im atomaren Kalkül – die Irrationalität vereinnahmen, so vereinnahmt die Schikane, als paradoxe Irrationalität, die Posen des Rationalen, ihre Legitimationsrituale und Rationalitätspraktiken. Die Schikane verwischt den deutlichen Gegensatz zwischen Rationalität und Irrationalität; das Böse bemüht sich um den Schein des Guten. Dies aber nicht nur aus strategischen Gründen des Selbstschutzes, sondern um die Bastion des Gegners gründlicher als nach jeder banalen Konfrontation zu erobern. Gefahr erscheint als Rettung, Gewalt als Hilfe und absurde Brutalität als Parodie einer or-dentlichen Gerichtsverhandlung.

Die schwarze Schikane läßt sich grundsätzlich als schwarze Irrationalität, die weiße Schikane als weiße Irrationalität begreifen: Schikanös werden die verzerrten und teils schon absurd und grotesk wirkenden Strukturen der beiden Formen von Para-Rationalität dann, wenn deren Vorgehensweise individualisiert und vollkommen zweckfrei gebraucht wird.

Kapitel Zehn

Schwarze und weiße Schikanen

Haß und Verachtung

> „Man haßt nicht, solange man noch
> geringschätzt, sondern erst, wenn
> man gleich oder höher schätzt."
> „Um zu hassen – wie man ehemals
> den Menschen gehaßt hat, timo-
> nisch, im Ganzen, ohne Abzug, aus
> vollem Herzen, aus ganzer Liebe des
> Hasses – dazu müßte man aufs Ver-
> achten Verzicht leisten: – und wie
> viel feine Freude, wie viel Geduld,
> wie viel Gütigkeit selbst verdanken
> wir gerade unserem Verachten!"
> (Friedrich Nietzsche) (1)

Haß und Verachtung sind das klassische Dual destruktiver Gefühle
und das emotionale Äquivalent der beiden basalen Schikane-
Modalitäten. Weiße und schwarze Schikane sind Bedingung der
Möglichkeit für die Reproduktion von Haß und Verachtung. Wenn
Haß als Empfindung, Haltung und Praxis auf aktive, tätige und
Verachtung auf passive, untätige Zerstörung zielt, entsteht für jedes
dieser Gefühle eine spezifische Gefährdung.

Die Verachtung, als eisige Form emotionaler Destruktivität, läuft
Gefahr, den Kälte-Tod der unfreiwilligen, zunehmenden Gleichgültigkeit zu sterben. Die fortschreitende Geringschätzung des
anderen bewirkt, daß mit dem Objekt der aggressiven Abwendung
auch diese selbst schließlich abhanden kommt.

Der Haß, als feurige Form emotionaler Destruktivität, läuft
dagegen Gefahr, den Hitze-Tod der unfreiwilligen Selbstzerstörung
zu sterben. Die rasende Mißachtung des anderen bewirkt, daß mit

der erfolgreichen aggressiven Zuwendung auch das Objekt des Hasses verloren geht.

Beide, Haß und Verachtung, „leiden" an einer drohenden Selbstvernichtung. Der Haß lebt im Widerspruch, daß Annihilation jederzeit in Selbstzerstörung umschlagen kann; die Verachtung läuft Gefahr, daß ihre Entwertung des anderen jederzeit in Nihilismus umschlagen kann. Das Problem der Verachtung besteht darin, den „perfekten Abgang" zu ritualisieren. Dem Schauspiel der Souveränität mangelt es chronisch an Reflektionsgelegenheiten. Dem zweifelhaften Stolz, nicht eitel zu sein, ist der Blick auf den Spiegel, den anderen, verwehrt, auf dem allein er sehen könnte, was er nicht sehen will.

In Terms einer „Beziehungskistenlogik" wäre der weiße Schikaneur einem Paar vergleichbar, das nur als Konklusion zweier „Wiederholungstrenner", in der permanenten Reproduktion ihrer Krise existenzfähig ist. Das kokette Spiel weißer Macht, die nur im Augenblick der Abwendung erscheinen will, ist ständig davon bedroht, daß das Verschwinden verschwindet (siehe dazu auch die Figur der „Ruine" in Kapitel Sechs): Dem Gestus des verächtlichen Entzugs droht selbst der Entzug. Hat die Verachtung jeden Rest an Intersubjektivität in ihrem katatonen Exzeß der geballten Ignoranz getilgt, verliert sie ihr Objekt, ihr Opfer nicht nur aus den Augen, sondern auch noch aus den Augen-Winkeln, dann hat sie sich zu weit ins Nichts vorgewagt. Wenn die Verachtung, die arrogante Ignoranz nicht mehr zurückblicken kann, steht sie auf einmal allein in der Kälte, mit der sie den anderen vernichten wollte. Die weiße Schikane ist der paradoxe Prozeß, in dem der Asket der Macht gleichsam immer wieder aufs neue die Initiation seiner Askese „durchmachen" will. Die Schikane hat – emotionslogisch – die Funktion, die paradoxe Selbsterhaltung von Haß und Verachtung zu stabilisieren.

Jeder destruktiven Emotion fehlt die Dynamik ihres Gegenteils; weder pure Verachtung noch reiner Haß können als gelingender Inbegriff radikaler, destruktiver Autonomie erfahren werden – und dies keineswegs, weil sie ihr Ziel nicht, sondern vielmehr indem sie es erreichen. Der Augenblick des Hasses auf den Haß und der Verachtung der Verachtung ist die Geburtsstunde von schwarzer und weißer Schikane. Den „Haß zu hassen": Man erkennt das

Selbstzerstörerische der Zerstörungslust. Die „Verachtung verachten": Man erkennt, wie sie sich selbst abtötet. Den Haß verachten: Wie kann man soviel Interesse an den anderen verschwenden? Die Verachtung hassen: Wie kann man so wenig Interesse an dem anderen zeigen? Das Schwanken zwischen Haß und Verachtung wird in den Figuren der Schikane totalisierend perfektioniert.

Die Systematik unvollständiger Aufhebung ist immer in zwei Richtungen denkbar: die schwarze Schikane als Projekt, die Selbstgefährdung des Hasses zu verdauen, ohne deshalb den Selbsthaß in Selbstverachtung münden lassen zu müssen; die weiße Schikane als das Projekt, die Selbstgefährdung der Verachtung zu verdauen, ohne deshalb die Selbstverachtung in Selbsthaß münden zu lassen. Die schwarze Schikane erwächst aus einem durch Verachtung gedämpften Haß, die weiße aus einer durch Haß aufgeputschten Verachtung.

Schwarzer, „milder" Haß und weiße, „scharfe" Verachtung, subtile Inklusionen ihres jeweiligen Gegenteils, sind die Fortsetzungen von Haß und Verachtung. Schwarzer Haß und weiße Verachtung sind Empfindungsweisen eines gleichsam tantrischen Selbst-Konzepts: Erst der Aufschub des Höhepunkts garantiert seine vollendete Einlösung.

Schwarzer, paradoxer Haß ist ein Haß, der, um des wiederholten, aufgeschobenen Todes des anderen willen, ihn am Leben erhalten muß. Weiße, paradoxe Verachtung ist eine Verachtung, die, um der wiederholten, ausgesetzten Vernichtung des anderen willen, immer neue Gelegenheiten finden muß, um den anderen mit dem Desinteresse an seinem Verschwinden brüskieren zu können. Schwarze und weiße Schikane sind die Gestalten des Phantasmas absoluten Hasses und totaler Verachtung. „Absolut", aber auch paradox: durch konsequente Relativierung. Schwarze Schikanen sind paradoxe Zivilisierungen des Hasses, weiße Schikanen paradoxe Kultivierungen der Verachtung.

Verachtung schließt ein, den anderen passiv vernichten zu wollen, weil man ihn geringschätzt, indirekt zerstörerische Abwendung; zum Haß gehört, den anderen aktiv vernichten zu wollen, weil man ihn hochschätzt, direkt zerstörerische Zuwendung. Die schwarze Schikane ist die Kunst der Inklusion der Indirektheit, des Luftanhaltens in der Praxis des Hasses; die weiße Schikane die Inklusion der Direktheit, des Zielens in die Praxis der Verachtung. Schwarz-schikanös ist das Paradox eines durch Hemmung forcierten Hasses, weißschikanös das einer durch Engagement forcierten Verachtung.

Paradoxa der Destruktivität

Haß und Verachtung haben zwei Widerspiegelungsformen unter der Voraussetzung, daß das logische Äquivalent der Destruktion die Negation ist. Jon Elsters Unterscheidung von aktiver und passiver Negation hilft, die Unterschiede von Haß und Verachtung und damit auch die von schwarzer und weißer Schikane zu verstehen.

Wenn die logische Form der Destruktion die Negation ist, dann liegt es nahe, verschiedene logische Formen der Negation auf ihre unterschiedliche Zerstörungskapazität und Destruktivitätsdynamik hin zu untersuchen, – etwa um einen Zusammenhang zwischen den verschiedenen Formen der Schikane und denen der Negation herausfinden zu können.

Jon Elster trifft die Unterscheidung in Anschluß an Kant. Als erstes Beispiel für den Unterschied von aktiver und passiver Negation nennt er den Unterschied von Atheismus und Agnostizismus: Beide Positionen negieren die Möglichkeit eines Gottes. Der Atheismus sagt, daß es keinen Gott gibt, während sich der Agnostizismus darauf beschränkt zu sagen, daß, wenn es einen gäbe, man nichts von ihm wissen kann. Die aktive Negation bezieht also innerhalb der konventionellen Wahrheitsalternative „Ja/Nein" Stellung, während die passive Negation sich dieser Alternative entzieht.

Paul Watzlawick erläutert in einem Kommentar zu Jon Elsters Text die Differenz: „Worum es dabei geht, ist im wesentlichen folgendes: Man kann eine Idee (oder Annahme, Weltanschauung und dergleichen) entweder deswegen ablehnen, weil man der gegensätzlichen Ansicht ist, oder weil man sich weder der Idee noch ihrer Negation verschrieben hat und daher außerhalb des Konflikts zwischen Bejahung und Verneinung steht. In anderen Worten: man ist weder dafür noch dagegen, man steht außerhalb, man ist in diesem Sinne autonom." (2)

Auf diesem Hintergrund wird deutlich, daß die drei möglichen Weisen, im parlamentarischen Prozeß Stellung zu beziehen, nämlich zustimmend, ablehnend oder enthaltend, logisch der Position, der aktiven Negation und der passiven Negation entsprechen.

Elsters Unterscheidung entspricht weitgehend der umgangssprachlichen zwischen Bejahung, Verneinung und Indifferenz. Die aktive Negation spitzt eine Entscheidung im Gestus des „entweder-oder" kontradiktorisch im Sinne des Gesetzes vom „ausgeschlossenen Widerspruch" zu, während die passive Negation eher dem Gestus des „weder-noch" verpflichtet ist und zwischen den Standpunkten allenfalls ein konträres, also gegensätzliches, aber keinesfalls widersprüchliches Verhältnis anerkennt.

Von Immanuel Kant übernimmt er das Beispiel des Wohlstands als Position, der Verschuldung als aktiver und der Armut als passiver Negation. Wenn man das Gebot als logische Position bestimmt, dann negiert ein Verbot aktiv und eine Nicht-Verpflichtung passiv. Wäre die Begierde die logische Position, entspräche der aktiven Negation die Verabscheuung und der passiven die Gleichgültigkeit. Wenn wir etwa die Wahrheit als logisch bestimmte Position begreifen, dann ist die Lüge die aktive Negation und der Irrtum die passive. (3)

Wir sehen, daß dem überwiegenden Gebrauch einer der beiden Negationsformen eine gewisse Weltanschauung korreliert: Die aktive Negation setzt auf Auseinandersetzung, Konfrontation und Widerspruch innerhalb einer dualen Beziehung; die passive Negation auf Abstand, Nicht-Engagement und Gleichgültigkeit. Die aktive Negation bleibt von dem abhängig, was sie negiert, allein schon, weil sie sich als genaues Gegenteil definiert; im Gegensatz dazu nimmt die passive Negation *Abstand vom Abstandnehmen.*

Wir können daher eine enge Beziehung zwischen der offensiven, schwarzen Schikane und dem aktiven Typ der Negation einerseits und der defensiven, weißen Schikane und dem passiven Typ der Negation andererseits feststellen.

Die aktive Negation bleibt dem System, auf das sie sich bezieht, stärker verhaftet als die passive Negation, die nicht innerhalb des Systems zwischen Alternativen wählt, sondern das gesamte System ablehnt. Für jede der beiden Negationsformen entsteht ein eigentümlicher Widerspruch: Die aktive Negation ist unmittelbar viel konfrontativer strukturiert, wählt aber mit ihrer ganzen Kraft nur zwischen den vorgegebenen Alternativen; die passive Negation aber, unmittelbar nicht konfrontativ konzipiert, gewinnt mittelbar eine radikalere Distanz: sie negiert nicht die eine Alternative, sondern die Alternativen generell.

Elster formuliert das *Paradox der aktiven Negation:* „Wessen Unabhängigkeit die Zerstörung eines äußeren Objekts erfordert, hängt gerade in seinem eigentlichen Wesen davon ab und kann sich seine Zerstörung nicht ohne Widerspruch wünschen." (4)

Komplementär läßt sich das *Paradox der passiven Negation* formulieren: Wessen Unabhängigkeit keinerlei signifikante Spuren hinterläßt, muß sich fragen, ob dann seine Distanz eine von seiner Einbildung unabhängige Wirklichkeit besitzt, kurz, ob er nicht im Grunde – indirekt – noch immer den Standpunkt der Position vertritt.

Sowohl die aktive wie die passive Negation bleiben somit der Position verhaftet: Die aktive Negation ist gewissermaßen „zu sehr" von der Position abhängig und die passive „zu wenig". Beide Male überlebt die Position die Attacken der aktiven und passiven Negation. Die aktive Negation leidet an ihrem geheimen Feindbedarf und die passive an der Nichtbeachtung ihrer Nichtbeachtung. Beide träumen den Traum des „ganz Anderen" umsonst.

Schwarze und weiße Schikane als organisierte Reproduktion von Haß und Verachtung versuchen die Dramatik der jeweiligen Negationsformen durch Inklusion der anderen Form zu mildern. Gehemmter Haß entsteht, wenn die aktive Negation, die tätige Zerstörung versucht, noch den Schein passiver Negation in sich aufzusaugen; forcierte Verachtung, wenn die passive Negation noch die Kraft der aktiven in sich aufnimmt.

Darin versucht jede Schikane als Totalisierung das Phantasma der totalen Negation zu realisieren. „Total" wäre die Negation, die zugleich die zupackende Direktivität der aktiven mit der Non-Direktivität der passiven Negation zu verbünden wüßte, ohne doch die Destruktivität um den Preis des Subjektverlusts (Verachtung) oder des Objektverlusts (Haß) realisieren zu müssen. Wie vor allem die passive Negation, die Zerstörung ohne Subjekt diese Assimilation versucht, zeigt eine Untersuchung des Unterschieds von passiver Gleichgültigkeit und aktiver Ignoranz.

Dialektik der Entwertung

Stehengelassen, bewußt übersehen, ignoriert zu werden ist schlimmer als hämische Kritik, die sich noch die Mühe macht, Worte für ihre Abneigung zu finden. Die Ignoranz wirft auf unsere Existenz einen Hauch von „Nichts". Die schwarze Schikane läßt ihre Opfer heißlaufen, die weiße stellt sie „kalt", disqualifiziert sie als Gegner. Weiße Schikanen entziehen dem Schikanierten die „Satisfaktionsfähigkeit", die Gegnerberechtigung.

Ignoranz ist das paradoxe Kunststück, jemanden merken zu lassen, daß man ihn „eigentlich" gar nicht bemerkt, der Aufmerksamkeit für unwürdig hält. Das unterscheidet sie von „wirklicher" Gleichgültigkeit: Ignoranz heißt, seinem Opfer zu zeigen, daß es nichts anderes ist als das imaginäre Staubkörnchen auf dem Ärmel, das man wegwischt. Verachtung entsteht aus Abneigung gegen den Schweiß, die Schwerarbeit des Hasses.

Die ignorante Entwertung demütigt, indem sie uns erklärt, wir seien es nicht einmal wert, durch Worte oder Taten „vernichtet" zu werden. Sie will uns auch noch die negative Anerkennung der Kritik entziehen. Sie organisiert die Flucht aus dem Korsett der Dialektik der Anerkennung. Die Ignoranz vernichtet uns, indem sie uns der Mißachtung für unwürdig erklärt. Gilt für das *schwarze Destruktionsparadox,* daß es das Vernichtete braucht, um es vernichten zu können, so gilt für das *weiße Vernichtungsparadox* der Ignoranz, daß sie vernichten will, ohne zu vernichtenden Mitteln greifen zu müssen. Schwarze Zerstörung träumt von einer wollüstigen „Zerstörung ohne Folgen", weiße von einer eleganten „Zerstörung ohne Ursachen".

Die Differenz von Haß und Verachtung spiegelt sich in der atomaren Vernichtung: Atombomben vernichten tote und lebende Dinge gleichermaßen, die Neutronenbombe nur Lebendes. Weiße Vernichtung hat etwas Museales: Weiße Ruinen sind immer unversehrtes Denkmal ihrer selbst. Anders als die Asymmetrie des panoptischen Blicks (sehen, ohne gesehen werden zu können) will der ignorante Blick sehen, ob gesehen wird, daß er nicht sehen will. Die Tendenz aller weißen Schikanen, den Feindbedarf des Schikanierten zu frustrieren, macht Halt vor dem Feindbedarf des Schikaneurs: Wäre er endgültig und vollends in die Anonymität des reinen Beobachters zurückgetreten, so würde er den minimalen Unterschied zwischen Gleichgültigkeit und Ignoranz als „offensiver, zielender Gleichgültigkeit" auflösen. Die schikanöse Konstellation verschwände.

„Du verdienst es nicht, von mir geschlagen zu werden... Du bist es nicht wert, daß man auf dich spuckt... Ich habe nicht die Absicht, mir an dir die Finger schmutzig zu machen..." Sätze der Verachtung sagen auf irgendeine Art und Weise immer „Ich werde dich nicht...!" Die Verachtung unterwirft ihren Vernichtungswillen einer tückischen Askese. Man muß jemanden erst anerkannt haben, um ihn für nicht-mehr-anerkennenswert halten zu können.

In dem Versuch, der Dialektik der Anerkennung zu entrinnen, unterscheiden sich schwarze und weiße Schikane nur in Nuancen.

Die schwarze Schikane versucht, sich scheinbar soweit als möglich „in" die Dialektik der Anerkennung hinein zu begeben, ohne „wirklich" von ihr erfaßt werden zu wollen. Die weiße Schikane versucht, sich scheinbar der Dialektik der Anerkennung und dem Spiel ihrer Regeln zu entziehen, ohne sie wirklich verlassen zu wollen.

„Scheinbar" bedeutet: Im Grunde ist die Schikane die Rache dafür, den anderen *nicht nicht-anerkennen zu können*. Die unhintergehbare Asymmetrie, die „immer schon" gegebene Überlegenheit will sich – ganz im Sinne des totalisierenden Begehrens – noch mit dem Schein symmetrischer Nach-Konstitution ausstatten. Sie will zeigen, daß sie von der Erde stammt, obwohl sie längst im Himmel wohnt, und ihre Genese, den Prozeß der ursprünglichen Akkumulation der Macht immer wieder durchlaufen. Sie will „noch mehr" Perfektion, indem sie sich als weniger perfekt inszeniert. Fortlaufend in neue Konfrontation verstrickt, will sie scheinbare, abstrakte Heteronomie anstelle der „wirklichen" Heteronomie einer echten und nicht bloß simulierten Dialektik der Anerkennung etablieren. Sie will den paradoxen Beweis, nichts beweisen zu müssen, immer wieder antreten, sucht immer wieder die Auseinandersetzung, die nur dazu dient, dem anderen die Unfähigkeit zu einer solchen zu demonstrieren.

Verweigerung der Demission

Eine der ersten weißen Schikanen, die wir in diesem Buch skizzierten, findet sich in Giles' Flughafenkontrolle in Kapitel Zwei im Abschnitt „Die Liebe zu den Dingen".

Die weiße Schikane als Kultivierung der Geringschätzung, als Eloquenz der Verachtung trifft natürlich um so besser, je mehr ihr Opfer in einer – scheinbar – unauflöslichen Abhängigkeit steht. Deshalb ist es auch keineswegs verwunderlich, daß schwarz begonnene Schikanen häufig weiß enden. Die weiße Schikane beerbt nicht selten die von der schwarzen initiierte, massive Knechtung. In der Schlußsequenz der Flughafenschikane darf Giles plötzlich das Flugfeld betreten und kann es noch gar nicht fassen. Die Schikaneure haben flugs ihren Standpunkt gewechselt und malträtieren Giles nicht mehr schwarz, sondern weiß. Sein devotes Verhalten, von der schwarzen Schikane provoziert, wird ihm in der weißen Etappe zum Verhängnis und zur Peinlichkeit: *Sie drehen ihm nun einen Strick daraus, daß er sich einen drehen ließ.* Sobald Giles sich auf die Eigenart der Hindernisse in der schwarzen Etappe eingestellt hat, wird ihm die Gewißheit der Gewalt entzogen und er lächerlich gemacht als einer, der vor Chimären Angst hat. Wo zuvor gleichsam das wütende Spiel einer schwarzen Schikane das Kampfgetümmel bildete, steht nun der Schikanierte verlassen auf dem Feld und ficht – wie Don Quichote – mit Windmühlen.

Giles hat gewonnen, er kann gehen; aber es ist ein trauriger, ein beschämender Gewinn. In seiner Hohn erweckenden Devotheit wird er mehr zum Täter an sich selbst, als es ein Opfer innerhalb einer schwarzen Schikane werden könnte. Die weiße Schikane entsteht, wenn Giles den Schikaneuren durch sein Verhalten Gelegenheit gibt zu glauben, er erwarte die – längst suspendierten – Strukturen der schwarzen Schikane. *Deshalb schlägt die schwarze Schikane genau dann in eine weiße um, wenn sich ihr Opfer in der Willfährigkeit einzurichten beginnt.* Als Giles längst zu allen Demütigungen und dazu bereit ist, ein Verhältnis zu allen Flugzeugen der Welt zu beschwören, krönt die weiße Abschlußsequenz die demoralisierende Talfahrt, indem sie seine Bereitschaft, sich demütigen zu lassen, als unnötige und unverlangte Gratis-Gabe entwürdigt.

Pyrrhussieg

Ein Pyrrhussieg ist ein Sieg, der den Anschein einer Niederlage zu tragen hat: ein zweifelhafter, nicht unbedingt unwirklicher Sieg, der den Verdacht zurückläßt, daß das Erlangte nicht das ist, was man wollte. Giles hat einen Pyrrhussieg errungen: Zwar bekam er endlich, was er die ganze Zeit schon wollte, doch muß er die Beschämung ertragen, als müßten seine Peiniger ihm den Sieg aufzwingen. Im selben Augenblick, in dem er sich den Sieg bereits nehmen konnte, erhielt er ihn als Danaer-Geschenk.

Die weißen Schikaneure stehlen Giles gleichsam den Käfig, aus dem dieser sich befreien will, damit er es nicht mehr kann. Diese *paradoxe Entlassung* ist eine fundamentale, weiße Verkehrsform: Der perfide Entzug des Widerstands installiert die negative Barriere eines „Verbotsvakuums", in das der Schikanierte fallen soll. Das von einer weißen Schikane frappierte Opfer leidet an „zu viel" Freiheit. Die schwarze Schikane sonnt sich in dem absurden Triumph, nicht die Freiheit durch die Unfreiheit zu unterminieren, sondern die Unfreiheit durch die Freiheit zu garantieren. Die schwarze Schikane zwingt ihrem Opfer gerade so viel Freiheit auf, daß es seine reale Unfreiheit erfahren kann und muß. Die weiße Schikane sonnt sich in dem verwandten Triumph, *noch in die Erfahrung der „Freiheit" hinein den bitteren Tropfen der Unfreiheit zu gießen*. Sie hat die Achillesferse der Unterwürfigkeit entdeckt: Sie verweigert dem Inferioren die Überreichung der Entlassungsurkunde, die Satisfaktion seiner Demission. Ein entlaufener Nigger bleibt ein „Nigger"; nur die Beurkundung seiner „Freiheit" verschafft ihm eine Anerkennungsbasis als „Neger".

Es gibt eine fundamentale Symmetrie zwischen schwarzer und weißer Schikane: Der schwarze Schikaneur läßt sein Opfer das Drama der Selbstverstopfung des Hasses in negativer Form als Ohnmacht immer wieder erleben. Der weiße Schikaneur spielt mit seinem Opfer das Drama der Selbstannulation der Verachtung in verdrehter Form. Die Schikane, als aggressiver Leidensausdruck der Selbstwidersprüchlichkeit von Haß und Verachtung, schiebt den Opfern genau das Problem zu, an dem ihre diabolischen Herren kranken.

Weiße Gewalt

Die letzte Sequenz in der von gebrochener Gewalt gezeichneten Szenerie zwischen dem großen und kleinen Bruder in Kapitel Fünf ist weißer Natur, im Unterschied zu den beiden ersten, die schwarzer Natur sind. In der Schlußsequenz fordert der große Bruder den kleinen auf, zurückzuschlagen, und verzichtet unter bestimmten Bedingungen auf jede Gegenwehr.

Das Paradox der Erscheinungsform weißer Gewalt ist extremer als die der schwarzen: Sie verleiht der faktischen Gewaltlosigkeit einen gewaltsamen Anstrich. Die schwarze Gewalt läßt das Opfer an der Gewalt des Täters gegen es partizipieren, die weiße delegiert die Gewalt gegen den Täter an das Opfer. Verglichen mit der schwarzen ist die weiße Gewalt fast schon enthaltsam; und doch ist die Ohnmachtserfahrung, die sie vermittelt, vielleicht sogar stärker als etwa das schreckliche Erlebnis, wider Willen von der eigenen Hand geschlagen zu werden. (Sequenzen 1 und 2) Wer alles tut, was er kann, objektiv keinerlei Behinderung erfährt und trotzdem nichts erreicht, dessen Selbstwertgefühl ist fundamentaler beschädigt als der, der keinerlei Gelegenheit erhält, sich zu wehren.

In den Filmen von Bud Spencer und Terence Hill begegnen wir schwarzen und weißen Gewalt-Choreographien und Allmachtsfiguren. Schwarz ist das Phantasma einer ultimativen und unerschöpflichen Offensivität im „Austeilen" der Gewalt, weiß das einer ultimativen und unerschöpflichen Defensivität im „Einstecken" von Gewalt. Der wandelnde Koloß Bud Spencer ist zur halbwegs plausiblen Inszenierung des weißen Märchens der Unverletzbarkeit besonders geeignet: Jeder noch so stark vom Gegner geführte Schlag – von denen die Dramaturgie es will, daß er davon immer ein paar hintereinander einsteckt – reizt höchstens langsam seinen Unwillen über diesen Niemand vor ihm, der seine Wange streichelt. Der weiße Traum einer ultimaten Defensivität: alles einstecken zu können, ohne Schaden zu nehmen. SDI wäre als ein weißes Phantasma im Rüstungswettlauf zu analysieren.

Schlag Dich! II

Er war groß und stark. Er wußte, daß er es war, und er ließ auch anderen keinen Zweifel daran, daß er in diesem Selbstbewußtsein lebte. Unter dem T-Shirt spielten seine Muskeln, vergewisserten sich seiner Kraft. Breitbeinig stand er vor mir und schaute mich an. Kein Weg führte an ihm vorbei. Nicht daß er mir wirklich in den Weg getreten wäre, aber ich hatte nicht den geringsten Zweifel, daß er es in dem Augenblick, in dem ich es ausprobieren würde, täte. Ohne daß er mich berührte, hatte er mich in der Hand. Mir wurde abwechselnd kalt und heiß. Auf meiner Stirn spürte ich die ersten Schweißperlen.

„Okay, du hast gewonnen", sagte ich resigniert.

„Was habe ich gewonnen?" fragte er lächelnd, so, als wisse er überhaupt nicht, was hier gespielt wird.

„Sag, was du willst, und ich tu's", entgegnete ich in der Hoffnung, er würde mich dann gehen lassen.

„Was würdest du denn gerne tun?" fragte er lauernd.

„Ich weiß nicht…"

„Dann laß dir mal was einfallen! Ich hoffe, du hast gute Ideen…", und nach einer Pause, „eine sehr gute Idee".

Mein Gehirn begann fieberhaft zu arbeiten. Was erwartet er nur von mir, dachte ich. Ich war gelähmt vor Angst. Ich warf mich auf die Knie und machte Anstalten, ihm die dreckigen Stiefel zu küssen. Er schleuderte mich grob von sich weg, bevor ich es tun konnte.

„Schämst du dich nicht?", echote hämisch seine rhetorische Frage mir zu, als er sich kopfschüttelnd umdrehte und ging.

Anders als in der ersten schwarzen Version gibt es hier keinerlei Zwang, nicht einmal etwas, was man Druck nennen könnte, als Motiv für die Selbst-Demütigung. Was das Opfer hier treibt, ist eine geschickt genährte Angstphantasie. Entscheidend für die Qualifikation als weiße Schikane ist nicht die reflexive Gewalt gegen sich selbst, sondern ihr Ursprung in einer perfekt forcierten, aber doch niemals ausdrücklich initiierten Verfolgungs-Phantasie.

Weiße Schikanen inszenieren infernalische Unterlassungen, die Reaktionen in sich einsaugen, die niemals den Bonus der schwarzen Schikane – Antwort zu sein – für sich verbuchen könnten. Hier gilt nicht das schwarze, zweifelhafte Versprechen „Ich werde dich nicht schlagen, wenn du dich selbst schlägst!", sondern die weiße Verzweiflungsphantasie „Er wird mich nicht schlagen, wenn ich mich selbst schlage!".

Die perfekteste weiße Schikane wäre die vollkommen schweigende Bedrohlichkeit: Nichts, keine irgendwie festmachbare Drohung würde ausgesprochen, alles fände im Kopf des Verfolgten statt. Der weiße Schikaneur droht niemals; er agiert höchstens – wie hier – bedrohlich.

Wenn die Drohung hypothetisch disziplinierte Macht ist, dann ist die Bedrohlichkeit die nochmals zurückgenommene Macht, imaginär und unberechenbar, sich nicht bindend und doch ihren stärksten Triumph nur dann erlebend, wenn sie mit nichts gleichsam alles erreichte.

Anders als dem schwarzen Schikaneur ist dem weißen nicht einmal die gebrochene Gewalt zugänglich: in ihr würde noch zuviel indirekte Anerkennung des anderen als vergewaltigungswert, zu wenig Verachtung stecken. Er ist ambitionierter: Mit der hybriden Zuspitzung weißer Rationalität, als bösartiger Eskalation absoluter Prävention, will er die Wirkung um ihre Ursache betrügen.

Der weiße Schikaneur verhält sich wie ein angeekelter Zuschauer: Man trägt ihm ein widerwärtiges Schauspiel vor, von dem er sich nur abwenden kann. Der weiße Schikaneur ist cooler als der schwarze: Er verweigert dem Schikanierten auch den verbleibenden Triumph, noch im Genuß des demütigenden Schauspiels den Beteiligten, als Feindbedürftigen zu ertappen. Das Phantasma des absoluten Triumphes einer weißen Schikane wäre der Schikanierte, der hinter dem Schikaneur herliefe, damit dieser ihm seine Demütigungen goutiere. Die weiße Schikane initiiert das entsetzliche Gefühl, sich umsonst selbst gedemütigt zu haben.

Schrecken der Erleichterung

Man sagt, in der Angst fürchte man sich vor allem und nichts. Ihr Schreckliches sei gerade ihre Objektlosigkeit. Im Unterschied zur Furcht sei Angst maßlos und unbestimmt. Angst und Furcht verhalten sich zueinander wie leerer, abstrakter und voller, konkreter Schrecken. Weiße Schikanen erzeugen eine Konfusion von Angst und Furcht, konstituieren eine flüchtige Phobie. Sie bedienen sich einer paradoxen Angst, einer objektgebundenen Angst.

Anders als der nächtliche Spaziergänger, dessen Angst sich allmählich in der Dunkelheit ausbreitet und dem jede kleinste Bewegung zum Gefahrensignal wird, mußte der nächtliche Heimkehrer, den wir in Kapitel Sieben analysierten, nicht nach Symbolisierungen seiner Angst suchen. Und doch gab ihm sein seltsamer und beunruhigender Begleiter nicht die geringste Gelegenheit, das Beschämende der Angst („Ich hab ja nur Angst") durch ein paar konkrete Furchtindizien zu entlasten.

Anders als im schwarzen Urbild des Katz-und-Maus-Spiels, einem ständigen Zyklus aus Einfangen, Freilassen und Wiedereinfangen, liegt in der weißen Version die Katze in der Ecke des Zimmers, jederzeit sprungbereit, sich ansonsten aber keinen Millimeter rührend, während die Maus solange panisch durch das Zimmer rast, bis sie vor Angst stirbt.

Die weiße, nach Entwertungsgelegenheiten pirschende Verachtung mag die Angst bei ihrem Opfer, weil sie ihm damit den Verdacht eingeben kann, Unrecht zu haben. Es gehört zur Dialektik der weißen Schikane, gerade die Erleichterungen als Belastungen zu funktionalisieren. Neurotische Angst kennt keine Erleichterungen. Alles gerät dem paranoiden Befinden zur Bestätigung seiner selbst: Jede Ruhe ist nur Ruhe vor dem Sturm. Anders die Schikane: abstrakter und konkreter zugleich als jede Paranoia, *nährt sie die Angst, um sie besser „enttäuschen" zu können*. Gerade indem sie die Empfindung der Angst an ein tangentiales, phobisches Objekt bindet (anders als das immer abwesende, paranoische Objekt), gelingt es ihr, eine Kurz-Neurose nicht trotz, sondern wegen der Realitätsfähigkeit des Opfers auszulösen: Den Anlaß seiner Angst braucht sich kein Opfer einer Schikane einzubilden. Die schikanöse Angst ist nicht nur konkreter, sondern auch abstrakter: Ständig im Übergang zur Furcht begriffen, löst sie die Berechtigung des Übergangs doch niemals ein. Wo ist die Gefahr, der Angriff?

Die zehrende Ungewißheit, die die „reine" Angst „in sich" trägt, entfaltet die Schikane im Verwirrspiel zwischen Angst und Furcht. Im Idealfall erzeugt die weiße Schikane einen Wahn, der nicht von dem Dunkel der Unkenntnis um sich selbst erleichtert wäre. Läßt das Opfer endlich von ihm ab, muß es nachträglich die Demütigung der Involviertheit spüren.

Herausforderung zur Provokation

Der Roman, aus dem die folgende Szene entnommen ist, erzählt die Geschichte einer brutalen Geschäftssanierung: Case, der Spezialist für die sofortige Erhöhung von Umsatzzahlen mit allen Mitteln, wird, mit ultimativen Befugnissen versehen, in eine marode Geschäftsstelle entsandt. Nachdem er sich Swindlehurst, einen der Mitarbeiter, vorgenommen und mit dem vagen Versprechen geködert hat, daß in einigen Wochen vielleicht die Stelle des Geschäftsführers neu zu besetzen sei, kommt es zu folgendem „Einstellungstest".

„Noch etwas – haben Sie Mumm?" Ich starrte ihm aus einem halben Meter Entfernung tief in die linke Pupille. Das ist ein guter Trick für die Aug'-in-Auge-Konfrontation: Wenn sie nicht zwinkern, wird der andere als erster den Blick senken. Es sei denn, er kennt den Trick auch...

Swindlehurst kannte ihn. „Finden Sie es heraus."

„Okay. Was haben Sie über mich gehört? Und denken Sie nach." Er dachte nach. Ich habe diese Übung schon ein paar Dutzend Mal vollführt; ich kann schon fast von ihren Gesichtern ablesen, was ihnen durch den Kopf geht. „Wenn ich ihm sage, was ich wirklich denke, wird er mich hinauswerfen oder mich aufs Korn nehmen – was auf das Gleiche hinausläuft. Wenn ich es nicht tue – und vielleicht rechnet er damit –, wird er sagen, ich hätte keinen Mumm, und mich ebenfalls hinauswerfen. Und er hätte recht. ,Kopf – er gewinnt; Zahl – ich verliere' – so sieht's aus. Dieses miese Schwein. Was liegt mir an seinem Scheiß-Posten? Er soll mich am Arsch lecken. Da, es ging los.

„Lecken Sie mich am Arsch!" explodierte er. „Ich werd's Ihnen sagen. Das Vergnügen gönne ich mir, bevor ich abhaue. Sie sind ein verschlagener, sadistischer Schweinehund, der seine Leute nach Lust und Laune auf die Straße setzt. Sie trampeln auf ihren

Untergebenen herum und behandeln sie wie Schweine. Sie sind eine wandernde Ein-Mann-Gestapo, und wenn Sie sich darüber mit mir streiten möchten, stehe ich Ihnen gerne jederzeit zur Verfügung. So – und jetzt schießen Sie mich ab und lassen Sie mich raus!"

Ich lehnte mich zurück und fischte nach einer Zigarette. Ich konnte nicht anders, ich mußte grinsen; er sah aus wie ein verdammter Weihnachtstruthahn, wie er dastand, mit rotem Gesicht und flatternden Armen und kollerte. Fast hätte ich ihm zwei Pfund Salbei-Zwiebel-Füllung in den Bürzel gestopft.

Aber statt dessen nickte ich nur. „Sehr gut, mein Junge. Etwas zu wenig Schimpfwörter, aber das lernen Sie noch. Vorläufig wird das gehen. Sie kommen in die engere Wahl. Als erstes schreiben Sie jetzt alles auf, was Sie je über Verkaufsmanagement gehört oder gelesen haben, und legen es mir morgen vor. Und jetzt verschwinden Sie und lassen mich arbeiten."

Für einen langen Augenblick stand der Schwindler wie erstarrt da – vielleicht vier, fünf Herzschläge lang, und er glotzte mich an und schüttelte den Kopf. Schließlich -„Verdammt – ich verstehe überhaupt nichts mehr…" seufzte er verzweifelt, und langsam und wie benommen ging er hinaus." (5)

Eine Schikane, die zur Provokation provoziert. Diese *Provokation zweiten Grades*, als Vereinnahmung der einfachen, gibt dem Opfer Gelegenheit, seine Aggression gegen den Herrn herauszuschleudern – mit dessen Erlaubnis, ja, mit dessen Aufforderung. Anders als im herkömmlichen Herrschaftsverhältnis arbeitet Case mit einem negativen Loyalitätsbeweis. Nur der Mut zum Widerspruch, zur Provokation, ja, zur Diffamierung wird honoriert, hier sogar gelobt. Cases Eingangsfrage: „Was haben Sie über mich gehört? Und denken Sie nach." changiert zwischen interrogativem und imperativem Sprechakt: Das subversive Bedürfnis der Schikane nimmt gerne die Höflichkeit der Frage für die Schärfe des Befehls in Anspruch. Swindlehurst kommt einer Bitte nach.

Das Opfer sanfterer Formen weißer Schikane, Giles etwa, wird durch die lizenzierte Flucht in die Freiheit verstoßen. Swindlehurst ist Opfer einer lizenzierten Aggression. Für diese Szene, ebenso wie für die Sequenz des Brüder-Beispiels, in dem der Kleine den Großen schlagen soll, gilt eine modifizierte Täter-Opfer-Formel:

Der Täter animiert das Opfer, zum Täter an dem (eigentlichen) Täter zu werden. Im Danaer-Geschenk der brisanteren, weißen Schikane verspürt der Schikanierte nicht den gewaltsamen Verstoß in die Freiheit, sondern erhält die Freiheit zur Gewalt – keine schwarze Bestrafung des Gehorsams, sondern eine weiße Belohnung des Ungehorsams: „Sag mir, was für ein Schwein ich bin; sei ungehorsam!" Die scharfe Form der weißen Schikane organisiert die Buh-Rufe, bestellt sich negative Claqueure, die sich als Bestellte in positive verwandeln. Er gefällt sich in der Pose dessen, der im Sturm steht, den er selbst entfacht hat und nicht umgeworfen werden kann.

Anders als in „Haut den Lucas!" (in Kapitel Drei), einem Spiel, das ebenfalls die Provokation provoziert, wird Swindlehurst für seinen gelenkten Aufstand belohnt. Das Spiel bleibt eine glatte, weiße, scharfe Schikane, während in „Haut den Lucas!" der Sklave für seine Frivolität bestraft wird, den Herrn bestimmen zu wollen. „Haut den Lucas!" ist eine Fusion von schwarzer und brisanter weißer Schikane.

Das Manager-Spiel

In Doris Dörries Film „Männer" findet sich folgende Szene:

Der geprellte Ehemann, mittlerweile in der Wohnung des Liebhabers seiner Frau lebend, wird beim gemeinsamen Frühstück in der schmuddeligen Küche von eben diesem aufgefordert, doch mal zu sagen, „wie man denn so Manager wird". Nach kurzem Zögern fordert der Gehörnte seinen Rivalen auf, die Zeitung zu nehmen und daraus einen Papierhut zu falten. Der sträubt sich zunächst angesichts dieser „kindischen" Zumutung, fügt sich dann aber doch der Aufforderung, vielleicht mit dem Hintergedanken, daß ungewöhnliche Posten auch ungewöhnliche Verhaltensweisen verlangen, das Unplausible in ihnen eine andere Plausibilität hat. Nachdem er den Papierhut fertig hat, fordert ihn sein neuer Wohnkumpan auf, ihn nun auch noch aufzusetzen. Wiederum versucht er, das als „Unsinn" abzuwehren, setzt ihn nach einigem hin und her dann aber doch auf. Schließlich – als „Krönung" des Ganzen – soll er sich mit dem Papierhut auf dem Kopf nun auf den

Stuhl stellen. Auch das tut er, wiederum nach einigem Zögern. Trocken kommentiert der Gehörnte die Willfährigkeit des Neugierigen: „Manager falten keine Papierhüte, setzen sie sich auf und steigen damit auf Stühle! Du hast den Test nicht bestanden!"

Eine schöne, kleine, spielerische Schikane: Ausgerechnet die hemmungslose Bereitschaft, für den neuen Job „das Äußerste" tun zu wollen, disqualifiziert den Bewerber. Der „geheime Lehrplan" des Spiels heißt: „Befolge nicht jede Anweisung, die man dir gibt!", eine paradoxe Anweisung.

Für Führungspositionen ist konventionelle Anpassung, durchschnittlicher Opportunismus nicht gefragt. Am Ende des Tests wird nur zu dem „Ja" gesagt, der es wagt, „Nein" zu sagen, nur dem würde die Tür geöffnet, der sie – notfalls – hinter sich zuschlüge. Diese Schikane arbeitet mit der Konfusion von Anpassung und Widerstand: Nur dem, der nicht mitspielt, würde am Ende des Tests „nicht übel mitgespielt".

Der Manager soll sich durch Innovationsbereitschaft, Kreativität und Flexibilität auszeichnen, sich nicht an bereits bestehenden Maßstäben orientieren, sondern vielmehr neue Maßstäbe, neue Standards von Produktivität schaffen. Er soll so etwas wie die hybride Fusion eines Bürokraten und eines Künstlers darstellen, also extreme Konformität und Non-Konformität in einer Person vereinbaren. So gesehen ist es nur konsequent, eine dermaßen gebrochene Form von Individualität mittels Tests zu identifizieren, die alles andere als „seriös" sind. Die Schikane als Selektionshilfe der Macht fordert den Widerstand heraus, um ihn triumphierend als Anpassungsleistung zu verbuchen.

Emanzipationsparadoxa

Weiße Schikanen installieren bevorzugt Emanzipationsparadoxe. Ihr unausgesprochener „Befehl" lautet: *Sei ungehorsam!* Indem aber der Herr dem Knecht „befiehlt", sich gegen ihn zu wenden, annektiert er den Wunsch, eben dies zu tun. Die weiße Strategie vernichtet den Wunsch des Knechts, indem sie seine Neigung als Befehl zurückspiegelt. Sie transformiert die Neigung durch Affirmation zur Abneigung. Die weiße Schikane arbeitet mit dem *double unbind"*: indem sie erlaubt, verbietet sie, macht sie unmöglich. Das Phantasma der weißen Schikane ist die Umkehrung des „Was verboten ist, macht uns scharf!" Auf das Drama der schwarzen Zensur antwortet die weiße Schikane mit der Tücke der Lizenzierung. Durch Ja-sagen, Nein-sagen: In der weißen Schikane wirkt die Affirmation als Negation.

Die Infamie des „Du darfst!", die unwillkommene Einräumung und Gewährung läßt ihr Opfer darüber stolpern, daß sie ihm *keine* Steine in den Weg legt. Auf die gleiche Weise wird jemand zum Verstummen gebracht, indem man ihn zum Reden zwingt. Den weißen Schikanen gelingt es im Idealfall, ausgerechnet die Demontage von Hindernissen zu ihrer Re-Installation zu funktionalisieren, noch in der Kapitulation, im Nachgeben gegen die Wünsche des Opfers zu triumphieren. Weiß ist die Vorwegnahme der eroberten durch die geschenkte Freiheit.

Die weiße Schikane, die Apokalypse der Sättigung, die Produktion des Mangels zweiten Grades läßt die Träume des Opfers von Freiheit, Ausbruch und Davongekommensein so in Erfüllung gehen, daß sie wie Fratzen ihrer selbst wirken. Gelingt es der schwarzen Schikane, dem Begehren ihres Opfers den Willen zum Widerspruch zu implantieren, stürzt uns die weiße Schikane in das Vakuum der Herrschaft, in dem der Wille zum Widerstand haltlos implodiert. Der weiße Schikaneur ist immer schon an dem Platz, zu dem sein Opfer zu fliehen gedenkt, um es zu seiner Flucht zu beglückwünschen.

Anti-totalitäre Spiele

Wir haben in Kapitel Zwei hauptsächlich schwarze Qualitäten schikanöser Spiele beschrieben. Wir wollen sie nochmals kurz zusammenfassen:

Ein *totalitäres Spiel* führt dem Opfer immer wieder aufs neue die Unmöglichkeit vor Augen, am Spiel nicht teilnehmen zu können. Totalitäre Spiele reproduzieren den Einschluß in das Spiel, in ihnen kann man *nicht nicht mitspielen*. Das Spiel ist der Prozeß der Totalisierung, die Öffnung des „Risses", um ihn wieder zu schließen. Totalitäre Spiele degradieren den Ausstieg zu einer neuen Variante des Einstiegs. Sie zetteln das vermeintliche Ende einer Auseinandersetzung an, aber nur um die Kompetenz und Potenz, es jederzeit weiterführen zu können, unter Beweis zu stellen; insofern sind totalitäre Spiele die paradoxe Prozessierung von „Spielen ohne Ende": Der schwarze Schikaneur läutet das vermeintliche Ende seines gemeinen Spiels ein – aber nur um die Sehnsucht nach dem Ende des Spektakels erneut frustrieren zu können.

Ein *anti-totalitäres Spiel* führt dem Opfer immer wieder aufs neue die Unmöglichkeit vor Augen, am Spiel teilzunehmen. Anti-totalitäre Spiele reproduzieren den Ausschluß aus dem Spiel. In ihnen kann man nur mitspielen, indem man sich nicht beteiligt. Das Spiel ist der Prozeß, seine Unmöglichkeit zu demonstrieren. Anti-totalitäre Spiele degradieren den Einstieg zu einer neuen Variante des Ausstiegs. Sie zetteln den vermeintlichen Beginn eines Spiels, einer Auseinandersetzung an, aber nur um die Kompetenz und Potenz, es jederzeit abbrechen zu können, unter Beweis zu stellen; insofern sind anti-totalitäre Spiele die paradoxe Prozessierung von „Spielen ohne Anfang": Man fängt ein Spiel an – aber nur um demonstrieren zu können, daß es „in Wirklichkeit" niemals losgegangen ist.

Anti-totalitäre Spiele sind die perfekte Operationalisierung einer – weiß-schikanösen – auf Selbst-Reproduktion bedachten Verachtung: Im Idealfall – wie im Manager-Spiel – wird auch die Initiation des Spiels von seinem Opfer angestrebt. Das Phantasma der weißen Schikane ist die Ermächtigung des Schikaneurs durch den Schikanierten. Ihre Devise: Wer mitspielt, darf sich nicht wundern, wenn ihm mitgespielt wird.

Weiße Zeit

Je mehr die weiße Schikane in die verwandte, intrigante Schikane übergeht – was im Manager-Spiel deutlich der Fall ist –, desto mehr schrumpft die weiße Zeit auf die Sekunde der Eröffnung zusammen. Anders als der schwarze Schrecken, der bei seinem Opfer das Gefühl dominieren läßt, irgendwann davongekommen zu sein, endet die weiße Schikane mit der verrückten Sehnsucht, das Spiel möge noch einmal von neuem losgehen, um sich „besser" aus ihm davonmachen zu können.

Die Formel, die wir bereits im ersten Kapitel zur Beschreibung schikanöser Zeit-Deformation gebrauchten, daß „die Schikane das Ende als Ende andauern lassen will" (6), ist für die weiße Schikane zu präzisieren. Was passiert in dem Kopf des Opfers, nachdem es begreift, daß es eines gewesen ist? Muß es nicht von der unerfüllbaren Sehnsucht des Ungeschehenmachens, des „Hätte ich doch nicht...", umgetrieben werden?

Wir kennen alle die Erfahrung der passenden, aber verspäteten Antwort: Ein Ereignis, das uns stark beschäftigt, zieht – längst nachdem es vorbei ist – immer wieder durch unseren Kopf, und wir bringen retrospektiv, imaginäre Korrekturen an ihm an. Diese unangenehm lebendige Vergangenheit produziert die weiße Schikane mit Absicht.

Der weiße Schikaneur okkupiert das Ende, er nimmt es vorweg, schenkt es. Damit aber ereilt es uns: Indem der weiße Schikaneur immer schon da angelangt ist, wo das Opfer – aus eigener Kraft – hin möchte, bleibt das Spiel nicht in seinem aufgeschobenen Ende in Kraft (schwarz), sondern geht nach seinem realisierten Ende weiter. Die Redewendung „mit etwas nicht fertig werden können" registriert recht genau die Fortexistenz der weißen Schikane in der Phantasie ihres Opfers nachdem sie längst „vorbei" ist. Kein Opfer einer weißen Schikane kann sich – wie das der schwarzen – den Bonus der Gewalt für seine ängstliche Konformität zugutehalten. Das Drohungsvakuum der weißen Schikane hinterläßt ein Opfer, das daran zweifeln muß, ob es überhaupt einen anderen Täter als es selbst gab. *Die weiße Schikane mündet in dem Wahn, der sie im Selbstlauf fortsetzt.* Die Ereignisarmut der weißen Schikane, ihr Minimalismus der Gewalt ist der Sog, der noch die „Zeit danach" mit der unlösbaren Aufgabe belegt, die Realität ihres Geschehens zu identifizieren.

Damit ist der Kern weißer Zeiterfahrung angesprochen: Leidet das schwarze Opfer an einer *paradoxen Zukunft,* die zugleich offen bleibt und doch immer schon geschlossen ist, an einer verzweifelten Antizipation, so leidet das weiße Opfer an einer *paradoxen Vergangenheit,* die zugleich vollendet ist und doch immer unvollendet bleibt, an einer retrospektiven Verzweiflung.

Weiße Zeit ist wütende Sentimentalität: Etwas, das längst „zu Ende" ist, geht in uns nicht zu Ende. Die weiße Schikane spielt *ihr* „Spiel ohne Ende" als *Verschleppung eines „Spiels ohne Anfang"*. Wir haben im Abschnitt „Verweigerung der Demission" am Beispiel von Giles gezeigt, inwiefern die weiße Schikane auch in der doppelten Funktion als Lösung des Beendigungsproblems der schwarzen Schikane und als Fortsetzung derselben mit anderen Mitteln, als Bewegung der Totalisierung verstanden werden kann; wir können nun zeigen, inwiefern der weißen Schikane gleichzeitig die Aussetzung und Fortsetzung ihres Spiels innerhalb ihrer eigenen Totalität gelingt.

So sehr die schwarze Schikane als reines „Spiel ohne Ende" bereits als prozessierender Dauer-Abschied bestimmt ist: Das dann wirklich eintretende, faktische Ende der Schikane ist von unvermeidlich deutlicherer und drastischer Signifikanz, als es ein weißes Ende jemals sein könnte, sein wollte.

Weiße Schikanen haben, ihrem Wesen als Chimäre entsprechend, ein wesentlich weicheres Ende, eine vagere Zäsur im Übergang zum „normalen Leben". Die Gewißheit, daß sie zu Ende ist, kann schon deshalb niemals mit geradezu „schwarzer" Deutlichkeit entstehen, *weil sie der Prozeß ist, der die Gewißheit seiner selbst subvertiert.* So könnte der Schikaneur in Dörries' Manager-Szene am Ende auf die Empörung seines Opfers, zum Narren gehalten worden zu sein, antworten: „Manager empören sich nicht, wenn sie zum Narren gehalten werden...!". Die durch die weiße Schikane initiierte Erschütterung des Realitätsprinzips stiftet ein Erwachen, das sich noch geraume Zeit als fortgesetzter Alptraum empfinden muß.

Natürlich arbeiten beide Schikanen auf einen Schrecken ohne Ende hin, nur: Die Subversion von Realem und Imaginärem ist in der weißen Schikane unvergleichlich gründlicher, subtiler. Die verzweifelte Erinnerung findet in den weißen Schikanen niemals einen „Grund", an dem Halt gemacht werden könnte. So grell die schwarze Schikane auflodern mag, so klar geht sie zuende; so zwielichtig die weiße Schikane blenden mag, so diffus schleppt sie sich über ihr eigenes Ende hinaus.

Diskutieren wir eine Form weißer Schikane, die den Vergangenheits-Sog am besten mit den scharfen Konturen der schwarzen Schikane verbindet: die Plötzlichkeits-Schikane.

Die tückische Warnung

Es gibt eine Form weißer Schikane, die so unausweichlich ist wie die schwarze in ihrem Normalfall. Auch sie praktiziert eine Form der „Gewalt", allerdings nicht als lizenzierte, reflexive Gewalt des Unterlegenen (der kleine Bruder) gegen den Überlegenen. Diese Form der weißen Schikane verabreicht Danaer-Geschenke, die man nicht ablehnen kann.

Es gelingt ihnen, die weiße Figur der zirkulären Rechtfertigung noch enger und perfider auszulegen: Zurecht schuldig gesprochen ist jetzt schon der, bei dem nur Gelegenheit bestand, es zu tun. Es geht darum, die Anhörung einer Beschuldigung als ihre Bejahung auszulegen. Wie kann diese eigenartig unverschämte Identifikation gelingen? Untersuchen wir ein Beispiel.

Das beliebte Spiel, „Heejh!" zu rufen und dann, wenn jemand auf diesen Anruf reagiert, ihn scheinheilig grinsend, herausfordernd, provozierend und triumphierend zu fragen: „Heißt du ‚Heejh'?"

Die kleine Schikane nutzt aus, daß Ohren nicht verschlossen werden können. Ihre Botschaft: „Wenn du auf den Anruf von niemandem bzw. irgendjemandem antwortest, dich angesprochen fühlst, bist du ein Niemand, ein Irgendjemand!" Eine elementare, für jede Kommunikation unabdingbare Voraussetzung, die Bereitschaft zuzuhören, wird von der Schikane als banale Konditionierung, als Nicht-anders-Können ins schlechte Licht gerückt. Das Opfer sanktioniert durch seine Reaktion die Richtigkeit der Verweigerung seines Namens im Anruf. Jemand, der wirklich „cool" ist, würde niemals auf einen solchen Anruf reagieren.

Dasselbe Spiel in einer anderen Variante: Diesmal die Antwort: „Laß dich nicht verarschen!" In beiden Varianten schlägt die Falle im Augenblick ihrer Exposition zu.

Zwei kleine Mikro-Schikanen, die vor sich selbst warnen: Klingelmäuschen spielen mit dem einzigen Satz in die Sprechanlage: „Wir möchten Sie warnen. Unverschämte Kinder verunsichern die Gegend und haben nichts besseres im Sinn, als den friedlichen und wohlverdienten Feierabend ihrer Mitmenschen zu stören, indem sie wahllos auf irgendwelche Schellen drücken und dann auch noch so frech sind und ihre Opfer mit einem Bekenntnis narren." Oder das Portemonnaie leer, mit einem Zettel, auf dem steht: „Schade, hier ist leider nichts drin!" Die Ironie der Schikane: sie warnt vor sich selbst, gibt den Ratschlag, sich doch nicht von ihr treffen zu lassen, mehr noch – der Rettungshinweis ist die Gefahr. Als sollte Hölderlins „In der Gefahr wächst das Rettende auch" parodiert werden als „In der Rettung wächst auch die Gefahr!"

Schikanöse Sirenen

In der pragmatischen Kommunikationstheorie gilt: *Man kann nicht nicht kommunizieren.* (7) Der Totalitätsbann, den dieses Axiom verhängt, gleicht in vielerlei Hinsicht den Techniken der Einsperrung bei schwarzen und weißen Schikanen. Die schwarze Schikane intensiviert den Druck, sich „nicht nicht verhalten zu können". Ihre Methode lehnt sich an die – bereits in das Axiom selbst eingezeichnete –, fehlschlagende, doppelte Negationsbewegung an. Sie ermöglicht, besser: sie simuliert die Möglichkeit eines Ausbruchsversuchs für den Inferioren, um ihn dann zu negieren. Sie zwingt ihn immer aufs neue nochmals vergeblich die spezielle „Schleife" zu durchlaufen, die noch in der besonderen Formulierung des Axioms festgehalten ist.

Die kleine Schikane beutet eine weitere Unmöglichkeit aus: die, *nicht nicht hören zu können.* Komplementär zur durchdringenden Ungreifbarkeit der Stimme gehört die durchdrungene Unverschließbarkeit des Ohrs. Das Ohr ist unter allen Formen sinnlicher Rezeption die verletzlichste. Es muß hören, ob es will oder nicht. Die weiße Schikane bedient sich dieser anthropologischen Entwaffnung als Einfallstor für ihre diabolische Deutung, Aufnahme sei Annahme.

Betrachtet man die Entwicklungslogik der Sinne unter dem Kriterium der wachsenden Immaterialität ihrer Medien, entsteht eine klare Hierarchie der gelungenen Ent-Leiblichung: Zunächst der vollkommen „körperliche" Tastsinn, der – streng genommen – noch gar nicht „medialisiert" ist, weil in ihm Emission und Rezeption noch undifferenziert sind. Dann das Ohr mit seiner typischen „unkörperlichen Leiblichkeit".(8) Und schließlich das vollkommen immaterialisierte Auge, in dem die Distanzfähigkeit des Ohrs „aufgehoben" bleibt, dies aber nicht mehr mit einer

Differenzierung von Emissions- und Rezeptionsorgan „bezahlt" werden muß.

Die weiße Schikane – anders als die schwarze – inszeniert eine „passivische" Umdeutung des kommunikativen Totalisierungszwangs, so wie ihn das erste pragmatische Axiom formuliert. Wenn das Axiom normalerweise Geltung für das Produktions- und Emissionsmoment einer jeden Kommunikation beanspruchen kann, dann bedient sich die weiße Schikane der Auszeichnung des Konsumtions- und Rezeptionsmoments der kommunikativen Totalisierung.

Die Reformulierung des Axioms muß für den Kontext der weißen Schikane lauten: *Man kann nicht nicht kommunikativ rezipieren.* Diese weiße Schikane erzeugt eine Konfusion zwischen Verstehen und Akzeptieren einer kommunikativen Botschaft. Niemand kann nicht verstehen wollen; sich „die Ohren zuzuhalten" – die magische Praxis von Kindern gegen unangenehme Anklagereden –, funktioniert nicht, weil diese Praxis selbst keine andere Qualifikation aufzuweisen hat als die einer aktiven Negation. Der Versuch, die Haltung der passiven Negation mit Hilfe einer Aktion der aktiven Negation im Gefährdungsfall aufrechterhalten zu wollen, wäre nur noch ein deutlicherer Erfolg der weißen Schikane. Der Unfähigkeit, nicht zu hören, entspricht auf semantischer Ebene die Anspielung.

Die Anspielung

„Ist eine Anspielung (definitorisch beäugt) eine heimtückisch herangeschobene Vermutung, die niederträchtig (aber doch unverwendbar oft) wehrlos macht; es sei denn… Geht man auf sie nicht ein, gilt man als dumm, oder bestätigt sie eben durch das Ignorieren; geht man auf sie ein, gilt man ebenfalls als dumm, weil man sie durch das Draufeingehen bestätigte, oder aber man erhält sie eben deshalb lächelnd zurück, da ja doch gar keine Anspielung erfolgt, man vielmehr überfeinhörig sei… Es sei denn, man beschuldigt den Anspieler augenblicklich eines sträflichen Verhältnisses mit einem angewärmten Rindlendenstück. Fabelhafter Erfolg." (Walter Serner) (9)

Die Anspielung eignet sich gut als ein Medium der Schikane, weil sie etwas „halb sagt". Klatsch ist scheinbar ursprungslos; ebenso steht die Anspielung im Raum, ohne daß man auf sie direkt eingehen könnte. Sie arbeitet gleichsam als *offener Klatsch* (analog der offenen Lüge). Die Anspielung inszeniert das besondere Paradox eines „diskreten" Verdachts: weder den Verdacht einfach aussprechen, noch ihn verschweigen, sondern ihn, anspielend, „halb sagen".

Walter Serner notiert sehr genau die Warnung der Anspielung: „Wer auf mich eingeht, ist selbst schuld". Jeder, der sich auf eine Anspielung einläßt, hält eine Aussage in den Händen, die ihm bedeutet, er hätte sie besser nicht verstanden. Die Anspielung ist ein Schimpfwort, das uns nur dann trifft, wenn wir es hören wollen.

Sie praktiziert auf *semantischer* Ebene die Konfusion zwischen Verstehen und Akzeptieren, mit der die zuvor diskutierte kleine Schikane auf *phonologischer* Ebene arbeitet. Jede normale Kommunikation gibt uns Gelegenheit, Verständnis zu entfalten, ohne deshalb das, was wir verstanden haben, auch akzeptieren, also bejahen zu müssen. Der für jede normale Kommunikation geltende Vorbehalt „Verstehen impliziert nicht Akzeptieren", wird im schikanösen Kontext negiert: „Verstehen impliziert Akzeptieren". Umgekehrt garantiert Nicht-verstehen Nicht-akzeptieren. Nur: Auch Nicht-verstehen ist in der schikanösen Anspielung stigmatisiert. Aber wie gelingt der Anspielung die Konfusion, diese Implikation?

Diese Anspielung erzeugt nicht bloß eine Konfusion zwischen Verstehen und Akzeptieren, sondern auch eine Identifikation zwischen Nicht-Reaktion und Dummheit. Gerade wenn wir die Anspielung verstanden haben, verschwindet erst recht die Chance nicht zu reagieren. Das Nichtverstehen einer Anspielung legt den Verdacht intellektueller De-Qualifikation nahe; das sichtbar gemachte Verstehen dagegen die Unterstellung, ihr rechtgegeben zu haben. Die Anspielung ist eine nicht-abwehrbare Beschimpfung.

Kapitalisierung der Lächerlichkeit

Graham Greene erzählt in seinem Roman „Dr. Fischer aus Genf" die Geschichte eines Zahnpasta-Millionärs, der seine reichen „Freunde" zu grotesken Parties einlädt; für die Beteiligung an den absurdesten Demütigungen belohnt er sie mit mehr oder weniger großzügigen Geschenken.

Die Erzählung, aus der Perspektive des Mannes der Tochter von Dr. Fischer, berichtet noch vor der Schilderung der Partyatmosphäre und deren schließlicher Eskalation zur letzten, zur „Bombenparty" von einer Aktion Fischers gegen einen platonischen Liebhaber seiner Frau.

Anna-Luise, die Tochter Fischers, erzählt Jones, ihrem Mann, von Mr. Kips, einem der Gäste der dubiosen Parties. Dr. Fischer, ihr Vater, hatte herausgefunden, daß seine Frau mit einem kleinen Angestellen von Kips befreundet war. Die beiden hörten zusammen leidenschaftlich gern Musik, gingen zu Konzerten, spielten sich Schallplatten vor. Fischer fand heraus, daß der Musikliebhaber Angestellter von Mr. Kips, einem Rechtsanwalt war. Mittels einer Bestechung von 50 000 Franken entledigte sich Dr. Fischer des „kleinen Angestellten". Interessant für eine Theorie der Schikane ist die sekundäre Rache an Mr. Kips.

„Mein Vater kann nicht sehr glücklich über Mr. Kips gewesen sein. Er hatte sich ja sozusagen vor ihm bloßgestellt. Deshalb mußte er ihn demütigen, so wie er meine Mutter gedemütigt hatte, weil Mr. Kips Bescheid wußte. Er beschäftigte ihn als Anwalt, denn damit verpflichtete er ihn zum Stillschweigen."

„Aber was hat er Mr. Kips angetan?"

„Du weißt natürlich nicht, wie Mr. Kips aussieht."

„Oh doch. Ich sah ihn als ich das erste Mal versuchte deinen Vater zu sprechen."

„Dann weiß du auch, wie vornübergebeugt er geht. Es hat irgend etwas mit seinem Rückgrat zu tun."

„Ja. Ich fand, er sieht genau wie eine Sieben aus."

„Er heuerte einen bekannten Kinderbuchautor und einen hervorragenden Zeichner an, und die beiden verfaßten einen Cartoon mit dem Titel „Die Abenteuer des Mr. Kips bei der Suche nach einem Dollar." Mir schenkte er ein Vorausexemplar. Ich wußte gar nicht, daß es wirklich einen Mr. Kips gab, und fand das Buch sehr lustig und sehr grausam. Im Buch ging Mr. Kips immer ganz vornübergebeugt und sah daher immer die Münzen auf dem Gehsteig, die andere Leute ausgestreut hatten. Das Buch erschien um die Weihnachtszeit, und mein Vater veranlaßte – natürlich gegen Bezahlung –, daß das ganze Buch in den Schaufenstern jeder Buchhandlung unübersehbar ausgestellt wurde. Eine Auslagendekoration mußte in einer bestimmten Höhe stehen, so daß der Vornübergebeugte Mr. Kips, wenn er vorbeikam, sie erblicken mußte. Ein Anwalt – besonders ein internationaler Anwalt –, der nichts mit spektakulären Kriminalfällen zu schaffen hat, macht mit seinem Namen nie Schlagzeilen, nicht einmal in der Stadt, in der er lebt, und ich glaube, nur ein einziger Buchhändler protestierte, weil er sich vor einer Ehrenbeleidigungsklage fürchtete. Mein Vater garantierte einfach, er übernehme alle Kosten. Das Buch wurde – wahrscheinlich weil die meisten Kinder grausam sind – ein Riesenerfolg. Es gab viele Neuauflagen, ja sogar eine Zeichenserie erschien in einer Zeitung. Ich glaube, daß mein Vater – und das muß ihm ein diebisches Vergnügen bereitet haben – damit eine Menge Geld verdient hat.«

»Und Mr. Kips?«

»Zum ersten mal erfuhr er davon bei einem Abendessen, das mein Vater für seine Freunde gab. Jeder bekam ein erlesenes, kleines Geschenk – etwa aus Gold oder aus Platin –, das er neben seinem Teller fand, bis auf Mr. Kips, der ein großes, in Packpapier eingeschlagenes Paket erhielt. Es enthielt ein eigens für ihn in rotes Saffianleder gebundenes Exemplar des Buches. Sicher schäumte er vor Wut, aber wegen der anderen Gäste mußte er Freude heucheln, und auf alle Fälle konnte er nichts gegen meinen Vater unternehmen, weil der ihm monatlich einen sehr hohen Honorarvorschuß für Dienste zahlen ließ, die Mr. Kips niemals zu leisten hatte, und diese Vorschüsse würde er natürlich verloren haben, wenn es zu einer Auseinandersetzung gekommen wäre. Wer weiß? Vielleicht kaufte Mr. Kips selbst so viele Exemplare des Buches auf, daß es ein Erfolg wurde. Mein Vater hat mir dies alles erzählt. Er fand die Geschichte riesig komisch. ›Aber warum hast du dir gerade den armen Mr. Kips ausgesucht?‹ fragte ich. Natürlich sagte er mir nicht den wahren Grund. ›Ach, ich werde noch mit jedem meinen Spaß haben, wenn es soweit ist', sagte er zu mir. ‚Dann wirst du alle deine Freunde los sein, wenn es einmal so weit ist', sagte ich. ‚Glaub nur das nicht', antwortete er. ‚Alle meine Freunde sind reich, und die Reichen kennen keinen Stolz, außer auf ihren Besitz. Nur bei den Armen muß man sich in Acht nehmen.'" (10)

Formen der Rache

Bei seiner Rache gegen das unmittelbare Objekt seines Hasses, den „kleinen, musikliebenden Angestellten", bedient sich Dr. Fischer einer einfachen korrumpierenden Intrige: Er kauft den Arbeitgeber (Mr. Kips) und besticht ihn, dessen Angestellten zu entlassen.

Mr. Kips selbst aber wird – seltsamerweise, obwohl oder eben gerade weil er ihm bei seiner Rache half – zum Objekt einer aufwendigeren Schikane.

Fühlte Dr. Fischer sich von dem „kleinen, musikliebenden Angestellten" gedemütigt, weil „der Mann so wenig verdiente? Wäre es ein Millionär wie er gewesen, mit dem sie ihn betrog, hätte es ihm nichts ausgemacht – das glaubte jedenfalls Anna-Luises Mutter." (11), so fühlt er sich von Mr. Kips gedemütigt, weil „er sich ja sozusagen vor ihm bloßgestellt hatte."(12)

Inwiefern stellt sich Dr. Fischer vor Mr. Kips bloß? Allein schon, indem er ihn zum Mitwisser, ja zum Mittäter seiner Rache macht? Das ist – soweit man über eine Kunstfigur Motivforschung betreiben kann – einigermaßen unwahrscheinlich. Schließlich platzen seine Party-Schikanen geradezu vor praller Dreistigkeit und atmen genau die Überdeutlichkeit in der Selbstdarstellung, die für viele Schikanen charakteristisch ist. Ohnehin ist jede Schikane eine Ausdrucksweise „unverschämten" Machtgebrauchs. Es muß also etwas anderes sein, was Dr. Fischer als „Bloßstellung" empfinden könnte. Beschämt ihn nicht eher, daß seine Rache so mühelos gelingt? Das würde schon besser zu der omnipotenten Luxusmachtmoral eines Schikaneurs passen. Besteht die eigentliche Demütigung nicht darin, daß der „kleine Angestellte" für Dr. Fischers geballte Geldmacht gar kein Gegner ist?

Dr. Fischer sah sich gezwungen, Mr. Kips um einen Gefallen zu bitten, und mußte erleben, wie Dr. Fischer bereit war, mit Geld

seine Frau „freizukaufen". Dr. Fischer benutzt die banale „Macht"
seines Geldbesitzes, allerdings ohne die souveräne Überlegenheit,
mit der es ihm bei seinen Party-Seancen immer wieder gelingt, eine
Macht zu erwerben, die sich zwar auch des Geldes als Medium
bedient, aber nicht als Mittel des Drucks, sondern der Verführung.

Nehmen wir an, die Vermutung seiner Tochter träfe zu,
besonders kränkend sei für Dr. Fischer die Tatsache gewesen, daß
ihr Liebhaber ein kleiner Angestellter gewesen sei: Geschieht es ihm
in seiner Rache nicht selbst, um die Demütigung eines nicht-
gleichrangigen Affronts abzuwehren, sich eines eben solchen zu
bedienen? Ist es nicht das eigentlich Peinliche für ihn, dem Gefühl,
herabgezogen worden zu sein, ausgerechnet so zu antworten, daß er
sich selbst hinabzieht?

Wir sind bereits in Kapitel Acht auf das Verhältnis von Schikane
und Rache zu sprechen gekommen, in Form der negativen Rache,
als Rache, sich umstandslos rächen zu können. Hier geht es um die
Variante einer reflexiven Rache, einer, die sich dafür rächt, einem
anderen das Bedürfnis nach Rache einem Dritten gegenüber
eingestanden zu haben.

Traurige Berühmtheit

Dr. Fischers Rache etabliert eine falsche Auszeichnung: Er
verschafft dem armen Mr. Kips Publizität und Bekanntheit als
Witzfigur. Er läßt eine Karikatur entwickeln, deren Ähnlichkeit mit
dem lebendigen Vorbild unübersehbar ist. Der für manche Filme
übliche Vorspann, daß alle Ähnlichkeiten der in diesem Film
genannten Personen mit wirklichen Personen „rein zufällig" wären,
wird bewußt mit Füßen getreten.

Ein seltsames Rampenlicht, in das Dr. Fischer Kips treten läßt: Er
kürt ihn zum negativen Star, als bedauerliche Berühmtheit. Er
schikaniert ihn durch eine Auszeichnung, die ihn stigmatisiert.
Jeder Leser wird zum unwissenden und insgeheimen Sympathisanten von Dr. Fischers Schikane. Die Schikane erzeugt eine Konfusion von Tätern, Opfern und Zuschauern – die meisten Leser wissen
nicht, daß sie über eine tatsächlich existierende Person lachen. Jeder

Lacher wird wider Willen zum Beteiligten an einer Kränkung die sich der medialen Verfremdung bedient. Typische Totalisierung der Schikane: Es gibt keine Unbeteiligten.

Was uns an dieser Konstellation besonders interessiert, ist nicht der schwarze Beginn, sondern das weiße Finale seiner Rache an Kips: Immer dann, wenn sich die Schikane eines revozierbaren Mediums bedient, sei es nun unmittelbar ein (Danaer)-Geschenk oder sei es – wie hier – Geld, entwickelt sie einen dominanten, weißen Zug. Während sich die schwarze Schikane oft als *Mutation der Erpressung* dechiffrieren läßt, jedenfalls noch deutlich in einen – wie auch immer gebrochenen – Gewaltzusammenhang eingebettet ist, der das schwarze Opfer zum Ertragen der Demütigungen animiert, fehlt dieses zwingende Moment in den weißen Schikanen vollkommen, allenfalls existiert es als angeregtes Phantasma, wie etwa im Falle des nächtlichen Heimkehrers.

Die weiße Schikane ist eher als *Mutation der Bestechung* zu verstehen: Die Erniedrigung erreicht ihren Höhepunkt spätestens zu dem Zeitpunkt, an dem Kips definitiv nicht mehr nichts von der gegen ihn laufenden Schikane wissen kann – nach Überreichung des „Buch-Geschenks".

Mutation der Bestechung

In dem Moment, in dem Mr. Kips das „Buch-Geschenk" von Dr. Fischer annimmt, akzeptiert er die Konfusion von Bestechungsgeld und Honorar. Der schikanösen Operation gelingt es, ihr Vorgehen pseudolegitimatorisch abzurunden: Wer sich mit Geld bezahlen läßt, das seiner öffentlichen Verhöhnung entstammt, verdient es, verhöhnt zu werden! Auch eine Möglichkeit, den Sponti-Spruch „Wer sich nicht wehrt, lebt verkehrt!" zu verstehen.

Im Unterschied zur schwarzen, nein-sagenden, *nehmenden* Schikane ist die weiße eine ja-sagende, *gebende*. Der nach Jahren seiner Eitelkeit erlegene Kollege, der sich jüngst eine Perücke zulegte, sitzt morgens mit der für den Schikanierten typischen Mischung aus Scham und Wut an seinem Schreibtisch im Großraumbüro und versucht verzweifelt, nicht die Flasche Haarwaschmittel anzusehen, die er vorfand.

Die weiße Schikane formt eine Belohnung in eine indirekte Bestrafung um, ganz im Gegensatz zur schwarzen, die meist als Umformung von Bestrafung in – indirekte – Belohnung zu erkennen ist. Schwarze Schikane ist teuflische Aufhellung negativer Sanktion; weiße Schikane diabolische Verdunklung positiver Sanktion. (13)

Deshalb ist die Beziehung zwischen Schikane und Luxus (die in Kapitel Sechs eigens behandelt wurde) in gewisser Hinsicht für die weiße Schikane ausgeprägter, offensichtlicher: Die Gabe verwandelt die weiße Schikane nicht selten in eine groteske Großzügigkeit. Der weiße Schikaneur investiert in seine Schikane: Die Nicht-Erfaßbarkeit der Schikane in zweckrationalen Begriffen, ihr forcierter Umsonst-Charakter nimmt in den vergegenständlichten, gebenden Formen weißer Schikane fast schon „Beweisqualität" an. Gemessen an den Unannehmlichkeiten, die sich der Schikaneur selbst bereitet, ist die weiße Schikane die intensivere. Anders als der – im Objektverhältnis – eher vandalische, destruktive, schwarze Schikaneur, der uns das Phantasma des begehrten Gegenstandes offeriert, um uns dann seine Faktizität zu entziehen, sucht der weiße Schikaneur die subtilere Demütigung, uns den Gegenstand faktisch zu überlassen, aber gleichsam als „Leiche seiner selbst".

Die Destruktivität des weißen Schikaneurs ist wie ihre übliche Erscheinungsweise: chimärisch. Wir haben bereits im ersten Kapitel den Begriff des *paradoxen Diebstahls* zur Bestimmung der Schikane verwendet: Die Modifikation dieser Konstellation ist für die weiße Schikane als *paradoxe Gabe* zu bestimmen. Wird uns beim paradoxen Diebstahl etwas gegeben, damit der Schikaneur es uns wieder entwenden kann, so bekommen wir in der paradoxen Gabe etwas überreicht, was wir uns niemals „wirklich" aneignen können. Das Haarwaschmittel ist unbrauchbar, ein nutzloses Geschenk. Es fungiert nur als vergegenständlichte Provokation.

Weiße Schikanen, die sich vergegenständlichter Medien bedienen, zeigen etwas über das dialektische Verhältnis zur schwarzen: Einerseits gewinnen sie mittels der Danaer-Geschenke etwas von der sinnlichen Deutlichkeit der schwarzen Schikane; andererseits entfernen sie sich in dieser, vergegenständlichten Version in der Dimension der Gewalt deutlicher denn je von der schwarzen Schikane.

Durch nichts in der Welt könnte Fischer Mr. Kips zwingen, sein Geld zu nehmen: Die für die weißen Schikanen geltende Formel, daß „das Opfer zum Täter an sich selbst wird", gewinnt gesteigerten Wert, wenn die Form der weißen Schikane ihrem Opfer eine deutliche Zäsur, vielleicht sogar Wahl zwischen Einstimmung oder Flucht einräumt. In dieser letzten Form der weißen Schikane, in paradoxer Konstellation zu den schwarzen als Wieder-Annäherung (Dimension des Scheins) und Weiter-Entfernung (Dimension der Gewalt), mutiert die Schikane endgültig von einer – in den dramatischen, schwarzen Formen verkörperten – Initiation der Erniedrigung zu einer Anleitung zur Selbsterniedrigung.

Totalisierung der Verweigerung

In Graham Greenes Roman „Dr. Fischer aus Genf" findet sich noch eine bemerkenswerte Stelle: Jones, zurück von der „Porridge-Party", auf der die „Kriechtiere" um den Preis der – wie üblich – von Dr. Fischer in Aussicht gestellten, teuren Geschenke kalten Porridge essen mußten, beschreibt Anna-Luise eine Besonderheit des Treffens: „Du hättest sehen müssen, wie sie sich um seine Geschenke gebalgt haben – alle, außer Mr. Kips – der mußte zuerst auf die Toilette, um sich zu übergeben. Kaltes Porridge verträgt sein Magen nicht. Verglichen mit den Kriechtieren, muß ich zugeben, bewahrte dein Vater eine gewisse Würde. Auf mich waren alle ziemlich wütend, weil ich mich nicht an ihre Spielregeln gehalten hatte. Ich war ein Zuschauer, der mißbilligt. Wahrscheinlich hatten sie das Gefühl, ich halte ihnen einen Spiegel vor, so daß sie nicht übersehen konnten, wie miserabel sie sich benahmen. Mrs. Montgomery sagte, man hätte mich vom Tisch weisen sollen, gleich nachdem ich mich geweigert hatte, von dem Porridge zu essen." (14)

In einem späteren Treffen zwischen Jones und Dr. Fischer zeigt dieser, daß er auch die Distanz Jones' für seine schikanösen Absichten zu verwerten versteht; nach dem Tode von Anna-Luise fordert er Jones auf, seine „letzte" Party zu besuchen: „Meine letzte Party, und ich möchte, daß Sie dabei sind, Jones. Ich bin Ihnen etwas schuldig, wie ich schon sagte. Sie haben sie bei der

Porridge-Party mehr gedemütigt, als es mir bisher je geglückt ist. Sie haben nichts gegessen. Sie haben auf Ihr Geschenk verzichtet. Sie waren ein Außenseiter, und Sie haben sie bloßgestellt. Wie sehr sie Sie dafür haßten! Ich habe das schamlos genossen." (15)

Natürlich sind die Parties wegen ihrer offenen Nicht-Repressivität und ihres Bestechungscharakters als weiße Schikanen zu identifizieren. Es steht jedem „Tier"jederzeit frei zu gehen, wohin er will. Aber jeder von ihnen ist auf die Geschenke scharf; jeder läßt sich für jede Party aufs neue auf den imaginären Tausch „Geschenk gegen Selbstachtung" ein. Sie bekommen, was sie wollen – allerdings nur für einen Preis, den Fischer bestimmt.

Jones hat sich nicht als Opfer einer weißen Schikane rekrutieren lassen. Dr. Fischer gesteht dies freimütig ein, deutet aber seinen unmittelbaren Mißerfolg in einen besonderen Triumph um. Das ist eine elegante Form der posthumen Rache: Nachdem das Spiel wirklich vorbei ist, gelingt es Fischers subtiler Interpretation, Jones doch noch zu einem Vehikel des bösen Spiels zu machen. Ob er will oder nicht – Fischer hat recht, wenn er bemerkt, daß Jones' souveräne Verachtung der Zerrspiegel ist, in dem die „Tiere" ihre Fratzen sehen müssen. Fischer vereinnahmt Jones' Ungehorsam, Widerstand und Abneigung gegen das schikanöse Ritual und benutzt es als Kontrastmittel, um die Demütigung der Tiere zu verschärfen. Fischer arbeitet mit dem „sei ungehorsam!" des weißen Emanzipationsparadoxes als Folie und nicht als Programm.

Jones ist die lebende Verkörperung der Möglichkeit sich zu verweigern: Ob er will oder nicht – er beschämt die „Tiere" in ihrer freiwilligen Selbstdemütigung. Jones läßt sich seine Selbstachtung nicht abkaufen. Fischer, der Jones mit seiner Party-Masche nicht erreichen kann, versucht, dessen standhafte Weigerung zu funktionalisieren. Dabei bleibt er der basalen Eigenart weißer Strategie treu: Er zwingt niemanden, ja, er handelt noch nicht einmal: Jones ist Fischer dienlich, indem er sich *nicht* von ihm korrumpieren läßt.

Selbst das glatte, faktische Scheitern einer weißen Schikane – und welche Schikane könnte banaler und leichter scheitern als eine weiße! – kann im Kontext einer Pluralisierung von Opfern vereinnahmt werden: Sobald die weiße Schikane mehr als ein Opfer findet, verstärkt jede echte Verweigerung ihre Wirkung indirekt auf die verbleibenden Opfer. Fischer kanalisiert Jones' Energie der Verachtung der Schikane für seine schikanöse Verachtung. Der weiße Schikaneur besetzt gerne die transzendente Position des Zuschauers. Er will weder Täter noch Opfer, sondern Betrachter sein. Er genießt über den distanziertesten Sinn, das Auge. Weiße Schikanen sind Augen-Prozeduren, stille, schweigende Figuren; so im extremen Fall nächtlichen Heimkehrers.

Warum ist der weiße Schikaneur so auf die Zuschauerposition versessen? Es ist die angemessenste Verkörperung des „weder-noch", des ausgeschlossenen Dritten. Schweigen ist das Ausdrucksmedium der Verachtung. Der weiße Schikaneur handelt nicht, er arrangiert.

Midas und Tantalos

Die Mythologie des Midas ist das Paradigma eines weißen Mythos, so wie Tantalos rückblickend der schwarze Mythos schlechthin ist.

König Midas ging der Wunsch in Erfüllung, daß alles, was er berührt, sich in Gold verwandeln möge. Anders als Tantalos bekam er, was er wollte. Auch war die fatale Gabe, unter der er zu leiden hatte, keine eindeutige Strafe der Götter, sondern ein Geschenk auf eigenen Wunsch. Beide Mythen erzählen die Geschichte einer spezifischen Zerstörung der Erfahrung von Befriedigung; beide Figuren veranschaulichen ebenfalls eine besondere Form der Produktion von Unerreichbarkeit.

Midas hält das Gewünschte in den Händen, aber er kann es nicht genießen. Seine Erfahrung ist die *Frustration in der Befriedigung,* im Unterschied zu Tantalos, den die *Befriedigung in der Frustration* quält. Entsprechend unterscheiden sich ihre Erfahrungen von Unerreichbarkeit: Bei Tantalos *erzeugt die Bewegung des Zugreifens die Unerreichbarkeit in relativer Nähe.* Gerade der Akt, der die Entfernung aufheben soll, setzt sie aufs neue in Szene; bei Midas *erzeugt die Bewegung des Zugegriffenhabens die Unerreichbarkeit in der absoluten Nähe.* Gerade das Erreichthaben, erzeugt eine neue Form der Unerreichbarkeit.

Für Midas äußert sich die Totalisierung der Unerreichbarkeit innerhalb der Erreichbarkeit subtiler als für Tantalos: Der Midas-Mythos ist das *Paradigma der paradoxen Gabe,* der Tantalos-Mythos das *Urbild des paradoxen Diebstahls.* Für Midas existiert kein anderes Hindernis als die „Materialität" seines eigenen Wunsches. Das Opfer der weißen Schikane erhält das, was es sich wünscht, so verwandelt, daß er das Erhaltene nicht genießen kann. Und doch kann man nicht sagen, es sei betrogen worden: Giles darf den Flugplatz verlassen, man wirft ihm die Freiheit nach, bevor er sie sich nehmen kann; der sehnlichste Wunsch des nächtlichen Heimkehrers, mit seinem Leben davonzukommen, wird eingelöst; der kleine Bruder kann endlich einmal zurückschlagen und macht doch nur abermals die Erfahrung, daß der große Bruder unbesiegbar ist; Mr. Kips erhält Geld, ohne dafür arbeiten zu müssen und läßt sich damit seine Selbstachtung abkaufen. Sie alle bekommen auf ihre Art, was sie sich wünschten, selbst Midas.

Bei keiner Form der Schikane gilt die Formel des „Opfers, das zum Täter an sich selbst wird", dermaßen uneingeschränkt wie in der weißen Schikane. Sie macht jedes Opfer zu einem Double des Midas: Sie alle bekommen, was sie wollen (würden) – aber es bekommt ihnen nicht. Wie sich der schwarze Schikaneur bemüht, seinem Tun den Schein von Legitimität zu verleihen, sich sozial zu rechtfertigen, so geht die Unverschämtheit des weißen Schikaneurs noch weiter: *Er verteilt seine Gemeinheiten als Wunscherfüllungen,* individuelle Rechtfertigungen. Beide Schikanen sind um so perfekter, je mehr Wahrheit in ihrem diabolischen Schein steckt.

Schikane und Geld

> „Im Reich der Zwecke hat alles entweder einen Preis, oder eine Würde. Was einen Preis hat, an dessen Stelle kann auch etwas anderes, ein Äquivalent, gesetzt werden; was dagegen über allen Preis erhaben ist, mithin kein Äquivalent erstattet, das hat eine Würde."
>
> (I. Kant: „Metaphysik der Sitten")

Die weiße Schikane vollzieht sich als perverse Wunscherfüllung. Das Medium der abstraktesten und generalisiertesten Befriedigung und Belohnung ist das Geld. Der Traum der weißen Schikane ist es, mit dem Geld auch dessen Phantasma der universellen Käuflichkeit zu verfolgen und gleichzeitig überflügelnd zu verschärfen. Das Geld, der Joker (16) ist das universelle Substitut.

In einem System, in dem potentiell jedes Element mit einem anderen mittels Geld austauschbar ist, gibt es tendenziell nichts, was nicht ersetzbar wäre. Nur in der Erfahrung der Unverkäuflichkeit, der Beschränkungen der universellen Substituierbarkeit, gerät das Geldsystem in seiner Assimilierungswut ins Stocken. Der Kapitalismus erobert immer mehr Sektoren des Daseins, die dem geldförmigen Tausch noch verschlossen waren. Das vor etwa einem Jahrzehnt begonnene Geschäft mit der Biotechnologie ist nichts anders als der Vorstoß auf einen der letzten großen Märkte, die bislang vom Austausch verschlossen waren: den menschlichen Körper. Mehr als Kosmetik und Pharmazie es jemals konnten, wird eine entwickelte Prothetik Schönheit, Kraft und Gesundheit in einem ganz unmetaphorischen Sinn zu einer Frage des Geldbeutels machen.

Der zynisch-pragmatische Zeitgeist demonstriert in den schrulligsten Blüten die Potenz des Geldes als universelles, prinzipiell schrankenloses Tauschmedium: die britische Versicherung gegen den Verlust des Führerscheins aufgrund von Trunkenheit am Steuer; das deutsche Kleinunternehmen, das Entschuldigungen auf Bestellung für Menschen anbietet, die mit ihren persönlichen Ausredekapazitäten am Ende sind; derjenige, der Diplom- und sogar Doktorarbeiten auf Bestellung verfaßt; der New Yorker Service, der sich auf die Überbringung unangenehmer Nachrichten spezialisiert hat und auch verbale Kraftakte gegen Feinde des Auftraggebers stellvertretend ausführt.

Auch die Schikane, sofern sie sich des Geldes als ihres Mediums bedient, tummelt sich in diesen Grenzbereichen der Anwendbarkeit der Geld-Logik. Sie kopiert den Imperialismus des Geldes. Allerdings kapriziert sie sich auf den Kauf des Unverkäuflichen als Unverkäuflichem. Der Imperialismus des Geldes agiert immer im Rahmen der Verwertungslogik kapitalistischer Rationalität; die Schikane aber will etwas kaufen, das nicht als abermals verkäuflich ist. Das primäre Ziel des Schikaneurs ist nicht der Geldverdienst. Es geht ihm nicht um die Verwertung, sondern um die Entwertung. Der Schikaneur agiert vielmehr dann am akzentuiertesten, wenn er umsonst handelt. Dr. Fischer schließt in dieser Hinsicht einen Kompromiß zwischen „reinem", schikanösen Kauf und aggressivem Geld-Imperialismus: Er verwertet die Denunziation von Mr. Kips, verdient damit Geld und entfaltet dann über die Teilhabe am gewonnenen Reichtum seine demütigende Kraft.

Andere Formen der weißen Schikane bedienen sich des Geldes unmittelbar zur Demütigung. Nehmen wir einen Streit zwischen zwei Männern: der eine versucht den anderen zu provozieren. Er weicht der Provokation, läßt weitere Versuche an sich abprallen, bis der Provokateur schließlich verächtlich aufgibt. Dann kommt ein Zuschauer zu ihm und bietet dem, der sich nicht provozieren ließ, Geld an. Er fragt, womit er das verdient habe. Die Antwort: „Ich habe darauf gewettet, daß sie zu feige sein würden, sich zur Wehr zu setzen, ich möchte mich bei ihnen bedanken." Oder aber man bietet jemandem Geld, wenn es ihm gelingt, eine flammende Rede gegen die Korrumpierbarkeit und Bestechlichkeit der Menschen durch Geld zu halten. *Das ideale Bestechungsgeld wäre jenes, mit dessen Annahme die ätzende Kritik der Bestechlichkeit bezahlt würde.* Der niemals endende Enthusiasmus der Geld-Schikane ist es, herauszufinden, wer sich wofür mit wieviel Geld bezahlen läßt.

Geld ist für die Schikane eine Provokation. Sie will dessen Neutralität und Indifferenz durchbrechen, es mit einer boshaften Qualität ausstatten, aus seiner kalten Obszönität eine heiße machen. Das Geld soll stinken: von dem, was es vermittelt, soll etwas an ihm haften bleiben. Der Joker soll defloriert werden. Schikane betreibt eine Entanonymisierung und negative Individualisierung des Geldgebrauchs. Das Geld, Medium der Geschichtslosigkeit schlechthin, soll eine schäbige Geschichte bekommen. Das Geld ist für den Schikaneur ein ebenso lästiger wie faszinierender Allmachtskonkurrent.

Das Zerbrechen der Fiktion

Die Schikane will nicht das schiere Sein, sondern die Freiheit ihres Opfers erobern. Das steckt in der Formel: „das Opfer zum Täter an sich selbst machen". Keine Schikane scheint diese Freiheit besser zu vereinnahmen als die weiße, die sich des Geldes bedient. Das Opfer kann nun regelrecht entscheiden, ob es eines werden will oder nicht.

Aber dieses „besser" ist prekär. Je mehr die schikanöse Demütigung mittels Geld eine Anleitung zur Selbst-Demütigung wird, desto mehr verschwindet der personifizierbare Erfolgsanteil des Schikaneurs an der Schikane. Indem der Schikaneur sich der Macht des Geldes bedient, verliert er seine eigene. *Das Medium wird boshafter als der Akteur.* So sehr die schwarze Schikane ständig zu einem primitiven Gewaltakt zu verfallen droht, so sehr wird die weiße Schikane, die Geld einsetzt, von einer absoluten Inflation der Gewalt bedroht. *Der schwarze Schikaneur läuft Gefahr, immer tiefer in die Involvierungsfalle zu stürzen, der weiße riskiert, sich im Pathos der Distanz zu verflüchtigen.*

In ihrer materialisierten Form verliert die weiße Schikane den Nimbus purer, fiktionaler Gewalt. Zu definitiv ist ihr Ende, zu bestimmt ihre Schuldverteilung und zu berechenbar ihre Mittel: Das flirrende Spiel der Zweideutigkeit findet in den Geld-Schikanen ein allzu schnelles Ende. Die weiße Geld-Schikane scheitert daran, zuviel zu bekommen und deshalb nur noch wenig nehmen zu können: *Ihr Danaer-Geschenk schlägt auf sie zurück.* Sie riskiert deshalb ständig, in die Katatonie weißer Perfektion zu fallen. Die weiße Schikane verfängt sich in der schwarzen Sackgasse, wenn sie nur noch überwältigt, ohne zu überreden, und verschwindet in der weißen Fluchtlinie, wenn sie nur noch überredet, ohne zu überwältigen.

Die Marter der Hoffnung

Der französische Schriftsteller Villiers de l' Isle-Adam erzählt von dem Rabbi Aser Abarbanel, einem argonischen Juden, „der, des Wuchers und erbarmungslosen Hochmuts gegenüber Armen beschuldigt, seit mehr als einem Jahr tagtäglich der Folter unterzogen worden war."

Eines Abends nun steigt „der ehrwürdige Pedro Arbuez d'Espila, sechster Prior der Dominikaner von Segovia und dritter Großinquisitor von Spanien", zu Rabbi Aser ins Verließ.

Der „Stolz auf eine mehrere Tausend Jahre alte Abstammung" schien den Rabbi auch „die schwersten der unaufhörlichen Folterqualen beherzt" durchhalten zu lassen.

Der Dominikaner verkündet dem Rabbi „mit Tränen in den Augen" und „in Gedanken an die standhafte Seele, die auf ihr Heil verzichtete", daß er morgen am Autodafe teilnehmen muß. Bis der Tod eintritt, dauert es „mindestens zwei Stunden, oft sogar drei, infolge der feuchten und eiskalten Tücher, mit denen wir Stirn und Herz der Opfer sorgsam und schützend umwickeln." Er fordert den Rabbi auf, Gott anzurufen „und ihm diese Feuertaufe darzubieten, die vom Heiligen Geist kommt".

Nachdem der Dominikaner gegangen ist, entdeckt der Rabbi, daß die Tür zu seinem Kerker nicht richtig verschlossen wurde. „Ein Hoffnungsschimmer, den sein entkräftetes Hirn erzeugte, fuhr durch sein Inneres." Vorsichtig öffnet er die Tür. Er sieht einen langen Gang und beschließt zu fliehen, denn „die Hoffnung, die in dem Juden aufflackerte, hielt hartnäckig an, war es doch seine letzte." Auf seinem Weg hört er plötzlich „das Geräusch sich nähernder Sandalen". Verzweifelt drückt er sich in ein Mauerloch. Nachdem der Mann vorüber ist, „vermochte sich der Rabbiner fast eine Stunde lang nicht zu bewegen, da der Schrecken, den er soeben verspürt hatte, seine Lebensfunktionen geradezu außer Kraft setzte. In der Furcht, die Martern könnten verdoppelt werden, wenn er aufgegriffen würde, kam ihm der Gedanke, doch wieder in sein Gefängnis zurückzukehren. Die alte Hoffnung aber flüsterte seiner Seele jenes göttliche Vielleicht ein, das in der höchsten Not immer wieder neue Kraft verleiht."

Doch erneut kommen ihm Schritte entgegen. Zwei Inquisitoren bewegen sich disputierend auf ihn zu. Auf seiner Höhe bleiben sie stehen: „Der eine der beiden, seinem Gesprächspartner lauschend, schien den Rabbiner anzusehen! Und unter diesem Blick, dessen zerstreuten Ausdruck er zunächst nicht erfaßte, glaubte der Unglückliche zu spüren, wie sie die heißen Zangen von neuem in sein armes Fleisch bohrten; wieder also würde er eine einzige Klage, eine einzige Wunde werden. Fast ohnmächtig, nicht mehr in der Lage zu atmen und mit zitternden Augenlidern erschauderte er, als ihn das Gewand streifte. Doch wie seltsam und gleichzeitig natürlich: Die Augen des Inquisitors waren offensichtlich die eines Mannes, der voll und ganz mit dem beschäftigt ist, was es zu antworten gilt, der ganz und gar von dem Gedanken an das eingenommen ist, was sein Ohr trifft, sie waren geradeaus gerichtet – und schienen den Juden anzusehen, ohne ihn wahrzunehmen."

Nach einigen Minuten setzen die Inquisitoren ihren Weg fort, anscheinend ohne den Rabbi bemerkt zu haben. Er erreicht das Ende des Ganges und eine Tür, die er unverschlossen findet. „Die Tür gab den Blick auf Gärten unter einem nächtlichen Sternenhimmel, auf den Frühling, die Freiheit, das Leben frei! Sie führte aufs nahe Land hinaus, das sich bis zu den Bergen hinzog, deren blaue Wellenlinien sich am Horizont abzeichneten; dort lag das Heil! Oh, entfliehen können! Die ganze Nacht über würde er unter den Zitronenbäumen, deren Düfte auf ihn zukamen, dahinlaufen. Wenn er erst einmal im Gebirge sein würde, wäre er gerettet! Er sog die gute, heilige Luft ein; der Wind belebte ihn, seine Lungen weiteten sich wieder! Erhobenen Herzens vernahm er das Veni foras des Lazarus! Und um Gott zu preisen, der ihm solche Barmherzigkeit erwies, breitete er die Arme vor ihm aus und erhob die Augen zum Firmament. Er war voller Ekstase."

„Da schien es ihm, als sähe er die Schatten seiner Arme auf sich zukommen: Ihm war, als fühlte er, wie diese Schattenarme ihn umschlangen, umwanden, und wie er sanft gegen eine Brust gedrückt wurde. In der Tat, da stand eine hohe Gestalt neben der seinen. Voller Vertrauen senkte er den Blick auf diese Gestalt – stand da, keuchend, wie toll geworden, mit trüben Augen, am ganzen Leib zitternd, die Wangen gebläht und Schaum vor dem Mund.

O Schrecken! Er lag in den Armen des Großinquisitors selbst, des ehrwürdigen Pedro Arbuez d'Espila, der ihn anschaute, die Augen voller dicker Tränen und mit der Miene eines guten Hirten, der sein verlorenes Schaf wiederfindet!

Der düstere Priester preßte den unglücklichen Juden mit einer so heftigen Bewegung der Barmherzigkeit an sein Herz, daß das rauhe mönchische Büßerhemd unter dem Ordenskleid die Brust des

Dominikaners wundrieb. Und während Rabbi Aser Abarbanel, dessen Augen unter den Lidern hervortraten, in den Armen des asketischen Don Arbuez röchelte und nur wirr begriff, daß alle Phasen dieses schicksalsschweren Abends nur eine vorgesehene Marter, nämlich die der Hoffnung, waren, flüsterte ihm der Großinquisitor im Tone eines stechenden Vorwurfs und betroffenen Blickes mit heißem, vom Fasten verderbten Atem ins Ohr:

,O mein Kind! Am Vorabend des möglichen Heils … wolltet Ihr uns verlassen!'" (17)

Der forcierte Ausbruchsversuch

Die Schikane verleitet ein allzu willfähriges, geknechtetes Subjekt zu einem „Ausbruchsversuch", damit die schikanöse Macht erneut Gelegenheit erhält, ihre Überlegenheit zu beweisen.

Natürlich ist die Szene als Element der Inquisition keine reine Schikane; gleichwohl ist sie – ihrer ideologischen Einbettung entbunden – paradigmatisch. Vergleichbare Szenen gibt es in vielen Filmen: Ein Mann wird von seinen Verfolgern aufgegriffen, befreit sich, um dann auf der „Flucht" von ihnen erschossen zu werden, die natürlich nie daran dachten, ihn wirklich flüchten zu lassen.

Die Schikane, das „Prinzip Bosheit", tritt besonders gern das „Prinzip Hoffnung" mit Füßen. Den, der um sein Leben läuft, zwingt sie noch einmal zum Griff nach dem absurden Zipfel Hoffnung, doch noch davonkommen zu können. Während sich die nackte Gewalt einfach darauf beschränkt, die Möglichkeit der Flucht zu verhindern, läßt die Schikane die Flucht zu, um sie in ihrem Vollzug zu zerstören. Sie verwirklicht eines der furchtbarsten Alptraum-Topoi: Man flüchtet vor einer Gefahr, die irgendwo hinter einem naht, die eigenen Beine sind wie Blei und bewegen sich in Zeitlupe. In jedem Augenblick weiß man: So schnell ich mich auch bewege, die Gefahr wird immer schneller sein als ich. Das irre Anwachsen der Angst kulminiert in einer „Angst vor der Angst", die – paradoxerweise – durch das Eintreffen der Gefahr endlich „erlöst" wird.

Das „Prinzip Gemeinheit" besteht nicht darin, die Hoffnungslosigkeit unmittelbar herbeizuführen, sondern in der Bewegung der

Hoffnung, einen verzögerten Offenbarungseid zu erzeugen. Gerade die Unverbrüchlichkeit der Hoffnung, ihr „trotzdem", ihr Gestus des Nichtnachlassens wird von der Schikane mißbraucht und in perverser Sublimierung dem Anwachsen der Verzweiflung dienstbar gemacht. Im Kontext der erzwungenen Flucht ist es schikanös, *nicht nicht hoffen zu können*. Die Ergebenheit in den unvermeidlichen Tod wird unmöglich gemacht: Die Unvermeidlichkeit der illusionären Hoffnung ist die perverseste Form der Hoffnungslosigkeit.

Es gefällt dem Schikaneur nicht nur, die Ohnmacht seines Opfers mit ein wenig Macht auszustatten, mit gerade soviel, daß es immer wieder versucht ist, der Ohnmacht zu entkommen; er spielt selbst gerne Grotesken der Ohnmacht. Der Schikaneur betreibt gerne *Inferioritäts-Mimikry:* Er tut so, als sei er der Hilflose, der sich dem Bann des Schikanierten nicht entziehen kann.

Die kalkulierte Abdankung

In einem Film mit Gregory Peck (in „Abrechnung in Gun Hill")erwischt ihn einer seiner Verfolger zusammen mit einer Frau und ihrem kleinen Jungen in einer Trapperhütte und beschließt, mit dem kleinen Jungen „Wilhelm Tell" zu spielen; als der Apfel schon auf dem Kopf des Jungen liegt, tut er plötzlich so, als zittere seine Hand ganz schrecklich, so daß alle Angst bekommen, er könne in dem diabolischen Spiel danebenschießen.

Der imaginäre Triumph des Schikaneurs läuft darauf hinaus, daß die Opfer seine situative Überlegenheit ebensosehr verwünschen wie beglückwünschen müssen. Seine Opfer möchten natürlich, daß seine Hand ruhig bleibt, damit er nicht danebenschießt und den Jungen trifft. Die diabolische Ironie der Schikane verstellt die Situation so, daß sich die Hoffnung des Verfolgten ausgerechnet auf das richten muß, was er unter „normalen" Umständen am meisten fürchten würde: „richtig" getroffen zu werden.

Schikanös orientierte Macht will niemals ein Stadium der Selbstentfaltung erreichen, indem sie aus der „heißen" Phase des Machterwerbs übergeht in die „kalte" Phase des – einfacher gewordenen – Machterhalts. Schikanöse Macht ist problemlüsterne

Macht: Sie fürchtet die „Einfachheit", die banale, störungsfreie Reproduktion der Macht, ihre Selbstroutinisierung, Kodifizierung und Banalisierung. Schikanöse Macht wird selbst geknechtet von der Zwanghaftigkeit des bürgerlichen Fortschrittsmythos: Wer stehen bleibt, fällt zurück, wer sich nicht bewegt, stirbt, Sicherheit ist Tod. Sie entwickelt deshalb die paradoxe Strategie, weiteren Machtzuwachs ausgerechnet durch „freiwillige" Machtbeschränkung zu initiieren.

Schikanöse Macht inszeniert laufend ihre Abdankung, um immer aufs neue den Thron besteigen zu können. Der Omnipotenzwahn – vor allem der entwickelteren Formen der Schikane – läuft nicht nur auf eine Steigerung der Ohnmacht beim Schikanierten hinaus, sondern – was zunächst paradox klingt – auch auf eine des Schikaneurs. Denken wir an die souveräne Geste, an die penetrante Großzügigkeit dessen, der in einem Wettkampf seinem Gegner einen Vorsprung „schenkt". Eine Macht, die mit der Ohnmacht spielt, und eine Ohnmacht, die Macht schmecken darf: einmal eine Macht, die den Schikanierten dem Druck des lancierten Ausbruchsversuchs unterwirft; das andere Mal die souveräne und arrogante Pose des Machthabers, der sich spielerisch – im Bewußtsein seiner ungefährdeten Überlegenheit – seiner Machtmittel vorübergehend entledigt, um sie ebenso gelassen wieder einzuholen.

Freilich wagt sich der schwarze Schikaneur in dieser Bewegung, die grundsätzlich auch für den weißen gilt, wesentlich weiter vor: Die Schlaufe der Regression ist in der schwarzen Schikane weiter gespannt. Sieht man dem weißen Schikaneur die fast ungebrochene Identifikation mit der imaginären Macht an, scheut sich der schwarze Schikaneur kaum, sich die Finger mit Gewalt schmutzig zu machen. Ja, fast könnte man meinen, er suche den Unfall innerhalb der Schikane, ihr vorübergehendes Scheitern als „bloßer Schein", um die Hand zum Schlag erheben zu können – was die Schikane nur um eine weitere Totalisierung bereichern würde.

Theater der Grausamkeit

Die schwarze Schikane, als paradoxer, gebremster Haß, der sich in seine Hemmung hineinspreizt, veranstaltet ein Theater der Gewalt. Die weiße Schikane geht des Weg der Imagination, die schwarze den Weg des Theaters. Schwarze Entwirklichung zerstört die Gewißheiten innerhalb der sinnlichen Wahrnehmung.

Die schwarze Schikane praktiziert eine unendliche Ironie der Gewalt. Erinnern wir uns an „Die andere Thronbesteigung" aus dem ersten Kapitel, an den Jungen, der sich exponiert, indem er auf die Bank steigt; die Lehrerin läßt ihn seine Dummheit ausstellen. In die durchschnittliche Ikonographie des triumphierenden Selbstbewußtseins wird ein Debakel desselben hineinkopiert. Während die weiße Schikane eine eher implosive Ohnmacht erzeugt, einen Exzeß permanent scheiternder Selbstvergewisserung auslöst, bemüht sich der schwarze Schikaneur um die Initiierung einer explosiven Ohnmacht bei seinem Opfer, den quälerischen Exzeß der Hyper-Transparenz seines Tuns. Wenn Zynismus „aufgeklärtes, falsches Bewußtsein" ist, wie Peter Sloterdijk (18) meint, dann ist die Schikane die Praxis, das Opfer am Zynismus seines Täters teilhaben zu lassen.

Die Entwirklichung der schwarzen Schikane funktioniert paradox: Sie realisiert sich ausgerechnet, indem sie uns eine Überdosis „Wirklichkeit" verabreicht. Es gibt kein weißes Drama der Halluzination, nur ein schwarzes Theater der Grausamkeit. Die Luxus-Repressivität der schwarzen Schikane, der barocke Pomp ihrer Inszenierung benebelt uns durch Überdeutlichkeit: Entwirklichung nicht durch weiße Entleerung, sondern durch schwarze Überschwemmung. Immer wieder neu „bricht" die schwarze Schikane die unmittelbare Gewalt – und dieses Zerbrechen ist ihre Gewalt. Knecht Ruprecht schneidet sein Reisig vor den Augen der Kinder zu. Betrachten wir nochmals einige Szenen aus dem schwarzen Theater der Grausamkeit.

Nachhilfe

Sie rissen die Wagentür auf. Regen lief über die feixenden Gesichter, als sie uns aufforderten, auszusteigen. „Was macht ihr denn noch so spät hier?" fragte der Dickste von den dreien.

Ich verfluchte mich dafür, die Türen nicht verriegelt zu haben. „Ich wüßte nicht, was euch das angeht", fuhr es mir aus der Kehle, bevor mir einfiel, daß ich jetzt besser vorsichtiger sein sollte. Ein Schlag ins Gesicht quittierte dies auch sofort.

„Wenn du schon so schmutzige Sachen hier machst, brauchst du nicht auch noch pampig zu werden", meinte der Dicke, der anscheinend der Wortführer war. „Erzähl uns bloß, du hast die Sitze zurückgeklappt, weil du ihr zeigen wolltest, wie sie funktionieren," fuhr er fort. Seine Begleiter grinsten zustimmend.

May kroch an meine linke Seite. Sie umklammerte meine Hand so fest, daß es weh tat. Sie mußte schreckliche Angst haben; mir ging es kaum besser. Was würden die drei mit uns tun?

Sie hatten uns eine Weile schweigend angestarrt, bis ein Lächeln über das Gesicht des Dicken flog. „Du weißt anscheinend nicht einmal, wie man mit einer Dame umgeht", flötete er. „Komm her", sagte er mit bedrohlicher Sanftheit zu May. Sie sah mich an. Eine furchtbare Angst im Blick. Sie schmiegte sich nur noch enger an mich und vermied es nun ganz, die drei anzusehen. May stieg aus. Ich ebenfalls und ging um den Wagen zu ihr. „Du hast sie schon so verdorben, daß sie sich vor Fremden fürchtet, die ihr doch gar nichts Böses wollen." Dabei stieß er mich von May weg. Ich versuchte auf ihn einzuschlagen, aber seine zwei Kumpane hatten mich im Nu umklammert und hielten mich fest.

„Also ich verstehe ja, daß du eifersüchtig auf mich bist, aber du mußt es nun wirklich nicht übertreiben", sagte der Dicke. May schluckte krampfhaft und versuchte ein Weinen zu unterdrücken. „Deine Freundin ist ja ängstlich wie ein Kind. Warum nur? Gestattest du ihr keinen Umgang mit Freunden oder Fremden? Du solltest dich schämen!"

„Und du? Du bist auch nicht gerade der Gesprächigste; wenn man sich schon nachts auf der Straße trifft, sollte man sich ein wenig mehr zu sagen haben, meinst du nicht auch?" Der Dicke sah abwechselnd mich, dann wieder May an, die schlaff in seiner Hand hing und zu Boden blickte. „Findet ihr nicht, daß euer Verhalten fast schon kränkend ist?" Ich hatte genug von seiner schmierigen Höflichkeit: „Bringt es doch endlich hinter uns!" schrie ich ihn an, „was wollt ihr denn!" „Na, na" meinte der Dicke, „soviel Ungeduld. Weißt du nicht, daß es die erste Tugend der Höflichkeit ist, sich Zeit zu nehmen? Anstatt einfach an euch vorüberzugehen, wie es um diese nächtliche Zeit ja nur zu verständlich wäre – man weiß ja nie, wen man trifft...", dabei sah er grinsend seine Kumpane an, die anscheinend nichts anders konnten als schweigen, „machen wir halt und was ist mit euch. Und ihr behandelt uns, als wollten wir euch überfallen!"

„Und wie wollt ihr das nennen, was hier geschieht!", schrie ich ihn an.

„Eine kleine Hilfestellung, mein Freund, nur eine kleine Hilfestellung. Siehst du, wir haben gesehen, wie du an der Kleinen rumgefingert hast und wie sie schon nervös geworden ist, weil du es niemals schaffen wirst, das Geschenk auszupacken, wenn du weiter so hantierst.

„Ich hatte keine Chance, seine Greifer fixierten mich. Er zog May zu sich heran, die erschreckt aus ihrer Apathie aufzuwachen schien und sich verzweifelt sträubte, und legte seine Hand an ihre Taille. „Du mußt die Kleine ja ganz schön mißhandelt haben, daß sie nicht einmal mehr die selbstverständlichsten Dinge genießen kann", kommentierte er ihre vergeblichen Anstrengungen. Er ließ seine Hand in Richtung auf ihren Busen wandern. „Siehst du, Alter, nicht einfach hinlangen. Ein Frau verdient es, daß sie mit Zartheit und Respekt behandelt wird. Wie du siehst, geht beides auf einmal." Seine Pranke lag nun auf ihrer Brust. Er zog sie weg, um sie aber sofort noch einmal brutal auf sie zu legen und sie zu kneten anfing. „Siehst du, so schaut das bei dir aus, das kann man doch keiner Frau zumuten. Das ist ja fast, als läge sie auf der Schlachtbank."

In mir brannte der Zorn, aber ich konnte nichts tun. Ich sah, daß May aufgehört hatte sich zu wehren.

„Entschuldige die rauhe Behandlung, Schätzchen", meinte er zu May, „aber dein Alter kapiert es sonst nie, wenn man es ihm nicht ganz handgreiflich vorführt". Er stopfte ihre Bluse, die ein wenig aus dem Rock gerutscht war, wieder hinein und strich sie glatt.

„Na gut", meinte er, „für heute soll's mal genügen. Kommt Jungs, er soll ja noch Gelegenheit haben, das Gelernte auszuprobieren..."

So überraschend sie aus der Dunkelheit aufgetaucht waren, verschwanden sie. Wir standen beide noch einen Moment mit hängenden Armen auf dem abgelegenen Bürgersteig und versuchten vergeblich, ihre sich schnell entfernenden Gestalten in der Dunkelheit auszumachen. Erst dann rannten wir zu unserem Wagen, sprangen hinein und drückten die Sicherheitsstifte. Erst ganz langsam begriffen wir, daß die Gefahr vorüber war.

Die Kunst des Zitats

Die Schikane entwickelt einen Schein, um ihn zerstören zu können. Keine Form der Schikane verfährt dabei brutaler als die schwarze. Ihre boshafte, schwarze Ironie stiftet ein Klima drohender Vergewaltigung und benutzt die Plattform der Angst und Panik für eine seltsame Lehrstunde der Zärtlichkeit. Sie inszeniert einen Rollentausch zwischen männlichem Täter und männlichem Opfer: Die schikanöse Vergewaltigung der Frau ist das boshafte Kunststück, mit einem Vergewaltigungs-Zitat das widerwärtige Original als pädagogische Kopie zu verwirklichen.

Die Nachahmung bedient sich der demütigenden und brutalen Logik eines verzerrten pädagogischen Konzepts („aus Fehlern sollst du lernen...!"), in dem Vorstellung nichts und Erfahrung alles sein soll. Das, was in den entwickelten Formen weißer Schikane tatsächlich passiert, die buchstäbliche Auslegung der Formel des „Opfers, das zum Täter an sich selbst wird", wird hier nur parodiert. Keinen Augenblick läßt das Trio Zweifel daran, daß sie – mindestens – den Rahmen für ihre Schikane jederzeit gewaltsam zu sichern bereit sind. Sie verlassen sich nicht auf die phantastische Selbsteinsperrung des Schikanierten in der weißen Schikane. Ihre Zumutungen und Versehrungen sind auch zu physisch, um sich diese Eleganz und den weißen Luxus der Verwischung der Repressivität leisten zu können.

Die diabolische Ironie dieser Schikane käme kaum richtig zum Zug, wenn sich die beiden Opfer ständig und mit Energie der

drohenden Apathisierung entzögen. Dann bliebe den drei Schikaneuren kaum etwas anders übrig, als die für die schwarze Schikane
typische Sublimierung direkter Gewalt rückgängig zu machen. Die
schwarze Schikane braucht auch die Fortsetzung der Gewalt durch
die Phantasie ihrer Opfer. *Insofern wird hier noch einmal ganz
deutlich, daß weiße und schwarze Schikane kaum jemals „reine“,
für sich isolierte Erscheinungen sind, sondern allenfalls Extreme der
analytischen Betrachtung kennzeichnen. Wenn wir von schwarzer
oder weißer Schikane sprechen, ist damit in aller Regel nur die
Dominanz eines der beiden Momente gemeint.*

Der Genuß des Schikaneurs braucht ebenso Zeichen passiver
Einstimmung als auch solche des Aufbegehrens, weil er ebensowenig wie der Sadist an einer komfortablen Grausamkeit, einem
Entgegenkommen des Opfers interessiert ist. Besonders boshaft ist
es, wie es dem Schikaneur gelingt, Mays Abwehr als Reflex der
bislang gewohnten „Mißhandlung“ durch ihren Freund umzudeuten: Der Schikaneur hat Verständnis.

Das Theater der Humanität ist ein Grundzug im Spiel des
schwarzen Schikaneurs: In der Maske des forschen und zu so später
Stunde unerwarteten „Sexualberaters“ wird der Übergang von
Drohung zu nackter Gewalt in der Schwebe gehalten.

In der Manege

Auf dem Schulhof. Langsam, ganz beiläufig schließt sich der Kreis
um den Neuen. Nicht, daß er wirklich behindert würde, aber er
stößt zu häufig an einen seiner Mitschüler, die dann schimpfend
seine Unachtsamkeit reklamieren, als daß es noch zufällig sein
könnte. Der Neue spürt ganz genau, daß sie ihn buchstäblich
auflaufen lassen. Wenn er dem einen, der wieder mal plötzlich vor
ihm stehen bleibt, auszuweichen versucht, stößt er an den anderen,
der schon neben ihm wartet, bereit, gestört zu werden. Er beginnt,
sich beim Gehen nervös über die Schulter zu sehen, benimmt sich
wie jemand, der nachts alleine, mit viel Angst, sichernd durch einen
Wald geht. Die bedrohliche Situation verurteilt ihn zur Nervösität
und Tolpatschigkeit: Er stolpert über die eigenen Beine.
Schließlich hält er es nicht mehr aus, dreht sich im Kreis, bleibt

stehen und schreit verzweifelt über den Platz: „Was wollt ihr eigentlich von mir...!"

Alle bleiben stehen, niemand sagt etwas. Sie kommen langsam näher, bleiben nahe vor ihm stehen, die Hände in den Taschen, kein Ton. Die Stille kriecht in ihn. Seine Angst macht ihn aggressiv, herausfordernd.

„Was wollt ihr von mir, los, sagt es doch endlich!", schreit er immer wieder. Er taumelt um seine Achse, sie haben ihn vollkommen eingeschlossen. Er weiß nie, was gerade hinter seinem Rücken geschieht. Keiner antwortet ihm, langsam kommt er zur Ruhe, schreit nicht mehr. Er geht auf die schweigende Mauer zu, will zwei seiner Klassenkameraden auseinanderschieben. Sie stoßen ihn in die Mitte des Kreises. Er fällt auf seine Knie, weint Tränen der Wut und Scham und bittet sie, ihm doch zu sagen, was er tun kann.

Endlich bequemt sich einer, auf ihn zuzutreten, zieht ihn an den Achsel zu sich hoch und läßt ihn wie einen nassen Sack in seinen Armen hängen.

„Du solltest lernen, nicht immer so tolpatschig zu sein, deine Kameraden anzurempeln, ihnen lästig zu fallen„ sagt er, über ihn hinwegsehend. "Wir wollen dir dabei helfen." Er reißt ihn hoch und schleudert den Verdutzten in die Arme der Umherstehenden. Die fangen ihn im letzten Moment auf, nachdem sie zunächst auswichen und er schon zu Boden zu schlagen glaubt. Sie reißen ihn hoch, schleudern ihn wieder mit aller Macht zur anderen Seite. Dort wiederholt sich die Szene. Sätze fliegen durch die Luft, er schnappt nach ihnen wie nach einem Halt: „Heute ist er wieder besonders tolpatschig, was meint ihr? Vielleicht liegt's an den Schuhen? Wie kann ein Mensch nur so oft stolpern... Ja, auch Hinfallen will gelernt sein. Verdammt noch mal, kannst du denn nicht endlich mal aufpassen, wo du hintrittst!" usw.

Manchmal lassen sie ihn doch fallen, wie zufällig, entschuldigen sich bei ihm, bedauern, daß er keine besseren Lehrer als sie fürs Gehenlernen haben kann, versprechen, sich mehr Mühe zu geben. Dann wieder flüstern sie ihm ins Ohr, wenn er wieder einmal hart auf dem Boden gelandet ist, er müsse sich doch auch ein wenig Mühe geben und mitspielen, er solle sich doch nicht ganz so gehenlassen. (19)

Ballett der Gewalt

Die Schikaneure inszenieren ein Ballett der Gewalt. Anstatt ihn der direkten, unmäßigen Gewalt einer „Gruppenkeile" auszusetzen, erteilen sie ihm Nachhilfeunterricht im Gehen.

Der Gestoßene wird – unfreiwillig – Stoßender, indem er durch die Runde taumelt. Jeder stößt ihn als Gestoßener weiter. Der erste Stoß verliert sich im Taumel. In diesem „Kreisspiel" wird der Schikanierte „gehalten": immer in letzter Sekunde vor dem Sturz bewahrt. Die Schikane inszeniert gleichzeitig den Unfall wie die Rettung; es ist, als griffe ein Helfender im Moment des selbstmörderischen Fenstersturzes zu, hielte den Hilflosen fest, um ihn entgleiten zu lassen, um ihn abermals im letzten Augenblick zu packen und wiederum hochzuziehen. Einige kennen vielleicht die Szene, die wir beschrieben haben; mit nur wenigen Änderungen deckt sich die Inszenierung mit einem elementaren Vertrauensspiel vieler Selbsterfahrungsgruppen. Die Fleisch gewordenen Metaphern „Wir fangen dich auf, wenn du fällst" und „Gehalten werden" sind gleichsam die non-verbalen Chiffren dafür, angenommen zu sein, anerkannt zu werden, Vertrauen genießen zu können.

Wir kennen die parodistischen Neigungen der Schikane bereits; mit Vorliebe bemächtigt sie sich Ausdrucksformen, die so weit als möglich in einem machtfreien Raum angesiedelt sind. Daß sie sich ausgerechnet einer Methode, die der Angstbewältigung dienen kann, zur Angstforcierung benutzt, ist nur der typische Ausdruck ihrer diabolischen Ironie. Daß sie nicht auf die kommentierende Ausbreitung der durchsichtigen Illusion verzichten will, der Taumelnde sei nicht Gestoßener, sondern Stoßender, sei nicht Objekt, sondern Subjekt, ist nur konsequent, wenn das Opfer als Täter an sich selbst erscheinen soll.

Man verstünde das Wesen der Schikane nicht richtig, nähme man an, die Bereitschaft, ihr Opfer tatsächlich beim Herumstoßen aufzufangen, sei bloß feige, eine opportunistische Konzession, „es nicht zu weit treiben zu wollen", oder Ausdruck moralischer Hemmung. Es geht ihr vielmehr darum, die „Fallhöhe", aus der ihr Opfer stürzt, zu vergrößern. Der Schikaneur weiß, daß ein Unglück um so größer ist, je mehr es möglichst viel Zuversicht, Hoffnung und alle Arten von positiven Gefühlen in seinen Strudel zu ziehen vermag. Grausam ist die schwarze Schikane darin, daß sie uns niemals die Hoffnung gänzlich nimmt. In unserem Beispiel gehen die Schikaneure sogar soweit, als Trostspender eine Hoffnung zu soufflieren, die immer in Gefahr ist, sich zu verlieren. Daß sie sich teilweise für ihre Unfähigkeit, ihn aufzufangen, entschuldigen, ist nur Ausdruck eines weiteren, besonderen Paradoxes in der schikanösen Vorgehensweise: *durch Demut zu demütigen.*

Antizipations-Abwehr I

Noch einmal der szenische Rahmen der Auseinandersetzung von kleinem und großem Bruder (20): Nehmen wir an, die Atmosphäre brodle, der Punkt aber, an dem der Ausbruch einer Auseinandersetzung am wahrscheinlichsten gewesen wäre, liege schon etwas zurück. Und gerade da erhält der kleine Bruder von seinem Bruder – aus wieder heiterer werdendem Himmel – einen Schlag. Auf seine Frage, warum er ihn denn jetzt doch noch schlagen würde, antwortet der Große feixend: *„Weil du zu sicher warst, daß ich es nicht mehr tun würde...!"*

 Diese Schikane bestraft gewissermaßen das „Fertig-geworden-Sein" mit der Herrschaft. Sie nimmt es dem Beherrschten übel, daß sie in ihm keinen inneren Aufruhr, keine Beunruhigung über ihr Vorgehen mehr wecken konnte. Sie sanktioniert, weil sich der Unterworfene „in sein Schicksal fügt", besser: weil er glauben könnte, sich in sein Schicksal zu fügen. In ihrer typisch verdrehten Logik zitiert die Schikane ausgerechnet eine mögliche Konfliktvermeidung als „Grund", ihn „doch noch" auszutragen. Die selbstzufriedene, fast entspannte Ruhe des kleinen Bruders, „noch einmal davongekommen zu sein", muß auf die normalitätsfeindliche Gesinnung des schwarzen Schikaneurs wie eine Provokation wirken; nichts ist ihm lieber, als sie so verstehen zu können.

Die Unverschämtheit des Unterworfenen, einen Moment lang aufzuatmen, das Spiel ohne Ende beendet zu sehen, motiviert zu dessen Fortsetzung. Wer sich in Sicherheit wiegt, wird verschaukelt. Würde die Schikane kalkulierbar, könnte man in ihr weiteres Vorgehen plötzlich Vertrauen haben, dann bräche sie zusammen.

Nichts ist dem Schikaneur fremder als der devote, durchschnittliche Ernst des demokratischen Gegenwartspolitikers, der chronisch verkündet: „Unsere Politik muß berechenbar sein!"

Jede schwarze Schikane kultiviert letztlich eine subversive Krümmung der Unberechenbarkeit. Das Besondere ist, daß sie den Glauben des Schikanierten, sie sei nicht unberechenbar, sanktioniert.

Antizipations-Abwehr II

Der Geist der Schikane ist noch besser zu verstehen, wenn wir die Szene mit umgekehrten Vorzeichen betrachten: Jetzt entwickelt sich die Situation so, daß sich keinerlei entspannte Atmosphäre andeutet. Der kleine Bruder schwitzt Blut und Wasser; er ist überzeugt, daß er heute noch seine Abreibung bekommen wird. In seinem verquälten und müden Gesicht mag ein Ausdruck liegen, der dem großen Bruder sagt: „Komm, laß es hinter uns bringen…!"

Obwohl erwartet, kommt der Schlag dann doch sehr plötzlich. Grinsend sagt der große Bruder auf die Frage des kleinen, warum er ihn eigentlich schlage: *Weil du zu sicher warst, daß ich es tun würde!"* Auf den ersten Blick wirkt diese Sequenz noch abstruser, paradoxer: *Jetzt wurde der Kleine bestraft, weil er sich „zu sicher" war, bestraft zu werden.* Und doch ändert sich grundsätzlich die Interpretation des Falles nicht: Auch jetzt wehrt der Schikaneur eine Festlegung seiner Identität ab.

Die Antwort sagt dem Schikanierten: Hättest du etwas mehr Vertrauen in mich gehabt, hätte ich dich vielleicht nicht geschlagen. Schlägt der Schikaneur, weil er ein Schläger ist oder um den Beweis anzutreten, daß er kein Schläger ist? Es wäre einfältig zu glauben, die Antwort sei vollkommen klar. Die „Brillanz" des Schikaneurs beruht ja gerade darauf, zwischen der Empörung über die unfaßliche Anschuldigung, er sei der Gewalt fähig und der banalen Gewalt, die nie nach Gründen und Hindernissen fragt, ein Ununterscheidbarkeitsflimmern zu erzeugen.

Man würde den Geist der Schikane mißverstehen, glaubte man, die selbst-rechtfertigende „Begründung" der eigenen, schikanösen

Handlungsweise sei bloß eine Pseudo-Legitimation. Was man gängigerweise zurecht als eine „Pseudo-Legitimation" bezeichnet, also der Versuch, die Kraft einer echten Rechtfertigung durch eine gut zusammengeflickte zu ersetzen, ohne daß der Unterschied ins Auge springt, ist keineswegs das, was einem Schikaneur im Sinn liegt. Er ist an dem Gegenteil einer *obszönen Legitimation* interessiert.

„Obszön" ist eine Legimation, wenn sie sich ausgerechnet eines wahren Arguments bedient, um eine ebenso offensichtliche Ungerechtigkeit zu rechtfertigen. Jean Baudrillard hat den Unterschied treffend formuliert: "Aber so wie das Falsche mit der ganzen Kraft des Wahren auftreten kann – das ist die erhabene Form der Illusion und der Verführung –, so kann auch das Wahre mit der ganzen Kraft des Falschen auftreten – und das ist die Form der Obszönität." (21)

Es ist verrückt: War in der ersten Szene das Bild, das der Schikaneur von sich im Kopf des anderen spürte, zu wohlmeinend, so stört ihn in der zweiten Variante, daß es zu böswillig ist. Fast scheint es so, als ginge es gar nicht um den konkreten Inhalt der Bilder (ginge es darum, wäre nur die zweite Szene plausibel!), sondern vielmehr um die Anmaßung, sich von ihm irgendein Bild zu machen. Der schwarze Schikaneur spielt die Rolle des säkularisierten *Exekutors des biblischen Bilder-Verbots:* Deutlicher könnte er seine göttlich-diabolischen Ambitionen kaum noch illustrieren.

Das kafkaeske Gesetz

Wir haben bereits im zweiten Kapitel die Schikane als Wiederkehr despotischer Mentalität unter den Bedingungen der Legalität analysiert. In den zugespitztesten Formen schwarzer Schikane ist die zentrale Figur der Subversion bis ins Groteske verzerrt und damit dem despotischen Ursprung, der reiner Willkür näher denn je. Und doch folgt auch hier der Schikaneur einer Regel. Was ist die Bewegung der Subversion anderes, als jeder Überschreitung, jeder Willkür den Eindruck zu verschaffen, sie folge aus der Regel, die sie gleichwohl bricht.

Die neue Regel im Spiel der schwarzen Schikane entspricht – fast deckungsgleich – einer souveränen Macht, die keinerlei Selbstbindung, Formen der Festlegung, der Wiedererkennbarkeit und Identifizierbarkeit unterliegt. *Wenn aber die Willkür selbst zur Regel reinen Despotismus wird, dann bricht der Schikanierte die Regel in dem Augenblick, in dem er glaubt, den Schikaneur „identifiziert" zu haben.*

In dieser forciertesten Form schwarzer Schikane erscheint die Subversion als kafkaeskes Gesetz, das man erst im Augenblick seiner Überschreitung kennenlernen kann. Die Selbst-Rechtfertigung des Schikaneurs erreicht in der despotischen Schikane eine groteske Intensität: Als Brechung und Negation der Erwartungen des Opfers über die Absichten des Schikaneurs folgt er der Regel, das Gegenteil von dem zu tun, was von ihm erwartet wird. In dem Moment, in dem der Schikaneur seinen Schlag begründet, macht er diese Regel auch sichtbar, das heißt, er bietet das Simulacrum einer Konformitätsgrundlage an. „Simulacrum", weil sich niemand an diese Regel halten kann, gerade *weil* sie erkennbar ist. Nur deshalb verdient es diese Konstellation, auch weiterhin als Schikane identifiziert zu werden.

Warum ist die Regel, obwohl sie explizierbar ist, unbefolgbar? Selbst in dem Augenblick, in dem der Schikanierte begriffe, daß er dem Schikaneur nicht das Gefühl geben dürfe, ihn „erkannt" zu haben, könnte der Schikaneur mit grausamer Ironie den nächsten Schlag noch mit der verrücktesten aller „Begründungen" einleiten: „Ich habe dich geschlagen, weil du dir sicher warst, daß ich es nicht tun würde, wenn es dir gelänge, dir keine Illusionen über meine Absichten zu machen." *Das eigentliche Paradox besteht darin, daß der Betroffene die Regel nicht begreifen darf, um sie befolgen zu können.* Noch das Begreifen der Regel, ihre Reflexion im Kopf des Opfers kann als Spur identifiziert werden, die der Schikaneur als verbotene Identifikation sanktioniert.

Das *Axiom der despotischen Ironie* lautet: *Es ist unmöglich, sich kein Bild von der Natur der Herrschaft zu machen.* Selbst die ängstliche und nur zu sehr verständliche Vorstellung „Ich mache mir besser kein Bild von der Natur der Herrschaft" bleibt doch ein negatives Bild von ihr und ist so nach der despotischen Regel sanktionierbar: „Du sollst dir kein Bild von mir machen!"

Despotisch ist eine Regel dann, wenn sie *nicht nicht überschritten werden kann.*

Der Unterschied zwischen „reiner", despotischer Willkür und einer despotischen Schikane ist folgender: *Die despotische Willkür, die wirkliche absolute Autonomie des Befehlens ist niemals reaktiv.* Die Crux der kafkaesken Schikane liegt aber doch gerade darin, die Willkür reaktiv abzuleiten: „Ich schlage dich, weil du glaubst, ich würde (nicht) schlagen!" Jede Abhängigkeit von der Erwartung eines anderen schränkt ein. Also verkörpert die kafkaeske Schikane eine scheinbar geringere Souveränität als originärer Despotismus.

Sieht man aber genauer hin, funktionalisiert auch die kafkaeske Schikane nichts anderes, als die Einschränkung der Willkür für ihre geregelte Entschränkung. Was im hyper-ritualistischen Arrangement noch als approximative Bewegung erscheinen kann, ist hier - perfektioniert – unmöglich; es geht nicht nur darum, den Buchstaben des Gesetzes gegen seinen „Sinn" zu wenden, sondern – radikaler noch – *ein Gesetz zu erfinden, das unbefolgbar ist.* Paradox ist, daß die Regel des Identifikationsverbots („Bilder-Verbot") identifizierbar sein muß, ohne schon deshalb befolgbar zu sein.

Wenn eine explizite, manifeste und erklärte Norm grundsätzlich befolgbar ist und eine implizite, latente und unerklärte Norm grundsätzlich unbefolgbar ist, dann ist die *kafkaeske Regel* die erfolgreiche Totalisierung in Gestalt einer *expliziten und unbefolgbaren Regel.*

Tod der Erlaubnis

Wir haben im dritten Kapitel eine längere Szene aus M. V. Llosas Roman „Die Stadt und die Hunde" zitiert; diese Passage ist eine der stärksten und brutalsten schwarzen Schikanen, die in diesem Buch besprochen werden. Wir haben bisher die Szene nur selektiv unter dem Gesichtspunkt eines „Spiels ohne Ende" analysiert. (22)

Der Sklave hatte sich den Schleim instinktiv aus dem Gesicht gewischt – man spuckte ihn erneut an; denn niemand hatte ihm befohlen oder erlaubt, sein Gesicht zu säubern. Erneut wurde er angespuckt. Man bestrafte ihn keineswegs, weil er nicht fragte – was schon demütigend genug gewesen wäre. Diese Unterlassung wird von den Schikaneuren überhaupt nicht reklamiert. Indem sie monieren, er habe, als er sich den Schleim aus dem Gesicht wischte, etwas getan, was nicht befohlen war, machen sie vielmehr ihre Einstellung deutlich, *daß ihm das Recht der Frage gar nicht zusteht.*

Das despotische Begehren bestraft jedes initiative Verhalten des anderen. Nicht einmal das elementarste Recht, jenes, sich nach dem Umfang der ihm zugestandenen Rechte zu erkundigen, steht ihm zu. Hätte er die devote Frage gestellt, ob er sich den Schleim aus dem Gesicht wischen darf, wäre bereits das zentrale Gebot der Situation: „Tue niemals etwas Ungebotenes!" verletzt worden. Diese Regel impliziert eine weitere: *Es ist nicht erlaubt, um Erlaubnis nachzusuchen.*

Eine weitere kafkaeske Regel wird sichtbar, an die man sich nicht halten kann. Ein normativer Raum, in dem gälte: „Tue niemals etwas Ungebotenes!" ist eine absolute Zumutung: Selbst schlichte Servilität, die sich eifrig beim Herrscher nach „neuen Befehlen" erkundigte, ist ein Fehlverhalten und wird sanktioniert.

Das Phantasma ist ein Unterworfener, der noch in der kleinsten und unscheinbarsten seiner Lebensregungen dem Gesetz unterworfen wäre. Dieses Gesetz kann nicht nicht gebrochen werden. Das Subjekt müßte – im Extrem extrapoliert – jede seiner Regungen von der Initiative des Befehls abhängig machen. Allein indem der Unterworfene „lebt", ohne daß ihm dies befohlen wäre, ja, auch nur befohlen werden könnte, ist ein Akt der Insubordination. Man könnte ihn mit dem hämischen Kommentar schlagen: „Warum haben sie mich angesehen? Habe ich ihnen den Befehl gegeben, sich zu kratzen? Warum atmest du so schwer? Habe ich dir befohlen, so schwer zu atmen?" usw...

In dem Spiel erneuert sich imaginär eine archaische Situation, in der der Herrscher mit einer allmächtigen, magischen Potenz ausgestattet ist: Wenn er sagt, „Herz, steh still!", dann steht das Herz still.

Was ist der Unterschied zwischen der zuvor am Beispiel der Antizipationsabwehr diskutierten kafkaesken Struktur und dieser? Dort ging es um die *mentale Unmöglichkeit*, ein Denkverbot zu befolgen, ohne es zu bedenken; hier geht es um die *praktische*

Unmöglichkeit, ein totales Handlungsverbot zu befolgen. Niemand kann die Erlaubnis für die Spontaneität seines Lebens einholen.

Am Anfang war das Wort

In der extremen Form magischer Macht haben die Befehle die Kraft, sich unmittelbar zu realisieren. *Der Traum absoluter Macht ist es nicht bloß, alles befehlen zu können, sondern den Befehl selbst mit der Kraft unweigerlicher Verwirklichung auszustatten.* Der fremde Wille als Transmissionsriemen für den Befehl wäre hinfällig. Es geht darum, die göttliche Geste des „Es werde Licht!" zu säkularisieren.

Die Schikane versucht, ein Zipfelchen des magischen Allmachtsphantasmas, in der „Sprechen" und „Tun" identisch sind, zu fassen. In dieser Perspektive gerät die ganze konkrete Existenz des Opfers zu einer gigantischen Befehlsverweigerung. Allein die unbefohlene natürliche Existenz des Opfers straft natürlich den Traum imaginärer Allmacht Lügen. Dafür rächt sich der Schikaneur: In einer absurden Überanstrengung macht er das Opfer für seine erste Natur verantwortlich, für etwas, was sich seiner Herrschaft chronisch entzieht.

Der Schikaneur träumt den Traum ultimativer Macht noch einmal, indem er das Opfer mit dessen Ohnmacht vor dem eigenen Körper konfrontiert. So wie die Gewaltsamkeit des „Sei spontan!"-Paradoxes in uns alles Willkürliche zugunsten des Unwillkürlichen als dem „wahren" Subjekt ausrotten will, so läuft das „Sei-befohlen!"-Paradox auf den unmöglichen Versuch hinaus, alles Unwillkürliche zugunsten des Willkürlichen in uns zu vernichten. Der Traum des ersten Paradoxes ist die Regression des Menschen zum Tier; der Traum des zweiten Paradoxes ist die Progression des Menschen zur vollendeten Maschine, die sich selbst programmieren kann. Das erste Paradox „träumt" von einer Welt, in der kein einziges Wort die Existenz der Dinge stört; das zweite von einer, in der „am Anfang das Wort war".

Haß-Gebot

Je absurder der Befehl, desto schwerer wiegt seine Befolgung für den Souveränitätsbeweis: Je mehr sich das Opfer überwinden muß und ein Abstand zwischen dem eigenen Willen und dem fremden Befehl klafft, desto grandioser wirkt die Ausführung des Befehls: Der Sklave muß den Hund machen, auf der Aschenbahn entlangkriechen und seinen Urin trinken, mit der Zunge den Boden ablecken, auf dem Spind tanzen, singen und Filmstars nachahmen. (23) Jeder dieser „verrückten" Befehle will letztlich nur eins: herausfinden, ob es eine Grenze für seine Reichweite gibt.

Die despotische Schikane will deshalb ein Opfer, *das nicht will, was es soll.* Dessen Widerwillen ist ihr Erfolgsindex. Sowenig die despotisch-schwarze Schikane auf der kognitiven Ebene durch sein Opfer identifiziert werden möchte, so wenig will sie dies auf der motivationalen Ebene. Die despotische Schikane verbietet noch die Selbstakkomodation des Beherrschten als Akt des Aufruhrs. Herrschaftsstützendes Verhalten von seiten des Beherrschten ist nicht denkbar, schon gar nicht elaboriert als „vorauseilender Gehorsam". Ein solches Verhalten wäre selbst Anlaß für eine verschärfte Gangart, eine brutale Sanktion durch den Despoten.

Montesquieu schreibt: „In einer despotischen Regierung ist es gleich schädlich, ob man gut oder schlecht argumentiert; es genügt, daß man argumentiert, damit das Prinzip der Regierung ins Wanken gerät."

Für die despotische Schikane ist nicht das Gegen-Denken, sondern das Mit-Denken gefährlich. Schikanöser Despotismus ist – paradoxerweise – die Erzwingung von Illoyalität. Der Despotismus ist gerade darin absolute Herrschaft, daß er jegliche Form der Anlehnung, der Identifikation, der Interpretation, der Loyalisierung des Beherrschten verhindern will.

In der despotischen Schikane leidet der Schikanierte an einem dauerhaften Befehlsnotstand. Noch das diszipliniert devote „Zu Befehl!" des normalen Soldaten wäre dem Despoten zuviel Befehlserwartung, die noch zuviel Aufforderung, ja Herausforderung an den Herrscher zu herrschen enthielte. Einzig unbedingtes Schweigen ist die adäquate Haltung des Unterworfenen in der despotischen Beziehung.

Die despotische Schikane reproduziert den Wunsch der Unberührbarkeit, indem sie sich gegen die „innere Fühlung" der Herrschaft durch den Beherrschten mit brutalen und willkürlichen Befehlen und Sanktionen schützt.

Väterliches und mütterliches Gesetz

Das gibt uns Gelegenheit, eine Differenzierung anzusprechen, die gleichermaßen für die schwarzen und weißen Schikanen gilt. Wir haben bereits oben (24) den Unterschied zwischen „sanften" und „scharfen" weißen Schikanen diskutiert.

In den „sanften" weißen Schikanen wird ein Fluchtimpuls, eine Abwendung vom Schikaneur lizenziert; in den „scharfen" Formen ein aggressiver Impuls, eine Hinwendung zum Schikaneur. Außer der „herausgeforderten Provokation" haben wir noch ein zweites Beispiel einer „scharfen" weißen Schikane diskutiert: die Duldung von Jones als advocatus diaboli auf Dr. Fischers Porridge-Party. (25)

Man kann weiße Schikanen danach unterscheiden, auf welche Wunsch-Gattung sie den Schatten des Gesetzes fallen lassen. Die Unterscheidung von „sanften" und „scharfen" Formen zielt auf die polare Differenz von Wünschen, mit der Demütigung fertig zu werden: entweder vor dem Schikaneur zu flüchten oder aber ihn zur Rechenschaft zu ziehen. Im Kontext weißer Schikanen imponiert vor allem die scharfe Variante, weil das Danaer-Geschenk der Angriffslizenzierung die Enthaltsamkeit des weißen Schikaneurs in der Dimension der Gewalt natürlich am meisten gefährdet. Die „scharfen" weißen Schikanen sind gleichsam die „schwärzesten" innerhalb der weißen Schikanen.

In der Unterscheidung artikuliert sich ein subjektiver Anspruch. Wir wollen den *Anspruch* definieren als die *Regel, die das Verhältnis zwischen Norm und Befehl einerseits und seinem subjektiven Äquivalent als Wille, Wunsch oder Bedürfnis andererseits bestimmt.* Der Anspruch ist eine Meta-Norm. Er will die – für die normalen Regeln – zufällige Tatsache regeln, ob ein Wunsch und eine entsprechende Vorschrift zusammenfallen oder nicht.

Der Anspruch regelt nicht nur das nackte, faktische Verhalten, sondern schreibt auch das subjektive Verhältnis vor, das der Betroffene in der Verwirklichung des Auftrags zu ihm einnehmen soll. Der Mann erwartet, daß die Frau den Küchentisch abräumt, während er die Morgenzeitung zuende liest; er hat den Anspruch, daß dies mit einem Lächeln auf dem Gesicht und hausfraulicher Begeisterung geschieht. Das ist ein *idealistischer Anspruch* – er setzt eine *Übereinstimmung von Sollen und Wollen* voraus. Man könnte meinen, daß es nur idealistische Ansprüche gibt, weil jeder, der eine Erwartung hegt, sich „natürlich" beim Empfänger ein zustimmendes Verhältnis wünscht. Unsere Ausführungen zur despotischen Schikane belegen das Gegenteil. Der *despotische Anspruch* zielt vielmehr auf eine *Nicht-Übereinstimmung von Sollen und Wollen.* Ihm geht es nicht um die begeisterte, sondern um die widerstrebende Erfüllung dessen, was er verlangt.

In der Behandlung von Giles auf dem Flughafen (26) haben wir eine schwarze Schikane kennengelernt, die nicht mit einem Identifikationsverbot, sondern mit einem entsprechenden Gebot arbeitet. Nur in der „väterlich"-despotischen schwarzen Schikane soll sich der Befehl des Schikaneurs als Abneigung im Schikanierten reproduzieren. In der „mütterlich"-faschistischen schwarzen Schikane dagegen soll sich der Befehl als Neigung verdoppeln.

Zur Erinnerung: Giles soll die Flugzeuge lieben. Strafen seine Schikaneure ihn für die immer zu große Distanz in jedem nackten Gehorsam, dann setzen sich die „väterlichen" Schikaneure gegen zu viel Nähe im Gehorsam zur Wehr. Schafft der Einfühlungsterror der „mütterlichen" Variante einen symbiotischen Überdruck und versucht, die Differenz von Sollen und Wollen zu negieren, eine Eskalation zur absoluten Nähe zu erzeugen, den Beherrschten „in das Gesetz hineinzuziehen", so agiert in der despotischen Schikane eine rigide Einfühlungsabwehr, die den Unterschied von Sollen und Wollen verschärfen und den Beherrschten „aus dem Gesetz verstoßen will", eine Eskalation zur absoluten Distanz.

Rätselmacht

Sie schleppten Serge auf die verfallene Baustelle und warfen ihn mitten zwischen die alten Autowracks und übermoosten Backsteine. Hierhin kam kaum ein Mensch.

Sie hatten ihn ertappt, wie er in ihrem Bezirk versuchte, ein geklautes Radio zu verkaufen. Sie duldeten niemanden in ihrem Geschäftsfeld – eine ungeschriebene Regel; jeder wußte was ihm blühte, wenn er sich nicht an sie hielt.

Der Anführer der drei, die ihn geschnappt hatten, setzte sich vor ihn auf einen Stein und begann ihn still zu mustern.

„Tja, was machen wir denn nun mit dir?" Serge wußte, daß man von ihm keine Antwort auf diese Frage erwartete.

„Du sollst deinen Leuten nicht erzählen können, wir wären nicht fair zu dir gewesen. Paß auf! Wenn du herausfindest, was wir mit dir anstellen wollen, kannst du gehen." Der Anführer grinste.

„Wie meinst du das?", fragte Serge mißtrauisch.

„Na ja, versuch' herauszufinden, was wir mit dir machen wollen!"

„Aber…"

„Bitte, bitte, für dich noch ein bißchen einfacher: Es gibt zwei Strafen. Nimm an, wir wollen nur eine von ihnen wirklich vollstrecken. Wir sind ja keine Unmenschen. Findest du die richtige heraus, bist du frei und kannst das Radio behalten. Tippst du falsch, mußt du beide Strafen über dich ergehen lassen."

„Ihr seid ja verrückt…" Weiter kam Serge nicht, weil er einen Schlag im Gesicht spürte.

„Das würde ich an deiner Stelle nicht sagen. Das hab ich dir nämlich vergessen zu sagen: Im Falle der Weigerung, bei unserem kleinen Spiel mitzumachen, gibt es auch alle zwei Strafen auf einmal", meinte der Boß lauernd.

Serge brannte die Backe. In seiner verzweifelten Wut scheute er sich nicht, sie herauszufordern: „Und wie kann ich euch trauen? Woher weiß ich denn, daß ihr Wort halten werdet?!"

„Nichts weißt du, du mußt uns schon trauen!"

Serge wußte, daß ihm gar nichts anderes übrig blieb. „Und woher weiß ich, ob ihr, wenn ich meine Wahl getroffen habe, nicht einfach unter der Hand eure Wahl vertauscht?"

Der Anführer schmunzelte: „Wir schreiben unsere Wahl auf einen Zettel und legen ihn hier unter den Stein." Er ging auf ihn zu und schlug ihm abermals seine Faust ins Gesicht: „Weil du uns des Betrugs für fähig gehalten hast!"

Der Anführer steckte mit seinen beiden Kumpanen die Köpfe zusammen. Wahrscheinlich überlegten sie sich möglichst gemeine Strafen für ihn. Nach einiger Zeit kam er auf Serge zu.

„Überleg' es dir gut." Er ließ Serge ein wenig schmoren. „Du kannst es dir aussuchen: Entweder überläßt du uns nur die Radios oder wir jagen dich mit dem Wagen durch die Stadt und du schreist: ‚Ich bin ein Dieb!' Hier auf dem Zettel ist unsere Wahl notiert, wir werden sie nicht mehr ändern können, wenn sie erst mal unter dem Stein steckt." Er steckte den kleinen Zettel tatsächlich unter den Stein.

„Na, was meinst du, welche Strafe halten wir für dich am angemessensten?"

Serge wollte es schon herausschreien, bemerkte aber dann die Falle und begann zu brüten.

Er wußte: Es gab keine Lösung. Immerhin aber hatten sie sich festgelegt. Seine Chancen standen fünfzig zu fünfzig. Er neigte zu dem Glauben, daß sie wohl kaum auf den Spaß verzichten wollten, ihn durch die Straßen zu treiben.

„Ihr wollt mich natürlich durch die Straßen treiben", meinte er vorsichtig.

Der Anführer grinste, ging zu dem Stein. „Na dann wollen wir mal sehen…"

Er zog den Zettel so unter dem Stein hervor, daß Serge deutlich sehen konnte, daß er nicht betrogen wurde. Der Anführer las vor.

„Serge ist frei, wenn er die Wahl mit der Begründung verweigert, daß sie gemein und unmöglich ist."

Serge traute seinen Ohren nicht. Der Anführer gab ihm den Zettel. Es stimmte.

Sie kamen auf ihn zu.

Logik der Unentscheidbarkeit

Warum gab es keine Lösung?

Es lag für Serge nahe anzunehmen, daß sie ihn so hart bestrafen würden, wie sie konnten. Dann aber kamen ihm Zweifel gerade wegen der vermeintlichen Eindeutigkeit des Ergebnisses. Warum sollten sie es ihm so einfach machen? Sie hatten sicher nicht die Absicht, ihn so einfach davonkommen zu lassen. Weil sie ahnten, was er vermutete, würden sie erwägen, ihn weniger hart zu bestrafen. Aber sie wußten auch, daß er sich ausrechnen konnte, daß sie es ihm nicht so einfach machen wollten.

Deshalb kam Serge fast zwangsläufig zu folgender Überlegung: „Wenn sie nun ganz gemein sind und sich vorstellen was ich denke, dann werden sie gerade deshalb die härtere Sanktion bevorzugen, weil sie wissen, daß ich vom Gegenteil überzeugt bin." usw. usf.

Was unterscheidet diese Struktur von der Antizipationsabwehr?

Die despotische Schikane ist eine paradoxe Anonymisierung von Herrschaft. Ihre Regel lautet: „Identifiziere mich nicht, dann passiert dir nichts!" – eine unbefolgbare Regel, weil man sich niemals keine Vorstellung von der Natur einer Herrschaft machen kann. In der Struktur der Rätselmacht arbeitet eine andere Technik der paradoxen Herrschafts-Anonymisierung: Jetzt legt sich die Herrschaft faktisch fest, ohne deshalb leichter identifizierbar zu sein. Die Regel lautet nun: „Identifiziere mich, dann passiert dir nichts!"

Wurde in der Antizipationsabwehr die korrekte Einfühlung in die Natur der Herrschaft bestraft, so wird sie in der Rätselmacht belohnt. War allein schon die Unfähigkeit, einen Gedanken über die Absichten des Schikaneurs zu unterdrücken, ein hinreichender Sanktionsgrund, so gilt nun, daß die Gedanken über dessen Absichten in einen perfekten Zirkel eingesperrt werden.

Die weiße Schikane inszeniert vorrangig anti-totalitäre Spiele: Wer nicht mitmacht, wird belohnt. Die schwarze Schikane hingegen bevorzugt totalitäre Spiele: Immer wieder muß Serge glauben können, die Absichten der Schikaneure identifiziert zu haben, um damit dem Spiel ein Ende setzen zu können – und immer wieder muß er notwendig den Glauben daran verlieren. Totalitäre Spiele offerieren das Ende des Spiels, um es negieren zu können: eine komplexe Schikane, in der sich Momente einer schwarz-despotischen mit denen einer weißen verbinden.

Die diabolische Ironie dieser Schikane besteht darin, *das Aussprechen der despotischen Regel zu honorieren.* Serge müßte das Tabu brechen und sagen: „Ihr seid nicht fair, wie ihr vorgebt. Ich muß meine Wahl dem Zufall überlassen!" Um aber diesen Mut zur Provokation zu finden, müßte er Vertrauen in die Fairness der Schikaneure haben. Das aber ist ein typisch „weißes" Moment: Um der Schikane entkommen zu können, müßte er glauben, ihr bereits entronnen zu sein. Die weiße Schikane realisiert sich häufig über die suggestive Initiation der Phantasietätigkeit des Opfers.

Stellen wir uns einen Augenblick vor, die Schikaneure hätten das weiße Schlußmoment, die Überschreitung der vorgegebenen Alternative nicht in die Situation aufgenommen: Serge wäre dann tatsächlich einem reinen Dilemma ausgesetzt gewesen, und dies hätte ihm keinerlei Chance gelassen. *Das bedeutet aber, daß das pure Dilemma nicht schikanös ist, weil es mit der Logik der Totalisierung, dem Immer-wieder-Ansetzen der Aufhebung nicht in Einklang zu bringen ist* – ein sehr wichtiger Gedanke, den wir – ein wenig abschweifend von der Analyse der Szene, auf die wir zurückkommen werden – vertiefen wollen.

Jenseits vom Dilemma

Ein Dilemma ist eine oszillierende Unentscheidbarkeit. Es ist kein Problem, das unlösbar wäre, weil es nicht „richtig" verstanden ist, sondern weil es gleichsam zu gut verstanden wurde. Das Dilemma ist das Paradox eines transparenten, aber gleichwohl unlösbaren Problems. Unter dem Gesichtspunkt der Totalisierung ist das Dilemma das perfekte Problem, so wie das perfekte Gesetz und die kafkaeske Regel eine Einheit von Explizitheit und Unbefolgbarkeit darstellen. Warum ist das Paradox quasi-schikanös? Weil es einsichtig ist.

Das Lügner-Paradox handelt von dem Kreter, der sagt, er lüge. Sagt er die Wahrheit, wenn er sagt, er lüge – oder lügt er, wenn er behauptet, er sei ein Lügner?

Ein Dilemma ist vollkommen transparent, aber gleichwohl undurchsichtig. Darin löst es vollkommen das Scheinideal der Schikane ein. Ihr Traum ist es, in blendender Helligkeit unsichtbar zu bleiben.

Auch ein Dilemma spielt ein „Spiel ohne Ende". Aber das Dilemma bewirkt eine andere Erfahrung der Zeitlosigkeit als die Schikane. Die reine Zirkularität eines Dilemmas funktioniert, nachdem sein Opfer „ein paar Runden" in ihm gedreht hat, immer perfekter und reibungsloser. *Das Dilemma ist für den Schikaneur eine „zu gut" geölte Maschine*, deren Perfektion die Macht-Melancholie des Schikaneurs als Nullpunkt seiner schikanösen Attacken begründete.

Wir haben – vor allem in den Kapiteln Eins und Sieben – gezeigt, daß es für die Schikane typisch ist, Zeit innerhalb der Zeit absterben zu lassen. Auch im schieren Paradox stirbt die Zeit. Nur gelingt es der Schikane, die qualitative Dimension der Zeit auch noch nach ihrem Ableben immer wieder „aufleben" zu lassen. Der Zeitverfall im Paradox ist harmonisch und irreversibel, im Kontext der Schikane ist er disharmonisch und reversibel.

In einer etwas gewagten Metapher ausgedrückt, installiert die Schikane ein „stotterndes" Paradox. Nicht die ewige Wiederholung des Gleichen ist die Bewegungsform des schikanösen „Spiels ohne Ende", sondern das ewige Versprechen der Nichtwiederholung des Gleichen, die dann gleichwohl eintritt. Die Verzweiflung dessen, der im Dilemma steckt, ist zu rein, zu endgültig um ohne weiteres als schikanös gelten zu können. Aus der Zeitasche der Schikane soll immer wieder ein Phönix aufsteigen können, um in sie zurückstürzen zu müssen.

Die Penetranz des dynamischen Zeitverfalls der Schikane ist intensiver als die des statischen Zerfalls des Dilemmas. Das schon verloren Geglaubte kehrt in der Schikane immer noch einmal wieder. Im perfekten Dilemma ist die Unentscheidbarkeit zu symmetrisch ausgepegelt, um noch die Bewegung der Hoffnung zuzulassen.

Das andere Gericht

Thomas stand keuchend vor den anderen, die ihn herausfordernd anfeixten. Es war alles schief gegangen. Sie hatten herausgefunden, daß er, nachdem er wie ausgemacht das Gewächshaus von Albers zerschlagen hatte, von ihm erwischt und zum Zahlen des Schadens verdonnert wurde. Er hatte voller Angst sein Geld zusammengekratzt und versucht, Albers damit den Mund zu stopfen.

„Es ist schlimm genug, sich erwischen zu lassen", meinte Bernd, der sich für Thomas die Mutprobe ausgedacht hatte, „aber dann auch noch dafür zu bezahlen..."

„Was sollte ich denn tun?" versuchte Thomas mehr kleinlaut als aufbrausend einzuwerfen. Er spürte, die anderen, zu denen er so gerne gehört hätte, würden ihm heute keine Chance geben.

Sie schwiegen und starrten ihn aggressiv an. Jörn, der Anführer der kleinen, verschworenen Bande, kam langsam auf ihn zu, postierte sich vor ihm. „Sieh mich an, wenn ich mit dir rede". Er schlug Thomas mit der flachen Hand über das Gesicht.

„Du weißt, was du bist?", fragte ihn Jörn lauernd.

„Ja" antwortete Thomas zögernd.

„Ein Feigling", sagte Jörn, drehte sich dabei den anderen zu, als wolle er ihnen eine neue Wahrheit verkünden. Er ging ein paar Schritte in den alten Keller hinein, in dem sie sich immer trafen, ging hin und her und immer vor Thomas verharrte er einen Augenblick, um ihn schweigend zu fixieren. Axel, der dritte im Bunde, hatte seine alte Kiste demonstrativ vor die Tür geschoben und saß mit verschränkten Armen auf ihr, schwieg. Es vergingen einige Minuten. Niemand sprach. Thomas wartete auf sein Urteil.

Wieder blieb Jörn vor ihm stehen: „Du bist ein Feigling!"

Das war keine Frage, das war eine Feststellung. Er betrachtete ihn ganz ruhig und fest: „Sag, daß du ein Feigling bist".

Thomas schwitzte. „Ich bin ein Feigling". Er wußte, daß sich Jörn nie mit einem kleinlauten, schlichten „Ja" zufrieden gegeben hätte.

Jörn grinste. „Das hört sich so an, als glaubtest du dir selbst nicht. Sag es noch einmal!"

Thomas gehorchte, zwang sich, so gut er konnte, jeden Anklang von Trotz und Wut aus seiner Stimme zu verbannen.

Jörn war immer noch nicht zufrieden: „Und weil aller guten Dinge drei sind… sag es uns noch einmal".

Thomas gehorchte abermals.

Jörn setzte, anscheinend zufrieden, seine Wanderungen fort. Die Stille erdrückte Thomas. Er wußte, daß er hier erst herauskommen würde, wenn sie ihn fertiggemacht hätten.

Wieder blieb Jörn vor ihm stehen. "Weißt du eigentlich, warum du ein Feigling bist? Weil du zugibst, einer zu sein."

Thomas wurde es kalt. „Sag: ‚Ich bin ein Feigling, weil ich zugebe, einer zu sein'", forderte ihn Jörn mit einem eigenartigen Lächeln auf.

Thomas zögerte. Jörn schlug ihm ins Gesicht. „Sag es!", forderte er scharf. Er zögerte noch immer; Jörn schlug ihn abermals. Seine Angst schlug über ihm zusammen.

„Ich bin ein Feigling, weil ich zugebe, einer zu sein." quälte er sich über die blutigen Lippen.

„Und jetzt", kam Jörn triumphierend an ihn heran, „wirst du uns noch gestehen, wie widerlich und feige es ist, sich von seinen Freunden erpressen zu lassen, so einen Schwachsinn zu erzählen."

Schon von einer träumerischen Apathie umhüllt, stammelte Thomas den Satz. Jörn geriet in einen Taumel. „Und jetzt sag, daß wir Schweine sind, dich zu so etwas zu zwingen!"

Thomas spürte keine Wut mehr; sie war ihm entfallen. Irgendwo durch den Dunst, der in seinem Kopf entstanden war, spürte er noch, daß sie ihm Satz für Satz aufzwangen. Und er sprach und sprach. Irgendwann müssen sie dann gnädig gewesen sein, haben ihn endlich zusammengeschlagen, liegen lassen.

Nach vielen Monaten entschloß sich Thomas, Bernd, der immer noch am freundlichsten zu ihm gewesen war, zu fragen, warum man ihm keine Chance mehr gegeben hatte. Der sah ihn verwundert an und meinte: „Aber du hast doch deine Chance bekommen. Du hättest nur keiner der Aufforderungen Jörns nachkommen dürfen. Du hättest deine Prügel bekommen und alles wäre erledigt gewesen." Er ließ Thomas in einer Stimmung sentimentaler Wut und Verzweiflung zurück. (27)

Paradoxe Interpunktion

Das ist eine brutale schwarze Schikane, deren selbstentlarvende Obszönität kaum noch zu übertreffen ist, eine Schikane, die gleichsam ihre eigene Spiegelung ist. Das Opfer muß seine Ohnmacht nicht bloß erleben, sondern sie auch noch formulieren. Die Schikane veranstaltet ein Tribunal der Selbstanklage. Thomas wird gezwungen, sich selbst zu verraten. *Er soll nicht nur stiller Zeuge seiner Ohnmacht, sondern erbärmlicher Herold derselben sein.*

Die inquisitorische Schikane ist die Parodie einer Gerichtsszene. Sie will eine seltsame und skurrile Verquickung von Vergehen und Sühne, von Vorwurf und Geständnis erzwingen: Das Geständnis selbst ist das Vergehen, begründet es erst. Die paradoxe Interpunktion, die besonders freihändig vom schwarzen Schikaneur gebraucht wird, erklärt die Folgen seines Handelns zu dessen Voraussetzungen.

Das Phantasma der Selbstschöpfung des Schikaneurs reproduziert sich als Selbstschöpfung der Schikane: Sie findet statt, *weil* sie stattfinden kann. Paradoxe Interpunktion ist paradoxe Legitimation. *Der Vorwurf, Thomas sei ein Feigling, folgt nicht aus seiner Berechtigung, sondern seine Berechtigung folgt aus der Realisierbarkeit des Vorwurfs.* Dem schikanösen Geist paradoxer Rechtfertigung erwächst die Verwirklichung einer Handlung nicht aus ihrer Legitimität, sondern – umgekehrt – die Legitimität aus ihrer Verwirklichung.

Zur Maxime verdichtet, lautet die Ethik paradoxer Legitimation: „Mißbrauche den, der sich mißbrauchen läßt!“, „Tritt den, der fällt!“ (Friedrich Nietzsche), „Erniedrige den, der sich erniedrigen läßt!“

Immer wenn ein Opfer sich zum Opfer machen läßt, verdient es, zum Opfer gemacht zu werden. Wer so dumm ist, in eine Falle zu tappen, die man ihm stellt, verdient es, in sie hineinzufallen. In Graham Greenes Roman, dem wir die Schikane an Mr. Kips entnahmen, findet sich der Satz: „Man kann einen Menschen nur korrumpieren, wenn er korrumpierbar ist." (28)

Im Hintergrund schwebt der existenzialistische Freiheitsbegriff: In jedem Augenblick wählst du die Situation, in der du steckst – so sehr sie auch oktroyiert sein mag. Die paradoxe Legitimation macht den Unterdrückten für seine Unterdrückung verantwortlich.

Damit kopiert sie – freilich unter den Bedingungen der Säkularisation – das mittelalterliche Gottesurteil. Das Gottesurteil war eine Form der „Rechtsprechung", die aus dem Gelingen der Strafe bzw. aus ihrer schicksalhaften Abwendung auf ihre Legitimität rückschloß: Wer von der Strafe „erfaßt" wurde, war damit von Gott schuldig gesprochen worden. Umgekehrt berichtet Foucault von der „Tradition" bzw. dem „Gewohnheitsrecht" in einigen Ländern, „demzufolge der Verurteilte begnadigt wird, wenn die Hinrichtung nicht gelingt." (29)

Im Kontext paradoxer Interpunktion ist es nicht mehr Gott oder irgendeine andere Fatalität, die das Urteil fällt. Das Opfer selbst sitzt über sich zu Gericht: Zeigt es sich der geplanten Sanktion „gewachsen", entkommt es ihr vielleicht.

In der Figur der paradoxen Rechtfertigung wird der latente Druck der „normativen Kraft des Faktischen" explizit in Dienst genommen. Günther Anders hat eine verwandte Struktur als technologischen Imperativ der Moderne beschrieben: *„Was man machen kann, soll man auch machen".* Eine Fähigkeit impliziert die Richtigkeit ihrer Anwendungen: Der moderne Idealismus des Könnens (Können impliziert Sollen) wird gegen den klassischen Idealismus (Sollen impliziert Können) ausgespielt. (30)

Ethik der Versuchung

Wir benutzen die Gelegenheit, die uns die Diskussion der schwarzen Sanktions-Logik verschafft, um die Eigentümlichkeit der weißen zu besprechen.

Man kann die *schwarze Ideologie* in einer provozierend-rhetorischen Frage zusammenfassen: *Wie anders soll man herausfinden, ob einer die Courage hat, sich gegen Ungerechtigkeiten zu wehren, als ihn solchen auszusetzen?*

Die *weiße Ideologie* sagt: *Es ist nötig, eine dreiste „Belohnung" anzubieten, um herauszufinden, ob sich das Opfer zu ihrer Annahme demütigen läßt.*

Die diabolische Ideologie von schwarzer und weißer Schikane ist eine Ethik der Versuchung. Sie legt Ohnmacht als Schuld aus: Jeder ist seines Unglückes Schmied. Mangelnder Widerstand gegen schwarze Erpressung oder weiße Korruption wird inkriminiert.

Die Ethik der Versuchung schafft – pädagogisiert – Gelegenheiten, um mögliche Diebe zu erproben. Sie ist das radikalste Gegenteil der negativen Strategie des Tabus. Ihre Devise: Du sollst merken! Ihr reflexives Basis-Axiom: Wer das Böse vergißt, macht sich seiner schuldig. Dies eint beide Schikane-Formen. Was trennt sie?

Die Krise des Gesetzes durchläuft drei Phasen: Die unbefragte Geltung des Gesetzes wird in der Überschreitung zerbrochen, um durch die Sanktion symbolisch oder gar faktisch wiederhergestellt zu werden. Die Schikane verändert nicht nur das Verhältnis der ersten beiden Momente zueinander – indem sie die Überschreitung forciert –, sondern auch das der letzten beiden Momente.

Die *schwarze* Schikane verfolgt das absurde Ideal, *die Sanktion so zu gestalten, daß sie die Überschreitung provoziert, auf die sie sich angeblich bezieht.*

Die *weiße* dagegen *verführt zu einer Überschreitung, die sich im Zuge ihrer Ausbildung in eine Sanktion verwandelt,* so wie die Verfassung von Balzacs Gräfin (im Abschnitt „Selbstbestrafung" in Kapitel Sieben).

Wenn in der schwarzen Schikane die Sanktion in einem gewissen Sinn die Überschreitung *ist,* so gilt für die weiße, daß dort die Überschreitung zur Sanktion wird. Die Figur der Autosanktionalität, die wir im siebten Kapitel untersucht haben, ist das weiße Paradigma. (31)

Schikane und Masochismus

Theodor Reik und Gilles Deleuze haben gezeigt, daß der Sinn masochistischer Inszenierungen nicht auf sinnlicher, sondern auf symbolischer Ebene zu suchen ist. Der Masochist ist kein anthropologisches Wunder: Schläge empfindet er wie alle Menschen als äußerst unangenehmen Schmerz. „Zu Recht wird bestritten, der Masochist, dieses seltsame Wesen, finde seine Lust im Schmerz. In Wirklichkeit ist der Masochist wie jedermann, er findet sein Vergnügen dort, wo auch die anderen es finden, nur sind bei ihm ein vorübergehender Schmerz, eine Bestrafung oder Demütigung die notwendige Vorbedingung zur Lust." (32)

Und weiter: „Der Masochist wartet auf die Lust wie auf etwas wesentlich Verzögertes, Aufgeschobenes, und erwartet den Schmerz als die Bedingung, durch welche sich die Lust (als physische und moralische) überhaupt erst einstellen kann. Er schiebt also die Lust immer so lange auf, bis ein ebenfalls erwarteter Schmerz sie erlaubt." (33)

Als symbolisches Faktum ist der Schmerz „Strafe". Warum aber will sich der Masochist strafen? Um durch die Strafe ein Recht auf das Vergehen zu erhalten, welches eigentlich durch diese gesühnt werden sollte. Das masochistische Arrangement ist kein sinnlicher Exzeß, sondern die symbolische List eines so rigiden Gewissens, das sich zunächst strafen muß, um dann die Lust empfinden zu dürfen, die durch die – vorweggenommene – Strafe gleichsam „gerechtfertigt" ist. *„Das Schuldgefühl macht das, was es sühnen sollte, harmlos und die Strafe das, was sie ahnden sollte, erlaubt."* *(34)*

Und: „Der Masochist, der im Gesetz nur den punitiven Prozeß sieht, stellt sich als erstes dem Strafvollzug und findet in der erhaltenen Strafe das paradoxe Recht und sogar die Pflicht, die Lust zu empfinden, welche das Gesetz ihm hatte verbieten sollen." (35)

In vielem zeigt sich die schwarze Schikane als eine Parodie der masochistischen Beziehung: Wenn in einer masochistischen Szene das geschlagene Opfer der wirkliche Auftraggeber seiner zahlreichen Demütigungen und Strafen ist, man also dort mit Recht davon sprechen kann, daß sich das Opfer zum Täter an sich selbst macht, so versucht der schwarze Schikaneur ebenfalls, diesen Eindruck zu erzeugen. Wenn die masochistische Beziehung eher auf eine souveräne Schwächung des Starken zielt, so die schwarze Schikane eher auf eine obszöne Stärkung des Schwachen.

Der Masochist verkehrt die Logik der Vergeltung: Die Vergeltung bestraft das Vergehen, der Masochist „entschädigt" sich für die vorweggenomme Selbst-Bestrafung mit dem nachgeholten Vergehen. Deleuze spricht vom „masochistischen Humor", um das Absurde dieser Taktik, im Einklang mit dem Verbot, das Verbotene zu tun, zu kennzeichnen. Führt der „Verbrecher" in der masochi-

stischen Strategie gleichsam das Gesetz selbst in seiner sanktionie-
renden Dimension herbei, so läßt sich das „Gesetz" in der
schikanösen Strategie ebenfalls nicht lumpen und führt das
Vergehen herbei.

*Der masochistische Stratege übereignet sich dem Recht, um es zu
hintergehen; der schwarze Schikaneur provoziert die Überschreitung, um der Lust der Maßregelung nachgehen zu können. Der
Masochist initiiert die Bestrafung, um das Recht auf die Überschreitung zu erlangen; der Schikaneur initiiert die Überschreitung, um
sich das Recht auf die Bestrafung zu verschaffen.* Wer sich den
Sanktionen einer Schikane aussetzt, bekennt sich schuldig (zirku-
läre Rechtfertigung).

Aber zurück zur spezifischen Verstrickung von Sanktion und
Überschreitung in der Szene „Das andere Gericht".

Logik der Selbstbezichtigung

Die Selbstbezichtigung ist eine der schillerndsten Ausdrucksformen des moralischen Bewußtseins: Man weiß nicht genau, ob sie
sich, als Reaktion auf die konventionelle Unterstellung, „Wer sich
verteidigt, klagt sich an!" nicht bloß den umgekehrten Verdacht
zuzieht: „Wer sich anklagt, verteidigt sich!" Der „Trick" der
Selbstbezichtigung, ausgerechnet in der Eroberung der Anklage
den Freispruch zu erwirken, ist für den Schikaneur natürlich
faszinierend: Was liegt näher, als seinerseits die Eroberung zurück-
zuerobern. Indem der Schikaneur sein Opfer zur Selbstbezichtigung zwingt, bekommt er ein Geständnis, das Ideal der kriminali-
stischen Überführung eines Täter.

Daß freilich das Geständnis selbst erst die Tat bildet, die zu
gestehen wäre, wird vollends in der zweiten Phase der Szene
deutlich: Thomas wird aufgefordert zu sagen, daß es feige sei zu
gestehen, feige zu sein. Der Schikaneur führt die Aneignungsbewe-
gung der Selbstbezichtigung abermals durch. Die bereits eroberte
Ausdrucksform wird nochmals erobert: Das Eingeständnis der
Feigheit wird selbst Gegenstand eines Eingeständnisses.

Wir haben die paradoxe Form der Meta-Kommunikation als
Mittel des schikanösen Angriffs bereits in Kapitel Sieben analysiert;

hier nun zeigt sich, daß diese seltsame Ausdrucksform auch als Mittel zur Selbstanzeige des Opfers taugt. In dem Moment, in dem Thomas sein Eingeständnis, feige zu sein, als feige bezeichnet, entfaltet sich eine doppelte Referenz in der Aussage: Sie bezieht sich zugleich auf seine vergangene Äußerung, wie auch unmittelbar auf sich selbst. In diesem totalitären Spiel ohne Ende funktionalisiert die Schikane auch noch die postschikanöse Selbstkritik des Opfers für ihre Zwecke. Nehmen wir an, die Szene wäre nie über die erzwungene Selbstbezichtigung hinausgegangen, dann bliebe dem Schikanierten der minimale Narzißmus des Eingeständnisses an sich selbst, es sei feige gewesen, dies zu gestehen. Indem so das Selbstbewußtsein wehmütig und zornig seine Grenze reflektierte, könnte es sich stärken. Noch einmal könnte die Selbstbezichtigung, im schieren Selbst-Verhältnis („Wer sich anklagt, verteidigt sich!") funktionieren. Die Subtilität des „anderen Gerichts" liegt aber gerade darin, durch die Vereinnahmung auch der Selbstbezichtigung zweiten Grades jeden post-schikanösen Versuch des Opfers, mit sich selbst ins Reine zu kommen, empfindlich zu subvertieren.

Wir wollen die schikanöse Verwandlung des Geständnisses in die Tat noch an einem anderen Beispiel diskutieren:

Das deflorierte Tagebuch

Sie mußte über sich lächeln, als sie sich schon wieder dabei ertappte, sich und Jack Arm in Arm zu sehen. Sie seufzte; Jack hatte anscheinend nicht das geringste Interesse an ihr. So oft sie auch versuchte, mit ihm ins Gespräch zu kommen, fertigte er sie mit wenigen Worten ab. Und doch hatte sie die Hoffnung, seine Aufmerksamkeit auf sich lenken zu können, noch nicht aufgegeben. Ihre Freundin Jane hatte ihr erzählt, daß sie von ihm selbst wüßte, er habe sie auch sehr gern, traue sich aber nicht, auf sie zuzugehen.

Es war Samstagnachmittag, kaum jemand im Hause. Sie schloß gerade die Tür zu ihrem Zimmer auf, als sie sie ins Zimmer drängten, Ray, Jacks Freund hielt Sarah fest und Jack begann, in ihrer Kommode zu wühlen. Sie war so verblüfft, daß sie sich nicht wehrte.

Triumphierend zog Jack ihr kleines Tagebuch aus der obersten Schublade und hielt es in die Luft. „Ich wußte doch, daß so eine romantische Seele wie du nicht diskret sein kann", kommentierte er seinen Fund.

Sie versuchte, ihm das Tagebuch zu entreißen. „Gib mir mein Tagebuch, bitte", flehte sie ihn an.

„Wenn wir uns überzeugt haben, daß du auch brav das geschrieben hast, was wir von dir erwarteten", antwortete Jack.

Er nahm ihr Tagebuch und las vor: „Heute hat er mich wieder nicht beachtet, es tut mir weh, wenn er mich gar nicht zu bemerken scheint, es ist fast, als existierte ich nicht..."

„Aber natürlich bemerke ich dich", meinte er hämisch, „schau, ich lese dir sogar dein Tagebuch vor, damit du nicht vergißt, was du geschrieben hast."

„Gib mir mein Tagebuch zurück", schrie sie in hoffnungslosem Zorn. „Es geht dich nichts an, was dort geschrieben steht!"

„Und ob, und ob", gab er schmunzelnd zurück. „Ich wußte gar nicht, wieviel Gedanken du dir wegen mir machst".

Er las weiter vor: „Manchmal denke ich, er läßt mich absichtlich links liegen, weil er genau gespürt hat, wie sehr ich ihn gern habe, und es ihm Vergnügen bereitet, mich abhängig zu sehen..."

„Na, wenn du es schon weißt, brauche ich es dir ja nicht mehr extra zu sagen", kommentierte er, was er gerade vorgelesen hatte.

Jack las weiter: „Manchmal bin ich in Versuchung, es ihm gleichzutun und ihm vorzuspielen, daß er für mich gar nicht existiert. Aber es gelingt mir nicht. Sehe ich ihn, fehlt mir jede Kraft, ihm etwas vorzumachen..." Jack sah ihr ins Gesicht, wie sie zornbebend von seinem Freund festgehalten wurde, seinem Vortrag zuhören mußte, Tränen der Wut und der Verzweiflung in den Augen. „Das stimmt", meinte er nach einer Weile, „du kannst mir allerdings nichts vormachen." Sie wand sich in der Umklammerung seines Freundes, wollte das Tagebuch um jeden Preis wieder an sich bringen.

„Paß auf", sagte er zu ihr, „du sollst anschließend nicht erzählen, ich wäre unfair zu dir gewesen. Ich werde dir jetzt ein paar Abschnitte aus meinem Tagebuch vorlesen. Du wirst niemandem sagen können, ich wäre kalt zu dir gewesen. Ich werde dir reinen

Wein einschenken." Sein Gesicht zuckte unter der Mühe des gekünstelten Ernstes. „Du wirst meine Gefühle verstehen lernen", sagte er mit falschem Pathos. Sein Freund kicherte. „Da gibt es gar nichts zu lachen, mein Freund", wies ihn Jack zurecht. Er mußte das Lachen mühsam zurückhalten.

Er blätterte in einem kleinen Buch, das er aus seiner Hosentasche gezogen hatte und begann zu lesen: „Diese kleine dumme Gans, wenn sie mich weiterhin so anstarrt, daß alle sehen können, wie sehr sie in mich vernarrt ist, muß ich etwas unternehmen. Es kommt noch soweit, daß sich alle lustig machen, wenn sie mich so anhimmelt. Wenn es mir wenigstens noch schmeicheln könnte…"

Sarah wurde bleich, als sie seine Sätze hörte. Er blätterte weiter in seinem Tagebuch. „Ach ja, das dürfte dich auch interessieren", meinte er und las:

„Ich habe beschlossen, ihr eins auszuwischen. Anscheinend kann man sie nicht einfach abschrecken; jede Abfuhr, die ich ihr gebe, scheint sie zu ermutigen. Sie muß wirklich schrecklich verknallt in mich sein; um so dummer für sie. Ihre Freundin Jane ist mir noch einen Gefallen schuldig. Ich werde ihr erzählen, meine Ignoranz Sarah gegenüber sei bloß Maskerade und in Wirklichkeit sei ich genauso schrecklich in sie verliebt wie sie in mich. Sie wird dann ganz in der Erwartung der frohen Botschaft leben…"

„Ich glaube, das reicht…", sagte Jack und gab Ray einen Wink, Sarah loszulassen. Sarah stand da und starrte mit leerem Blick vor sich hin. Dann ging sie langsam auf ihn zu, nahm ihm ihr Tagebuch aus der Hand, warf es in den Papierkorb und ging zum Fenster.

„Komm, wir sind hier fertig", sagte Jack zu Ray. „Mach dir nichts draus", sagte er zu ihr in die sich schließende Tür.

Das offene Drehbuch

Der Schikaneur erzwingt nicht nur das Geständnis der Schikanierten, indem er aus ihrem Tagebuch vorliest, sondern legt selbst auch noch ein Geständnis als Schikaneur ab. Wiederum vollendet sich die Schikane im Moment ihres Geständnisses. Die besondere Ironie dieser Schikane ist das Theater der Selbstdemütigung: Der Schikaneur entblößt sein Innenleben, das Vergnügen, Pläne zu fassen, um sein Opfer durch „ausgleichende Gerechtigkeit" zu demütigen: Wie ich dir, so ich mir.

Im „anderen Gericht" zwang der Schikaneur sein Opfer, sich als solches zu deklarieren. Hier gesteht der Schikaneur in satter Ausführlichkeit „Nicht wahr, ich bin gemein!" Unfähig, ihren penetranten Nachstellungen zu entgehen, beschloß Jack, ihre Illusionen zu nähren, um sie dann, wenn Sarah mit Hochgefühl in ihnen aufgeht, zerplatzen zu lassen. Jacks Offenbarung zeigt ihr, daß sie Opfer einer Intrige wurde, die sich in einem schikanösen Finale krönt. Nachdem er den Glücksboten Jane geschickt hat, tritt er selbst als Unglücksbote in Erscheinung. Indem er ihre Phantasien ausdrücklich bestätigt, macht er sie zu seinem Werk.

Diese Schikane hat – schon durch ihre intrigante Eröffnung – eine deutliche Affinität zur weißen Modalisierung. Anders als in einer schwarzen Eröffnung, in der sich Jack die Mühe gemacht hätte, auf Sarahs Verliebtheit direkt einzugehen, und ihre Illusionen handgreiflich zu bestätigen, um sie dann zu zerstören, folgt er nur ihrer seltsamen Liebes-Grammatik, die jede Abweisung als Unentschlossenheit relativiert. Es ist nicht nötig, Sarah zu verführen: Wie immer in der mehr weiß inszenierten Schikane, kann sich der Schikaneur auf ein Opfer beziehen, das sich in höchstem Maße bereits selbst zu einem gemacht hat. Und doch färbt sich die Schlußsequenz wieder schwarz: Um das Ergebnis der Schikane selbst miterleben zu können, stellt Jack einen Situationszusammenhang her, der nur durch Gewalt stabilisierbar ist. Ein weißes Ende wäre es gewesen, ihr das Tagebuch zu schicken und auf ihre Unfähigkeit zu bauen, sich der Lektüre zu verweigern.

Betrachten wir ein weiteres Beispiel der Schikane als Praxis des obszönen Geständnisses.

Die falsche Beichte

S. saß schweigend auf seinem Holzstuhl in dem kleinen, abgedunkelten Raum. Er erinnerte ihn ein wenig an die Fotozellen in den Bahnhöfen, nur dunkler war es hier und den kleinen Eingang verschlossen nicht die billigen Plastikvorhänge; im Eingang hingen schwere, schwarze Brokatstoffe, die kaum noch Licht in die kleine Zelle ließen.

Auf der anderen Seite öffnete sich das „Fliegengitter", durch das er schemenhaft den Geistlichen sah. So viele Jahre hatte er nicht mehr in dieser kleinen Zelle gesessen. Eigentlich war es lange vorbei, aber jetzt war er noch einmal zurückgekehrt. Zum letzten Mal. Er wartete auf die Aufforderung zum Reden.

„Was hast du auf dem Herzen, mein Sohn?", fragte ihn der Geistliche.

S. nahm sich viel Zeit und schilderte eine ganze Menge kleiner und großer Sünden. Während er erzählte, spürte er, wie die Unruhe des Geistlichen langsam zunahm. Er wartete und genoß, wie sich die Spannung zuspitzte.

Schließlich unterbrach ihn der Geistliche; S. spürte den mühsam unterdrückten Widerwillen gegen den Schwall der Sünde, den er nun schon seit über einer Stunde über ihn kübelte.

„Mein Sohn, gibt es irgendeine Sünde, die du nicht begangen hast?", fragt der Geistliche im Tonfall erschöpften Ekels.

„Das kommt darauf an, was man unter einer Sünde versteht", meinte S.

„Wie meinst du das?", fragte ihn der Geistliche.

S. schwieg lange und genoß die verstreichende Zeit. Er mußte jetzt warten, sonst hätte alles keinen Sinn.

„Was wäre, wenn ich all die Sünden, die ich ihnen geschildert habe, gar nicht begangen habe?„ fragte S. schließlich in einem Tonfall, aus dem alle Unterwürfigkeit verschwunden war.

Der Geistliche zögerte. S., der nur dessen Atem hörte, bemerkte befriedigt, daß er tief einatmete. „Ich weiß nicht, warum Sie hier sind. Wollen Sie beichten oder wollen Sie mich provozieren?", fragte der Geistliche mit einer Stimme, die schon längst nicht mehr nach salbungsvoller Verständnisbereitschaft klang.

Zufrieden registrierte S., daß der Geistliche das vertrauliche „Mein Sohn" aufgegeben hatte. Er spürte aber auch, daß er nun vorsichtig sein mußte, um ihn nicht zu früh gänzlich gegen sich aufzubringen; der Spaß wäre zu schnell zu Ende gewesen.

„Ich habe die Sünde, von denen ich erzählt habe, tatsächlich nicht begangen, Vater", sagte S. mit einer Stimme, der er jede Schärfe zu nehmen sich bemühte.

Der Geistliche antwortete nicht sofort. Es verstrich geraume Zeit. „Du weißt, daß du eine schwere Sünde begehst, gleich ob du die Dinge, von denen du mir berichtet hast, wirklich getan hast oder ob sie sich nur in deinem Kopf abgespielt haben. Warum tust du so etwas, mein Sohn?", fragte der Geistliche, schon wieder etwas versöhnlicher durch S.'s wiedergekehrte Unterwürfigkeit.

„Ja, das weiß ich." sagte S. Nach einiger Zeit fügte er hinzu: „Da ist noch etwas, Vater. Es ist nicht so, daß ich die Gedanken an die Sünden, von denen ich dir erzählt habe, schon vor meinem Hiersein gehegt habe…" Abermals eine kleine Pause. „Ich habe sie mir jetzt und hier ausgedacht." Er bemerkte wie dem Geistlichen der Atem stockte.

„Soll das heißen, du hattest, als du zu mir kamst, gar nicht gesündigt? Jeder Mensch sündigt, mein Sohn!"

S. spürte, wie sehr sich der geduldige Mensch hinter der dicken Sperrholzwand Mühe gab, seinen Zorn zu unterdrücken. S. tat verlegen: „Ich… ich beichte so gern, Vater", stammelte er.

„Was heißt das?" fragte der Geistliche in scharfem Ton.

„Ich genieße es, wenn mir etwas vergeben wird", stotterte S. und amüsierte sich köstlich.

„Du hast mich also angelogen, vorhin, als du mir alle deine Sünden erzähltest?"

„Ja."

„Willst du etwa behaupten, du hättest nicht eine einzige dieser Sünden begangen? Du hast in so abscheulich genauen Details von ihnen erzählt, du kannst sie dir nicht nur ausgedacht haben!", meinte der Geistliche in seiner verwirrten Empörung.

„Nein, ich habe sie tatsächlich nicht begangen. Aber ich denke mir so gerne Sünden aus, Vater."

„Das ist nicht weniger schlimm, als sie direkt zu begehen!", donnerte es durch das winzige Gitter.

S. schnaufte befriedigt.

„Warum schnaufst du so erleichtert", schimpfte der Geistliche weiter, „dazu hast du keinen Grund. Wie kannst du hier, angesichts Gottes, so sündigen!"

„Es ist so, Vater", setzte S. abermals an, „es ist nicht nur so, daß ich mir gerne Sünden ausdenke, die ich gar nicht begangen habe und sie dann gerne beichte, ich…" – wieder legte er eine Kunstpause ein

– „…ich mag es auch, wenn ich spüre, wie ungern Sie mir vergeben wollen, Vater…"

„Das… das…", hörte er den Priester durch die Sperrholzwand stammeln. Einige Augenblicke herrschte tiefe Stille. Plötzlich ertönte ein Knall wie von einem umgeworfenen Stuhl. S. zog den Vorhang zurück und sah grinsend dem davonstürzenden Pfarrer nach. Er hatte es wieder geschafft, einen der selbsternannten Söhne Gottes aus der Fassung zu bringen.

Die blasphemische Beichte

Es geht hier nicht darum, daß der sarkastische Pseudo-Sünder eine Reue simuliert, die er in Wirklichkeit gar nicht empfindet, und dies dem Geistlichen beichtet. „Falsch" an der geschilderten Beichte ist nicht die provozierende Offenlegung der Reuelosigkeit beim Sündigen und Beichten: dies auch deshalb nicht, weil das klassische katholizistische Normalisierungsarrangement ohnehin ganz darauf angelegt ist, eine Buße ohne Reue zu ermöglichen, bis zum Extrem in der monetarisierten Beichte des Ablaßhandels.

Der schikanöse Kern der hier skizzierten „anderen Beichte" besteht vielmehr darin, *daß die Sünden als solche erlogen sind, um das Bedürfnis zu beichten zu stillen.* Diese Überschreitung ist unvergleichlich tiefer und zugleich subtiler als die eingangs genannte.

Die schikanöse Verkehrung der Funktion der Beichte von einer Institution der Reue in eine Anstalt zur Befriedigung des Beichtbedürfnisses verwandelt *die Beichte in eine Fortsetzung der Sünde mit anderen Mitteln.* Die Beichte zitiert nicht bloß die Sünde in indirekter Rede, sondern die Beichte *ist* die Sünde, praktiziert in direkter Rede. Nicht in der Erlogenheit der Reue liegt die Schikane, sondern gerade darin, daß sie auf fatale Weise echt ist.

S. belügt den Geistlichen um ihm gestehen zu können, ihn belogen zu haben; er betrügt, um den Betrug aufzudecken. In der offenen, zielstrebigen Transformation der Schikane („sündigen, um zu beichten") karikiert sie die geheime Zielstrebigkeit der alltäglichen Formen der Normalisierung (der Anwalt braucht das Verbrechen, der Arzt die Krankheit, der Pastor die Sünde usw.).

Dies wäre unmittelbar aber auch bloß eine konforme Leistung für das System der Perversion: Der Ehrgeiz der hier von uns skizzierten Schikane geht weiter. Treffender und angemessener ist nicht ihre Funktionsbeschreibung als Komplettierung der Perversion, sondern als Sabotage und Befriedigung der Komplettierung. Sie sabotiert, indem sie offen lügt. Die Schikane macht mit im System der pervertierten Normalisierung und entzieht sich doch auch in demselben Maße: Sie ist subtile Affirmation und hämische Kritik des Beichtrituals zugleich.

Indem die Beichte die Sünde ist, müßte der Schikaneur als Wiedergutmachung die Beichte beichten. Gerade damit aber würde der Geistliche dem Schikaneur nur erneut Gelegenheit zur Fortsetzung der Schikane geben. Die eigentliche, diabolische Ironie dieser Schikane ist es, dem Geistlichen keine andere Handlungsmöglichkeit als die der Unduldsamkeit zu lassen, nicht das Böse als Gutes, sondern das Gute als Böses erscheinen zu lassen. Es soll in dem Geistlichen der verrückte Zweifel entstehen, ob nicht die schlimmste Sünde die ist, keine „echte" begangen zu haben.

Auch diese Haltung wird noch von der Schikane vereinnahmt, indem S. zuletzt gesteht, auch den Wunsch zu verspüren, daß seine Sünden ihm nur widerwillig vergeben werden sollen. Je heiliger der Zorn des Geistlichen ist, desto größer ist der Genuß des Schikaneurs: Jetzt wird noch die explosive Empörung des Geistlichen zu einem Element der schikanösen Beichtparodie.

Die Mitleids-Falle

Sie hatten uns in die alte U-Bahnstation gebracht. Wasser tröpfelte von der Decke. Es roch modrig. Ein müdes, dämmriges Licht hing wie Nebel im Raum.

Vorhin schon war einer der drei gekommen, hatte sich vor George aufgebaut, ganz dicht mit seinem Gesicht vor ihm plaziert und ihm, ohne etwas zu sagen, mit einer unendlichen Geduld und einem Blick, der sich vor dem Einschlafen retten mußte, in die Augen geschaut. Wenn George dem Blick nicht mehr standhalten konnte, faßte der Blonde seinen Kopf, zog ihn zu sich herum und zwang George, ihm wieder ins Gesicht zu sehen. Georges Fragen, was er von ihm wolle, ignorierte er müde grinsend. Er sagte nichts, starrte ihn weiter an. Dann legte er einen Finger auf Georges Nase. Sonst nichts. Ließ einfach den Finger dort liegen. Ich sah wie George erstarrte. Es schien, als fürchtete er, der Finger könne von seiner Nase rutschen, wenn er sich bewegte. Dann kniff der Blonde plötzlich die Nase von George zusammen, so daß dieser instinktiv nach Luft schnappte.

Dann kam er zu mir und wiederholte das Ritual. Mein Zorn machte mich gelassen. Entschlossen sah ich ihn an und hielt mit jedem Augenblick, in dem es gelang, dem starren und müden Blick besser stand. Als er mir seinen Finger auf die Nase legte, griff ich in meine Hosentasche, holte das Taschentuch heraus und putzte mir die Nase. Der Blonde nahm den Finger weg und schlug mir ins Gesicht. Ich zwang mich zu grinsen und befühlte meine Wange. Ich besah mir meine Hand, strich mir die Hände ab und sah den Blonden unverwandt an. Schlecht verhohlene Wut stand in seinem Gesicht. Er stand auf und zog sich zu den beiden anderen zurück, die am anderen Ende der Ruine kauerten und sich unterhielten.

Die Zeit kroch. Dann kamen sie. Sie postierten sich vor uns, umringten George, sahen zu mir herüber. Sie schlugen ihn. Unter den Schlägen, die ihn sehr hart trafen, bat George seine Peiniger um Gnade. Er bot ihnen die wildesten Sachen an: zunächst Dinge, die er besaß, dann Geld, schließlich schrie er, er wolle alles tun, wenn sie nur aufhören würden, ihn zu schlagen. Mitten in meinem rasenden Mitleid spürte ich eine Spur von Peinlichkeit und Verachtung für Georges panische und nutzlose Devotheit.

Ich schrie und versuchte dazwischenzugehen. Einer von ihnen drängte mich zurück, plazierte sich mit einem Messer vor mich, mit dessen Spitze er mir durchs Gesicht strich. Die anderen verprügelten George, der immer schlimmer schrie.

„Was wollt ihr von ihm?", schrie ich verzweifelt, „laßt ihn los!" Überraschend hielten sie inne, wandten sich mir zu, während George wimmernd liegenblieb.

„Und was bietest du uns dafür an?", fragte einer von ihnen, der sich schon vorher, als sie uns hierhin verschleppten, als ihr Wortführer erwiesen hatte.

„Schlagt mich!", entfuhr es mir, erschrak sogleich über meine Kühnheit.

„Nein, nein", meinte der Wortführer grinsend, „wir wollen niemanden schlagen, der uns darum bittet." Seine Kumpane grölten beipflichtend. Sie verprügelten George weiter. Der Typ mit dem Messer strich immer noch mit einer Seelenruhe durch mein Gesicht, als suchte er die beste Gelegenheit, um den Einschnitt zu plazieren. Ich war rasend vor Zorn und spürte auch einen Hauch von Scham und Verzweiflung. Es schien, als sollte ich leer ausgehen. Ich begriff, daß ich belohnt wurde, weil ich beim Angsttest bestanden hatte.

„Hört endlich auf", schrie ich. Wieder hielten sie inne.

„Und was bietest du uns an?", fragte der Wortführer, ohne eine Regung zu zeigen.

„Was wollt ihr denn von mir?", schrie ich herausfordernd.

„Paß auf, Mann, du wirst uns erzählen, was für ein feiges Schwein dein Freund hier ist, und wenn uns deine Rede gefällt, aber nur dann", er grinste schief, „nur dann werden wir ihm noch eine Chance geben. Also, gib dir Mühe, an ihm kein gutes Haar zu lassen. Los schon, Mann, dein Einsatz!"

Das also hatten sie mit mir vor; sie wußten genau, daß es ihnen nie gelingen würde, mich so zu demütigen wie George in seiner furchtbaren Angst vor Schmerz. Aber nun hatten sie einen Weg gefunden, auch mich zu erwischen. Ich überlegte fieberhaft.

„Wir warten nicht gerne", meinte der Wortführer und schlug George erneut.

„George ist ein Feigling", platzte es aus mir heraus.

„Na, das ist aber mager. Als wenn wir das nicht schon wüßten. Da mußt du dir etwas mehr einfallen lassen!"

„Tu es, tu es Jack!", schrie plötzlich George.

„Na, worauf wartest du noch, jetzt hast du die Erlaubnis bekommen, enttäusch' uns nicht!"

Sie wandten sich von mir ab, als sie mein Stocken bemerkten, und schlugen George weiter brutal ins Gesicht. Panisch schossen mir die Gedanken durch den Kopf.

„George ist ein Feigling, weil er mich dazu auffordert, ihn zu demütigen."

„Hey Jack, das ist gut. Du hast es verstanden…!" Sie bauten sich vor mir auf. „Jetzt mal weiter im Text!"

„Er hört uns jetzt zu und schämt sich, hat Wut auf euch, auch auf mich, aber er hat nicht den Mut, mich aufzufordern aufzuhören."

„Jack, du bist ja richtig gut". Der Anführer steckte sich eine Zigarette an und klopfte mir anerkennend auf die Schulter. „Weiter so, weiter so, und dein Freund wird sich bei dir bedanken müssen."

Sie zwangen mich, über George, der die ganze Zeit schwieg, mit immer genauerer Verachtung zu sprechen. Satz um Satz zogen sie mir aus der Nase. Manchmal formulierten sie rhetorische Fragen, zu denen ich nur noch „Ja" sagen mußte, um George zu treffen. George, der immer mehr in sich zusammensank und blicklos vor sich hinstarrte, versuchte sich die Ohren zuzuhalten. Sie gestatteten es ihm nicht. Irgendwann verabschiedeten sie sich mit dem Satz, daß sie ja nun überflüssig seien und wir gut allein zurechtkämen.

Geteiltes Leid

Die Bedingung für die Beendigung des grausamen Spiels ist die Versagung des Mitleids und die Artikulation der Verachtung, mehr noch, die Anfeuerung des perversen Spiels mit zwei Opfern: Indem das verschonte das andere erlöst, macht es sich selbst zu einem.

Die perverse, schikanöse Spielregel für das verschonte Opfer heißt: Artikuliere deine Beschämung, deine Verachtung und Empörung über die Unterwürfigkeit deines Freundes, dann wird ihm nichts mehr geschehen. Die Schikane verteilt die Selbst-Denunziation, die auch „Das andere Gericht" prägte, auf zwei Personen.

Erst wenn er in seinem Ekel und seiner Verachtung die Anstrengungen der Schikaneure fortsetzt, lassen sie von ihm ab. Nur wenn der Verschonte sich und seinen Freund erniedrigt, bewahrt er seinen Freund vor der physischen Qual. Nun ist er endlich im Spiel, aber anders, als er dachte. Verschonter ist er nur, wenn er mit seinem Freund schonungslos ins Gericht geht. Die Verachtung, die er hegt, springt von dem, dem sie half, der Qual zu entkommen, auf ihn zurück. Aus einem Zuschauer ist er zu einem Akteur des Schikaneurs, zu einem Quasi-Täter geworden.

Um seinen Freund zu schützen, gibt er ihm schutzlos seine entwertenden Gedanken preis. Vor der physischen Grausamkeit wird seinen armen Freund nur die Grausamkeit der Wahrheit schützen. Glücklich davongekommen wird der Verschonte dessen nicht froh. Es gibt eine Ungerechtigkeit des Überlebens. Er soll sich seines Glücks schämen müssen. Die Belohnung, „nur" Zuschauer im brutalen Spiel zu sein, muß er mit einer fortlaufend oszillieren- den Verwischung der Rollen bezahlen: einerseits die gebrochene Identifikation mit dem Opfer, diesem nur helfen zu können, indem selbst noch die Zeichen der emotionalen Verbundenheit gelöscht werden, also Identifikation durch brutale Distanzierung zu errei- chen; andererseits die gebrochene Identifikation mit dem Täter, diesem nur „beikommen zu können", indem man sich von ihm fiktiv die Zügel in die Hand geben läßt, also Distanzierung durch brutale Identifikation. Er muß darauf vertrauen, daß Cäsar seinen Daumen nach oben wendet, sofern er mit dem seinigen nach unten deutet.

Nicht Opfer sein dürfen: das ist der Kern jeder weißen Schikane. Ursprünglich bedeutete Märtyrer „Zeuge": Diese Schikane betreibt etymologische Archäologie.

Der bittere Genuß

Der Zuschauer muß eine besonders „süße" Verzweiflung ertragen: nicht einmal fähig zu sein, in einer unerträglichen Lage kein Glück zu empfinden. Das Opfer einer weißen Schikane leidet daran, als solches nicht konstituiert zu werden. Im allgemeinen trägt es sie mit der Empfindung negativer Verzweiflung: Das Leiden, welches man ihm verursacht, ist so geartet, es ihm vorzuenthalten. Er leidet daran, nicht „richtig" leiden zu können. Hätten wir die Wahl zwischen einem kleinen und einem großen Unglück, würden wir in aller Regel das größere vorziehen, weil es unseren Narißmus als Leidtragende eher befriedigt. (Friedrich Nietzsche)

Der Narißmus der Heldenrolle wird gekränkt. Ich werde nicht so in die Mangel genommen, wie eine Niete im Wettbewerb der Leidensfähigen. Ich bin nicht genug als Opfer qualifiziert, alle werden fragen, warum ich so einfach davonkommen konnte.

Ist es nicht auch beschämend, selbst noch Unglück zu empfinden, wo doch der andere das „wirkliche" Unglück empfinden muß? Ist es nicht fast schon eitel, nicht darüber glücklich zu sein, daß man selbst davongekommen ist? Mehr noch: Ist man es dem anderen nicht fast sogar „schuldig", die Hoffnung zu repräsentieren, gleichsam „aufzuheben", so wie man sagt, es gäbe zwei Arten von Kranken: die einen, die sich besser fühlen, wenn sie bemitleidet werden, und die anderen, die das Mitleid hassen, weil sie in ihm ihr Elend gespiegelt sehen? Und wird in dieser Schikane nicht ausgerechnet diese zweite Haltung der Mitleidsdiskretion, des Verständnisses, das sich durch seine Enthaltsamkeit zu üben weiß, einer besonderen Torsion unterworfen? Wird das distinguierte Mitleid nicht zu dem Paroxysmus gezwungen, nun nicht mehr nur höflicher Beistand, sondern unbedingte Voraussetzung zur „Gesundung" zu sein? Die Schikane macht aus der disziplinierten Humanität eine eigentümlich perverse Anti-Humanität.

Diese Situation ist komplex: Das unmittelbare sinnliche Leiden ist zwar dem zuschauenden Opfer ebenfalls entzogen worden, nur: es bleibt in der Situation. Ein anderer muß, darf das Leiden ertragen.

Das Besondere der Situation ist es, in der Verdopplung der Opfer eine Simultaneität von schwarzer und weißer Schikane entgegen der wahrscheinlichen Sukzession beider Momente möglich zu machen. *Indem jedes der Opfer den anderen „beneidet", spiegelt diese Schikane die ewige Unvollkommenheit jeder Schikane wider:* Das unruhige, zur Selbstidentität unfähige Ideal totalisierender Macht muß zwischen schwarzer Regression und weißer Progression, zwischen perfidem Haß und sublimer Verachtung in einem unabsetzbaren Taumel nach immer neuen, flüchtig bleibenden Konkretionen suchen. Mehr noch: *Das Ende der schwarzen gegenüber dem einen Opfer, wird an die Einwilligung des anderen Opfers in die weiße gebunden.*

Sieht man freilich genauer hin, ist die Konstellation noch dubioser. Streng genommen bekommt die Brutalität gegenüber dem hilflosen George einen schwarzen, also subversiven Hauch erst in dem Augenblick, in dem das passive, für die weiße Schikane vorgesehene Opfer seine Mitarbeit aufschiebt oder verweigert. „Legitim" wird jeder Schlag gegen George erst, als Jacks fortgesetztes Zögern ihm die Qualität einer Bestrafung verleiht.

Der Verzicht der Schikaneure auf die subversive Rechtfertigung ihrer Brutalitäten ist also kein Mangel, sondern vielmehr die

Bedingung einer Modifikation der paradoxen Interpunktion. Wenn die Schikane die Folgen ihres Tuns als ihre Bedingungen umdeutet, dann installiert sie eine zyklische Zeit für den Übergang von ihrer schwarzen zu ihrer weißen Phase.

Die schwarze Schikane entsteht erst nachträglich im verzögerten Beginn der weißen. Je schneller sich Jack dem Verlangen der Schikaneure fügte, desto virtueller bliebe die schwarze Schikane. Und je mehr George in die Verachtung gegen sich einwilligt, desto mehr würde er zum Opfer der sich ausbreitenden weißen Schikane.

Seine Bereitschaft zur deutlichen Verachtung macht Jack zum Double der brutalen Indifferenz der Schikaneure. Um George zu schonen, unterwirft sich Jack nicht nur einer Demütigung, sondern betreibt darin auch noch Mimikry an den Tätern. Indem diese Schikane das Opfer nicht nur als Täter an sich selbst, sondern auch an einem anderen installiert, gewinnt das primäre weiße Opfer eine virtuelle Identität mit dem Schikaneur.

Der letzte Coup

Wie muß George zumute sein, dessen Leiden beendet wird, weil es seinem Freund gelang, Mitleidslosigkeit zu heucheln? Wird seine Erschöpfung nicht, sobald dessen Schmerz in den Hintergrund tritt, von einer eigentümlichen Scham verdrängt? Ist George nicht – bei aller Dankbarkeit gegenüber seinem Freund – auch unglücklich darüber, wieder glücklich zu sein? Ist dies nicht um so wahrscheinlicher, je enger die freundschaftliche Bindung zwischen beiden Opfern ist? Muß er sich nicht schämen, daß er sich helfen ließ? Wird George nicht nochmals zum Täter gegen Jack, indem er nicht verhinderte, daß dieser zum Täter an ihm werden konnte und mußte? Steckt nicht gerade in der Anerkennung von Jacks Mitleidslosigkeits-Heuchelei durch den Schikaneur die besondere Demütigung, auch hier gescheitert zu sein? Aber warum? George wollte ihm doch helfen! Müssen beide nicht – um ihrer selbst und des Freundes willen – darauf hoffen zu scheitern, vom Schikaneur betrogen zu werden? Und werden beide nicht auch hier – wir kennen die Formel schon – um den Betrug betrogen?

Genau darin liegt die Perfidie der Trauerverbots-Schikane: Die Opfer gewinnen, indem sie nach den Spielregeln des Schikaneurs verlieren. Beide Opfer sind davongekommen, um von einer seltsamen, post-situativen Verzweiflung verfolgt zu werden, die ihr Weiterleben zum nackten Überleben degradiert. Sie werden schwer an ihrer Erleichterung zu tragen haben.

Schwarzes und weißes Gesetz

Wir wollen versuchen, zum Ende des Kapitels die normativen Eigentümlichkeiten von schwarzen und weißen Schikanen auf den Punkt zu bringen.

Wenn jede Norm, jede Regel und jedes Gesetz die Funktion hat, sowohl die Notwendigkeit seiner Einhaltung zwingend vorzuschreiben, aber zugleich auch Möglichkeiten einzuräumen, zwischen konformem und abweichendem Handeln zu unterscheiden, dann sind zwei Extreme vorstellbar: das *schwarze Gesetz*, das *nur noch abweichendes Handeln vorsieht* und das *weiße Gesetz*, das *nur noch konformes Handeln vorsieht*. Das schwarze Gesetz sagt seinem Opfer: „Es gibt nur abweichendes Handeln – wie sehr du dich auch um Konformität bemühst!" Die Botschaft des weißen Gesetzes lautet: „Es gibt nur konformes Verhalten – egal wie abweichend du dich auch immer verhalten magst!"

Der Begriff des Gesetzes scheint in diesen Extremen seinen Sinn zu verlieren. Das schwarze Gesetz mündet in reinen Terror, das weiße vergeht zu purem Nichts. *Schwarzes und weißes Gesetz sind die beiden grundsätzlich denkbaren Wege, das Gesetz in seiner Auflösung fortzusetzen.* Eine wirkliche Aufhebung des Gegensatzes von Anpassung und Widerstand höbe auch das Gesetz auf. Eine imperative Aufhebung des Gesetzes würde jedoch selbst die Ausdrucksdimensionen benutzen, die sie abschaffen will. Auf dieses niemals ganz einlösbare Phantasma eines in seiner Selbst-Enthebung fortdauernden Gesetzes richtet sich das Begehren des Schikaneurs.

Das schwarze Gesetz entfaltet *Regeln des Terrors* und das weiße erläßt *Anleitungen zum Laisser-faire*. Zwei exemplarisch herausragende Formen des schwarzen und weißen Gesetzes haben wir in diesem Kapitel unter dem Titel des kafkaesken Gesetzes und des Emanzipationsparadoxons diskutiert. Schwarzes und weißes Gesetz konstruieren paradoxe Regeln, die, *um „richtig" befolgt zu werden, nicht befolgt werden dürfen* (schwarz) oder *um gebrochen werden zu können, befolgt werden müssen* (weiß). Das schwarze Gesetz ist die obszöne Demonstration der *Notwendigkeit, das Gesetz zu übertreten*. Das weiße Gesetz ist die demütigende Demonstration der *Unmöglichkeit, das Gesetz zu übertreten*. Beide repräsentieren die in sich verdoppelte Gestalt der Einlösung des Phantasmas des perfekten Gesetzes.

Wir haben im zweiten Kapitel das perfekte Gesetz als eines bestimmt, das die Überschreitung zugleich möglich und unmöglich macht. Die diabolische Ironie des weißen und schwarzen Gesetzes ist es, daß in ihnen eine Form gefunden wurde, in der es dem Schikaneur möglich ist, seine Souveränität zugleich aufzugeben und fortzusetzen. Wenn das Gesetz wirklich nur dann Gesetz ist, wenn sich niemand über es zu stellen vermag oder wagt, und wenn „Souveränität" der Akt der Setzung bzw. Überschreitung des Gesetzes ist, dann ist das souveräne Gesetz das Paradox eines Gesetzes, das sich jeden Augenblick in der Überschreitung seiner selbst reproduziert. Immer andere verpflichtend, will das Gesetz nicht sich selbst verpflichtet sein, ohne sich deshalb in einem Akt schlichter Willkür seiner selbst zu entledigen: Die Lösung dieses Problems ist das Paradox des souveränen Gesetzes als organisierte Willkür in seiner schwarzen und weißen Variante.

Schwarzes und weißes Gesetz sind deshalb auch als qualitative Transformation und Assimilation der Bewegung der Subversion zu verstehen: Sie repräsentieren die doppelte Gestalt der *subversiven Aufhebung der Subversion*. Aus der ursprünglichen Bewegung gegen das Gesetz mit dessen Hilfe, sind schwarze und weiße Subversion nun Bewegung gegen das Gesetz für es.

Wenn die normale, triadische Bewegung des Gesetzes in Konstitution und Realisation, Überschreitung und Bruch und schließlich Restitution und Reproduktion zerfällt (36), dann folgt die Genese des schwarzen und weißen Gesetzes dem gleichen Verlaufsrhythmus, wobei hier die Bewegung die Struktur des Gesetzes als solches betrifft und nicht mehr nur den inhaltlichen Gesamtprozeß der Reproduktion eines einfachen Gesetzes. (37)

Am Beginn einer imaginären Genealogie von schwarzem und weißem Gesetz stünde das „graue" Gesetz in seiner einfachen Entgegensetzung von Konformität und Abweichung. In einer zweiten Phase wäre die Subversion eine strukturell als Konformität gesicherte Überschreitung. Und in der dritten Phase schließlich würden schwarzes und weißes Gesetz die Subversion für die allgemeine Logik des Gesetzes absorbiert haben.

Kapitel Elf

Inferiore Schikanen

Die Möglichkeiten inferiorer Schikanen

Zum Ende dieses Buches wollen wir eine von mehreren Möglichkeiten andeuten, die Theorie der Schikane weiterzuentwickeln.

Wir haben gezeigt, daß schwarze und weiße Schikanen Versuche sind, Allmachtsempfindungen zu kultivieren. Der spiegelbildliche, negative Zustand beim Opfer der Schikane ist Ohnmacht. Allmacht und Ohnmacht sind Formen qualitativer Eskalation des Machtbesitzes bzw. -verlustes.

Ohnmacht ist die Empfindung des „Ich kann nichts tun!", „Ich bin gezwungen, etwas gegen meinen Willen zu tun!" *Ohnmacht ist die Reflektionsform der Unterdrückung:* Die Unfreiheit soll sich als Unfreiheit be- und ergreifen. Ohnmacht heißt, die besondere Freiheit „genießen", die eigene Unfreiheit nicht übersehen zu können. Unterdrückung ist bloß die einfache Form des Ohnmächtigseins, Ohnmacht dagegen die Permanenz des Ohnmächtigwerdens.

Innerhalb der Ohnmacht wird der Unterdrückte in einen Spiegelkäfig gestellt. Ohnmacht ist der demütigende Zwang, der eigenen Unterdrückung fortlaufend in die Augen sehen zu müssen. Sie gehört zu den Versuchen, einen „unmöglichen Superlativ" herzustellen. Der Ehrgeiz der Schikane, den Schikanierten „tiefer als tief" hinabzudrücken, bedient sich ausgerechnet des Mediums der unbegrenzten Freiheit, der Reflexion.

Während zweckrationale Herrschaft immer relativ ist, weil sie niemals versucht, das gesamte Subjekt mit all seinen Lebensregungen in den Prozeß der Herrschaft hineinzuziehen, dem Subjekt klugerweise also immer Freiheitsräume einräumt, zielt die Schikane auf totale und absolute Macht. Sie will „mehr" als die asketische und selbstgenügsame, zweckrationale Herrschaft. Sie will das übermächtigte Subjekt am Boden liegen sehen; mit der Hypertrophie ihres Machtanspruchs steigt die Hypertrophie ihres Übermächtigungsanspruchs. Sie will die Ohnmacht.

Ihr erster fundamentaler Widerspruch aber ist es, daß sie über die Erreichung dieses Ziels nicht glücklich werden kann: Verlöscht jede Subjektivität, jeder abseitige Lebensimpuls des Ohnmächtigen, ist ihm jeder Freiheitsraum getilgt, so wäre damit auch jede Gelegenheit des machtvollen Selbstgenusses verschwunden. Der Höhepunkt der totalen Macht wäre zugleich auch ihr Ende.

Deshalb will vor allem die komplexere Schikane, die diesen inneren Zwist „begreift", zugleich mehr und weniger als die zweckrationale Herrschaft: „mehr", insofern sie die Macht totalisieren will; „weniger", insofern sie die Freiheit und den Freiheitswillen des unterdrückten Subjekts braucht, um ihn negieren zu können. Setzt die zweckrationale Macht darauf, eine einfache, sich ihrer Gründe bewußte Selbstdisziplinierung des Unterworfenen zu erreichen, so träumt die Schikane den Traum der Hyperdisziplinierung des Schikanierten durch lancierte Insubordination.

Damit die Schikane ihr Spiel ohne Ende spielen kann, damit sie die Endgültigkeit ihres Sieges immer aufs neue aufschieben kann, damit ihr Opfer niemals „vollständig" ihren Bestrebungen assimiliert wird, ist sie auch immer Reproduktion des inferioren Widerstandes. Ohne den Widerstand des Opfers, den es niederzukämpfen gilt, wäre das Spiel aus.

Genau an diesem Punkt kann die *Bedingung der Möglichkeit* einer inferioren Schikane festgemacht werden. Als inferiore Schikane wollen wir die Praktiken begreifen, in der *die Identität vom Schikaneur als Täter und Schikanierten als Opfer zerbrochen wird. Inferior wird die Schikane, wenn sich der Schikanierte seinerseits zum Schikaneur aufschwingt.* Dies aber nicht einfach im Sinne eines „Platzwechsels", der voraussetzen würde, daß sich die Machtverhältnisse geändert hätten. Es geht vielmehr um die Frage, wie der Schikanierte *als solcher* zum Schikaneur werden kann. Es geht um die schikanöse Lösung des paradoxen Problems, *wie man durch die Gestaltung der Ohnmacht Macht ausüben kann.* Wenn doch aber die Schikane selbst schon die Provokation einer Insubordination ist, um sie niederschlagen zu können, welchen Weg könnte dann eine inferiore Schikane nehmen?

Innerhalb eines Systems, in dem Widerstand als Anpassungslei-stung verwertet wird, kann man sich nur schikanös wehren, indem man Anpassung als Widerstand praktiziert. Der Inferiore hat nur die Wahl, sich der absurden Strategie zu bedienen, die Flucht nach vorne anzutreten und gleichsam der Katze ins Maul zu springen.

Hyper-Konformität

(Die folgenden Ausführungen beschränken sich vor allem, auch wenn dies nicht immer ausdrücklich gesagt wird, auf weiß-inferiore Schikanen, deren *primäre* Funktion es ist, schwarze Schikanen schikanös abzuwehren.)

In der weißen Schikane findet der Ungehorsam, der Widerstand keine Abwehr bei den Herrschenden und verliert seinen Sinn; der Überschreitung wird das Gesetz entzogen, das sie überschreiten könnte. In der weiß-inferioren Schikane findet der Befehl, der Anpassungsdruck keine Abwehr bei dem Beherrschten und verliert seinen Sinn; *dem Gesetz wird die Überschreitung entzogen, es wird durch Hyper-Konformität gelähmt.*

Wie der Hyper-Realismus in der Kunst ein Mittel ist, den Existenzdruck durch die automatischen Kunstmittel der Fotografie durch freiwillige Selbstangleichung zu parodieren, so ist Hyper-Konformität im Raum der Macht der Versuch, durch Selbstentwaffnung der Überwältigung zuvorzukommen. Die weiß-inferiore Schikane betrügt, indem sie der Macht das besondere Vergnügen nimmt, Aufstände und Aufruhr aller Art niederzuhalten: Sie identifiziert sich mit der Inferiorität. In ihr nimmt der Terror des Opportunismus Gestalt an: *Frustriert in der weißen Schikane der Herr den Feindbedarf des Knechtes, so enttäuscht in der weiß-inferioren Schikane der Knecht den Feindbedarf des Herrn.*

Wenn wirklich der Traum der Kontrolleure der Notfall ist, dann inszeniert die weiß-inferiore Schikane einen Katastrophenmangel, eine Unbequemlichkeitseinbuße, einen Dissensverlust. Sie erzeugt im superioren Opfer das Gefühl, daß „alles zu glatt geht", die Unruhe des Gelingens, den Überdruß der Normalität, eine „Melancholie der Erfüllung". (Ernst Bloch) Gegen die schwarze Taktik der *problemlösenden Problembildung* setzt sie die weiß-inferiore Taktik der *problembildenden Problemlösung*. Sie verkörpert den Pathos des Freitods: Ich gebe mir mein Ende! Die weiß-inferiore Schikane ist die Praxis, die Widerstand mittels Anpassung leistet: die Aushöhlung der Macht durch ihre unwillkommene Absolution. Er verletzt den despotischen Anspruch: Er will, was er nicht wollen soll.

Provokative Ohnmacht

„Ich habe woanders eine bestimmte Art der Herausforderung beschrieben, die man provokatorische Ohnmacht nennen könnte, weil sie gemacht wird, wenn der Feind bereits Sieger ist: *Wenn jeder Widerstand unmöglich ist, reagiert der Besiegte durch aggressives Vorführen der Passivität, zu der man ihn verurteilt hat; er nimmt stolz auf sich, was der Andere aus ihm gemacht hat.* Man findet diese Haltung in ihrer Reinheit bei den Kolonisierten in einem bestimmten Stadium ihres Kampfes, daß heißt, wenn sie sich der Unterdrückung bewußt werden, aber noch nicht die Mittel haben, den Unterdrücker zu vertreiben: in diesem Fall bekundet die rein ideelle und nutzlose Herausforderung zugleich die Unmöglichkeit der Revolte und ihrer Notwendigkeit." (Jean-Paul Sartre) (1)

Provokatorische Ohnmacht ist einfache Ohnmacht, aufgehoben durch aktive Identifikation: Indem der Ohnmächtige sich aktiv, ja, aggressiv in sein Schicksal fügt, benutzt er die Gegenläufigkeit, die Doppeldeutigkeit der Ohnmacht für seine Zwecke. Indem der Knecht – wenigstens symbolisch – die Macht der Definition seiner Situation an sich reißt, grenzt er die totale Machtkompetenz seines Herrn ein, wie wenig auch immer. Das repräsentiert das *ausbrechende* Moment der Ohnmacht. Gleichzeitig aber formuliert er die nackte Wahrheit über seinen Status und vertieft ihn gewissermaßen, indem er ihn bejaht und als faktischen, unvermeidlichen Zustand anerkennt. Das repräsentiert das *einbrechende* Moment der Ohnmacht.

Provozierende Ohnmacht bedeutet, daß sich der Knecht durch forcierte Subordination selbst insubordiniert: Ihr gelingt eine Konfusion zwischen Ausbruchswillen und Unterordnungsbereitschaft. Provokatorische Ohnmacht leistet gerade darin paradoxerweise Widerstand, indem sie ostentativ jeden Widerstand aufgibt. Wenn sie sich aber selbst immer tiefer in die Ohnmacht hineintreibt, entzieht sie dem Schikaneur eben dieses besondere Vergnügen. Die Situation kippt: Das Ende der einen Schikane ist der Beginn einer neuen. Provokatorische Ohnmacht bekämpft die Ohnmacht mit der Ohnmacht: Der Beelzebub wird mit dem Teufel ausgetrieben.

Die provozierende Ohnmacht ist die Kunst dieser minimalen Differenz. Käme sie lautstärker und prägnanter daher, so wäre sie eine normale rebellische Haltung, die der aussichtslosen Lage keine Rechnung trüge. Sie wendet in einem winzigen Maß die Ohnmacht, die der Herr an dem Knecht zu vollstrecken sucht, gegen ihn zurück. Gegen das eigentümliche Paradox der provokatorischen Ohnmacht, die über sie vollstreckte abzuwehren, indem sie sich noch tiefer in sie schmiegt, kann der Herr nur seinerseits den Versuch unternehmen, die Ohnmacht zu vertiefen. Beide, Herr wie Knecht, stehen unter dem Zwang, die Ohnmacht zu eskalieren: In diesem Potlatch der erzwungenen und stilisierten Ohnmächte gewinnt der, der beim anderen die „letzte" Verstimmung zu erzeugen weiß. Läßt die flüchtige Insubordination der provozierenden Ohnmacht im Herrn nicht einen Hauch von Verärgerung zurück, bzw. gelingt es diesem, seinen Ärger darüber in hämischer, ostentativer Gleichgültigkeit zu sublimieren, dann bricht die kleine Abweichung der provozierenden Ohnmacht zusammen, so als hätte sie nie existiert.

Sabotage durch Inflation

Studieren wir den Mechanismus der provozierenden Ohnmacht zunächst an einem nicht-schikanösen Beispiel:

„Mehr als hundert Jahre später fand sich König Christian X. von Dänemark in einer ähnlichen Situation, als im Jahre 1943 die deutsche Besatzungsmacht die Anwendung der Endlösung auf die dänischen Juden verfügte, die bis dahin in relativer Sicherheit gelebt hatten. In seinen Gesprächen mit dem König wünschte der deutsche Sonderbeauftragte darüber Auskunft, wie der König das jüdische Problem in Dänemark zu lösen beabsichtige. Darauf soll der König die eisige Antwort gegeben haben: „Wir haben kein jüdisches Problem; wir fühlen uns nicht minderwertig." Dies ist zweifellos ein gutes Beispiel für eine Umdeutung – wie diplomatisch und wie erfolgreich sie war, steht freilich auf einem anderen Blatt. Doch als die Besatzungsmacht wenig später die Verfügung erließ, daß alle Juden die Armbinde mit dem gelben Davidstern zu tragen hätten, deutete der König sie erfolgreich dahin um, daß es zwischen den Dänen keine Unterschiede gäbe, daß die Verfügung daher alle Dänen träfe, und daß er als erster den Davidstern tragen werde. Die überwältigende Mehrzahl der Bevölkerung folgte dem Beispiel des Königs, und die Verfügung mußte widerrufen werden." (2)

Der Versuch der Nazideutschen, die Juden nach deutscher Manier auch im besetzten Dänemark mit dem gelben Davidstern auszuzeichnen, wird von König Christian X. abgewehrt: Die Dänen lassen sich nicht in Opfer 1. und 2. Klasse spalten. Die Insubordination wehrt den Befehl paradox – durch Ausführung – ab. Sie entwindet sich dem pauschalen Gegensatz von Anpassung (alle Juden tragen den Stern) und Widerstand (niemand trägt den Stern): Wenn alle den Stern tragen, ist jeder und niemand zugleich „Jude".

König Christian X. entwertet den gelben Stern nicht durch Sabotage, sondern durch inflationären Gebrauch. Das Zeichen büßt damit seine basale Fähigkeit zu unterscheiden, zu diskriminieren (im doppelten Sinne) ein. Der konforme Aufstand transformiert ein Mittel der Knechtung in eines der Auflehnung und der Solidarisierung. (3)

Die Feier des Infernos

Erinnern wir uns an die Szene „In der Manege" in Kapitel Zehn: Wenn nun der Herumgestoßene weder Angst noch Scham zeigte, sich vielmehr mit Jubel zum Punchingball der anderen machen ließe? Wenn er also den parodistischen Auftrag der schwarzen Schikane, ihm Gelegenheit geben zu wollen, seine Tolpatschigkeit zu verlernen, wörtlich nähme und seine „Erfolge" beim Durch-die-Gegend-Fliegen lauthals und mit emphatischer Begeisterung hinausposaunte: „Seht ihr, ich kann mich schon wieder ein bißchen besser auf den Beinen halten!", am besten gerade dann, wenn er sich wieder einmal vom Boden erheben muß. Oder indem er insgesamt den Eindruck verbreitet, statt auf einer schwarzen Messe gedemütigt auf einem besonderem Fest, das nur ihm zuliebe veranstaltet wird, gefeiert zu werden.

Er müßte alles daran setzen, den Doppelcharakter der schwarzen Mißachtung offenzulegen, so daß das Moment der „Anerkennung in der Nicht-Anerkennung" wieder ans Licht gezerrt würde. Er könnte sich für die Fußtritte bedanken, die „Meisterschaft ihrer Auffangkünste" gerade dann besonders loben, wenn sie aufs heftigste versagen, sie anspornen, ihre „ausgezeichneten" Bemühungen noch zu forcieren, ihnen ironische Vorwürfe machen, jetzt doch aber langsam die Lust zu verlieren, in ihren Bemühungen schwächer zu werden…

Die weiß-inferiore Schikane bringt den schwarzen Superior in die *Versuchung unmittelbarer Gewalt:* Ihr paradoxer Diebstahl besteht darin, daß das Opfer sich die Selbstachtung nimmt, bevor sie ihm genommen werden könnte. Damit bietet er dem schwarzen Superior nur noch auf dem Feld der nackten Gewalt etwas zur Eroberung an.

Wenn die schwarze Schikane der Versuch ist, die Unfreiheit mit soviel Freiheit auszustatten, daß sie als solche nicht ignoriert werden kann, dann schmiegt sich der weiß-inferiore Schikaneur in diese Figur und benutzt die scheinbare, geliehene Freiheit, um seine Unfreiheit zu „erobern". Indem er die Unfreiheit wählt oder den Eindruck erweckt, die bloß geliehene Freiheit in eine geraubte zu verwandeln, *wird er von einem Sklaven, der im Auftrag seines Herrn zu dessen Belustigung an den Gitterstäben zu rütteln hat, zu einem Sklaven, der seinem Herrn die Schlüssel zur Zelle entreißt, um sie provokatorisch, vor seinen Augen, wegzuwerfen.* Die christliche Demut des „Liebe deine Feinde!" wird in den Händen des inferioren Schikaneurs zu einem „Lobe deine Feinde!" „Ja" sagen zu dem, der „Nein!" zu einem sagt: Identifikation mit dem Aggressor.

Der unerwünschte Patriot

Ein Jugendlicher aus der DDR berichtet in der Berliner „Tageszeitung" über seine Erfahrungen mit der Volkspolizei:
„Ja, die haben mich wegen meiner Anstecker angesprochen. Die haben aber nicht nach Musikstickern geguckt, sondern nach diesem Aufnäher „Schwerter zu Pflugscharen". Aber den habe ich gar nicht dran und würde mir den auch gar nicht drauf machen. Aber dann haben sie gesehen, daß ich eine DDR-Fahne auf dem Jackenaufschlag hatte, und das haben sie als Provokation betrachtet. Und da habe ich geantwortet: Wenn sie das als Provokation betrachten, kann es mit ihrer Überzeugung nicht sehr weit her sein. Einmal mußte ich auf dem Bullenrevier das Ding abmachen und denen geben. Hab ich dann gemacht. Ich hab gesagt: Na O.K. Leute, könnt ihr haben, ich baue mir ein Neues. Da haben sie gesagt: Na wenn das so ist, kannste es auch gleich behalten. Die Stickers hatte ich von ein paar holländischen Punks bekommen." (4)

Für die folgende Analyse gehen wir davon aus, daß die Begegnung des real-sozialistischen Punks mit der Ordnungsmacht nicht so glimpflich verlaufen wäre, und der Punk hätte die Beamten – vielleicht unter der Drohung eines Gefängnis-Aufenthalts, weil dann für ihn nichts mehr zu verlieren war –, durch übertrieben unterwürfiges, militärisches „Zu Befehl!"-Gehabe provoziert.

Die DDR-Fahne auf dem Revers der Punker-Jacke: Die Beamten verstehen instinktiv den Bedeutungsdiebstahl, die Entwendung des zentralen patriotischen und nationalen Symbols.

Zunächst verstehen sie allerdings nicht, daß man diese symbolische Attacke nicht einfach rückgängig machen kann. Die kleine, symbolische Provokation des Punkers bringt die Vopos in die doppeldeutige Verlegenheit, die subversive Demontage der staatstragenden Heraldik ausgerechnet durch Demontage verhindern zu wollen. Die weiß-inferiore Schikane betreibt Konfrontationsentzug, so wie die weiß-superiore, allerdings nicht von „oben" nach „unten", sondern von „unten" nach „oben".

Der Bedeutungsdiebstahl des Punkers ist das Gegenstück zu einer anderen minoritären Praxis der Stigmabesetzung: Diese macht die Vorurteile, die über sie existieren, trotzig wahr, verwandelt also ein negatives Fremdbild in ein positives Selbstbild („Ich bin der, vor

dem ihr mich immer gewarnt habt!"), während der Bedeutungsdiebstahl Symbole der Loyalität zu subversiven Zwecken vereinnahmt. Die Stigmabesetzung ist eine semantische Kampfpraktik der
Aufwertung. Sie greift Symbole der Diskriminierung auf und
versieht sie mit einer trotzigen Anerkennung. *Der Bedeutungsdiebstahl ist eine Methode der Abwertung: Er greift etablierte Symbole
auf und stellt sie in einen diskreditierenden Kontext.* Der Punker ist
der unerwünschte Patriot. Jeder weiß genau, daß er es „nicht ernst
meint", und doch können sie ihm seine devote Souveränität nicht
streitig machen. Er empört, macht wütend und zugleich hilflos, weil
es seiner entblößenden Maskerade gelingt, den Nein-Sager als
Ja-Sager erscheinen zu lassen.

Entsprechend der Unterrepressivität der weiß-superioren Schikane entfaltet die weiß-inferiore eine überopportune Haltung. Die
Flucht nach vorn verfolgt keine Strategie des Ausbruchs, sondern
eine List des Einbruchs: Sie zieht dem Befehl den Stachel, indem sie
sich ihm ganz überläßt. Die weiß-inferiore Schikane arbeitet
immunisierend: Gegen eine Gefahr kann ich mich nur schützen,
indem ich mich ihr vorgreifend aussetze. Ihre Devise: Hinein in die
Sackgasse. Gegen das barocke Theater der Macht in der schwarzen
Schikane entfaltet die weiß-inferiore die infernalische Konkurrenz
der Ohnmächte. Die zugespitzte Form der provokativen Ohnmacht ist der heroische Fatalismus.

Heroismus des Fatalen

„Die Indianer quälten einander, weil es weniger weh tut, sich vom
Bruder und Freund freiwillig quälen zu lassen anstatt vom Feind.
Das Quantum Schmerz kennt man dann, ohne schon die Qualität
des Schmerzes, die einem der Feind zufügen wird, ertragen zu
müssen. Wenn man gelernt hat, das Quantum zu ertragen, kann
man sich im Ernstfall ganz gegen die Qualität des vom Sieger
zugefügten Schmerzes wappnen. So fremd kommt einem diese
Praxis nicht vor, auch wenn wir unsere Übungen nicht mit dem
Messer bestreiten." (5)
Der heroische Fatalist ist der paradoxe Märtyrer, der sich für sich
selbst opfert. Dazu bedient er sich der Vorwegnahme. Er begegnet

dem Unausweichlichen, dessen Annäherung droht, indem er in es hineinspringt. Die schwarze Schikane in ihrer Praxis des „Schrekkens ohne Ende" schockiert er mit einem „Ende mit Schrecken". Der Vorwegnehmende antwortet auf die Grausamkeit, die kein Ende machen will, indem er – endlich – sich grausam ein Ende macht. Was ich mir selbst antue, kann mir niemand mehr antun: *Der Vorwegnehmende bildet ein Eigentum an Leid, einen Besitzstand an Auto-Destruktivität.* Die Form der Identitätsbildung des heroischen Fatalisten verinnerlicht den katastrophischen Zug: Die Selbstzerstörung wird zu einem Mittel imaginärer Selbsterhaltung. Im Augenblick ihres Sturzes rettet sich die bereits verlorene Autonomie als aggressive Fügung in ihren Fall. Die inferiore Schikane ist die Affirmation des „worst case".

Frank Böckelmann spricht von der „Utopie der vorsätzlichen Versteinerung": „Wer seinen Körper vollständig zum Objekt machte, entkäme jeder besonderen Objektivierung." (6) Das „vollständigste" Objekt aber ist das tote Objekt. Das Paradox der Vorwegnahme: *sich durch Schutzlosigkeit schützen zu wollen.* Der, den man aufhängen will, greift nach der noch baumelnden Schlinge und legt sie sich selbst um den Hals, zieht sie stramm und fordert seine Henker auf, keine Zeit zu verlieren. Symbolisch gesprochen ergreift der Vorwegnehmende die drohend vor ihm aufgerichtete Lanze und stößt sie sich in den Leib.

Die Macht des Vorwegnehmenden liegt in der Dimension der Zeit: Er ist schneller als die eigentliche Macht. Die Macht selbst ist als Unbestimmbarkeit die reine Verfügungsgewalt über die Zukunft; nur sie selbst schließt, wann sie will. Sie quält uns, indem sie sich in der Form des Futur II vollstreckt: Alles ist schon geschehen, aber es wird noch eintreten. Im Futur II erzeugt die Macht eine schikanöse Konfusion von offener und geschlossener Zukunft: Die (ab)geschlossene Zeit erscheint als offene. Die Radikalität der Vorwegnahme: die grausame Aussichtslosigkeit, zu deren Erlebnis uns die Macht in der Form der unbestimmten Frist zwingt, auszusetzen. *Gegen die Verlangsamung der Zeit kämpft sie mit ihrer Beschleunigung.* Die Vorwegnahme ist, das „letzte Wort" als Erster auszusprechen. Sie überholt noch die zweite Zukunft. Die Vorwegnahme ist das Prinzip des „Apocalypse Now!", sie vollendet die „vollendete Zukunft".

Negative Souveränität

Wir haben gezeigt, daß die superioren Schikanen eine Dialektik der Perfektion entfalten, um der Melancholie der Erfüllung zu entkommen – „weniger ist mehr"; die inferioren Schikanen entfalten dagegen die Dialektik der Apokalypse. Der weiß-inferiore Schikaneur wählt vorsätzlich eine imaginäre Existenz. Es ist seine – wie die des superior-weißen Schikaneurs – Taktik, den Exodus ins Nichts anzutreten und den schwarzen Schikaneur um die Vernichtungsgelegenheit zu betrügen. „Negativ souverän" verdient ein Tun genannt zu werden, das seinen größten Triumph darin findet, sich jede Handlungsmöglichkeit zu nehmen.

Die in der einfachen, weißen Schikane noch ganz gegen den anderen geschleuderte Verachtung wendet der inferiore Schikaneur nun gänzlich gegen sich selbst: nicht „Aussetzung der Vernichtung durch den Vernichter", sondern „Aussetzung der Vernichtung durch den zu Vernichtenden". Betreibt die weiß-superiore Schikane *Täterentzug*, so die weiß-inferiore *Opferentzug*.

Wenn nichts mehr bleibt, bleibt nur noch das Nichts. Nietzsches „Lieber das Nichts wollen als nicht wollen!" ist das Kern-Axiom des weiß-inferioren Schikaneurs. Vor der Drohung des „Umsonst" rettet er sich in das Versprechen des „Umsonst". Fatalen Verhältnissen erteilt er durch fröhlichen Nihilismus eine Absage. Man kann ihn nicht fassen, weil er von Kopf bis Fuß auf Imaginäres eingestellt ist – und sonst gar nichts. Auf die diesseits-skeptische Frage: „Gibt es ein Leben vor dem Tode?" antwortet er frech „Nein!", weil es ihm so gelingt, die Bedingung der Möglichkeit für sein Ableben zu annullieren. Die absolute Radikalisierung der Idee der Souveränität, des Phantasmas der totalen Autonomie, schlägt in der Gestalt des weiß-inferioren Schikaneurs in ihr absolutes Gegenteil um: Identifikation mit dem Trauma der totalen Heteronomie. Diogenes in seiner Tonne kann nichts verlieren, weil er nichts besitzt.

Gegen die schwarze Logik des zweiten Todes, dem ewigen Schmorenlassen im Fegefeuer des Überleben-Lassens, die Verzweiflung, immer wieder aufs neue die Todesdrohung spüren zu müssen, setzt die weiße Schikane den suizidalen Triumph, die Emigration in die Hölle, die Konkurrenz der Todes-Kraft. So wie die Strategie des offenen Geheimnisses die Dinge unseren Blicken entzieht, indem sie sie ihnen offen aussetzt, so triumphiert die weiß-inferiore Schikane, indem ihr Akteur *„immer schon" früher da ist, wohin er erst gebracht werden soll.*

Anmerkungen

Vorbemerkung

(1) Seine Stellung zu der noch fehlenden großen Figur des Masochisten im Schnittpunkt von Macht und Begehren beschreiben wir andeutungsweise in Kapitel Sieben (S. 175 ff.) und ausführlicher in Kapitel Zehn im Abschnitt „Schikane und Masochismus".

(2) In der Betonung der Differenz von Produktion und Reproduktion bleibt dieses Buch dem – in wissenschaftslogischer Perspektive – zu Unrecht aus der Mode gekommenen Werk von Karl Marx verpflichtet. Unter allen klassischen – sich ihrer selbst noch unbewußten – Formen der Systemtheorie entwickelt Marx' Theorie mit Abstand die größte systematische Sensibilität für die zeitliche und reflexive Dimension von Systemprozessen.

(3) Jürgen Habermas, der Theoretiker der Verständigungsverhältnisse, wurde provozierend, aber richtig gefragt, was denn nach dem Konsens wäre. Die Theorie der Schikane gibt Antwort auf die Frage, was nach der – entschiedenen – Konfrontation geschehen kann.

Kapitel Eins

(1) DUDEN-Fremdwörterbuch, 3. Auflage, S. 654, Mannheim 1974

(2) Der Film lief am Dienstag, dem 28. 4. 1987 im Spätprogramm

(3) Friedrich Thiemann: „Schulszenen – Vom Herrschen und Leiden", S. 68, Suhrkamp-Verlag 1984

(4) Friedrich Thiemann: „Schulszenen – Vom Herrschen und Leiden", S. 68-69, Suhrkamp-Verlag 1984

(5) „Kress report", Nr. 23/1986, S. 12

(6) Steven Spielbergs Film „Das Duell" ist eine rasante und spannende Ausführung dieses Motivs.

(7) E. Schulte-Goecke: „Antike Sagen", S. 9-10, Verlag Ferdinand Schönigh, Paderborn, 1970

(8) Natürlich handelt es sich hier nicht nur um einfache tantalische Objekt-Beziehungen, unerreichbare Objekte des Begehrens, sondern auch um negativ tantalische Objekte, die ein Entkommen in die Unbelangbarkeit verhindern – wie etwa das pädagogisierte elektronische Ortungssystem. Je nachdem, ob es sich bei dem tantalischen Objekt um einen

Gegenstand des Genusses oder des Abscheus und des Leidens handelt, also je nachdem, ob man zu ihm ihn eine Beziehung der Aneignung oder der Abneigung tritt oder treten will, unterscheiden wir zwischen einem positiven und einem negativen tantalischen Objekt.

Anders als das positive tantalische Objekt, das Horizont-Objekt, das vor uns flieht, fliehen wir vor den negativen vergeblich in die Unbelangbarkeit. Die positiven tantalischen Objekte sind Gegenstände des Begehrens, die uns anziehen, die negativen sind solche der Angst, denen wir uns vergeblich zu entziehen versuchen.

Die Unerträglichkeit des Beischlafgezwitschers selbst verdiente eigentlich eine genauere Betrachtung, weil hier das Objekt der Angst und das Objekt des Begehrens verschmelzen, die Einheit des positiv- und negativ-tantalischen Objektes realisiert ist.

(9) Jean-Paul Sartre: „Das Sein und das Nichts", S. 275-276, Rowohlt-Verlag 1980

(10) zitiert nach: Wolfgang Fritz Haug: „Kritik des Absurdismus", S. 70, Pahl-Rugenstein-Verlag 1976

(11) Roland Barthes: „Sade, Fourier, Loyola", S. 82, Suhrkamp-Verlag 1974

Kapitel Zwei

(1) J. v. Staudinger: „Kommentar zum BGB", 12. Aufl., S. 890, J. von Schweiterzer Verlag 1980

(2) Soergel-Kommentar zum BGB, S. 1136, Kohlhammer-Verlag

(3) Soergel-Kommentar zum BGB, S. 1136, Kohlhammer-Verlag, kursiv von uns

(4) F. Stier-Somlo/A. Elfter (Hrsg.): „Wörterbuch der Rechtswissenschaft", Bd. 5, S. 336, W. de Grueyter-Verlag 1928

(5) J. v. Staudinger: „Kommentar zum BGB" 12. Aufl., S. 891, J. v. Schweitzer Verlag 1980

(6) Soergel-Kommentar zum BGB, S. 1136, Kohlhammer-Verlag

(7) Elias Canetti: „Masse und Macht", S. 335, Rowohlt-Verlag 1980

(8) Elias Canetti: „Masse und Macht", S. 336-337, Rowohlt-Verlag 1980

(9) Theodor W. Adorno: „Negative Dialektik", S. 43, Suhrkamp-Verlag 1970

(10) Jon Elster: „Aktive und passive Negation", in: P. Watzlawick (Hrsg.): „Die erfundene Wirklichkeit", S. 180, Piper-Verlag 1985

(11) Jon Elster: „Aktive und passive Negation", in: P. Watzlawick (Hrsg): „Die erfundene Wirklichkeit", S. 173, Piper-Verlag 1985

(12) Günther Anders: „Ketzereien", S. 141, Beck-Verlag 1982

Nebenbei: der Prozeß der Moderne ist unter der Perspektive einer historischen Modifikation der Normativität von Gesellschaft sicherlich als

Erosion von Latenz zu beschreiben. Und damit auch als die Geschichte der Kompensation von Latenz-Mangel.

(13) Niklas Luhmann: „Soziale Systeme", S. 469, Suhrkamp-Verlag 1984

(14) Es gibt gute Gründe den Unterschied von schwarzer und weißer Schikane – wie wir später, vor allem in Kapitel Zehn sehen werden – auch daran festzumachen, inwieweit das Phantasma des perfekten Gesetzes sich eher auf das archaische, unsichtbare Gesetz, das Tabu (im weißen Gesetz) zubewegt, oder aber aber auf das moderne, sichtbare Gesetz, die Legalität (im schwarzen Gesetz).
Es ist naheliegend, hier zunächst die schwarze Version, also den Unterschied von konservativem und hybridem Perfektionsphantasma zu verfolgen, weil die weiße Version streng genommen auf eine Totalisierung zweiten Grades, die Re-Totalisierung von beiden Perfektionsphantasmen hinausläuft.
Die Affinität der weißen Schikane zum Klima des Tabus berühren wir intensiver in der Analyse des Beispiels der „unfreiwilligen Hure" von Balzac im siebten Kapitel. Überspitzt könnte das Wesen der weißen Schikane auch als Wiederkehr des Tabus unter den Bedingungen der Legalität definiert werden.

(15) Uwe Japp: „Theorie der Ironie", S. 38, Vittorio Klostermann-Verlag 1983

(16) Walter Benjamin: „Das Passagenwerk" (TB-Ausgabe), S. 161, Suhrkamp-Verlag 1983

(17) Georg Simmel: „Philosophische Kultur", S. 97, A. Kröner-Verlag 1919

(18) David Guy Compton: „Die übliche Verrücktheit", S. 44-46, Heyne-TB Nr. 3886

(19) Paul Watzlawick: „Bausteine ideologischer Wirklichkeiten", in: P. Watzlawick (Hrsg.): „Die erfundene Wirklichkeit", S. 214, Piper-Verlag 1985

Kapitel Drei

(1) „Etymologisches Wörterbuch der französischen Sprache", Bd. 1, S. 224, 2. Auflage 1969, Heidelberg

(2) Gregory Bateson: „Ökologie des Geistes", S. 244, Suhrkamp-Verlag 1985

(3) Gregory Bateson: „Ökologie des Geistes", a. a. O., S. 244

(4) Es gibt eine beliebte Technik, den universalisierenden und totalisierenden Hang schikanöser Nachahmung zu beenden: Der Nachgeahmte sagt mit provokanter Ohnmacht: „Ich bin ein Blödmann" oder er tippt sich mit dem Finger gegen die Stirn. Der schikanöse Nachplapperer ist dann – gemäß seiner überdehnenden Regel – gezwungen, auch diesen Satz nachzusprechen oder das Spiel abzubrechen. Er steht in dem Dilemma, sich

selbst zu verurteilen, indem er die Selbstverurteilung des Nachgeahmten nachmacht ,oder aber die von ihm gesetzte Regel zu unterminieren und damit das Spiel abzubrechen. Ausgerechnet die sarkastische Behauptung der eigenen Blödheit rettet aus der des Spiels.

(5) Mario Vargas Llosa: „Die Stadt und die Hunde", S. 52-55, Suhrkamp-Verlag, Frankfurt am Main 1980, st 622. Übersetzung: W.A. Luchting

(6) Das kleine Mädchen ist ein Kinderstar im Film und besitzt bereits alle Starallüren. Es verbietet der Tochter der Haushälterin, ihr nur wenig angerostetes Fahrrad vom Schrott zu holen, zu reparieren und zu gebrauchen. Sie reklamiert ihr Besitzrecht, obwohl sie es eigentlich schon aufgegeben hatte.

Das ist eine kleine Luxus-Schikane: dogmatisch auf dem Abfall-Status eines Objektes bestehen und seinen Gebrauch durch einen anderen Menschen um jeden Preis verhindern. „Für dich ist mein Abfall noch zu gut", lautet, die kaum verdeckte Botschaft der kleinen, miesen Schikane.

(Szene aus einem Film der Serie „Ein Engel auf Erden" ,im ZDF-Vorabendprogramm am Freitag, dem 27. 2. 1987)

(7) Um anfangen zu können, muß man wissen, ob man anfangen kann. Wie aber kann man dies wissen, wenn man noch nicht angefangen hat? Das Dilemma jeden Anfangs lautet: Man müßte „immer schon" begonnen haben, um wissen zu können, ob es möglich (Faktizität) und richtig (Legitimität) war, anzufangen. Der Anfang müßte sich gewissermaßen „selbst vorausgehen", um herausfinden zu können, wie es um die Bedingungen seiner Möglichkeit steht. Der Anfang müßte also Konditionen kennen und Ursachen haben, kurz: Er dürfte nicht Anfang sein, um es zu werden.

Um herauszufinden, ob ich in dieser Runde jetzt das Wort ergreifen darf und kann, muß ich das Wort ergreifen. Man fragt den anderen, ob man ihn ansprechen darf: Das ist die taktvolle Lösung des Anfangsproblems. Sie nimmt die Last und relative Komik eines reflexiven Beginns auf sich. Die konventionelle Lösung geht den direkten Weg entlang gesetzter Regeln. Sie behandelt den Anfang als einen Anlaß: Die Offenheit der Zukunft wird in einem Vertrag, einer Vereinbarung, einem Termin fixiert. Vertrauen geht den dritten möglichen Weg: Es nimmt das Risiko des ungeregelten Beginns auf sich, verbindet darin die taktvolle mit der konventionellen Lösung.

Kapitel Vier

(1) Die klassische Philosophie hat – exemplarisch in Platon und Kant – gegen die Generalisierung des Bösen immer einen logischen Trost parat gehabt. Es kann kein „Volk von Teufel" (Kant) oder eine „Gesellschaft der Ungerechten" (Platon) geben, weil der Wunsch – etwa – des Diebstahls als Maxime verallgemeinert, „du sollst (darfst) stehlen!" nur zur Abschaffung

des Eigentums führte, die es doch vorraussetzen müßte, um es bestehlen zu können. Ebensoweinig kann man sich das Phänomen des Lügens als Maxime vorstellen, etwa in der absurden Aufforderung „du sollst lügen!", die, in letzter Konsequenz nur zur Abschaffung der Wahrheit und damit eben jenes Unterschiedes führte, in dessen Absetzung sich die Lüge überhaupt erst behaupten könnte.

Bosheit ist nicht verallgemeinerungsfähig: in dieser axiomatischen Gewißheit lag auch immer etwas Beruhigendes. Kant hat diese Gewißheit, vergleichbar seinem kategorischem Imperativ für den Bereich der Moral als *transzendentales Prinzip des öffentlichen Rechts* abstrahiert: „Alle auf das Recht anderer Menschen bezogene Handlungen, deren Maxime sich nicht mit der Publizität verträgt, sind unrecht." Daraus scheint zu folgen, daß das Böse und Boshafte nur *marginal* und *getarnt* existieren kann.

Die Existenz und Praxis des Schikaneurs legt Zeugnis vom Gegenteil ab. Natürlich nicht in dem Sinne, daß der Schikaneur die Verallgemeinerung der Boshaftigkeit als Kollektivierung vollzöge. Er bleibt ein marginaler Einzelgänger wie es das Generalisierungstabu vorsieht. Insofern behält er immer eine parasitäre, sekundäre Existenz. Die *Bedingung der Möglichkeit* der faktischen Verallgemeinerung, die *Publizität* – nach Kant – erfüllt die Struktur der Schikane allerdings.

(2) Günther Anders: „Kafka: Pro und Contra", S. 88, Beck-Verlag 1972

(3) Odo Marquard: „Apologie des Zufälligen", S. 24-25, Reclam-Verlag 1986

(4) Jean Paul Sartre: „Das Sein und das Nichts", S. 560, Rowohlt-Verlag 1980, Kursiv von uns

(5) Dietrich Diedrichsen: „Sexbeat", S. 113, Kiepenheuer & Witsch-Verlag 1985

(6) Pascal Bruckner/Alain Finkielkraut: „Das Abenteuer um die Ecke", S. 164, Hanser-Verlag 1982

(7) Friedrich Nietzsche: „Gesammelte Werke", Bd. 5, S. 339 und 412, dtv/de Gruyter-Verlag 1980

(8) Friedrich Nietzsche: „Gesammelte Werke", Bd. 3, S. 224, dtv/de Gruyter-Verlag 1980

(9) Friedrich Nietzsche: „Gesammelte Werke", Bd. 3, S. 528, dtv/de Gruyter-Verlag 1980

(10) Friedrich Nietzsche: „Gesammelte Werke", Bd. 2, S. 560-561, dtv/de Gruyter-Verlag 1980

(11) Sören Kierkegaard: „Die Krankheit zum Tode", S. 85, GTB-Siebenstern 1982

(12) Alfred Polgar: „Kreislauf" – Kleine Schriften Bd. 2, S. 140-141, Rowohlt-Verlag GmbH, Reinbek b. Hamburg, 1983

(13) Georg Simmel: „Dankbarkeit – Ein soziologischer Versuch", in: „Schriften zur Soziologie", S. 215, Suhrkamp-Verlag 1985

(14) Günther Anders: „Philosophische Stenogramme", S. 12, Fischer-Verlag, 1956

Kapitel Fünf

(1) Günther Anders: „Philosophische Stenogramme", S.51-52, Fischer-Verlag, 1956

(2) Theodor W. Adorno: „Minima Moralia", S.57, Suhrkamp-Verlag 1971

(3) Siehe Kapitel Drei, den Abschnitt „Die Stadt und die Hunde"

(4) Das „System der Ehre" hatte noch während des ersten Weltkrieges eine größere Bedeutung für die europäische Zivilisation. Es muß mittlerweile seine öffentliche Bedeutung immer mehr beschwören (etwa filmisch), weil die materielle Voraussetzung, die unmittelbare, duellhafte Konfrontation durch staatliches Gewaltmonopol und Distanzkrieg weitgehend verlorengegangen ist.
Es wäre interessant zu überlegen, ob die Bedeutung und Ausbreitung schikanöser Aktivitäten zusammen mit der wachsenden gesellschaftlichen Irrelevanz des Systems der Ehre sinkt oder aber kompensatorisch wächst. Dies könnte ein Ausgangspunkt sein, die Theorie der Schikane um die in diesem Buch gänzlich ausgeblendete historische Perspektive ihrer Entwicklung zu bereichern.

Kapitel Sechs

(1) Ex-Diktator Ferdinand Marcos erklärte dem amerikanischen „PLAY-BOY": „Wir haben Teil an der Errungenschaft, ein Gott zu sein." Auch seine Frau meldet Ansprüche auf eine höhere Existenzform an, „weil wir einen göttlichen Auftrag haben." (FR vom 30. Juni 1987)

(2) Georg Simmel: „Philosophie des Geldes", S.303/4, Duncker & Humblat 1900

(3) Jean-Paul Sartre: „Das Sein und das Nichts", S.744, Suhrkamp-Verlag 1980

(4) Michael Schneider: „Neurose und Klassenkampf", S.174, Rowohlt-Verlag 1973

(5) Ovid: „Metamorphosen", 11. Buch, Zeile 89-143, Reclam-Verlag 1982

(6) Michael Schneider: „Neurose und Klassenkampf", S.175, Rowohlt-Verlag 1973

(7) Theodor W. Adorno: „Minima Moralia", S.46, Suhrkamp-Verlag 1971

(8) Jean-Paul Sartre: a.a.O., S.744

(9) Hans Blumenberg: „Weltzeit und Lebenszeit", Suhrkamp-Verlag 1986

(10) Georges Bataille: „Die Aufhebung der Ökonomie" (Das theoretische Werk, Bd.1), Rogner & Bernhard-Verlag 1975

(11) Roland Barthes: „Sade, Fourier, Loyola", S.30, (Kursiv von uns, d. Verf.), Suhrkamp-Verlag 1974

(12) Siehe Kapitel Eins, den Abschnitt „Das liebste Objekt und die paradoxe Ruine"

(13) Günther Anders: „Tagebücher und Gedichte", S.237, Beck-Verlag 1985

(14) Theodor W. Adorno: a.a.O. S.218

(15) Theodor W. Adorno: a.a.O. S.219

Kapitel Sieben

(1) Roland Barthes: „Sade,Fourier, Loyola", S.105, Suhrkamp-Verlag 1974

(2) Ronald D. Laing: „Knoten", S.7, Rowohlt-Verlag 1975

(3) Günther Anders: „Die Antiquiertheit des Menschen", Bd.1, S.65-66, Beck-Verlag 1980

(4) Günther Anders: „Die Antiquiertheit des Menschen", Bd. 1, S. 7o, Beck-Verlag 1980 (kursiv von uns)

(5) Theodor Reik: „Aus Leiden Freuden", S.80, Fischer-Verlag 1985

(6) Die Schikane produziert innerzeitliche, diesseitige und weltliche Ewigkeiten: Wenn die Zeitgeist-Kulturkritik, die den Zustand der laufenden Gegenwart als post-modern oder post-historisch bezeichnet, richtig liegt und die Soziologisierung der biblischen Eschatologie auch nicht so ganz daneben greift, wenn Philosophen wie Peter Sloterdijk eine panische Epoche einläuten, die eine Kultur des Über-Lebens nach ihrem Ende sein soll oder sein wird oder schon ist, *dann ist die Schikane schon immer deren mikrosoziologisches Äquivalent gewesen.*
Deshalb gibt die Theorie der Schikane auch eine Antwort auf die Frage, wie man das postmoderne Lebensgefühl, der „ewigen Wiederkehr des Gleichen", kompensieren könnte. Wir wagen die Prognose, daß es in Zukunft, sowohl bei den Yuppies, wie auch bei den Underdogs, nicht nur mehr Amok und Terror, sondern auch mehr autonome Schikanen geben wird. Die Bedingungen für die Möglichkeit, daß die Schikane nicht nur eine mehr oder weniger große Episode im Leben eines Einzelnen sein kann, sondern sich zu einem Charakter-Kunstwerk auswachsen kann, werden immer günstiger. Nihilismus plus Demokratie ist das soziale Ferment der Schikane.

(7) Leszek Kolakowski: „Gespräche mit dem Teufel", S.35-36, Piper & Co. Verlag, München 1986
Ovids Version des Orpheus-Mythos findet sich in seinem Buch „Metamorphosen", 10. Buch, Zeile 10-63, Reclam-Verlag

(8) Honoré de Balzac: „Tolldreiste Geschichten", it 911 Insel-Verlag, Frankfurt am Main 1987. Übersetzung: Benno Rüttenauer.

(9) Siehe Kapitel Zehn den Abschnitt „Schikane und Masochismus"

(10) Honoré de Balzac: „Verlorene Illusionen", S.284-285, Goldmann Taschenbuch 1986

(11) Den außerordentlich wichtigen Begriff des Mangels zweiten Grades bzw. des „Mangels an Mangel" verdanken wir Günther Anders, etwa in seinem Werk „Die Antiquiertheit des Menschen", Bd.2, S.19, Beck-Verlag 1980

Kapitel Acht

(1) Max Weber: „Wirtschaft und Gesellschaft", S.28, Verlag J.C.B. Mohr, Tübingen 1980

(2) Siehe in Kapitel Zwei den Abschnitt „Despotismus: Befehl und Drohung".

(3) Darauf gehen wir ausführlicher in Kapitel Zehn ein.

(4) André Glucksmann: „Philosophie der Abschreckung", S.17, Deutsche Verlagsanstalt 1984

(5) Siehe dazu auch unsere Ausführungen über die Beziehungen von Schikane und Theodizee in Kapitel Vier, im gleichnamigen Abschnitt.

(6) Günther Anders: „Philosophische Stenogramme", S.56f, Fischer Verlag 1956

(7) Erving Goffmann: „Rahmenanalyse", S.127 (Anmerkung), Suhrkamp-Verlag 1977

(8) Siehe Kapitel Drei den Abschnitt „Konkurrenz und Kooperation".

(9) Viele der Aussagen im letzten Absatz dieses Abschnitts über die Spezifizität der weißen Schikane treffen in ihrer Abstraktion auch auf die allgemeine Bewegung der schwarzen Schikane zu.

(10) Siehe dazu den Abschnitt „Logik der Totalisierung" in Kapitel Zwei.

(11) Friedrich Nietzsche hat dies sehr gut empfunden, als er schrieb, daß wir niemals emphatischer unsere Gesundheit begrüßen als nach einer überstandenen Krankheit.

(12) Die Nazis ließen die Juden Schilder tragen, auf denen stand: „Ich bin ein Jude!" Nicht das Stigma ist schikanös, sondern das Vertretenlassen des Stigmas durch den Stigmatisierten.

(13) Franz Kafka: „Tagebücher" (Gesammelte Werke Bd.7), Eintragung vom 21.7.1913 auf S.226, Fischer-Verlag 1976

(14) Zum Begriff der „Verzweiflung" siehe vor allem Sören Kierkegaard: „Die Krankheit zum Tode", GTB Siebenstern 1982

(15) siehe den Abschnitt „Die Struktur der Erpressung" in diesem Kapitel.

Kapitel Neun

(1) Rainer Maria Rilke zitiert nach Roland Barthes: „Fragmente einer Sprache der Liebe", S. 123, Suhrkamp-Verlag 1984

(2) Paul Watzlawick: „Lösungen", S. 174, Hans Huber-Verlag 1974

(3) Woody Allen in seinem Film „Hanna und ihre Schwestern"

(4) Siehe zu dieser Unterscheidung den Abschnitt „Paradoxa der Destruktivität" im nächsten Kapitel

(5) Wir sprechen von „Krise", wenn das zweckrationale Handlungsmuster nicht aus kontingenten Gründen scheitert, sondern aus solchen, die aus dem Wesen seines Vorgehens selbst herrühren. Es geht also nicht darum, Mängel zweckrationalen Vorgehens zu konstatieren, etwa die Unangemessenheit der Mittel in der Realisation eines Zwecks, sondern vielmehr darum, die spezifische „Perfektion" zweckrationalen Handelns selbst als Krisenphänomen zu zeichnen. Es geht darum zu zeigen, warum zweckrationales Handeln nicht *trotz*, sondern *wegen* seiner Rationalität scheitert. Nur in dieser paradoxen Zuspitzung kann man systematische und keineswegs bloß kontingente Mängel der zweckrationalen Konzeption isolieren.
Es ist offensichtlich, daß das atomare Kalkül wegen des in ihm unaufhebbar implizierten Widerspruchs von Rationalität und Irrationalität nicht mehr im Rahmen eines Konzeptes von Zweckrationalität begriffen werden kann. In welcher Beziehung die paradoxe Rationalität der imaginären Macht zu den in diesem Kapitel skizzenhaft explizierten Strukturen schwarzer und weißer Rationalität steht, werden wir am Ende dieses Kapitels diskutieren.

(6) Elias Canetti: „Masse und Macht", S. 55, Fischer-TB-Verlag 1980

(7) Elias Canetti: a.a.O., S. 23

(8) Elias Canetti: a.a.O., S. 23

(9) Elias Canetti: a.a.O., S. 23

(10) Elias Canetti: a.a.O., S. 24

(11) Paul Watzlawick: „Bausteine ideologischer Wirklichkeiten", in: Paul Watzlawick (Hrsg.): „Die erfundene Wirklichkeit", S. 91-92, Piper-Verlag 1985

(12) Paul Watzlawick: a.a.O., S. 92

(13) Man könnte diese Differenz auch als den Unterschied zwischen „schwachen" und „starken" sich-selbst-erfüllenden Prophezeiungen verstehen: Starke konstituieren einen Trend, den es ohne sie nicht gegeben hätte; schwache forcieren einen, den es ohne sie nur wesentlich schwächer gegeben hätte.

(14) Paul Watzlawick: a.a.O., S. 92

(15) Wir haben im letzten Kapitel gezeigt, warum historisch die Möglichkeiten der schwarzen Krise tendenziell zunehmen. Ein besonderer Fall ist bei dieser Gelegenheit noch nachträglich interessant: der Atomkrieg aufgrund von Computerfehlern. Wenn die schwarze Krise das Durchbre-

chen des Selbstanwendungstabus, das Spielen des Spiels mit zwei Verlierern ist, dann ist der atomare Schlagabtausch, der aufgrund der falschen Annahme beginnt, er habe bereits begonnen, eine echte schwarze Krise im Sinne der sich selbst erfüllenden Prophezeiung, einer Prognose, die nur wahr wird, weil man sie als wahr annimmt. Praktiken schwarzer Rationalität versuchen, das apokalyptische Moment zu bändigen, und entwickeln Techniken gesteuerter und kontrollierbarer Destruktivität.

(16) Günther Anders: „Der Blick vom Turm", S. 95-96, Beck-Verlag 1985

(17) Wie sehr die strukturbegrifflichen Erörterungen dieses Buches denen ähneln, die im Umfeld der allmählichen Verwandlung der soziologischen Systemtheorie zu einer Theorie autopoitischer Systeme vollzogen werden, kann hier leider nicht Gegenstand der Erörterung sein.

(18) Wolfgang Fritz Haug: „Kritik der Warenästhetik", Suhrkamp-Verlag 1972

(19) Das ist ein Terminus, der bezeichnenderweise bislang in der politischen Ökonomie weitgehend fehlt, zumindest aber von ihren begrifflichen Vertretern nur sehr mangelhaft ersetzt wurde.

(20) Wäre man ein Anhänger von Lenins Imperialismus- und Kriegstheorie, nach der Kriege vor allem dazu dienen, mit ihren gewaltigen Destruktivkräften Platz zu schaffen für künftige Waren-Generationen, dann könnte man sagen, der Einsatz schwarzer Strategien sei die Fortsetzung dieses Krieges unter der Bedingung des Friedens.

(21) Siehe dazu exemplarisch: Hans Magnus Enzensberger: „Politik und Verbrechen", Suhrkamp-Verlag 1964 und Boris Savinkov: „Erinnerungen eines Terroristen", Greno-Verlag 1985

(22) Michel Foucault: „Überwachen und Strafen", S. 256-257, Suhrkamp-Verlag 1977

(23) Michel Foucault: a.a.O., S. 259

(24) Michel Foucault: a.a.O., S. 25

(25) Michel Foucault: a.a.O., S. 259

(26) Michel Foucault: a.a.O., S. 260-261

(27) Friedrich Nietzsche: „Gesammelte Werke", Bd. 2, S. 332, dtv/de Gruyter 1980

Kapitel Zehn

(1) Friedrich Nietzsche: „Gesammelte Werke", Bd. 2, S. 477, dtv/de Gruyter-Verlag 1980

(2) Paul Watzlawick: „Die unvollkommene Vollkommenheit", in: Paul Watzlawick (Hrsg): „Die erfundene Wirklichkeit", S. 161, Piper-Verlag 1985

(3) Jon Elster: „Aktive und passive Negation", in: Paul Watzlawick (Hrsg): „Die erfundene Wirklichkeit", S. 170, Piper-Verlag 1985

(4) Jon Elster: a.a.O., S. 171

(5) Donald Carter: „Case", Ullstein Krimi, Bd. 10344, S. 61-62, 1986

(6) Siehe Kapitel Eins, S. 30

(7) Paul Watzlawick: „Menschliche Kommunikation", S. 28, Huber-Verlag 1969

(8) G. W. F. Hegel: „Gesammelte Werke", Bd. 10 („Enzyklopädie Bd. III,) S. 115-116, Suhrkamp-Verlag 1970

(9) Walter Serner: „Letze Lockerung. Ein Handbuch für Hochstapler", S. 35, gerhardt-Verlag 1964

(10) Graham Greene: „Dr. Fischer aus Genf", S. 39-4o, Rowohlt-TB-Verlag 1985. © Originalausgabe: Paul Zsolnay Verlag GmbH, Wien/Hamburg 1980; © Graham Greene.

(11) Graham Greene: a.a.O., S. 38

(12) Graham Greene: a.a.O., S. 38

(13) Folgendes Schema zeigt die Stellung der Schikane in den Dimensionen der Sanktion:
Belohnung und Bestrafung konformen und abweichenden Verhaltens:

	konformen Verhaltens	abweichenden Verhaltens
positive Sanktion	Belohnung konformen Verhaltens (Normalität I)	Belohnung abweichenden Verhaltens (A-Normalität I) *paradoxe, positive Sanktion: weiße Schikane*
negative Sanktion...	Bestrafung konformen Verfahrens (A-Normalität II) *paradoxe, negative Sanktion: schwarze Schikane*	Bestrafung abweichenden Verhaltens (Normalität II)

(14) Graham Greene: a.a.O., S. 60

(15) Graham Greene: a.a.O., S. 104

(16) Michel Serres: „Der Parasit", Suhrkamp-Verlag 1982

(17) Villiers de l'Isle-Adam: „Grausame Geschichten", darin: „Die Marter der Hoffnung", Suhrkamp-Verlag 1985

(18) Peter Sloterdijk: „Kritik der zynischen Vernunft" Bd. 1, S. 37, Suhrkamp-Verlag 1983

(19) Die Szene „In der Manege" lehnt sich frei an eine Passage in Robert Musils Roman „Die Verwirrungen des Zöglings Törleß" an:

„Das probate Mittel des Entkleidens machte, nachdem man die Türen verschlossen und Posten aufgestellt hatte, allgemeinen Spaß. Reiting hielt ein Päckchen Briefe von Basinis Mutter an diesen in seiner Hand und begann vorzulesen.

„Mein gutes Kind..." Allgemeines Gebrülle. „Du weißt, daß ich von dem wenigen Gelde, über das ich als Witwe verfüge..."

Unflätiges Lachen, zügellose Scherze flattern aus der Masse auf. Reiting will weiterlesen. Plötzlich stößt einer Basini. Ein anderer, auf den er dabei fällt, stößt ihn halb im Scherze, halb in Entrüstung, zurück. Ein dritter gibt ihn weiter. Und plötzlich fliegt Basini, nackt, mit von der Angst aufgerissenem Munde, wie ein wirbelnder Ball, unter Lachen, Jubelrufen, Zugreifen aller im Saale umher, – von einer Seite zur anderen, – stößt sich Wunden an den scharfen Ecken der Bänke, fällt in die Knie, die er sich blutig reißt, – und stürzt endlich blutig, bestaubt, mit tierischen, verglasten Augen zusammen, während augenblicklich Schweigen eintritt und alles vordrängt, um ihn am Boden zu liegen sehen.

Törleß schauderte. Er hatte die Macht der fürchterlichen Drohung vor sich gesehen." (Robert Musil „Gesammelte Werke" Bd. 6, S. 130, Rowohlt-Verlag 1975

(20) Siehe Kapitel Fünf, S. 112

(21) Jean Baudrillard: „Die fatalen Strategien", S. 64, Matthes & Seitz-Verlag 1985

(22) Siehe Kapitel Drei, S. 81

(23) Siehe Kapitel Drei, S. 80

(24) Siehe in diesem Kapitel den Abschnitt „Herausforderung zur Provokation"

(25) Siehe in diesem Kapitel den Abschnitt „Totalisierung der Verweigerung"

(26) Siehe Kapitel Zwei, S. 63

(27) Auch diese Szene lehnt sich eng an eine Passage aus Musils Erzählung „Die Verwirrungen des Zöglings Törleß" an. In der entsprechenden Passage heißt es:

„Schweig!" schrie Reiting, „deine Ausreden haben wir satt! Wir wissen nun ein für allemal, wie wir mit dir dran sind, und werden uns danach richten…"

Es trat ein kurzes Schweigen ein. Da sagte plötzlich Törleß leise, fast freundlich: „Sag, doch, ich bin ein Dieb."

Basini machte große, fast erschrockene Augen; Beineberg lachte beifällig.

Aber Basini schwieg. Da gab ihm Beineberg einen Stoß in die Rippen und schrie ihn an: „Hörst du nicht, du sollst sagen, daß du ein Dieb bist! Sofort wirst du es sagen!"

Abermals trat eine kurze, kaum wägbare Stille ein; dann sagte Basini leise, in einem Atem und mit möglichst harmloser Betonung: „Ich bin ein Dieb."

Beineberg und Reiting lachten vergnügt zu Törleß hinüber: „Das war ein guter Einfall von dir, Kleiner", und zu Basini: „Und jetzt wirst du sofort noch sagen: ‚Ich bin ein Tier, ein diebisches Tier, euer diebisches, schweinisches Tier!'" – Und Basini sagte es, ohne auszusetzen und mit geschlossenen Augen.

Aber Törleß hatte sich schon wieder ins Dunkle zurückgelehnt. Ihm ekelte vor der Scene, und er schämte sich, daß er seinen Einfall den anderen preisgegeben hatte."

(Robert Musil: „Gesammelte Werke", Bd. 6, S. 72, Rowohlt-Verlag)

(28) Graham Green: a.a.O., S. 30

(29) Michel Foucault: „Überwachen und Strafen", S. 69, Suhrkamp-Verlag 1976

(30) Günther Anders: „Die Antiquiertheit des Menschen", Bd. 2, S. 17, Beck-Verlag 1980

(31) Siehe in Kapitel Sieben den Abschnitt „Selbstbestrafung"

(32) Gilles Deleuze: „Sacher-Masoch und der Masochismus", in: Leopold von Sacher-Masoch: „Venus im Pelz", S. 222, Insel-Verlag 1980

(33) Gilles Deleuze: a.a.O., S. 223

(34) Gilles Deleuze: a.a.O., S. 250, Kursiv von uns

(35) Gilles Deleuze: a.a.O., S. 238

(36) Siehe den entsprechenden Abschnitt in Kapitel Zwei, S. 52 f.

(37) Siehe den Abschnitt „Ethik der Versuchung" in diesem Kapitel

Kapitel Elf

(1) Jean-Paul Sartre: „Der Idiot der Familie", Bd. 2, S. 195, Rowohlt-Verlag 1977, Kursiv von uns

(2) Paul Watzlawick: „Lösungen", S. 174, Huber-Verlag 1974

(3) *„Geldstrafe für ‚SPION'-Redakteur".* – „Ohne einen Anflug von Humor forderte der Münchner Staatsanwalt Mützel im Prozeß gegen den verantwortlichen Redakteur Christoph Schaddach von der Münchner Stadtzeitung „Spion" eine Geldstrafe von 1200,– DM (siehe auch taz vom 6. 2. 1986). „Man darf die Breitenwirkung dieser Artikel nicht übersehen", betonte er und blieb dabei, daß der abgedruckte Artikel in der Nummer 48 des „Spion" zu den Blockadeaktionen in Wackersdorf mit der Überschrift „Geh bloß nicht hin zur Blockade" – Satire hin oder her – nach Paragraph 11 StGB „öffentliche Aufforderung zu Straftaten" ist. Für den „objektiven Leser" sei die Gewaltaufforderung, obwohl sich der Spion in Selbstzensur übte und die entscheidenden Stellen mit schwarzen Balken überzog, erkennbar.

Beim Plädoyer des Verteidigers Hartmut Wächtler konnte sich selbst die Richterin ein Schmunzeln nicht verkneifen. „Ich habe meinem Mandanten geraten, sich entsprechend reuig zu verhalten, denn diese Staatsanwaltschaft gewinnt man nicht mit winkeladvokatischen Tricks wie scheinbaren Distanzierungen, Textschwärzungen und scheinbarer Ausgewogenheit", erklärte der Münchener Rechtsanwalt. Seinem Mandanten habe er deshalb auch dringend davon abgeraten, sich „tückisch" auf irgendwelche Rechtspositionen, wie etwa das Urteil des Bundesverfassungsgerichts zu Blockaden, zu beziehen. Was für den „objektiven

Leser" schwarz auf weiß im „Spion" stehe, wisse eben nur die Staatsanwaltschaft, die „bekanntlich die objektivste Behörde der Welt ist". Verdächtig sei ja allein schon der Name der Zeitung.

Doch auf die Staatsanwaltschaft könnte demnächst noch ein weiteres Problem zukommen, gab er zu bedenken. Für den Fall nämlich, daß der „Spion" in Zukunft demonstrativ schweigen wird. Der „objektive" Leser bzw. Nichtleser wüßte dann nämlich sofort, daß dieses Schweigen nur abwertend und staatszersetzend gemeint sein könne. In der Lesart der Staatsanwaltschaft käme heraus: Ich muß schweigen, denn sonst würde ich verfolgt, da der „Spion" bekanntermaßen nicht staatstragend ist. Deshalb muß ihn der Staatsanwalt verfolgen. „Eine solche Behauptung meines Mandanten, durch sein demonstratives Schweigen um so beredter verbreitet und für jeden objektiven Nichtleser erkennbar, wäre zweifellos eine Verunglimpfung des Staates und seiner Symbole", stellte der Anwalt fest. Deshalb sein Vorschlag: seinem Mandanten einfach alle 14 Tage, egal ob der „Spion" erscheine und was in ihm stehe, vorbeugend einen Strafbefehl zu schicken. „Denn strafbar ist es allemal", beruhigte er den Staatsanwalt und fordert unter Gelächter der Prozeßbesucher „mit Nachdruck eine angemessene Aburteilung des Angeklagten". Richterin Harmann ließ sich nicht beeindrucken. Zwar reduzierte sie die Geldstrafe auf 400,– DM, doch hielt sie in der Urteilsbegründung am Vorwurf der „Aufforderung zu Straftaten" fest." („die tageszeitung" vom 11. 2. 1987)

(4) „die tageszeitung" vom 14. 4. 1982

(5) Martin Walser: „Messmer's Gedanken", S. 48, Suhrkamp-Verlag 1985

(6) Frank Böckelmann: „Das Verdunsten des Einzelkörpers", in: TUMULTE (Merve-Verlag), Nr. 2/1979, S. 92.

Stichwortverzeichnis